KB055295

인도정치학

-현대의 이슈와 관심사-

인도 지도 _출처: www.nationsonline.org/oneworld/india_map.html (인도는 28개의 주, 6개의 연방직할지역과 수도특별구역인 델리로 이루어져 있다. 본문 중 〈제8장, 주 정부와 지역 정치〉 참조)

인도정치학

– 현대의 이슈와 관심사 –

마헨드라 프라사드 싱 / 레카 삭세나 지음
신소진 옮김

국립중앙도서관 출판시도서목록(CIP)

인도정치학: 현대의 이슈와 관심사
마헨드라 프라사드 싱, 레카 삭세나 지음 ; 신소진 옮김
-- 서울 : 오름, 2009 p. ; cm

원표제: Indian Politics: Contemporary Issues & Concerns
원저자명: Mahendra Prasad Singh, Rekha Saxena
영어 원작을 한국어로 번역
ISBN 978-89-7778-323-2 93340 : ₩19000

인도 정치[--政治]
340.915-KDC4
320.954-DDC21 CIP2009002855

지은이 서문

18세기의 전통적인 인도는 반기(反旗)를 들지 않은 채 라즈푸트(Rajput)와 나바비 리야사트(Nababi riyasats)가 무갈의 독립적인 대군주 지위를 획득했다. 반면, 반역적인 성격의 마라타(Maratha), 시크(Sikh), 자트(Jat), 아프간(Afghan) 국가들의 출현은 인도로 하여금 신전통적이며 후기무갈적인 변화를 겪게 했다. 19세기 인도는 정치경제적이고 사회문화적인 영역에서 패러다임적 이동으로 식민지적 근대성을 향해 선회하게 되었다. 이는 19세기에서 20세기에 걸쳐 가속화되어 21세기에 실현되었으며, 이 같은 변화는 봉건주의에서 식민주의로, 내셔널리즘으로, 후기 식민주의로, 포스트모더니즘으로의 이행을 혼합적인 방식으로 보여주었다.

20세기 시민사회의 국가·민족적이고 세계적인 주요 패러다임들은 21세기 초에 들어서 새로운 변형에 놓이게 되었다. 우리는 이제 인도의 국민국가가 국가자본주의뿐 아니라 연방주의와 함께 '더블운동(double movements)'으로 불리는 신자유주의적 레짐 출현이라는 세 가지 도전들과 타협하는 것을 목격하고 있다. 연방주의, 초국가적 지역통합, 그리고 세계화는 인도의 새로운 정치학이 처한 주요 국면들이다. 그것은 우리가 최근 몇십 년간 델리대학교에서 인도정치학 강의를 통해 현세대의 인도와 외국 학생들에게 설명해왔던 흥미로운 주제들이다.

이 책을 집필한 것은 새로운 밀레니엄을 맞아 세계 도처의 정치, 시민사회, 정치경제 분야에서 일어났던 거대한 전환을 고려하면서도 인도정치학 영역에서 종합적인 표준서가 절실하게 필요했기 때문이다. 이 영역에서 대부분의 기준이 되는 책들은 대단히 오래된 것들이다. 그간 출판된 일부 편서들은 새로운 발전 양상에 대한 통합적인 평가를 지니고 있지 않다.

이 책에서 우리는 인도에 관해 현존하고 있는 체계적인 사회과학적 분석들 내의 주요한 격차들을 좁히려고 노력했다. 이 책의 새로운 점을 들자면, 토론된 주제들의 최근 분석들을 포함할 뿐 아니라 당대 정치 분석의 일부가 되는 사안들에 집중하고 있다는 점이다. 이러한 사안들은 개념적이면서도 이론적으로는 민감하고 새로운 성격을 갖고 있다. 이 책에서 우리가 채택한 유기적 분석틀은 국가와 정부, 시민사회, 발전에 대한 정치경제를 다루는 세 부분으로 나누어진다. 이 각각의 부분들에서 당대의 추세와 패턴들은 새로운 것과 오래된 것, 지속되는 것과 변화하는 것을 망라한다. 신제도주의에 관한 이론적인 관점들은 오늘날 인도에서 펼쳐지는 정치 시나리오와 당분간 펼쳐질 시나리오의 설명을 위해 사용된다. 이는 조직과 효과적인 거버넌스, 시민사회의 부활, 제너레이션, 신자유주의적 자본주의에 적응한 발전국가에 관해 재개된 중요성 때문이다. 우리는 대체적으로 민주화, 세속화, 연방화, 그리고 세계화의 프리즘을 통한 새로운 동향을 관찰할 것이다. 민주적 발전국가의 유산은 페미니즘, 생태주의, 달리트-바후잔(dalitbahujan)비평, 문화국가주의, 신사회운동과 같은 다양한 포스트모더니즘적인 장비들과의 타협을 필요로 한다.

이 책은 정치학을 공부하는 학부와 대학원 학생들을 위한 연구서로 쓰일 목적에서 집필되었다. 정치학자인 더글라스 버니, 비디우트 차크라바르티, 프랄라야 카눙고의 격려와 조언에 감사드린다. 비디우트와 프랄라야는 원고를 흥미롭게 읽고 몇 가지 제언도 아끼지 않았다. 우리는 또한 이 책의 편집과 출판을 맡아준 인도 Prentice-Hall 팀의 세심한 출판 진행에 감사를 드리고 싶다. 모한 다얄 리즈와니와 V.K.오흐리는 도움이 필요할 때마다 법률 자료들을 제공해주었고 법률문제에 대해 판단 기준이 되어 주었다.

이 원고 작업은 저희 가족과 친구들의 격려와 지지가 없었다면 불가능했을 것이다. M.P.싱은 그의 부인 고(故) 문니 싱과 자제인 수닐과 산지타 싱, 라제시 쿠마와 비제이락스미 난다, 니라즈와 시마 신하, 드와르카와 니타 라이, 니라즈와 수니타 싱, 그리고 그들의 자녀들에게 고마움을 전한다. 레카 삭세나는 그녀의 은사인 M.M.산크더와 만다키니 산크더에게 친절과 도움을 베풀어준 것에 감사한다. 또한 삼촌인 R.B.삭세나와 그의 가족, 언니 레누와 형부인 샤일레시 스리바스타바, 오빠인 디팍과 그의 부인 고(故) 아누라다, 조카들인 아비셰크, 샤샨크, 리샵에게 애정과 지지에 대한 고마움을 전한다. 그리고 그녀의 부모님인 고(故) 람 바부와 고(故) 아샤 삭세나에게도 존경을 표한다.

마헨드라 프라사드 싱 / 레카 삭세나

옮긴이 서문

인도인과 중국인들이 다 함께 '하나 둘 셋' 하고 동시에 제자리 뛰기를 한다면 지구의 자전방향이 바뀔지도 모른다는 우스갯소리를 한 적이 있다. 그만큼 전 세계에서 인도와 중국이 차지하는 인구비율은 압도적이라는 의미이다. 그러나 오늘날, 인도라는 국가를 향한 기대와 전망이 커져가는 것은 비단 11억 5천만의 인구 수 때문만은 아닐 것이다. 풍부한 인적자원에 기반한 두터운 경제활동인구, 이들의 뛰어난 영어 사용능력, 지속적인 경제성장, 여기에 인프라에 대한 국가의 투자증가와 같은 여러 지표들이 많은 이들로 하여금 인도를 21세기 초강대국으로 성장할 국가로 지목하게 한다. 그러나 비교정치학의 측면에서 인도의 가능성은 무엇보다도 다양한 인종과 종교, 카스트, 언어를 기반으로 함에도 불구하고 다문화-세속 국가의 모습으로 독립 이후 세계 최대 규모의 민주주의 국가로서 그 위치를 확고히 했기 때문이리라 생각한다.

인도유학을 떠나기 전, 역자는 인도의 한 외교사절에게 '수많은 정치·사회·문화적 균열 요소가 존재함에도 불구하고 인도 민주주의를 가능케

하는 것은 도대체 무엇 때문인가? 제도에 기인하는가 아니면 국민성 때문인가 혹은 숨겨진 다른 무엇이 있는 것인가?' 라는 질문을 던진 적이 있다. 이 질문에 그는 인도라는 국가와 인도 국민들을 샐러드에 비유해서 대답했다. 여러 가지 색상과 모양의 과일과 채소들이 고유한 맛을 간직한 채 뒤섞여서 전체적으로 조화된 특유의 맛을 만들어내는 샐러드가 인도와 같지 않을까 하며, 인도 국민들은 가난한 사람은 가난한 대로 또 부유한 사람은 부유한 대로 행복해 하고 만족해하는 삶의 철학이 있다고 그는 말을 이었다. 단일민족 국가에서 태어나 언어 사용의 불편함 없이 교육을 받았고, 늘 무언가에 쫓기듯 바쁜 일상에 익숙했던 역자에게는 그의 대답이 선문답으로 여겨질 뿐이었다. 결국 역자는 직접 인도행을 택했다. 인도여행의 경험 없이 그저 학문적 호기심과 열정만을 가지고 유학길에 올랐던 2년 전 여름, 역자의 시야에 처음 들어온 인도의 모습은 지금도 여전히 생생하기만 하다.

보고만 있어도 땀이 흘러내리는 아지랑이 피어오르던 메마른 땅, 무섭게 다가오는 것 같았던 진한 구릿빛 피부의 사람들, 그들로부터 느껴졌던 뼛속까지 자극하는 정체불명의 이국적인 향, 그리고 완벽하게 역자를 고립시키던 그들의 언어. 그러나 이들에게 이방인이란 지극히 자연스러운 삶의 일부분이었다. 단지 국적만 같을 뿐이지 인도 국민들 간에도 생김새, 언어, 종교, 카스트, 생활양식이 천차만별이기 때문이다. 여담이지만, 나중에 역자가 공용어인 힌디어를 어느 정도 구사하게 되자, 본토의 북부에서는 먼 남부 지방에서 여행 온 자국민을 역자보다도 오히려 이방인으로 여길 정도였다. 그럼에도 불구하고 갖가지 아이덴티티를 형성한 채 공동체를 형성하며 살아가는 인도 국민들의 모습은 마치 각종 직물 조각을 모아 만든 퀼트 작품을 연상케 한다. 인도를 연구하는 학자들에게 '독자성(peculiarity)' 이라는 개념에 대한 수용의 미덕이 요구되는 것은 이러한 이유에서 볼 때 당연한 일일 것이다.

넓은 영토와 많은 인구, 국가를 구성하는 다양한 요소들의 특성상 인도는 연방제도를 채택하고 있다. 동시에 양원제를 택함으로써 대통령과 수상이 공존하는 국가권력구조를 보인다. 수상에게 실질적인 권한들이 주어지기 때문에 인도 의회의 권한 역시 막강하다. 본문 중 저자의 표현을 빌리자면, 행정부가 국가의 이성과 제휴하고 사법부가 헌법의 수호와 결합한다면 의회는 대중 의지의 궁극적인 관리자이기도 하다. 이에 맞서 인도의 사법부 역시 국민주권설과 의회주권설이라는 두 가지 출처를 포함하는 헌법을 중심으로 인도 국가의 법적 근거를 형성하고 있다. 인도 국가의 권력구조에 대한 상세한 설명으로 정치체계와 이를 작동하게 하는 제도들의 역학을 그리는 데에 이 책은 도움을 줄 것이다. 뿐만 아니라, 입헌제도와 헌법, 관료제, 선거, 정당, 시민사회에 대해 당대의 이슈를 포함하여 저작된 이 책은 한국에서뿐 아니라 인도에서도 찾기 힘든 '인도정치학 종합서' 로서 제값을 톡톡히 하게 될 것이다.

『인도정치학 — 현대의 이슈와 관심사』라는 한국어 제목으로 출판하는 본 역서는 역자가 인도를 연구하는 학자로서 한국에 인도관련 전공 종합서가 부재한 현실에 안타까움과 불편함을 느껴 맺게 된 결실이다. 인도를 연구하는 한국의 학자와 학생들에게 지식을 보급할 우선의 목적으로 이 역서를 출판하고자 한다. 본 역서를 통해 한국에서의 인도에 대한 학문적 관심과 연구물이 축적되기를 바라며 미력하나마 인도 연구자들에게 도움이 될 수 있기를 소망한다.

이 책의 원저자인 마헨드라 프라사드 싱 교수는 인도의 비하르 주에서 태어나 파트나(Patna) 대학에서 교육을 받은 후, 캐나다의 앨버타 대학에서 인도와 캐나다정치학을 전공하여 박사 학위를 받고 인도 최고의 명문인 델리대학의 정치학과에 재직하며 비교정치, 정치철학, 방법론, 인도정치학을 강의했다. 공동저자인 레카 삭세나 교수 역시 인도와 캐나다 정치학을 전공하고 현재 델리대학 정치학과에서 인도정치학을 강의하고 있다.

처음 저자의 책을 번역하고 싶다는 역자의 제안에 기꺼이 응해주신 두 저자께 가장 먼저 감사의 마음을 전하고 싶다. 특히 싱 교수님은 역자가 인도에서 번역작업을 하는 동안 가장 큰 버팀목이 되어주셨으며, 본문의 내용에 대한 토론에 늘 흔쾌히 응해주시며 격려를 아끼지 않으셨다. 싱 교수님께 다시 한 번 존경과 감사의 마음을 전하며, 역자가 델리대학 정치학과에서 수학하는 동안 큰 힘이 되어주셨고 본문의 한국어 표기에 대해서도 도움을 주신 델리대학 한국어학과의 김도영 교수님과 선배님께도 깊은 감사의 말씀을 전하고 싶다. 또한 학문의 울타리에서 역자에게 가장 소중한 스승님이신 이화여자대학 정치외교학과의 김수진 교수님께 존경과 감사의 마음을 전한다. 그 밖에 니라찬독 지도교수님을 비롯한 델리대학 정치학과의 선생님들과 동료들, 이화여대 정치학과의 선생님들과 선·후배님들께도

따뜻한 격려와 응원에 감사의 마음을 보낸다. 서강대학의 신윤환 교수님, 서울특별시의회 고정균 의원님과 대한민국 국회에서 밤낮 열정으로 함께 일했던 동료들께도 감사의 마음을 전하고 싶다. 또한 이 책이 나오기까지 애써주신 오름출판사 부성옥 사장님과 최선숙 부장님을 비롯한 출판사 식구들께도 깊은 감사의 말씀을 드린다. 그리고 마지막으로 본문의 참고문헌 작업을 도맡아주고 늘 격려를 아끼지 않은 세렌디피티와 고된 유학길에서 역자에게 가장 큰 후원자가 되어주시는 부모님, 그리고 동생 관철에게 깊은 사랑과 고마움의 마음을 전한다.

> "끊임없는 노력이 완성을 향해 팔을 벌리는 곳
> 지성의 맑은 흐름이 굳어진 습관의 모래 벌판에 길 잃지 않은 곳
> 무한히 퍼져 나가는 생각과 행동으로 우리들의 마음이 인도되는 곳
> 일찍이 아시아의 황금시기에 빛나던 등불의 하나인 코리아에서"

_라빈드라나드 타고르의 「동방의 등불」 중에서

2009년 8월
옮긴이 신소진

차 례

제3장 국제화된 세계에서 민주적, 다문화-세속적, 발전적인 국가 | 63

제4장 의회: 릴리풋 소인국의 걸리버? | 125

제5장 연방 행정부: 내각인가 도당인가? | 151

제6장 사법부: 규칙과 그 이상의 전쟁 | 177

제7장 연방화의 심화를 향하여 | 199

제8장 주 정부와 지역 정치 | 235

제1장

인도 입헌제도의 모형:

유사연방주의에서 연방주의, 유사연합연방주의에 이르기까지

개요

이 책은 인도 입헌제도의 설계와 발전적인 비전의 측면에서, 진화하는 시민사회 내에서 인도의 현대 정치학을 이해하고 설명하는 것을 목적으로 한다. 우리는 비정치적인 영역과 국가 간 정치학의 외부적 영역을 고려하지 않고, 인도 내에서의 정치학을 해석할 것이다. 그러나 우리는 정부의 제도, 국가, 시민사회, 정치경제가 정치학의 비판적이고 창조적인 기획과 연관되는 한, 이를 포섭하는 자유민주적인 매개 변수 내에서 개혁과 변형의 안건을 고려할 것이다. 이 연구에 있어서 중심이 되는 주제들은, (a)정부의 유사연방주의적 의회제 모델에서 연방주의로의 귀착, (b)국가에서 시민사회로, (c)국가 보호주의적 경제정책 레짐에서 경제자유주의와 글로벌리즘의 신자유주의적 정책 레짐으로의 패러다임적 전환들이다.

이 같은 모습은 후기공산주의의 체제 전환을 겪은 유라시아나 혹은 동아시아에서는 보다 큰 연속성으로 뚜렷이 나타나기 때문에, 현대 인도의 모습은 마치 겨울 안개에 휩싸인 풍경처럼 혼란의 인상을 주고 있다. 그러므로 언뜻 보아서는 인도 정치·경제의 변화가 새로운 패러다임으로 출현하지 않고 혼돈의 상태로 빠져드는 것 같다. 우리는 이 책 안에서 당면한 분석들이 이 같은 변화를 다소 포괄하기를 희망한다.

입헌적 계보

모든 정치체계는 당대의 고유한 딜레마와 역사적이고 문화적이며 지리적인 기반을 가지고 있다. 이는 동시에 비교정치 모델의 광범위한 계보의 일부가 된다. 현대의 비교입헌제도 모델의 측면에서, 인도는 캐나다(1867)와 호주(1901)에 최초의 표본을 둔 의회-연방제적 정치체계의 계보에 속한다. 이같이 고전적인 영국형 의회제도와 고전적인 미국형 연방제도가 결합한 입헌제적 경험은, 의회에 우선권을 두는 방식으로 단일 정부의 원칙에 가치를 두는 국가의 정부 골조를 형성하려는 모색을 하게 했다. 그러나 동시에 문화적, 지역적으로 광범위하게 퍼져 있는 다양성을 연방적으로 수용하려는 희망도 갖게 했다. 더글라스 버니(Douglas V. Verney)는 인도의 연방주의와 의회주의의 결합에 대해, 두 원칙은 부분적으로 모순되기 때문에 둘 사이의 만족스러운 조정을 이끌어내는 것은 어렵다는 것을 인지했지만, "실제로는 의회제적 연방제가 성공해왔다. 이것은 관련 국민들의 실용적인 경향 때문인지도 모른다"라고 했다.[1)]

한편 우리는 공화주의적 입헌주의의 두 가지 모델—진화적 모델과 혁명적 모델—을 그릴 수 있다. 웨스트민스터와 영연방 국가들—캐나다, 호주, 그리고 뉴질랜드—은 전자형인 반면, 미국과 프랑스는 후자에 속한다. 영연방 국가들 내에서 식민지로부터 국가로의 변형은 전적으로 점진적이고 매우 진화적이다. 심지어 이들 헌법은 영국 의회의 산물이며, 영국 왕실의 상징적인 신화연결은 여전히 섬세하게 지속되고 있다.

혁명적인 공화주의적 모델에서는, 헌법과 이의 구조가 체제 내 주권의 소재와 출처에 대해 약간의 의구심을 낳는다. 예를 들어, 미국 헌법의 서문은 "우리, 미국의 국민들은…"과 같이 대중의 주권에 대해 공명(共鳴)하는 선언으로 시작한다. 그리고 수평적으로는 평등한 기구로서 분리된 연방 정부에, 수직적으로는 연방과 주 정부 사이의 권력분립 원칙에 기초를 둔 헌법의 기본 구조를 갖춘 정부가 수립되었다. 결국에는 법원이 중재의 최종적 결정권을 가지게 되었음에도 불구하고, 권력은 또 다른 권력에 의해 체계적으로 견제되기 때문에 일부에서는 미국 정부에서 주권의 정확한 소재를 정밀하게 지적하는 것이 어렵다고 말한다. 이는 의회의 주권이 사법심사(Judicial review)나 왕의 거부권을 조건으로 하지 않는 고전적인 영국식 체제와 대조적이다. 그러나 캐나다와 호주의 의회적 연방체제는 의회의 법률제정과 행정적 지휘에 대한 사법심사를 허락한다.

더욱이 프랑스와 스위스의 혁명적인 공화적 입헌주의는, 전자의 의회 권력과 후자의 대중적 기상의 직접 민주제도와 국민투표에서 그 발상을 찾는다. 이는 프랑스의 국민 의회가 형성되었다가 파괴되는 일시적인 정부인 제4공화국을 형성할 때까지는 프랑스정부의 의회 형성에 있어 본질적인 것이었다. 제5공화국은 의회에서 선출된 수상이 대중에 의해 선출된 대통령에 의해 권력이 상쇄되는 행정적 대통령의 지위를 결합시킴으로써 의회의 권력을 감축하도록 법령을 개정했다. 스위스에서는, 헌법적으로 지정된 수의 사람들만이 법률 제정에 착수하거나 혹은 정부 제안을 거절할 수 있다.

인도는 입헌주의의 진화적 모델이나 혁명적 모델 중 어느 것과도 정확하게 들어맞지 않는다. 왜냐하면 비록 인도의 권력 이양이 1947년의 영국 의회법을 통해 이루어지긴 했으나, 1920년대 이래로 비폭력적이고 선동적인 방법의 민족 운동을 전제로 하기 때문이다. 이 같은 방법은 입헌적인 범위를 초월하여 오랫동안 사용되었으며 이념적으로도 깊다. 인도 헌법은 서문은 "우리, 인도의 국민들은…"과 같이 대중의 주권에 대한 선언을 하고 있다. 따라서 인도의 입헌주의 모델은 대중의 주권에 대한 호소뿐만 아니라 권력 이양적 헌법과 법률적 권위의 연속선상의 측면에서 혼합적 성격을 띠고 있다.

인도의 입헌 이론

분석의 기초가 되는 함축적인 입헌 이론은 다음 〈그림 1.1〉에서 보는 바와 같다. 여기에서 다루어지는 인도 정치체계의 세 가지 구성 요소는 국가, 시장, 시민사회이다. 이 세 요소들은 그들만의 영역 안에서 구조적 상이성과 기능적 한정성이라는 중요한 특징을 갖는다. 각각의 영역이 비록 상호의존적일지라도 서로 간에 구분이 되며 어느 정도의 자율성이 부여된다. 국가는 시장과 시민사회를 넘어서는 주권 규정의 역할로 인해 세 가지 요소들 가운데 탁월한 지위를 누린다. 국가, 시장, 시민사회의 상호관계는 세 요소들의 이익단체 체계, 정당체계, 매스미디어의 주요 하부구조에 의해 조정된다. 우리는 이익단체, 정당, 미디어 장치의 하부구조적 연계뿐만 아니

〈그림 1.1〉 구조조정으로의 패러다임적 전환: 인도의 국가에서부터 시장과 시민사회까지

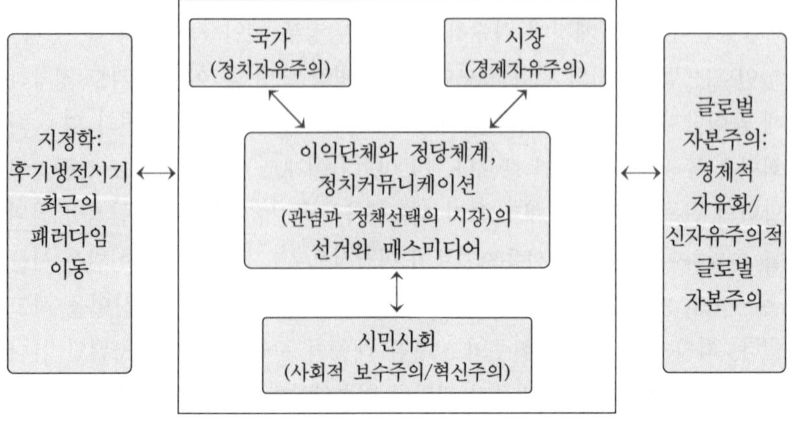

라 국가, 시장, 시민사회의 이상적인 관념을 그려봄으로써 인도 정치체계를 설계해볼 수 있다.

국가는 국민주권의 표현이며 선거의 절차를 통해 민주적으로 구성된다. 정당과 대중매체, 관념, 이해관계, 주체성의 영역은 시민사회와 시장으로부터 보다 폭넓은 승인을 받기위해 경쟁하는 특징을 보인다. 자본주의 시장경제는 소비자의 주권 개념을 전제로 하는데, 이는 민주주의 정치의 장이 경합하는 이해관계와 연합을 형성하면서도 정책선전을 위해 유권자의 주권과 자유에 토대를 둔 것과 같은 방식이다. 미디어 역시 이념경쟁과 정보의 자유로운 흐름을 위해 열려 있는 장이다. 정당과 미디어는 국가와 시민사회 사이에 절대적으로 필요한 연결부이다. 마르크스주의 이론에서 정당과 미디어는 "이데올로기적 국가 장치"의 일부로 변모되는 반면, 자유정치이론에서 정당과 미디어는 시민사회의 일부로 간주된다.[2)]

선거는 어떤 정당 혹은 정당의 단체가 정부를 형성할지 결정하며, 시장뿐만 아니라 시민사회의 규제를 위해 국가의 권력을 사용한다. 현대 자유민주주의에서 정당은 비국가적으로 구성된 법인 부문의 지지뿐만 아니라 선거지지를 포함하는 민주적 정당성을 얻어야만 한다. 이러한 자본민주주의의 역설은 "만약에 정당들이 집권하거나 존속을 원한다면, 그들은 사적 투자자들과 대중의 신뢰를 동시에 보장해야만 한다"라는 점이다.[3)]

〈그림 1.1〉은 인도의 맥락에서 국가, 시장, 시민사회 사이의 상호 접촉면을 묘사하고 있다. 인도 국가는 두 양극성, 즉 왼쪽으로는 지정학, 오른쪽으로는 신자유적인 글로벌 자본주의 사이의 공간을 차지한다. 인도의 대외적인 관계와 대내적인 경제경영의 전략은 지정학과 글로벌 자본주의라는 이 두 가지 매개변수 사이에서 도출되어야만 한다.

민주적 구조물의 수준과 인도의 관례

민주적 체제는 네 가지의 다른 수준에서 작동한다: (a)이념, (b)제도, (c)시민사회, 그리고 (d)문화가 그러하다.[4] 이념은 민주주의, 그리고 이와 상호 연관된 시장구조에 대한 규범적 가치이자 믿음이다. 민주주의는 체제로서 자본주의에 선행한다. 역설적으로, 민주주의와 자본주의는 서로 간에 모순인 것처럼 보일 수 있지만, 현대의 역사에서 다른 하나의 체제 없이 어느 하나의 체제만 존재하는 경우는 없었다. 지금까지 민주주의는 시장경제의 결합 안에서만 생존해왔다. 비자본주의 경제에서 민주주의는 오랫동안 지속될 수 없었다. 그러나 "자유주의는 국가와 개인적 단체인 자본가 단체 사이에 위치한 모든 집합체들을 침식시키기 위해 자본주의 경제의 규범들과 공모해왔다"라는 것 또한 사실이다.[5] 동시대의 자유민주주의와 자본주의 경제는 여전히 공존을 계속하지만, 자본주의 구조와 국가 간의 고유한 이유들로 인해 아주 문제가 없는 것은 아니다. '후기신자유주의'에 대한 약속은 "대표 민주주의의 전통적인 민주적 형태이며 개인적인 자유이자 국가사회 권력의 독립적이고 새로운 형태에 대한 제안, 즉 민주적으로 책임이 있으며 지역사회와 일터 내 자유의 특허를 제공한다. 투자와 생산의 민주적인 통제를 포함하여 경제민주주의의 이러한 점들은 그들만의 권리 내에서는 바람직하지 않으며, 그들은 또한 정부의 민주적 통제의 실행 가능성을 위해 점점 더 필요한 조건이 되고 있다"라는 점이다.[6]

제도의 수준은 법률과 헌법의 골조, 정당체계, 시장 구조를 포함한다. 정치적 분위기의 변화에 응답하는 이념에 비해 제도는 적게 변화하는 것 같다. 인도의 헌법은 아시아와 아프리카 지역에서 세기의 전환기까지 생존하는 몇 안 되는 헌법 중의 하나이다. 일본과 스리랑카는 아마 유일하게 다른 예외가 될 것이다. 물론, 인도 정당체계는 일당 지배체제에서 1989년 록사바(Lok Sabha, 옮긴이: 하원) 선거 이래로 다당제로의 지형을 형성해왔다. 그러나 헌법은 변화하지 않은 채 그대로 남아 있다. 인도의 인쇄매체는 세계에서 가장 발달된 미디어 중 하나이며 선거매체는 1990년대 초기 이래로 상당한 팽창을 겪어왔다.

시민사회는 제2의 영역으로서 국가와는 분리된 연합들의 영역을 대표한다. 이러한 구조들은 정치제도보다 훨씬 느리게 성장한다. 인도 시민사회의 취약성은 정치 분석에 있어서 정기적으로 되풀이되는 주제가 되어 왔다. 1990년대 이래로 인도에서는 일찍이 인도 근대화의 원동력으로서 간주되던 국가가 실패한 결과로서 시민사회의 부활을 증진시키려는 의식적인 노력이 전개되어 왔다.

정치문화는 정치제도 아래에 놓여 있는 가치, 태도, 의견의 총합이다. "민주적 제도는 바로 건강한 시민사회에 놓여 있을 때에 가능하며, 번갈아 시민사회는 문화 수준에서 선구자와 전제 조건을 갖는다. 문화는 전통을 통해 시간을 지나온 합리적이고 민족적인 습성으로 정의될 수 있다: 비록 문화가 순응성이 강하고 발전에 의해 세 가지의 상층 수준 내에서 영향받을 수 있는 것일지라도, 문화는 그 중에서 가장 천천히 변화하는 경향이 있다."[7)]

인도의 현대 정치적 문화는 네 가지의 "문화적 혁명"과 축적된 진화물이다: (a)아리안-드라비다 인종(여기에 우리는 몽골 인종을 더할 수 있다), (b)베다 혹은 브라만에 기초한 세계관과 자이나교, 불교, 박티, 시크교의 분파와 신힌두 개혁운동의 다양성, (c)힌두-무슬림의 만남과 공존, 그리고 (d)인도유럽어족의 접촉과 영국의 인도 식민지배, 그리고 인도 근대화의 시작과 국가 독립이다.[8)] 인도의 이러한 정치문화는 복합적인 다원주의를 강조하는데, 이는 최근 들어 더욱 다문화주의로 언급되고 있다.[9)] 이 같은 인도 다문화주의의 특별한 해석은 현대 인도의 다원적이고 연방적인 내셔널리즘 형성의 기초가 된다. 인도의 다문화주의적 국가주체성과 연방적 민주주의는 역사적 맥락에서 동시대적으로 서로 간에 구성성분이 될 뿐만 아니라 공생적으로 존속하며 진화한다. 인도 시민의 내셔널리즘은 인종적 내셔널리즘의 시각보다는 해석학적으로 다문화주의로 설명되는 것이 더 나을 수 있다. 정치의회와 재정의회의 연방적 장치들은 특별히 인도 내륙의 문화적 다양성과 사회 경제적이고 지역적인 이질성에 적합하다. 인도는 종교공동체주의보다는 특히 식민지적이고 신식민지적인 맥락에서 언어적 주체성을 조정하는 것이 더 쉽다는 것을 인식해왔다. 정치와 종교에 대한 인도적인 접근이 오히려 독자성을 지닌다는 것은 주목할 만하다. 왜냐하면 인도의 국가는 종교의 자유를 부여한다는 측면에서 세속적이지만, 인도의 헌법은 국가가 모든 시민에게 종교적인 연합을 고려하지 않은 채 민법과 형법을 공통적이고 유사하게 적용하도록 촉구하기 때문이다. 이와 같이 인도의 세속국가는 긍정적인 개혁을 합법화하려는 노력을 단념하지 않은 채 국가와 종교를 모두 고려하고 있다는 측면에서, 국가와 종교 사이에 분리의 벽을 설치한 미국과 프랑스처럼 혁명적이라기보다는 발전적인 관점에서 진화적인 측면을 띤다고 볼 수 있다.

인도에서는 물론이거니와 일반적으로 현대 민주주의의 경우, 이념과 제도의 수준에서 작동 가능한 합의가 있다고 말할 수 있다. 인도 민주주의가 직면한 도전은 대개가 시민사회와 문화 수준의 것이다. 오늘날 인도의 문제는 민주주의의 착수나 복구가 아니라 민주주의의 공고화이다. 종교근본주의는 아마 틀림없이 민주주의에 가장 심각한 위협요소일 것이다. 그리고 인도가 궁극적인 분석에서 아주 실패한 국가가 아니라면, 국가와 시장의 제도 실패는 통치 능력과 서비스 배달, 경제적 편취와 시장조작, 정치의 부패와 범죄화, 공공연한 기근은 아니더라도 기아와 영양 부족 등에서의 위기는 자명한 사실이다. 활기찬 시민사회를 형성하고 불평등의 문화를 변형시켜야 하고 카스트/계급/젠더 착취는 만만치 않은 일이며, 이는 현대 인도민주주의 이전부터 오랜 기간 동안 도전이 되어온 것들이다. 아마르티아 센(Amartya Sen)이 종종 강조하듯이, 인도는 오늘날 세계에서 가장 많은 문맹자를 가진 국가이다. 그리고 인도의 엘리트 의료시설은 서구를 포함해서 '의료 관광'을 유치하고 있을 정도로 국제적인 수준인 반면, 기초적인 공공의료서비스는 수백만의 대중들이 이용할 수 없는 형편이며 심지어 중산층에게도 의료비용의 증가는 매우 가혹한 실정이다.

민주주의는 자유롭게 태어났지만 스스로 족쇄를 채우는 프로메테우스이다. 우리가 인도를 자유민주주의라고 부르기를 계속하는 것은 오직 습관의 힘에 의해서이다. 인도 자유민주주의는 반자유적(Illiberal)인 특징들을 보인다. 인도 민주주의를 '선거 민주주의' 라고 부르는 자의식이 강한 해석자들은, 인도의 합리적인 가능성, 제도적인 자유, 선거관리위원회 덕분에 공평한 선거, 연방사법제도, 그리고 국영매체를 갖춘 것으로 보인다. 이에 언급되지 않은 전제는 민주주의의 다른 많은 정제된 부분들이 머지않아 출현할 것이라는 점이다.

인도가 민주주의의 운명과 밀회한 것은 "오리사의 마하나디(Mahanadi) 강의 히라쿠드(Hirakud)와 펀자브의 바카라 낭갈(Bhakhara Nangal)에 육중한 댐"을 건설함으로써 상징화되는 "콘크리트와의 사랑"에 빠지는 것으로부터 시작한다.[10] 만약 그 당시가 댐 건설을 함에 있어 사회적·생태학적으로 합법성이 요구되는 현재와 같았다면 사르다르 사로바르(Sardar Sarovar) 댐을 반대하는 나르마다 바차오 안돌란(Narmada Bachao Andolan) 운동에 의해 저지되었을 것이다. 아이러니하게도, 인도 민주주의는 여러 가지 이유로 자랑거리 이상의 댐들을 가지고 있는데, "댐의 민주주의"라고 불릴 정도로 진화해왔다. 이와 관련한 논쟁들은 공식적으로는 아니더라도 실질적으로는 정당정치의 영역 밖으로 하나 둘씩 끌어내어져 왔다. 이러한 사실이 바로 경험적 편향의 정치학자들이 인도를 "제한적인 경우"라고 지칭하는 이유이며, 혹은 베버적 시각을 가진 사회학자들이 "이상적인 형태"의 선거 민주주의라고 부르는 이유일지도 모른다.

전 세계의 외교정책은 일반적으로 양자 간 혹은 다자간의 업무이다. 이 영역에서의 변화는 국가의 선택보다는 지정학적 요소에 의해 보다 많이 좌우된다. 만약 인도와 소비에트 연방과의 공식적인 비연대가 비공식적인 연대로 변화하고 이후 미국과의 비공식적인 연대로 이어졌다면, 이는 1990년대 냉전 이후의 지정학적 변화에 크게 기인한 것이었다. 인도를 미국의 동맹국이라기보다는 파트너로서 여기는 이러한 전략적 변화는 2005년 우기(雨期, monsoon)에 이루어진 미국과의 10년 방어 협정에 의해 공식화되었다. 그리고 인도정부는 2006년 봄에 효과적으로 조율된 핵 협상으로 미국의 하이드 법령(Hyde Act)과 인도-미국 간의 123 보충협상간 지향점(goalpost)의 변화에 반대하는 세력과 여전히 뜨거운 논쟁을 계속하고 있다. 심지어 1998년 인도의 핵무장화는 정권 특유의 결정이 아니었다. 이를 단지 이념적으로는 바라티야 자나상(BJS)에게, 현실적으로는 바라티야 자나타당(BJP)에게 전적으로 그 탓을 돌릴 수 없다는 것이 일반적인 견해이다. 이에 대한 혈통은 인도국민회의당(INC)에 속한다.

또 다른 논쟁으로는 경영의 자유화에 의한 정치적 자유화의 대체를 예로 들 수 있다. 네루의 '사회주의'와 인디라 간디의 가리비 하타오(*garibi hatao*, 옮긴이: 빈곤퇴치) 포퓰리즘은 보통 LPG라고 불리는 자유화(liberalization), 사유화(privatization), 세계화(globalization)에 의해 1980년부터 1984년까지는 점진적으로, 그리고 심각한 지불 균형의 위기 이후인 1991년 이래로는 일괄적으로 지나치게 권리를 양도해왔다. 이것은 국가의 정책 실패나 민주적 선택이라기보다는 세계적 자본주의의 불가피성에 더욱 기인한 것이었다. LPG(회의당 주도의 통일진보연합(UPA)을 제외하고)를 가속화했던 P.V.나라심하 라오에 의해 주도된 정부를 포함해서 1991년 이후 인도의 모든 정부는 선거학자들에 의해 "현직효과(선거의 측면에서 마치 이 요인이 변함없이 부정적인 효과를 수반하는 것처럼)"의 희생물이었다고 언급되어왔다. 그 결과, 성공적인 정부는 뜨겁게 달아오른 후 '경제개혁'이라고 불리는 것들로 재빨리 식어버렸다. 라오 정부는 자나타 달(Janata Dal)이 이끄는 연합전선(United Front)의 중도 좌파에 의해 유지되었다. H.D.데베고우다(Devegowda)와 I.K.구즈랄(Gujral)이 이끄는 연합전선 정부는 BJP 주도의 전국민주연합(NDA)의 중도우파에 의해 유지되었다. 아탈 베하리 바즈파이(Atal Behari Vajpayee)가 이끄는 NDA정부 이후에는 중도좌파 회의당 주도의 통일진보연합(UPA)이 집권했는데, 이는 회의당의 당수인 소니아 간디(Sonia Gandhi)가 지도하고 최초의 기술관료 경제 전문가 수상인 만모한 싱(Manmohan Singh)에 의해 지휘되었다. 경제개혁은 중도우파의 행정부 아래에서는 빠르게 진행된 반면 중도좌파의 행정부하에서는 느리게 진행되었다. 그러나 크게 변하지 않고 남아 있는 것은 경제개혁의 방향이다. 이러한 사실은 인도의 대표적인 선거학자인 요겐드라 야다브(Yogendra Yadav)의 다음과 같은 당혹스러운 낙담에서 나타나고 있다.

"참여의 고조는 아래를 향한 민주주의의 확산을 이끌면서, 정치적인 진전들은 사회의 상속적이고 관습적인 신분제도를 혼란시키고, 지금까지는 생각지도 않았던 불안으로 기존의 엘리트들을 난처하게 만들기 시작한다. 선거는 이러한 많은 격변과 연관되기 때문에, 선거의 광경은 '사무드라 만탄(samudra manthan)'의 분위기를 점령해왔고, 투표라는 근대 도구의 도움으로 민주주의의 작은 신에 의해 관습적인 사회의 거대한 교란이 수반되었다. 그러나 이 교란은 그 유명한 '암리타(amrita)' 에게 굴복할 태세를 갖춘 것처럼 보이며, 그것은 경제적 불평등이라는 완고한 토대에 대항하여 출현한다. 집합 행동의 마력과 보이지 않는 '락샤사(rakshasa)' 는 이념을 모든 작은 신들의 음모라고 불렀다. 교란은 멈추지 않으며, 이 같은 광경은 계속된다."[11)]

그러나 민주주의의 고조는 고유의 문제점들을 수반한다. 토크빌(Alexis de Toqueville)은 『미국의 민주주의』에서, 억제되지 않은 민주화는 자유와 법의 규칙을 훼손한다는 사실을 주의깊게 지적한 바 있다.[12)] 다이시(Albert V. Dicey)는 그의 신개척분야로서 영국 입헌주의를 해석하는 고전인 『헌법학입문』(1885)에서 영국 입헌주의의 설립 원칙으로서 의회지상주의를 해석하는 데에만 그치지 않고 한 쌍의 법치원칙을 서둘러 첨가한 것은 의미가 있다.[13)] 현대 인도의 맥락에서 이러한 주장은 최초로 자카리아(Fareed Zakaria)에 의해 엄밀히 잘 알려진 『자유의 미래: 국내외에서의 반자유적인 민주주의』에 의해 적절하고 영향력 있게 저술되었다.

"인도는 민주주의를 논하기에 신성한 곳이 되어왔다. 절망적인 빈곤에도 불구하고 1947년 이래로 기능적인 민주주의를 성취해왔다. 누군가가 민주적이 되기 위해 경제적으로 발전할 필요는 없다는 것을 증명하기를 원한다면, 그들은 하나의 예로 인도를 든다. 이러한 찬사의 대부분은 정당한 이유가 있다. 인도는 진정으로 자유롭고 구속이 없는 사회이다. 그러나 인도 민주주의의 내막을 살펴보면 더욱 복잡하고 문제가 있는 현실을 보게 된다. 최근 몇십 년간 인도는 찬미자들로부터 무언가 꽤 다른 대상이 되어왔다. 그것이 약화된 민주주의를 의미하는 것은 아니다: 중요한 것은, 인도 민주주의가 보다 강화되어 왔다는 점이다. 그러나 보다 덜 관대하고, 덜 세속적이며, 덜 준법적이고, 덜 자유적이어왔다. 그리고 이에 두 가지의 경향—즉 민주화와 자유화—은 직접적으로 연관된다."[14)]

더욱이 민주주의는 자본주의와 소원해지지는 않을지라도, 위에서 언급한 바를 토대로 볼 때 기이한 점이 있다. 바로 이 두 체제는 오직 상호 공생할 때에만 생존해 왔다는 점이다. 자본주의는 민주주의보다 오래 지속될 수 없다. 자본주의는 민주주의적 합법성을 필요로 한다. 세계화는 민주주의와 자본주의라는 양대 산맥에 둘러 쌓여있다. 오늘날 세계화의 정치적 표준은 자본주의라기보다는 민주주의라고 언급하는 것이 알맞다. 민주주의가 없는 자본주의적 세계화는 공산주의자들의 인터내셔널(International)처럼 재앙을 선고하는 것과 같다. 그것이 바로 민주적 법치와 입헌주의가 들어갈 곳인 것이다. 극심한 빈곤, 종교 단체의 폭동, 카스트와 계급의 살해, 대내외적 테러리즘과 반란에 의해 인도 민주주의는 마비되었다.

그러나 인도 민주주의는 글로벌 민주주의의 개념에서 상대적으로 성공한 사례이다.[15)] 콜리(Atul Kohli)에 의하면, "모든 정치 관료들이 경쟁한 선거가 치러진 후 50년 이상이 지난 후에, 그리고 모든 성인이 투표할 자격을 얻은 후에야 비로소 인도의 민주주의가 정착했다는 데에 의심의 여지가 없어질 것이다. 더욱이 인도는 활기찬 미디어, 집회와 결사의 자유를 향유하며, 정치적인 이의와 항의를 표현할 배출구를 상당히 가지고 있다." 콜리는 인도 민주주의에 있어서 "실질적인 성취"에 대해서는 신뢰가 약한 반면 "절차적 제도화"에 대해서는 보다 강한 신뢰를 보이고 있다.

다음 장에서는 이례적이라고 할 수 있는 제3세계의 민주주의적 성공실화를 비판적이면서도 건설적인 방법으로 해명하려고 노력할 것이다. 우리는 21세기의 시작을 위해, 인도 역사에서 19세기와 20세기의 정치적 유산들 밖에 존재했던 후기식민지국가에 대해 체계적이고 경험적인 분석을 시작할 것이다. 독립적인 인도 국가는 민주적인 발전국가의 특징들을 갖고 있다.

인도는 심지어 사회경제적인 전제조건이 부족하다고 여겨질 때조차 민주주의를 포섭하려는 실험을 늦추지 않았다. 역사적 암흑기에 네루는 선거 집회에서 '운명과의 밀회'라는 연설을 하고 독립을 위해 유권자 단체들을 조직하며 민주적 위임의 순수한 힘을 보이는 새로운 실험을 계속했다. 그러나 본래의 사회주의적 모델은 1980년대 후반의 상업 계급의 후원과 보장으로 정치적인 계급에 의해 위기에 돌입하게 되었고, 이는 상업 자유주의로의 조심스러운 정책전환을 가져왔다.

정부의 의회연방 구조는 인도국민회의당의 보호 아래에 있던 일당지배체제 때문에, 연방적 특색에 암운을 드리우는 의회체제로 이력을 쌓아가기 시작했다. 그러나 일당지배체제에서 연방연합/소수정부와의 다원적이고 지역적인 다당제로의 점진적인 전환을 겪었다. 이로 인해 인도의 두드러진 의회정치 형세는 지역적 분할과 종교, 카스트, 하부 도당과 같은 파편들의 영향력 행사로 점차 심화된 연방체제에 돌입하게 되었다. 게다가 두터워진 중산층의 출현, 노동 귀족정치의 조직화된 노동계급, 여성단체, 비정부기구(NGOs)와 같은 시민사회 단체를 따라 삶의 질을 다루는 신사회운동이 시민행동의 증가를 촉진시켰다. 이러한 발전들은 선거 대중매체의 확대로 인도 민주주의의 공고화를 향한 새로운 시점을 형성하게 했다. 더욱이 의회의 쇠퇴와 행정부의 효력은 체계적인 합법성의 모색에 있어 보상적인 응답으로서 사법심사와 사법행동주의의 막대한 팽창을 자극했다. 이러한 모든 발전들은 특히 사법심사와 사법행동주의, 선거관리위원회와 같은 독립적인 입헌 권위체, 인도 국가경제의 다양한 부문 내에 존재하는 반(semi, 半)사법적이고 자율적인 규율 권위체를 통해 반(counter, 反)다수주의적 합의체제가 발전하도록 기여해왔다.

그러나 마라발(Maravall)과 쉐보르스키(Przeworski)가 지적한 대로,[16] "다수의 법칙과 법의 규율 사이의 갈등은 단지 도구로서 투표를 사용하는 행위자와 법을 사용하는 행위자 사이의 갈등과 같은 것이다. 특정한 경우에 있어서 입법부가 우세한가 혹은 법원이 우세한가는 정치의 문제이다"라는 사실을 기억하는 것은 중요하다. "민주주의에 대한 낭만"은 메타(Pratap

Bhanu Mehta)가 언급하듯, "정치적으로 맹렬한 노력에 의해, 그리고 그것의 최상의 형태로 정치가 성취되어야만 한다.[17] 그러한 격렬함 없이는 아무것도 성취할 수 없다." 그 어떤 사법적 합리화가 끝내 정치적 진전을 위해 스스로 정치화되거나 침식당하지 않고서는 궁극적으로 대체되거나 충족될 수는 없다.

라즈니 코타리(Rajni Kothari)가 그의 고전인 『인도정치학』에서 "인도의 발전모델"이라고 부르는 것으로부터[18] 정치의 비판적이고 창조적인 역할을 과장해서 생각하기는 어렵다. 의심의 여지없이, 국가는 이념적인 공격에 의해 실패해 왔거나 혹은 실패를 만들어왔다. 그러나 시민사회들은 (a) "근대의 정치적 질서를 위해 비판적으로 조직화된 매개체"이면서도, (b) "국가의 권력행사에 저항하는 것으로 작용하는 것 같다," 또한 "규범적인 합의와 합법적인 입헌규율을 통해 정부의 위압적인 권력을 제도적으로 억지시키며", (c)인습적이고 시대에 뒤떨어진 개념과 웨스트팔리안 식의 국가주권보다는 상호의존적인 주권에 더욱 의존하기를 계속하고 있다.[19]

미 주

1) "Reframing Continuity," an Interview with Douglas V. Verney by Rekha Saxena, *The Pioneer,* New Delhi, 5 April 2001.
2) Louis Althousser, *Ideological State Apparatus* (London: Verso, I.), Ch.1.
3) Jurgen Habermas [Thomas McCarthy (trans.)], *The Theory of Communicative Action,* Vol.2, *Life World and System: A Critique of Functionalist Reason,* UK, Polity Press, Cambridge, 1987, p.346.
4) Francis Fukuyama, "Democracy's Future; The Primacy of Culture," *Journal of Democracy,* Vol.6, No.1, January 1995, pp.7-114.
5) Samuel Bowles and Herbert Gintis, *Democracy and Capitalism: Property, Community, and the Contradictions of Modern Social Thought,* Rautledge & Kegan Paul, London, 1987, p.177.
6) *Ibid.*
7) Fukuyama, *op. cit.,* p.8.
8) Dinkar, *Sanskriti Ke Char Adhyaya* (Patna: Udayachal, 1956, forward by Nehru).
9) Gurpreet Mahajan, *Multicultural Path: Issues of Diversity and Discrimination in Democracy,* New Delhi: Sage Publications, 2002. See especially Will Kymlicka, *Contemporary Political Philosophy: An Introduction,* New Delhi: Oxford University Press, 2002, 2nd ed.(Indian ed.), Chapter 8.
10) Sunil Khilnani, *The Idea of India,* Hamish Hamilton, London: 1997, Ch.2.
11) Yogendra Yadav, "Electoral Politics in this Time of Change: India's Third Electoral System," 1989-99, *Economic and Political Weekly,* Vol.XXXIV, Nos. 34&35, 21 August, 3 September 1999, p.2393.

12) Alexis de Tocqueville, *Democracy in America* (The Henry Reeve Text as revised by Francis Bowen now further corrected and edited with a historical essay, editorial notes, and bibliographies by Phillips Bradley), II Vols. (New York Vintage Books A Division of Random House, 1945).

13) Albert V. Dicey, *An Introduction to the Study of the Law of the Constitution* (With Introduction by E.C.S. Wade), 10 ed., First Indian Reprint 1994, London Macmillan/Delhi: Universal Book Traders, 1959.

14) Fareed Zakaria, *The Future of Freedom: Illiberal Democracy at Home and Abroad,* W.W. Norton & Company, New York and London, 2003, p.106.

15) Altul Kohli (Ed.), *The Success of India's Democracy,* Cambridge University Press, Cambridge, 2001, p.3.

16) Jose Maria Maravall and Adam Pzeworski (Eds.), *Democracy and the Rule of Law,* Cambridge University Press, Cambridge, the U.K., 2003, p.15.

17) Pratap Bhanu Mehta, *The Burden of Democracy,* Penguin Books, India, New Delhi, 2003, pp.ix-x. Emphasis in the quote in the source itself.

18) Rajni Kothari, *Politics in India,* Orient Longman, New Delhi, 1970, Chapter IX.

19) G. John Ikenberry, "What States Can Do Now?" in T.V. Paul, G. John Ikenberry and john A. Hall (Eds.), *The Nation-State in Question,* Princeton & Oxford: Princeton University Press, 2003, "Conclusion."

제2장

인도 헌법의 형성과 작동

개요

인도의 헌법은 인도 민족주의자들과 식민통치자들로부터 유래한 복합체적 산물이다. 헌법에 대한 제안과 정책이 결정된 장소 역시 다양했다. 예를 들면, 식민지시기 중앙의 입법의회와 영국의회, 내셔널리즘(민족주의) 엘리트들과 대중들은 인도와 영국에 다양한 압력단체/정당/운동을 조직하고 유력한 인물과 정책 결정자들을 동원했다. 제국주의적·식민지적 맥락에서 거대한 인도 드라마의 대단원을 향해 펼쳐지는 사건들은 점차 가속화되었고, 이는 대중 내셔널리즘의 고조, 분리주의, 세계적으로 불안했던 두 번의 세계대전과 1930년대 경기 침체, 1943년의 벵골 기근(Bengal famine)과 같은 국내외의 변형을 조건으로 했다. 이와 관련한 진전 양상은 1942년의 "'인도를 떠나라' 운동(Quit India Movement)," 영국의회에 의해 통과된 1947년의 인도독립법, 1949~50년 인도 제헌의회에 의한 헌법의 채택과 시행에서 절정을 맞았다.

우리는 1909, 1919, 1935년에 영국의회에 의해 통과된 인도정부법과 같은 영국 의회개혁을 배경으로 논의를 시작하기로 한다. 이러한 개혁들은 점진적이며 입법적 성격을 띠었고, 증가하던 인도의 민족주의적 요구를 다루며 이에 응답했다. 그러나 이는 세기가 전환할 때까지 영국식민지 국가의 관료적 지위 속에서 인도 국민들의 참여 증가만으로 더 이상 충족될 수 없었다. 20세기 입법개혁의 현저한 특징이라면 서서히 찾은 참정권에 의해 영국령 인도정부에서 인도 국민들의 정치적 대표성이 증가한 점이다.

인도의 사무대신과 총독의 이름을 따른 몰리-민토(Morley-Minto) 개혁으로 알려진 1909년의 인도정부법은 1861년과 1892년의 인도의회법에 따라 지역에 존재하는 공식적인 다수의 지형을 변화시켰다. 선거 역시 명목상으로는 중앙 제헌의회에서 소개되었지만 사실은 공식적인 다수에 의한 것이었다. 이 법은 무슬림 유권자들의 분리를 도입하여 결국은 국가적 분열이 된 공산주의의 발단이 되었다.

그 다음 입법개혁은 1919년 몬태그(Montague) 장관과 첼름스포드(Chelmsford) 총독에 의해 일어났는데, 이는 중앙에서는 아니지만 지방에 선출된 장관뿐만 아니라 관료에 의해 혼합 행정을 실시하는 양두제를 소개했다. 세 번째 주요 입법적 진전은 1935년 인도정부법이었는데, 이는 중앙과 지방, 그리고 이 둘 간의 동시적인 관점에서 관할권을 한정시킴으로써 연방정부의 틀 안에서 지방이 자율권을 갖도록 혁신했다. 이 법을 통하여 상호지방의회(Inter-Provincial Council)가 제안되었고 최초로 연방법원이 설립되었다. 그러나 제안된 연방정부에 합류할 군주국가의 마지못한 태도와 제2차 세계대전의 발발은 새로운 헌법의 중앙집권적 실행을 좌절시켰다. 중앙정부는 1919년 법령 아래에서 계속 작동되었고, 지방이 자율성을 갖도록 하는 계획 아래 지방정부들을 선출했다. 그러나 회의당 소속의 장관들은 전쟁이 시작된 이후로 사임하기 시작했고, 정부와 인도국민회의당 사이에는 이념에 있어 근본적인 상이성을 드러내게 되었다.

대내외적인 정치발전은 인도의 정치적 시나리오를 변형시키는 방향으로 빠르게 움직였다. 1930년대 경기침체와 전쟁의 결과는 민족주의자와 제국주의적 세력의 정치적 체스판(chessboard)을 급격하게 바꾸어 놓았다. 영국은 국제경제와 군사 부문에서 역할이 축소되어 더 이상 인도를 식민지배할 수 없는 형편이었다. 1929년 12월 라호르 세션(Lahore session)에서 완전한 독립을 위해 결의안을 제안했던 인도국민회의당은 대중 참여의 증가로 선동적인 행동뿐만 아니라 제도적인 행동을 강화하게 되었다. 1920년대 초 간디의 시민불복종운동과 1930년대 초 비협력운동 이후 1942년 회의당에 의해 착수된 인도철수운동이 전개되었다. 회의당 내의 좌파 진영은 네루에 의해 주도되었지만 보스(Subhash Chandra Bose, 이후 회의당에 남아 전방 블록(Forward Bloc)을 형성)와 나라얀(Jayaprakash Narayan), 그리고 나라얀이 이끄는 국민회의 사회주의정당(Congress Socialist Party) 무리에 의해 보다 급진적으로 이끌어졌다. 비록 정부가 '인도를 떠나라' 운동을 짓밟기 위해 회의당의 지도부를 체포했지만, 초원의 불처럼 퍼진 이 운동은 하룻밤 사이에 국가 최고지도자로 등극한 나라얀과 같은 지도자들에 의해 지하조직으로부터 퍼져나가게 되었다.

반면 전인도무슬림연맹(All Indian Muslim League)은 1940년의 라호르 세션에서 무슬림을 위해 분리된 조국을 요구하는 파키스탄 결의안(Pakistan Resolution)을 통과시켰다. 물론 이는 보편적인 성인 참정권에 기초를 둔 민주주의의 출현과, 수적인 우월성으로 힌두 지배가 가능하다고 여겼던 무슬림의 망상과 같은 표현이었다. 이 결의안은 또한 회의당에 광범위하게 존재하던 민족주의적 지형의 하부를 자르기 위해 무슬림 공동체주의를 유발시킨 영국의 '분리통치' 제국정책과도 연관된다.

인도 제헌의회에 대한 생각은 민족주의자들과 영국의 통치자 집단 양측에서 오랫동안 창안되어온 것이다. 1922년 초, 마하트마 간디는 영 인디아(Young India, 1922년 1월 5일자)지에 "독립"이라는 논문을 출판하여 인도 국민들로 하여금 헌법에 대한 생각을 하게 했다. 1925년 베산트(Annie Beasant)에 의해 후원된 인도의 연방 법안은 입법의회에 대한 의제를 토의했지만, 영국 노동당 정부의 좌절과 함께 퇴보하게 되었다. 1927년 모틸랄 네루는 중앙과 지방의 입법기관에서 선출된 위원들과 국가 주요정당들의 자문으로, 인도 헌법의 도안을 위해 회의당 작동위원회(Congress Working Committee)를 요청하는 성명서를 회의당의 봄베이 회의 중에 제안했다.

그러나 헌법을 형성하기 위한 최초의 구체적인 단계는 1928년 회의당을 포함하여, 전인도무슬림연맹, 전인도힌두마하사바, 중앙킬라팟위원회, 전인도기독교회의, 주민회의(States' Peoples' Conference), 델리의 전인도자유연방(All India Liberal Federation in Delhi)의 모든 정당들이 참여한 가운데에 시행되었다. 이 노력의 결과는 1928년 모틸랄 네루위원회 보고서였다. 이것은 1867년의 캐나다의회법, 호주와 뉴질랜드 헌법의 흔적을 지니고 있었지만, 인도를 위해, 그리고 인도 국민에 의해 구상된 최초의 구체화된 헌법이었다. 이 헌법은 인도가 주권적 지위를 갖도록 제안했다. 웨스트민스터에 기초한 의회연방주의의 전통으로부터 갈라진 이 문서의 새로운 특징은 시민과 소수의 기본권이 포함되었다는 점이다. 네루위원회 보고서는 영국정부에 대항하여 발생하는 보류된 권리뿐만 아니라 인도의 정치 지도자들 사이에서 발생하는 계속된 차이로 인해 영국의회에 의한 법령을 법제화할 수 없었다.

제헌의회의 요구는 중앙과 지방의 입법기관들을 포함하여 인도 민족주의자들에 의해 계속되었다. 이러한 요구는 비록 간접적이기는 하지만 린리스고우 총독에 의해 마련된 1940년의 오거스트 오퍼(August Offer)로 인해 최초로 권위적인 인식을 받게 되었다. 총독은 다음과 같이 언급했다. "계획은 근본적으로 인도 국민들 스스로의 책임이어야만 하며, 인도인 삶의 사회, 경제, 정치적인 면에서 인도적 개념으로부터 기인해야만 한다는 매우 강력한 주장이 존재해왔다." 1)

1942년 3~4월, 인도의 새 헌법을 주시하는 인도의 정치적 지도자들에게 직접 자문을 얻기 위해 영국정부는 전시내각의 일원인 크립스(Stafford Cripps)를 급파했다. 크립스는 영국령 인도와 인도의 군주국들을 하나로 묶는 새로운 연방헌법을 구성하는 틀을 제공했다. 전쟁 후 작동에 들어간 이 헌법구성체는, 비례대표제를 통해 지역 입법기관의 하원 의원들에 의해 선출되는 것이었다. 영국령 인도와 군주국들은 제안된 연합에 동의하거나 혹은 반대할 자유로운 선택을 할 수 있었다. 더욱이 이 제안은 "인종과 종교적 소수보호"를 보장하기 위해서 왕족의 정부와 헌법구성체 사이에서 서명되는 것이었다. 회의당은 크립스의 제안을 거절하고 봄베이 회기 중인 1942년 8월 8일에 역사적인 인도철수결의안(Quit India Resolution)을 통과시켰다.

1945년 7월, 영국에서 새롭게 선출된 노동당정부는 웨벨(Wavell) 총독에게 "가능한 빨리" 인도의 헌법구성체를 소집하기 위해 9월 19일 정부의 정책을 발표하도록 촉구했다. 1946년 4~5월에는 심라(Shimla)에서 영국 내각사절단과 함께 회의당과 무슬림연맹의 대표단이 회의를 개최했다. 이것은 회의당, 연합인도의 입후보자, 무슬림연맹, 독립주권 국가인 파키스탄 사이에서 근본적인 견해 차이를 해결하기 위한 최초의 원탁회의 같은 것이었다. 내각사절단은 연방정부가 외교, 국방과 통신, 통합, 힌두와 무슬림, 관할권을 가지도록 하는 입법구조를 위한 제안서를 제출했다. 이 같은 노력은 1946년 5월 16일의 내각사절단계획(Cabinet Missions' Plan)으로 이끌어졌다. 이 계획은 다음과 같은 주요사안들을 포함했다.

(1) "영국령 인도와 군주국들을 모두 포용하고 다음과 같은 주제들을 다루어야하는 인도연방이 되어야만 한다: 외교, 국방, 통신; 그리고 각 주제를 넘어 재정확대를 요구할 수 있는 권력이 필요하다.
(2) 연방은 영국령 인도와 주의 대표들로부터 행정적이고 입법적으로 구성되어야만 한다. 입법에 있어 제기되는 공동체적 이슈는 출석한 구성원들, 투표에 있어서의 다수, 다수결정의 대표성, 각 공동체의 투표를 요구해야 한다.
(3) 잔여권력은 연방보다는 지역에 귀속시켜야 한다.
(4) 주는 연방으로부터 권력을 할양받기보다는 모든 안건들과 권력을 보유할 것이다.
(5) 지역은 행정단체와 입법단체로부터 자유로워야 하며 각각의 단체는 공통적인 지역안건들을 결정할 수 있다.
(6) 연방과 단체의 헌법은, 입법의회 다수의 투표에 의해, 처음 10년을 시작한 이후 10년 간격으로 헌법의 재심을 요구할 수 있는 규정을 포함해야

〈표 2.1〉 정당들의 상대적 강도를 보여주는 선거분석

연방 제헌의회에서

		의석수	전체의 의석 백분율(%)	영국령인도의 의석백분율(%)
* 회의당 포함:				
(a) 국회의원				
일반	171}	175	44.98	59.12
무슬림	4}			
(b) 국회의원 이외 국회 지명자				
일반	30}	30	7.71	10.14
무슬림	0}			
무슬림리그연합		73	18.76	24.66
일반	2}	3	0.77	1.01
무슬림	1}			
공산당				
일반	1	1	0.26	0.33
지정카스트연합				
일반	1	1	0.26	0.33
후진부족				
일반	2	2	0.51	0.66
지주				
일반	3	3	0.77	1.01
상업 & 산업(무소속)				
일반	2	2	0.51	0.66
크리샤 프로자(Krishak Proja)				
무슬림	1	1	0.26	0.33
샤히드 지르가(Shahid Jirga)				
무슬림	1	1	0.26	0.33
공석				
시크	4	4	1.03	1.35
주(최대)	93	93	23.90	..
합계		389	99.98	99.93

출처: B. Shiva Rao (Ed.), *Framing of India's Constitution: Select Documents*, Vol.I (New Delhi: IIPA, 1966), p.292

만 한다."[2)]

내각사절단 계획은 앞서 언급했듯이 제헌의회의 선거에 대한 조항을 포함했다. 선거는 1946년 7월에 실시되었고 그 이전인 1936년에 선출된 지방 입법기관들은 선거인단으로 활동했다. 지역의 입법기관들은 1935년 인도 정부법의 조항 아래 교육과 부(富)를 기초로 한 성인인구의 25% 가량으로 참정권을 확대하는 바탕 위에 선출되었다. 이와 같이 제헌의회는 군주국의 추천인들로 389명의 지명된 의원들을 포함했다. 제헌의회에서 각 지역의 대표성은 다음과 같다: 마드라스 49, 봄베이 21, 우타르프라데시 52, 비하르 36, C.P. 17, 오리사 9, 쿠르그 1, 델리 1, 펀자브 24, NWFP 3, 신드 4, 발루치스탄 1, 벵골 59, 아삼 10. 한편 각 정당의 대표성은 〈표 2.1〉에서 제공하는 바와 같다.

제헌의회는 1946년 12월 9일에 최초로 개회되었다. 자와할랄 네루는 12월 13일에 역사적인 목적결의안(Objectives Resolution)을 제안했는데, 결의안의 내용은 다음과 같다.

(1) 본 제헌의회는 인도가 독립된 주권 공화국임을 선포하고 인도 미래의 거버넌스 헌법을 입안하기 위해 엄숙한 결의를 선언한다.
(2) 현재 영국령 인도를 포함하는 영토의 측면에서, 현재 독립적 주권을 갖는 영토뿐만 아니라 영국령 인도의 바깥지역들은 모두가 연방이 되어야한다.
(3) 영토의 측면에서, 현재의 경계선이든 혹은 입법의회에 의해 결정된 다른 경계이든 그 이후의 헌법에 따라 잔여권력을 갖게 되며, 정부기능과 행정기능의 모든 권력 행사는 연방에 귀속되거나 혹은 할양된다.
(4) 독립주권을 가진 국가의 권력과 권위의 측면에서, 이들 일부와 정부기관들은 국민으로부터 유래된 것이다.
(5) 인도의 모든 국민들은 법 앞에서의 지위, 기회의 평등, 공공 도덕을 조건으로 하는 생각, 표현, 믿음, 신뢰, 숭배, 직업, 연합과 행동의 자유에 있어서 정의·사회·경제·정치적으로 보장되거나 안전해야만 한다.
(6) 적절한 보호조항들이 소수, 후진 계급, 종족의 영역, 억압받는 다른 후진 계급을 보호해야만 한다.

(7) 어떻게든 공화국 영토의 통합이 유지되어야만 하며, 문화국민의 정의와 법에 따른 영토, 영해, 영공의 주권이 유지되어야만 한다.
(8) 이 고대 영토는 정당하고 명예로운 것이며 세계평화와 인류의 복지증진에 자발적인 기여를 한다.[3)]

내각사절단계획은 인도국민회의당, 무슬림연맹, 군주원 내의 태도 변화로 인해 몹시 불안정한 상태에 있었고, 목적결의안은 여전히 내각사절단계획의 변수 내에서 작동했다. 이는 영국령 인도의 연합 연방—유력한 힌두와 유력한 무슬림—과 군주국의 측면에서 목적결의안 내에 제안된 내각사절단의 흔적을 설명하는 것이었으나, 공교롭게도 그것은 거짓된 희망으로 드러났다. 제헌의회에서의 잔당들은 공식적으로 목적결의안을 철회하지 않았고, 인도의 분할은 마운트배튼 계획(Mountbatten Plan) 아래 현실이 되었다. 영국의회는 마침내 1947년, 인도와 파키스탄의 두 주권 국가를 형성하고 군주국들에게 독립적으로 남을 것인지 아니면 두 주요 국가에 속할 것인지의 선택권이 부여된 인도독립법을 통과시켰다. 의회의 주요 정당인 인도국민회의당은 내각사절단의 연합 연방에 등을 돌리고 강력한 의회중심의 연방 헌법을 도안하기로 추진했다. 1949년 11월에 헌법이 공식적으로 시행되고 적용되기 전에, 네루(Jawaharlal Nehru)와 파텔(Sardar Ballabhbhai Patel) 지휘의 내무부에 의해 지휘된 인도정부는 하이데라바드와 잠무 & 카슈미르를 제외하고는 500여 군주국들이 인도로 귀속할 것을 성공적으로 협상했으며, 이 두 지역은 "경찰 조처(police action)"를 따랐다.

3년간의 심사숙고 이후, 제헌의회는 1950년 1월 26일부터 효력을 발휘한 헌법을 제정했다. 새로운 헌법과 조화를 이룬 최초의 인도의회의 구성원들은 1952년 보편적인 성인 참정권을 기반으로 선출되었다. 세계에서 가장 길게 쓰인 이 헌법은 연방정부, 국가, 지역 수준의 기본적인 윤곽, 주요 서문과 시민의 기본권(42차 개정에 의해 부가된 의무)에 대한 선언, 정부와 거버넌스의 본질적이고 바람직한 목표로서 국가정책의 지침이 포함되었다. 여기에는 단일 시민권과 단일 헌법을 지향하는 인도국가의 헌법원칙과 구조를 따르는 잠무 & 카슈미르(1957)의 주 헌법 역시 포함되었는데, 이는 유일하게 분리된 것이었다.

기본적인 헌법의 원칙과 철학

인도의 헌법은 이데올로기의 다양한 조류와 입법적인 관습과 가치가 합류한 것이라 할 수 있다. 이러한 특징들은 인도문화, 철학, 역사적 성격, 그리고 전후의 국제적 곤경과 세계관으로부터의 생산물이기도 하다. 인도의 헌법은 본래부터 명백하게 대중의 주권과 의회의 우선권, 그리고 정부와 입법진영 간 모순적 원칙을 모두 결합하려 했다. "우리, 인도의 국민은"과 같이 헌법 전문을 여는 이 말은, 모든 권력의 원천으로서 국민에 대한 경의를 의미하고 있다. 이것은 식민주의에 대항한 내셔널리즘 운동의 간디적 국면에서 정신적인 힘으로 사용된 사티아그라하(Satyagraha)의 비폭력 지침에 포함된 자유 투쟁과 상당히 일치하는 것이다. 이러한 인도의 정치적 유산은 더 나아가 1970년대 초 권위주의와 부패에 대항한 J.P.운동에서 반복되었다. 운동기간 동안 인디라 간디 총리와 나라얀(Lok Nayak Jayaprakash Narayan)은 서로 대립하게 되었는데, 인디라 간디는 선출된 의회와 입법부의 민주적 정당성 그들의 5년 만기의 권력위임을 옹호했으며, 나라얀은 연방과 주 정부가 대중적 정당성을 상실했음을 지적하고 사회운동의 지도자로서 인식했던 국민의 대표성에 대한 권리를 주장했다.[4)]

인도 헌법에 의해 형성된 정부의 모순적 원칙을 조정하려는 또 다른 시도로는 미국 헌법의 연방원칙에 따라 의회정부의 웨스트민스터 전통을 혼합한 것을 들 수 있다. 이러한 작업 중에, 인도의 헌법은 캐나다 헌법(1867)과 호주 헌법(1901)의 혼합형에 가까워졌다. 그러나 인도의 의회연방체제는 인도적인 특징과는 구별되어 발전한 경향이 있다. 이 같은 점은 다음 장의 설명에서 더욱 뚜렷해지겠지만, 여기에서는 앞서 언급한 연방 국가들을 언급하면 충분할 것이다. 현행 인도 헌법은 권력분산체제, 미국 헌법을 생각나게 하는 억제와 균형을 향해 이동해왔다. 형식적인 용어로 의회제는 의회와 행정부 사이 권력의 혼합체제에 기반하며, 후자가 전자에서 솟아나고 의회에서는 하원이 자부심을 향유하는 한 정권을 잡았을 경우에만 생존하는 특징이 있다. 그러나 인도의 경우 일부 측면에서, 입법, 행정, 사법권과 그들의 기능은 다른 국가들과 구별된다.[5)]

예컨대 영국의 고전적인 의회에서 볼 수 있듯이, 의회는 입법권과 행정권뿐 아니라 궁극적인 사법권(상원(House of Loads)의 법관 의원들은 최고 상고법원으로 작동한다)도 가진다. 인도의 연방주의적 경험은 미국식의 고전적인 연방제도와 구별되는데, 이는 의회에 속하는 잔여입법권을 향유하는 것도 아니며, 미국 상원과 같이 연방 상원에서 연방의 주를 동등하게 대표하는 것도 아니다. 전인도서비스(All-India Services) 내에서의 시민서비스 역시 독특한 골조를 갖추고 있기 때문에, 인도는 다른 영연방 국가의 의회연방체제와는 구별된다. 의회중심 체제(주권)와 지방분권화 사이의 모순은, 입법권과 행정권을 넘어서는 권한을 의회에 부여함으로써, 즉 의회에 비상권한을 어느 정도 부여하고 대법원을 연방과 주 사이의 논쟁에 대한 궁극적인 중재자로 만듦으로써 인도 헌법 내에 융해되었다. 이 같은 현상은 궁극적으로 헌법 지상권 원칙을 향해 정점에 달해왔다.

법치의 인도 버전은 시민의 기본권, 특히 평등권, 자유와 정의, 삶과 자유에 대한 권리(21조항)에 명백하게 언급되었지만 사실상 모든 권리의 기저에 놓인 "법에 의해 확립되는 절차"의 일반적인 개념에 의해 가장 강력하게 반영된다. 인도 법치개념과 비슷한 것들로는 영국의 다이시(A.V.Dicey)에 의한 고전적인 원칙의 개진, 미국의 "법의 마땅한 절차"에 대한 발상과 상위의 법으로서 헌법의 지위, 독일의 법치국가(Rechtsstaat: 법에 기반한 국가)라는 개념에서 발견될 수 있다. 최근 인도 대법원의 일부 판정에서, "법에 의해 설립된 절차"라는 개념이 미국 법의 "마땅한 절차"와 구별할 수 없는 것으로 해석되어왔다(예컨대 1978년 마네카 간디(Maneka Gandhi) 판례에서는, 대법원이 21조항의 법에 의해 설립된 절차에 만족한 1950년 고팔란

(Gopalan) 판례와는 달리 법의 마땅한 절차를 수락한 것을 반영한다).[6]

국가의 권리와 공공정책의 이론과 실제에 있어 인도 헌법의 또 다른 중요한 기여는, (a)개인의 자유권과 공동체 혹은 단체의 권리, (b)기본권과 국가 정책의 지침, (c)기본권과 기본 의무들에서 반영된다. 비록 헌법은 기본적으로 이데올로기적 방침이 보편주의자적 특성 내에서 기본적인 자유권을 강조하던 시기인 제2차 대전 중에 형성되었을지라도, 이는 언어와 종교적 소수의 문화와 교육의 권리 역시 통합했다. 주요 철학적 전제는 보편주의적 개인의 권리로 보이지만, 보다 섬세한 철학적 전제는 소수의 권리이다. 수년간 인도와 세계에서 이데올로기적 기후가 사회문화적 함의로 인해 공산주의로 기울었으며 인도 헌법에서 권리의 담론 역시 같은 방향으로 움직였다. 이와 관련하여, 찬독(Neera Chandhoke)은 다음과 같이 시사하고 있다. "나는 문화와 공동체가 개인에게 이익이 되고, 이러한 이익에 대한 접근이 권리의 수여를 통해 보장되어야만 하는 최우선적인 중요성을 제안한다. 이 문제는 논리적으로 다음을 따른다. 만약 문화가 개인에게 이익이 된다면, 왜 우리가 소수의 권리만을 필요로 하는 것인가? 그/그녀가 다수 혹은 소수에 속해 있는지 아닌지를 고려하지 않고 문화와 공동체를 향한 각 개인의 권리가 보장되어서는 안 되는가?"[7] 이러한 주장은 소수의 언어와 문화뿐만 아니라 다수가 위협받는 국제화된 세계에서 더 큰 적절성을 갖는다. 기본권과 지침(directive principles)에 관련해서, 헌법은 본래 후자를 거버넌스의 바람직한 목표로만 만드는 반면, 전자를 합법적으로 가능하게 만듦으로써, 전자가 명백한 우선권을 후자에게 부여했던 것으로 보인다. 그러나 네루와 인디라 간디의 회의당 정부는 사회의 약한 부문의 편을 들어 진보적인 공공 정책을 추구하는 지침에 우선권을 부여했다. 그럼에도 불구하고 여기에서 법원은, 이 같은 지침에 반대하지 않고 권리의 편을 들었다. 계속되는 헌법 개정과 사법심사 이후(예컨대 1971년 24, 25, 26번째 개정), 개정될 수 없는 '기본적인 특성'을 가진 헌법으로서 둘 사이의 조화를 설정했다.[8] 이와 같이, 기본권과 지침은 둘 중 어느 하나도 다른 것을 위해 희생될 수 없으며, 둘 사이의 갈등은 조정되어야만 한다.

서양의 권리에 대한 이론에서는, 본래 권리의 담론이 통치자와 엘리트의 봉건적이고 식민지적인 특권에 대항한 싸움의 맥락에 기인하기 때문에 권리가 의무보다 강조되었을 것이다. 그러나 1976년 42번째 헌법 개정은 시민의 기본권에 대한 윤곽을 그리며 새롭게 4장 A와 51A항을 추가했다. 비록 이 개정은 권위주의적 비상 레짐에 의해 도입된 것이지만, 모든 권리가 일부 의무를 수반한다는 원칙에 있어서는 반대가 있을 수 없었다. 판례법에서, 법원은 법의 합헌성이 도전받는 영역뿐만 아니라 환경과 생태를 보호하는 헌법의 영역을 호소해왔다.9)

인습적으로, 헌법은 대개 정부의 구조만을 다루었다. 인도의 헌법 역시 이와 관련해 바람직한 시민사회와 일부 경제적 구조를 포함한다. 헌법 12조항은 "인도의 정부와 의회, 각 주의 정부와 입법권, 모든 지역 내 다른 권위체 혹은 인도정부의 통제 하에" 국가를 포함시키기 위해 이를 광범위하게 정의한다. 인도 국가의 자화상은 헌법 서문에 '주권의, 사회주의의, 세속적인, 민주주의의, 공화국'과 같은 표현으로 명시된다. 입법 권력의 지도는 세 개의 주요 기구인 연방, 주, 지역 수준의 정부와 각각의 수준에서의 정부관계를 제법 자세한 형태로 그린다. 지역정부들은 구조적으로 그들에게 법적 효력이 부과되기 위해서는 적합한 국가법을 필요로 하는 반면, 연방과 주들은 구속력 있는 적법성을 갖추고 있다. 이상적인 시민사회와 경제의 입법적 비전에 대한 이미지는 기본권과 지침을 다루는 헌법 3장과 4장에 그려져 있다. 봉건적이고 카스트 위계질서적인 특권을 거부하면서, 기본권은 근대의 민주적이고 평등한 사회의 형성에 목적을 두고 있다. 지침은 인도의 주(들)로 하여금 "공동체의 물질적 원천에 대한 소유권과 이의 통제가 공익을 위해 매우 분배적"인 특징으로 경제를 형성하고 작동시키며, "부를 집중시키거나 공공적 손상을 끼치지 않는" 방법에서 체계를 작동할 것을 권고한다[39(b)조항과 (c)]. 주(들)은 또한 "이 같은 지침이 정의, 사회, 경제, 정치적으로 국민의 삶 속 모든 제도를 통해 사회질서가 될 수 있는 만큼 효율적으로 보장하고 보호함으로써 국민들의 복지를 증진시키도록 노력"하는 방향으로 지도된다. 이러한 지침은 주(들)이 다른 지역과 직종(38조 1항과 2항)에 존재하는 개인과 단체 간 소득, 지위, 시설에서의 불평등과 기회를 줄이기 위해 부여된다." 오스틴(Granville Austin)은 인도 헌법을 "사회혁명"의 선두적인 정치적 문서로 여기고 있다. 그의 해석에서는, 헌법과 이의 작동이 몇 년간 세 개의 근본적인 원칙, 즉 개인의 존엄과 국가 연합, 민주주의, 사회혁명을 통합함으로써 '솔기없는 거미줄'과 같은 모습을 보인다고 했다. 정치체계는 발단 이래 파멸과 힘든 도전들에 직면해왔지만, 헌법은 끝까지 생존해왔으며, 최소한 지금까지는 '솔기없는 거미줄'의 모습으로 계속되고 있다.[10)]

평가

앞선 토론은 인도의 헌법에 입안된 인도 미래의 비전이 세계의 평화와 국제질서 속에서 민주주의, 발전과 국가 문화에 대한 기본권을 보장하도록 제안했다. 그렇다면 과연 어느 정도까지 인도 정치체계가 이 같은 꿈을 실현하는 데에 성공했는가? 이에 대한 평가는 다양하며, 때로는 급진적이기까지 하다. 인도의 성공에 대한 국제적인 평가는 일반적으로 좀 더 낙관적이며, 인도의 지성인들 스스로는 종종 비열한 비관주의를 저버리는 평가를 보이기도 한다. 전자적 접근은 콜리(Atul Kohli)의 『인도 민주주의의 성공(The Success of India's Democracy)』(2001)에 가장 잘 나타난다. 콜리는 다음과 같이 말한다.

> "모든 정치적 관청들이 경쟁하는 정기적 선거가 50년 이상이 지난 후에, 그리고 모든 성인이 투표권을 가졌을 때, 인도의 민주주의가 뿌리내렸다는 것에 대해 의심의 여지가 없다. 더욱이, 인도는 자유와 생방송 미디어, 의회와 협회의 자유를 향유하며, 정치적 이견과 항의가 중요한 역할을 한다."[11)]

후자적 접근은 라즈니 코타리(Rajni Kothari)의 최근 연구인 『민주주의에 대한 재고(Rethingking Democracy)』(2005)에서 드러난다.

> "민주주의는 꿈과 열망을 남겼다. 체제로서 그것은 실제로 인식되어오지는 않았다. 그러나 열망은 교육받고 사고하는 계급의 의식적인 부문에서 매우 생생하며, 실제로 빈곤하고 소외된 부문에서 훨씬 활동적이다. 후자는 지배적인 국가에 계속하여 반발하고 있으며, 종종 호전적인 폭력에 합류하기도 한다. 그러나 이제껏 불명확하고 유동적이었던 지식계급의 일부문과 대중들이 함께 열망을 향해 도전하기를 계속한다. 대중과 지식계급은 함께 투쟁의 다양성에 착수할 수 있다."[12]

비교정치학적 관점에서 인도의 뚜렷한 특징은 평등을 위해 자유를 희생해야했던 이전의 사회주의/공산주의 체제에 대항한 발전을 지향하면서도 민주주의의 목적을 동시에 추구하려고 노력해왔다는 점이다. 정치화의 수준이 그리 높지 않았던 네루의 "민주사회주의(democratic Socialism)" 시기에 성취된 주요 성과는 헌법의 형성과 육중한 산업화가 국가의 후원 아래에 놓여 있었다는 것이다. 또 다른 성공적인 면모는 가장 진보적이라고 볼 수 있는 노동법의 통과와 산업과 유급 고용부문에서 노동조합운동이 조직되었다는 점에서 볼 수 있다. 그러나 철도를 제외하고 인프라 부문과 농업부문에서의 발전이 불균형적이었다는 점은 실망스럽다. 이 밖에도 낙후한 의료체계와 교육에 있어서 역시 발전이 부족했음을 들 수 있는데 특히 대중적 규모에서 더욱 그러했다. 이와 같이 전반적인 발전에 장애요소로 작용한 것은 자원의 부족일 수 있다. 만약 자원이 좀 더 풍부했더라면, 이 모든 부문에서 균형 잡힌 발전을 기대할 수 있었을 것이다.

한편 경제부문에 있어서는, 국가경제의 성장에도 불구하고, 계속해서 적자상태에 있던 공공기업들로 인해 자본주의적 혹은 시장경제의 자립적인 논리를 여러 차례 부정하는 결과를 가져왔다. 1967년의 제4차 총선거까지, 인도는 사회주의 레짐의 정치적 위기뿐만 아니라 경제적 위기 역시 매우 심각한 상황에 이르게 되었다. 인디라 간디 총리의 리더십 아래, 새로운 회의당 레짐은 새롭게 정치화된 부문인 하층계급으로부터 선거지지를 얻기 위해 포퓰리스트 정치를 필요로 했다. 이는 인디라 간디 레짐의 정치적 생존을 유지할 수 있게 한 반면, 매우 큰 경제적인 대가를 지불하게 했다.

인디라 간디의 주요 성과는 녹색혁명이었는데, 이는 1960년대 중후반 되풀이되는 가뭄과 미국으로부터 잉여농산물을 원조 받던 미공법사백팔십호(PL480)의 밀수입 지불정지에 의한 것이었다. 가리비 하타오(garibi hatao, 빈곤퇴치: 옮긴이)를 위한 포퓰리즘적 정책과 1971년 방글라데시에서의 인도-파키스탄 전쟁은 계획 경제발전의 진전을 막았고, 막대한 재정적 긴장을 낳았다. 단기적으로, 이러한 정책들은 선거를 통한 회의당의 복귀를 가능하게 했고 인디라 간디를 카리스마적 정치 리더로 변형시켰다. 그러나 이 과정에서, 네루시기에 제도화된 회의당의 민주적인 구조는 붕괴되었으며, 회의당은 사당화된 정치 기구가 되었다. 이 같은 점은 인도정치체제의 연방주의적 특징에서도 찾아볼 수 있는데, 상부권력의 과도한 중앙집권화가 요구되었기 때문이다.

1970년대와 80년대의 정치경제적 위기는 J.P.운동과 비상 레짐 사이에 고전적인 대결로 발전한 정치체계 내의 부패와 권위주의 증가에 대항한 다량의 대중운동에 의해 더욱 심화되었다. 이러한 긴장은 1980년대의 연방적인 추세에 의해 급격히 감소되었는데, 이는 민주적으로 누그러진 인디라 간디와 라지브 간디의 회의당 정부 내에서, 일당지배체제에서 연합/소수정부와의 다당체제로 전환한 1989년의 록 사바 선거에서 뚜렷하게 반영되었다. 1990년대 인도의 정치체계는 신할당정책(New Reservation Policy 1990), 신자유주의적 경제개혁(Neoliberal Economic Reforms 1991), 힌두근본주의 세력의 고조(1992)와 같은 양상을 드러냈다.

인도의 국가를 다루는 장에서 세속주의와 자유화/사유화/세계화에 대해 보다 자세하게 토론하겠지만, 여기에서 약간의 논평을 하자면 앞선 발전의 영향 아래 이 시기의 입법적인 목표들은 고난의 시기에 직면해 있었다는 것이다. 최근의 발전은 인도 국가의 주권과 정치체계의 사회주의적·세속적·공화주의적인 성격에 물음표를 던졌다. 주권과 국가의 영토적 통합은

〈표 2.2〉 소득 그룹에 따른 사회-종교적인 범주들의 분포(소득범주, %)

힌두(일반)		
• 저 8.9	• 중 73.9	• 고 17.2
힌두(SC/ST)		
• 저 28.6	• 중 65.1	• 고 6.3
힌두(OBC)		
• 저 25.9	• 중 72.6	• 고 1.5
무슬림		
• 저 30.8	• 중 65.0	• 고 4.2

출처: Sachar Committee estimate from National Sample Survey Organisation 2004-05, 61st Round, Schedule 10 as reported in the *Frontline,* 29 December 2006, p.121

타협한다. 사회주의적 목표들은 금지되었고, 계획위원회(Planning Commission)의 역할은 상당히 묽어졌다. 국가의 세속적인 특징은 구자라트와 잠무&카슈미르에서 심각한 도전에 직면하게 되었다. 회의당 주도의 통일진보연합(UPA) 정부에 의해 지명된 사차르위원회(The Sachar Committee)는 최근 들어 무슬림 소수의 발전지연에 관심을 끌어왔다. 위원회보고서는 "공동체는 모든 발전의 측면에서 실질적으로 결손과 손실을 드러내기 마련이다"라고 밝히고 있다.13) (〈표 2.2〉)

할당정책의 성과를 위한 계속적인 요구는 정의와 평등의 원칙적 제한을 넘은 것으로 보인다. 빈곤완화프로그램은 사유화와 글로벌리제이션의 피할 수 없는 환경 아래에서 난항을 겪어왔다. 표에 보고된 자료는 힌두와 무슬림 간의 불일치가 확연하다는 것을 보여준다. 중산층 내에서 무슬림은 65%의 대표성을 차지하는 반면 힌두(일반), 힌두(SC/ST, 지정카스트/지정부족: 옮긴이), 힌두(OBC 여타후진계급)의 대표성은 65.1%에서 74%의 범위이다. 비슷한 패턴이 저소득층에서도 무슬림(30.8%), 힌두OBC(25.9%), 힌두SC/ST(28.6%)에서 현저하게 드러난다. 힌두(일반)(8.9%)와 무슬림(30.8%) 간의 대조는 비참할 정도이다. 그러나 힌두 SC/ST와 OBCs의 상황도 마찬가지이다. 다시 말하면, 힌두(일반)는 무슬림과 비교했을 때뿐만 아니라 힌두 SC/

ST와 OBCs와의 비교범주 내에서 훨씬 나은 상황이다. 고소득층 내에서 다양한 그룹들의 소득분포의 차이는 더욱 현저하다. 여타 세 그룹 — 힌두 SC/ST(6.3%), 무슬림(4.2%), 힌두 OBCs(1.5%) — 에서보다 힌두(일반)의 고소득층(17.2%)이 불균형적으로 큰 대표성을 지니기 때문이다.

할당정책

1990년의 만달(Mandal) I과 2006년의 만달 II와 같은 할당정책은 인도정치학의 거대한 딜레마로 발전하고 있다. 와이너(Myron Weiner)의 말에 따르면 "어느 한편으로 긴장은 존재한다. 개인은 공공정책의 통합인 카스트가 없는 사회의 목표가 되며, 다른 한편으로는, 공공정책의 통합으로서 지정카스트(SCs)와 지정부족(STs)을 위한 할당정책의 개념이 되는 것이다."[14)]

다양한 종교공동체 내에서 불이익을 받는 카스트를 위한 할당정책은 역사적으로 교육제도, 정부직종, 입법기관, 정치적 압력단체와 같은 곳에서 적절한 대표성을 가지는 것을 목적으로 한다. 입법의회의 의석에 대한 할당제도는 처음 10년 동안 남인도 밖의 SCs와 STs만을 위한 것이었다(SCs/STs를 위해 교육과 경제의 기회를 제공하는 할당정책 역시 임시적 성격을 띠었으나 기간제한을 조건으로 지정하지는 않았다).

그러나 이는 대부분의 주에서 OBCs(Other Backward Classes: 여타후진계급)로까지 확산되었으며 마침내 1990년대 초에는 중앙에까지 영향을 미치게 되었다. 이 정책은 비록 중앙에서 대수롭지 않게 여겼지만 주 수준에서는 매우 영향력을 가졌다. SC/ST 할당제는 헌법에 의한 동의와 함께 수립되었다(그러나 구자라트를 예로 들면 1980년대 중반, 정책에 대항하는 폭동적인 항의가 시작되었다). 사실, OBC 할당제는 항상 보다 많은 반대와 폭력적인 선동을 유발해왔는데, 1970년대 말 이래로 북부에 도입되어 온 곳(예를 들어 1978년의 비하르와 1990년대의 우타르프라데시)은 어디든 그 상황이 마찬가지였다. 1990년대 초, 우타르프라데시에 도입된 할당제는 OBC가 사실상으로는 존재하지 않았지만 전체적으로 후진 지역에서 상당한 이득이 유효하던 우타라칸드 주의 분리를 위한 지역운동을 유발했다. 운동은 폭력적으로 변했고 야다브(Mulayam Singh Yadav)가 이끄는 우타르프라데시 정부에 의해 무자비하게 진압되었다. 할당정책은 실용적인 목적을 위해 후진성(Backwardness)을 기준으로 하여 카스트를 이용해왔다. 대법원의 판결에서 시바라마야(Sivaramayya)는 다음을 인식했다.

> 소수가 헌법의 세속적인 이상을 강조하고 인종, 종교/카스트와 같은 금지된 분류를 피해야 할 필요가 있었던 반면, 다수의 의견은 카스트 테스트(그룹 지위를 측정하는 일종의 도구: 옮긴이)에서 우선권을 제공했고 사회적 사실로서 그것을 정당화했다. '직업적-사회적-교육적-경제적 기준'과 같이 일률적인 OBCs의 대안적인 양식을 거절하는 데에, 그리고 카스트 테스트를 선택하는 데에 있어, 다수는 힌두 사이에서뿐만 아니라 무슬림과 기독교도 사이에서 카스트를 지지했다.[15)]

카스트에 기반한 평가가 전반적으로 카스트-계급 연계의 층화에 유효할지는 모르겠지만, 이 같은 층화 내에서 큰 규모의 중간층이 존재하는 것은 적합하지 않다는 사실에 우리는 동의한다. 이러한 수준에서 카스트를 다루는 것은 왜곡을 발생시킨다. 1950년대 후반까지 남부에서, 1960년대 중반까지 북부에서, 이후 1970년대 후반과 1980년대 후반 중부지역에서는, OBCs의 정치적 타격이 증가한 것은 "만달화된(Mandalized)" 인도정치를 표상했다. 남인도 OBC 할당정책에 대해 베테일(Andre Beteille)의 은유적 표현을 빌려 표현하자면,[16)] 이는 체제를 때리고 왜곡시키는 막대기로 사용이 되어왔다; 한편 북인도는 현재 지나치게 선례를 따라왔다고 할 수 있다. 1990년대의 야다브(Laloo Prasad Yadav)와 마야와티-칸시람(Mayawati-Kanshiram)과 같이 정치적 권력에 대한 거친 반란은 인도 내에서만 일어났을지도 모른다.

그러나 할당제는 현재 평등, 그것이 가지는 장점, 효율성에 대한 이해의 부족으로 정치적 동원의 장치로 타락하게 되었다. 대부분의 모든 정당들은 이제 중간 계층과 낮은 계층을 동원하기 위해 할당제에 묵묵히 따르고 있다. 중앙에서 만달 할당정책의 기원을 찾아낼 수 있는 것은 자나타 당/자나타 달이다. 만달(B.P.Mandal)이 의장인 제2의 후진계급위원회(The Second Backward Classes Commission)는 1970년대 후반 자나타 정부에 의해 지명되었다. 그 시기까지 위원회의 보고서가 1980년대 초에 제출되었고, 자나타 정부는 회의당으로 대체되었다. 회의당 정부는 십 년 동안 보고서를 묵살했다. 자나타 리더들이 이따금씩 격분한 것을 제외하고는 이에 대해 눈물도 보이지 않았다. 자나타 달에 의한 전방정부(The National Front Government)는 1989년 권력을 갖게 되었고, 오랫동안 지속되어오던 이 논쟁의 이슈는 싱 총리(V.P.Singh)와 데비 랄(Devi Lal) 사이의 파당적인 싸움에 의해 폭발되었다.

이것은 중앙정부 서비스(The Central Government Services) (게다가SCs/STs를 위해) 내에 27%의 할당제를 위한 만달의 요구를 멈추게 했다. 전방연합정부 내 좌파와 지역정당들은 1989년의 선거강령들이 만달에 대해 아무것도 약속하지 않았음에도 불구하고 만달 밴드왜건(bandwagon)에 합류했다. 만달 할당정책은 앞서 언급했듯이, 대법원에 의문을 제기했다. 사건이 사법권의 돌출부로 두각을 나타낼 때까지 연합전선정부는 내려앉았다. 라오(P.V.Narasimha Rao)에 의한 회의당 소수정부는 법원에 제출한 중재 부탁에서 이를 철회하거나 폐지할 의도를 전혀 표현하지 않았다. 대법원은 만달 할당정책을 지지했으나 "OBC 상층부(creamy layer, 여타후진계급 중에서도 정치·경제적으로 우위를 점한 계층: 옮긴이)"에 대한 소송중지를 내렸다.

새로운 할당제의 최근 버전은 IITs(Indian Institutes of Technology), IIMs(Indian Institutes of Management)와 같은 중추적인 대학들과 같은 고등교육 엘리트 기관에 OBCs가 입학할 수 있도록 통일진보연합(UPA) 정부가 이를 도입하려 시도한 것에서 찾아볼 수 있다. 이 사건은 대법원에 가져갈 정도로 충분히 논쟁거리가 되었다. 나가라즈(M. Nagaraj and others)와 인도연합(Union of India and Others 2006) 사건에서는, 법원이 정부로 하여금 OBCs

와 SCs/STs가 고용뿐만 아니라 입학에 있어 할당정책의 혜택을 제한받도록 하고, "OBC 상층부" 역시 이권(利權) 밖에 놓이도록 했다. 만달 II 사건에서 이와 같은 나가라즈의 판결은 만달 I/인디라 소니(Indira Sawhney) 사건에서보다 거의 십 년 반이나 이른(1993) 판결의 전조가 되었다. 후자의 판결에서, "OBC 상층부" 형성은 "OBC만을 위해 제한된 것이며 지정부족과 지정카스트와는 상관이 없다"라는 점을 지적할 수 없게 되었다.[17] 학자들의 의견에 따르면 이 판결은,

> "할당정책의 길고 격렬한 토론에서 중요한 순간에 주목한다. 차별, 후진성, 찬성 행위의 문제에 있어 헌법재판석에 의한 고심과 'OBC 상층부'가 왜 그토록 중요한 이유인지를 여기에서 세 가지로 언급하는 것은 가치가 있다. 첫째, 통치란 동질적인 사회의 닳아빠진 슬로건을 반복하기보다는 우리 사회 내 카스트 이익의 극화에 본격적으로 착수하는 것이다. 둘째, 그 용어는 법원 내에서뿐만 아니라 정책결정자, 학자, 미디어관계자들 사이의 토론에서 지배적으로 사용된다. 셋째, 비록 그것이 의회의 친(親)후진계급운동을 좌절시키는 것처럼 보여도 '상층카스트'의 불평을 이전의 어느 때보다도 뚜렷하게 정당화한다."[18]

이와 관련해 대법원에 대한 최초의 주요 도전은, 만모한 싱 정부가 OBC 상층부의 배제 없이 고등교육 엘리트 기관에 OBCs가 입학할 수 있는 만달 II 할당정책을 시행하려했던 것이다. 그러나 대법원의 최종판결은 계속해서 미결인 채로 남아있다.

빈곤완화정책

인도의 "사회주의"와 "포퓰리즘"이 비탄으로 다가오고 신자유정책 레짐이 1990년대에 적용된 이후에, 할당정책과 더불어 빈곤완화정책은 복지를 측정하는 또 다른 잣대로 사용되어 왔다. 일면에서 볼 때 이는 불가피한

것이다. 왜냐하면 세계은행의 데이터를 통해볼 때 1995~2003년 중국 인구의 17%가 극빈의 상태였음을 비교하면 인도 인구의 35%가 극빈상태로 살았기 때문이다. 이러한 관점에서 인도는 사하라 사막 이남의 일부 국가들에 비교했을 때만 나은 상황이었다. 인도는 인간개발지수(HDI)의 관점에서 역시 순조롭지 못하다. 예를 들면, 같은 기간 동안 5세 미만의 영아들 가운데 47% 이상이 영양부족이었고, 2002~03년 5세 미만의 영아사망률은 천명 가운데 87명이었다. 2000~03년에 생존했던 영아들 가운데 81%가 초등 교육을 마쳤다. 1998~2002년의 젠더평등지수는 파키스탄 71, 중국 97, 미국과 캐나다 100, 영국 116에 비교해 인도는 80을 나타냈다.[19)]

현대 인도에서 빈곤은 발전이 느린 주와 농촌지역에 더욱 집중되고 있다. 일반적으로 도시의 빈곤은 농촌지역의 빈곤보다는 타격을 덜 준다. 빈곤층의 절반 이상이 비하르, 마디아프라데시, 오리사, 우타르프라데시에 살고 있으며 2/3 이상이 농촌지역에 분포한다. 농촌지역에서 빈곤발생률은 농업노동자들 사이에서 가장 심하고, 그들 중 많은 사람들이 임시노동자이거나 한계농노들이다. 지방의 지정카스트와 지정부족들은 낮은 지위와 자원의 부족이 그들로 하여금 기회를 배제시키는 장애물로 작동하기 때문에 다른 사회그룹보다 더욱 빈곤한 것으로 보인다.

인도의 빈곤층은 낮은 소득과 의료, 교육, 기간시설과 같은 기본적인 공공서비스에 접근하는 것에 어려움을 겪고 있다. 빈곤층을 위해 특별히 고안된 서비스와 국민 모두를 위한 보편적인 서비스는 부패의 확산과 발전의 퇴보로 인해 빈곤층을 더욱 괴롭게 한다. 아마 틀림없이 인도에서의 빈곤문제는, 인간개발과 능력보다는 기아와 영양부족의 관점에서 언급하는 편이 경험적으로 보았을 때 훨씬 효과적인 것으로 보인다—이 개념은 아마르티아 센(Amartya Sen), 마붑울 하크(Mahbub-ul Haque), 세계은행에 의해 제창되었다. 빈곤은 발전 지역인 곳에서도 발견된다. 이러한 사실은 펀자브, 마하라슈트라, 안드라프라데시와 같은 주의 농부들과 농노들의 대량 자살로부터 명백해지는데, 이러한 주에서는 시장과 은행제도가 자본주의적 농업을 고조시켰지만 부수적인 경제적 문제들이 빚과 죽음의 악몽에서 벗어나려는 농업 종사자들을 압도하고 있다. 인도는 빈곤층의 필요 — 기반적인 경제가 신자유주의적, 국가적, 글로벌 자본주의의 욕구 — 기반적인 경제가 안전한 변형을 만들기 위한 평형을 찾아갈 수 있을까? 빈곤문제를 다루는 인도의 경험은 정치적인 권력위임과 경제적인 권력위임이 동등하게 중요하다고 제안한다. 이것은 국민들이 그들의 정치, 경제, 사회적 삶을 실현하도록 이끌 것이다. 공공교육, 의료, 자산을 형성하고 보호할 능력을 포함하여 기본적인 필요의 관점에서 인간에게 영향을 끼치는 공공정책에 영향을 줄 수 있는 개인의 능력은 그러한 권력위임의 전제조건이다.

인도의 주(들)은 빈곤완화와 관련해 직접적이고 간접적인 정책을 모두 실시해왔다. 직접적인 정책은 농업발전과 식량보호, 농업과 산업 간의 무역, 농업 부문의 보조금과 투자, 인프라와 제도의 설립, 산업과 고용정책, 서비스 부문, 무역정책 등에 목적을 둔 정책들을 모두 포함한다. 직접적인 빈곤완화프로그램으로는 공공토목공사와 같은 임금고용을 포함하고, 통합농촌개발프로그램(Integrated Rural Development Programmes: IRDP)과 같은 자가경영 프로그램, 공공분배체계(Public Distribution System: PDS), 통합유아개발서비스(Integrated Child Development Services: ICDS)와 같은 영양프로그램, 마하라슈트라에서 창안되고 국가 농촌고용보장법령(National Rural Employment Guarantee Act: NREGA) 아래에서 중앙의 회의당 주도 통일진보연합정부에 의해 확대된 고용보증계획(Employment Gurantee Scheme)과 같은 농촌공공토목공사 프로그램, 자와하르 로즈가르 요자나(Jawahar Rojgar Yojana: JRY) 등이 있다.[20]

바르시니(Ashutosh Varshney)는 인도에서의 이전 신자유주의 개혁 레짐은 빈곤을 공격하는 직접적인 전략을 따랐다고 한다. 그는 개혁이 이전의 국가 주도적 발전전략의 실패에 대한 이유를 조사하지 않은 채로 마련한 간접적인 빈곤완화책이라고 명확하게 말하고 있다. 그는 개발 중인 세계에서의 민주주의는 일반적으로 빈곤을 감소시키는 데에 온건한 성공을 이루어왔다고 주장한다. 바르시니에 따르면, 그 원인은 민주주의와 직접적인 빈곤완화책과는 일부분 선거적인 친근성이 있는 반면, 직접적인 완화책은 간

접적인 완화책만큼 효과적이거나 지속적이지는 않기 때문이라고 한다.[21)]

보다 잘 정리된 집중적인 인도 연구에서 데브(S.Mahendra Dev)는 다음과 같은 결론을 내리고 있다.

(1) 1950년대에서 1970년대 중반까지의 추세는 빈곤변화율의 변화가 아무 것도 없었음을 보여준다. 그러나 1970년대 후반과 1980년대에는 현저한 빈곤의 감소가 있었다. 후기 신자유주의 개혁기간 동안에는 1993~1994년까지 농촌지역의 빈곤이 정적인 상태로 남아있었지만 도시의 빈곤은 1990년대에 눈에 띄게 감소했다. 농촌지역의 빈곤 감소는 1993~94년과 1999~2000년에 현저한 개선을 보였다. 이러한 추세는 총체적 경제지표와 관련이 있다. 인간개발과 삶의 질 지표의 관점에서, 인도는 세계은행의 인간개발 범주의 평균보다도 훨씬 뒤처진 상황이었다.

(2) 1990년대에 고용이라는 관점에서 발전의 추세는 감소를 기록했다. 비(非)농장 고용은 개혁 이후 1993~94년까지 감소했으나 1999~2000년에는 다시 증가했다. 보안과 직업의 질은 보수, 연간 증대, 급여금과 같은 은퇴 보수, 퇴직의 현금화, 연금 없이 임시직이나 계약직을 의뢰하는 것으로 인해 악화되었다.

(3) 주 간 불일치의 혼란스러운 추세는 주목할 만하다. 힌디어를 사용하는 주와 오리사에 있는 가장 빈곤한 주들은 빈곤을 줄이는 데에 실패한 반면, 남부와 서부의 부유한 주와 펀자브, 서벵골은 빈곤완화의 진척에 성공해왔다.

(4) 1980년대에는 다음의 중요한 요소들이 좀 더 널리 미친 결과의 관점에서 빈곤 감소를 위한 노력이 더욱 중앙화되었다는 것을 발견할 수 있다: 농업발전, 관련 식량 가격에 있어 농촌-도시의 차이, 농촌 비농장 고용의 보충수입, 발전과 임금에 있어 증대되는 공공지출이 그러하다. 게다가 농업의 연구와 수단에의 지출은 빈곤 감소와 더욱 강한 상관관계가 있다.

(5) 1990년대에는 산업과 상대해서 농업에 대한 무역의 증진에도 불구하고 개혁 이후 농업은 사적 투자부문에서는 증가했지만 농업발전은 감속을 보였다.

(6) 국내의 규제철폐는 무역자유화보다 농업발전을 촉진시켰다. 그리고 농업부문에 있어 기간시설, 제도, 기술발전의 점진적인 효과는 아무리 강조해도 지나치지 않는다.

(7) 산업발전의 맥락에서 신자유주의개혁의 열광자들은 노동법 레짐에 있어 부정적인 역할을 지나치게 강조해왔다. 왜냐하면 1980년대 중반에서 1990년대 중반까지 4%의 고용을 보였기 때문이다.

(8) 1986~87년의 빈곤에 있어 PDS의 영향은 눈에 띄지 않았으나 이후 비하르와 우타르프라데시의 계획 평가는 빈곤층이 그것을 중요한 반(反)빈곤 수치로 방관했다는 것이 밝혀졌다.

(9) 정부고용 프로그램 내 비정부기구와 공동체기구의 막대한 재정곤란에는 근본적인 이유가 있다.

(10) 즉각적이고 전망적인 관점에서 여성단체에 대한 강조를 추가하여 교육과 직업기술의 효율적인 역할은 확대되어야만 한다. 데브는, "개혁의 제2세대는 농업발전과 농촌의 기간시설에 집중되어야만 한다"라고 덧붙이고 있다.[22]

미주

1) B. Shiva Rao et al. (Eds.), *The Framing of India's Constitution: Select Documents,* Vol.1, New Delhi, IIPA, 1966, p.124.
2) *Ibid.,* p.213.
3) *Ibid.,* Vol.2, pp.3-4.
4) Bipan Chandra, *In the Name of the Democracy: JP Movement and the Emergency,* Penguin Books, New Delhi, 2003.
5) *Madhav Rao v. Union of India, All India Reporter,* 1971, Supreme Court, pp. 530⋯.
6) *A.K.Gopalan* v. *State of Madras, All India Reporter,* 1950, Supreme Court, p. 27. onwards and *Maneka Gandhi v. Union of India, AIR,* 1978, Supreme Court, p.597⋯.
7) Neera Chandhoke, "Individual and Group Rights: A View from India," in *India's Living Constitution: Ideas, Practices, Controversies,* Zoya Hasan, E. Sridharan, R. Sudarshan (Eds.), Delhi: Permanent Block, 2002, p.224.
8) *Keshavananda Bharati v. State of Kerala,* 1973, *AIR* Supreme Court, p.1461, onwards and *Minerva Mills Ltd.* v. *Union of India, AIR,* 1980, p.1789 ⋯.
9) *Rural Litigation and Entitlement Kendra v. State of UP, AIR,* 1987, Supreme Court, p.359⋯; *Mohan v. Union of India,* 1992 suppl. 1, *Supreme Court Cases,* p.594⋯; *Mumbai Kamgar Sabha* v. *Abdulbhai, AIR,* 1976, Supreme Court, p.1455.
10) Granville Austin, *The Indian Constitution: Cornerstone of a Nation,* Oxford University Press, New Delhi, 1966; *Working a Democratic Constitution: The*

Indian Experience, Oxford University Press, New Delhi, 1999 and "The Expected and the Unintended in Working a Democratic Constitution," in Zoya Hasan, E. Sridharan, R. Sudrashan (Eds.), *India's Living Constitution: Ideas, Practices, Controversies,* Permanent Block, New Delhi, 2002. See also, Shibanikinkar Chaube, *Constituent Assembly of India: Springboard of Revolution,* 2nd ed., Manohar, New Delhi, 2000.

11) Atul Kohli (Ed.), "Introduction," *The Success of India's Democracy,* Cambridge University Press, New Delhi, 2001, p.3.

12) Rajni Kothari, "On Democracy: Emancipation and Democracy," *Rethinking Democracy,* Orient Longman Private Limited, New Delhi, 2005, p.166.

13) *The Frontline,* 29 December 2006, p.121.

14) Myron Weiner, "The Struggle for Equality: Caste in Indian Politics," in Atul Kohli (Ed.), *The Success of India's Democracy,* Cambridge University Press, New Delhi, 2001, p.200.

15) Sivaramayya, "The Mandal Judgement: A Brief Description and Critique," in M.N. Srinivas (Ed.), *Caste: Its Twentieth Century Avatar,* Viking-Penguin India, New Delhi, 1996, pp.237-38.

16) Andre Beteille, "The Problem," posed for a special issue on Reservation, *Seminar* (New Delhi), No.268, December 1981.

17) *The Frontline,* 17 November 2006, pp.32-34.

18) Rekha Pappu, M. Madhava Prasad, K. Satyanarayana & Susie Tharu, "Reservation or Affirmative Action?" *The Hindu,* New Delhi, 12 December 2006, p.10.

19) The World Bank, *Miniatlas of Millennuium Development Goals: Building a Better World,* Washington, DC, 2005, pp.54-63.

20) S. Mahendra Dev, "Poverty in India: Trends, Macro-Policies, and Direct Programmes," in M. Govinda Rao (Ed.), *Development, Poverty, and Fiscal Policy: Decentralization of Institutions,* Oxford University Press, New Delhi, 2002, pp.61-66.

21) Ashutosh Varshney, "Why Haven't Poor Democracies Eliminated Poverty?" in his edited anthology, *India and the Politics of Developing Countries: Essays in Memory of Myron Weiner,* Sage, New Delhi, 2004.

22) S. Mahendra Dev, *op. cit.,* pp.67-69.

제3장

국제화된 세계에서 민주적, 다문화-세속적, 발전적인 국가

개요

국가, 정부, 정치체계라는 용어는 동일 연장선상에 있지 않다. 이것들은 부분적으로 의미가 중복되지만 다른 뉘앙스를 가지고 있다. 사르토리(Giovanni Sartori)는, "꽤 오랜 기간 동안 영어는 '국가(State)' 보다는 '정부(Government)' 가 선호되었고, 프랑스어인 etat와 독일어인 Staat 역시 '정부' 로 번역되어왔다. 많은 유럽대륙의 문헌은 반대의 방식을 택해왔는데, '정부(Government)' 를 국가(일반적인 용어)의 일부분으로 간주했다" 라고 언급한다.[1] 국가와 같이 정치체계 또한 자원과 권력의 분배와 할당을 담당하는 권위적인 권력을 가지고 사회 내에 배태된 통일체로서 개념화된다. 그러나 정치체계는 국가보다는 더욱 사회 중심적인 개념이다. 국가는 영토와 정치공동체 내의 주권을 가장 실재화한 제도적 구체화로 여겨진다.

고대 인도의 국가라는 용어는 정부라는 용어와 일치하지 않는 것으로 여겨진다.[2] 카우틸리아(Kautilya)의 아타샤스트라(Arthashastra)는 사프탕라쟈

(saptang rajya)이론 — swami, amatya, janapada, durga, kosh, danda, mitra를 포함한 국가의 일곱 가지 기구는 각각 왕권, 내각, 인구와 영토, 요새, 보고(寶庫), 왕위, 동맹을 의미한다 — 의 윤곽을 그리고 있다. 아이젠슈타트(S.N.Eisenstadt)와 하트만(Harriet Hartman)은, "인도문명의 중심은 정치적인 것이 아니라 종교-의식적인 것이다. 다른 세속적인 요소들과 밀접하게 관련해서 이것이 광범위하게 분포하고 귀속적(ascriptive)인 개체 내에 강하게 배태된 것이, 그와 같은 요소들이 동질적, 통합적, 조직적인 의식(ritual) — 성지순례와 네트워크, 사원, 분파, 학교 — 내에서 형성된 것이 아니며, 종종 정치적 경계들을 초월하고 있다"라고 언급하고 있다.[3)]

근대 이전의 인도에서는, 중세시기를 포함하여 "지역의 왕궁과 아대륙 국가를 넘어 공동체 촌락구조에 놓인 권력의 기초"는 실제적인 정치권위체로 행사했다.[4)] "인도의 통치권은 역사적으로 볼 때 부분적으로는 결정화(crystallize)되기도 하고 일부분은 확산되기도 했다. 강한국가의 측면에서는 통치권이 뚜렷하게 중앙집권화 되는 경향을 보였으나 부분적으로는 분권화된 특징 역시 보였다. 이러한 통치권 개념은 국가 내 그룹과 지역에 상당한 정도의 자율권을 부여했을 뿐만 아니라 아대륙 내 국가의 구성이었던 복잡한 형태의 주 간 동맹을 가시화했다. 이 같은 현상은 마우리아, 무굴제국, 대영제국과 같은 강력한 아대륙 국가들에서조차 사실로 나타났다. 일찍이 가나상하(ganasanghas, 고대 인도에서 민주적 결정을 내리던 자율적인 특성을 갖는 사회·정치적인 개체: 옮긴이)의 전통뿐만 아니라 과거의 봉건적 자율성은 오늘날 인도의 의회제적 연방헌법에 나타난 국가 정부의 자율성 측면에서 선각자로 보일지 모른다.[5)]

현대 인도의 국가는 최소한 인접한 혈통에 있어서 제국주의적인 특징을 갖는 영국자본주의의 산물이라 할 수 있다. 영국통치(The British Raj)는 전제 군주적 통치하에 최고의 농업적 관료들을 배치하는 것을 이상적으로 여기던 야심적인 성격의 마하마티야(mahamatyas)와 만삽다르(mansabdars)의 마우리아와 무굴의 강력한 아대륙 국가적 전통에 합류해 근대국가의 발전 방침을 입안했다.[6)] 중세 인도에서 절대주의국가의 유럽적 모델이 부재한 이유는 마우리아와 무굴의 세습적인 관료제를 대신해서 중앙집권화된 근대 관료제 아래에서 국가가 발전했기 때문이다. 이는 인도가 이전의 봉건국가의 틀을 깨고 자본주의 경제의 기초 아래에 놓이도록 했다.

영국 식민국가 역시 점진적인 방법으로 다양한 수준에서 제한적인 대표제를 도입했다. 1935년까지 성인인구의 약 25% 가량이 교육과 부의 자격을 기초로 지역의 입법체를 선출하기 위해 참정권을 부여받았다. 만약 영국의회에 의해 시행된 1935년 인도정부법이 영국령 인도로 제안된 연합에 합류함에 있어 군주국들의 거절로 인해 좌절되지 않았더라면 연방정부 내에서 최초의 경험이 되었을 것이다. 1935년의 헌법은 인도 독립 이후 1950년 헌법 아래 설립된 연방연합을 더욱 완벽하게 하는 데에 현저하게 기여했다.

민주적 차원

인도의 국가에 대한 자유민주주의적 관점은 시민권과 국가의 의무, 정부의 지위와 선거를 통한 국가권력의 민주적 구성에 초점을 맞춘다. 영국 식민국가로부터 인도 국가로의 전환은 장기간의 자유에 대한 투쟁이었는데, 여기에는 1947년 영국의회에 의해 시행된 인도독립법에 의해 자유를 얻는 만큼의 합법성이 포함되어있다. 이 법 아래에서, 주권은 인도 입법의회로 이양되었는데, 이것은 1946년 지역의 입법기관의 구성원들에 의해 선출되었고, 이들은 1935년의 인도정부법 아래에서 1936년 선출된 사람들이었다. 1947년 인도독립법 아래 영국 정부의 지상권이 쇠퇴하면서, 군주국들은 인도나 파키스탄에 귀속하거나 혹은 독립국으로 남을 수 있는 자유가 생겼다. 1950년 헌법이 공포될 때까지, 모든 군주국들은 자발적으로 혹은 어쩔 수 없는 환경적 요인으로 인해 인도나 파키스탄에 귀속했다.

인도 민주국가의 기본 요소는 헌법, 보충적인 의회 법규, 선거관리위원회의 규칙에 의해 규정될 수 있다. 헌법은 서문, 시민의 기본권과 국가정책의 지침, 중앙에서의 의회연방정부의 구조, 국가와 지역정부의 윤곽을 설정한다. 1950년과 1951년의 국민대표법은 선거법을 규정했다. 선거관리위원회는 정당을 등록하고 인식하며 선거명부 준비, 선거시행, 선거법시행 등의 감시를 행한다.

인도 국가의 자유주의적인 해석에서 크게 모습을 드러내는 두 가지의 특징은 사회적 기반으로부터의 국가자율성과 선거적인 특성이다. 이의 기저에 놓인 가정은 국가가 정당의 통제와는 관계없이 사회적 부문과 공동기관 위에 있다는 것이다. 국가와 시민사회 사이의 접촉면은 정당체계, 압력단체, NGOs를 포함한 시민사회기구, 신사회운동에 의하여 중재된다. 인도 국가에 대한 자유주의적 인식은 일반적으로 '연성국가(Gunnar Myrdal)'[7] 혹은 '약하지만 강한국가(the Rudolphs)'[8]로 여겨졌다. 뮈르달의 주장에 따르면, 남아시아 국가들은 경제발전을 위한 그들의 계획 실행에 효과적이지 못했다. 다소 비슷한 맥락에서, 콜리는 국가 내 권력의 집중화에 대한 역설과 동시에 발생하는 국가의 무능력에 주의를 기울였다. 콜리는, "무능력(powerlessness)은 국가의 목표들을 만족시키기 위해 통치자들이 반복하는 부적당성(incapacity)을 의미한다"라고 주장했다. 또한 그는 그들이 국가의 중앙기구에 권력을 막대하게 집중해왔다는 사실을 덧붙이고 있다. 그와 같은 예로 "빈곤완화 정책의 시행에 따른 인디라 간디의 무능력과 보다 '자유주의적인' 방향에서 그녀의 수입대체발전모델을 수정하려한 라지브 간디의 시도에서 초래되었던 정치적 어려움 같은 것이 있다."[9]

국가 형성의 초기 희망에 사로잡혔던 라즈니 코타리와 같은 다른 평론가들은 "제도의 위기"라고 불리던 비상 레짐의 권위주의적인 추세로 인해 점점 환멸을 느끼게 되었다. 코타리의 표현에 의하면 "체계를 이루는 기본적인 정당제도가 쇠퇴하고, 관료에 의해 이 제도가 교체했으며, 한편에서는 개인적인 카리스마로 시스템이 위기의 시기에 들어서게 되었다."[10]

서구 자유민주주의 국가들로부터 인도 국가에 대한 대조를 통해, 루돌프 부부는 인도적 변형으로서 세 가지 구별적인 특징을 강조한다. 첫째, 인도의 국가는 노동과 자본 사이의 자율적인 '제3행위자'로서 출현한다. 둘째,

서구에서 제도적인 채널을 사용하는 압력단체와 로비에 반해 인도는 대중의 압력정치를 가져온 '요구단체(demanding groups)' 에 의해 특징지어진다. 셋째, 코타리와 같이 루돌프 부부 또한 그들 스스로가 "비제도화(deinstitutionalization)" 혹은 "정치제도의 쇠퇴" 라고 부르는 현상을 인도 국가의 특징으로 언급하고 있다.

제도의 위기에 대한 화제는 다른 정치학자의 연구에서도 나타난다. 예컨대 싱(M.P.Singh)은 국가의 제도적인 부분에서 균형 잡힌 입법적 기능이 보다 필요함에 주의를 기울인다. 그는 "정치와 경제 제도의 모체는 억제와 균형의 연속물들 — 의회·내각·대법원 간, 연방정부와 주 정부 간, 자유주의적 기본권과 사회학적 측면에서 국가정책지침의 경향 사이, 공공부문과 사적부문 간, 정치적 엘리트와 사회·군사·국가기업 관료 간 등 — 과 연관된다" 라고 주장한다.[11]

최근의 연구에서는, 이 같은 변화를 이해하려는 시도들이 있었다. 우선 선거민주주의의 심화로 인도 국가의 민주화가 증가했다고 강조하는 시도가 그러하지만, 이는 제도가 지금까지 기능해왔던 측면에서 볼 때 단기적으로는 다소 불안정해 보인다. 예를 들어, 요겐드라 야다브는 1990년대 선거를 "네루와 인디라 간디 시기 일찍이 민주화한 국면 이후 제3의 민주적인 상승기" 로 여기고 있다.[12] 또 다른 시도로는, 1990년대 이후의 변화를 네루와 인디라 간디 아래 회의당 지배 때문에 의회주의적 양식에서 유력하게 기능했던 정치체계가 연방화를 심화시켰다고 보는 입장이 있다.[13]

인도 국가는 헌법에서도 나타나듯 중앙집권적인 특성을 지니고 있지만, 인도의 역사를 통해 볼 때 대립적인 요소들과 1947년의 국가 분할에 대한 쇼크는 강한의회 중심의 연방주의모델을 위한 정당화로서 사용되었다. 미국식의 고전적인 연방주의모델과 비교하여 웨어(K.C.Wheare)는 캐나다와 인도의 연방주의를 "유사 연방적(quasi-federal)" 이라고 특징지었다.[14]

문맥상 중앙집권화는 전국적 '우산(umbrella)정당' 인 국민회의당에 의해 더욱 강조되었는데, 모든 주에서뿐만 아니라 뉴델리에서 처음 통치를 시작하여 1967년까지는 거의 모든 주에서 집권당이 되었다. 비슷한 영향력이

전인도서비스(All India Services: AISs)에 퍼진 것은 — 인도행정서비스, 인도정책서비스, 인도삼림서비스 — 인도 연방제도의 독특한 특성이다. 전인도서비스는 중앙과 지역 서비스로부터 구별되는 연방적 성격의 서비스이며 주 정부뿐만 아니라 연방의 가장 높은 단계에서 의무를 진다. 이에 종사하는 공무원들은 연방의 공공서비스위원회에 의해 고용된다. 그들은 국가의 다양한 기반에 속하며 종종 연방정부의 대리 업무를 수행한다. 게다가 1950년대 초기 네루 정부에 의한 "사회주의적 패턴(socialistic pattern of society)"의 지향은 중앙집권화를 계획하는 세력들을 강화시켰다. 이 같은 중앙집권적 요소들은 1980년대까지 종식되거나 지방분권적으로 변형되었다. 회의당이 집권하는 동안 다수는 사라졌지만, 강력한 지역정당, 연방연합과 소수정부를 중심으로 다당제의 지형을 갖추면서 상황은 역전되었다. 이같이 정당제의 변형은 정치적 체스판에서 대세를 바꾸어놓은 것이다.

의회의 두 원, 공화국의 대통령과 부통령의 집무실, 다양한 주 의회와 정부들은 다른 정당 혹은 정당연합에 의해 통제되었다. 정당연합을 이루는 가지각색의 정치적 기반은 연합적이고 연방적인 동의와 행정, 입법, 선거적 수준에서 연합을 구성하는 것을 더 어렵게 만든다. 상이한 수준에서의 정치적 다양성은 다른 정당들 혹은 반대정당들로부터 협조적인 응답을 필요로 했다. 연방연합정부는 총리중심의 내각 혹은 장관중심의 내각을 단체 조직적인 내각으로 변형시켰다. 내각은 구획되었고 각 부는 정당별로 나뉘어졌다. 갈등을 일으키는 분열적인 정부의 행정기관과 입법기관들은 사법권의 확장을 위해 그들의 해석적인 수단, 재검토, 행동주의적 역할을 강조했다. 연방화의 이 같은 과정에서 행정-중심적인 정치 체제는 상당히 민주화되었다.

그렇다면 과연 인도라는 민주국가는 반세기가 넘는 기간 동안 이 같은 요소들의 존재 속에서 어떻게 작동되어 왔을까? 긍정 혹은 부정의 간단한 시각에서 이 질문에 대답하는 것은 어려운 일이다. 인도의 헌법이 제2차 대전 이후 21세기가 시작할 때까지 격동의 수십 년을 지나 생존해왔다는 것은 대단한 성취이다. 더욱이 인도는 여러 균열요소에도 불구하고 자유와 공정 선거의 전통을 성공적으로 유지해왔다. 그러나 단순히 헌법이 생존해왔다는 것이 대단한 일은 아닐 것이며, 선거 역시 마찬가지이다.

민주적이고 공화주의적인 가치는 비상 레짐에 의해 침식되었지만 부패와 권위주의에 대항한 수많은 대중운동과 1977년 록 사바 선거에 의해 보호되었다. 그러나 오늘날, 이러한 가치는 국가의 세속적인 토대에 있어 도전들로 인해 이전보다 훨씬 심하게 침식된 것으로 보인다. 최근 수십 년간 인도의 거버넌스는 불안정하고 분열된 특징을 보였다. 오늘날의 부패와 정치의 범죄화(criminalization)는 1970년대보다 훨씬 긴박한 상황에 처해있다. 그러나 이 같은 상황에서 인도를 보호할 수 있었던 것은 대중운동이었다. 이 같은 사회운동들은 단일 이슈(예컨대 환경, 생태, 젠더, 시민이익단체 등)에 기초한 초소형(micro) 대중운동이라는 특징을 보이고 있다.

역사적 맥락에서 인도의 정치는 일반적으로 더딘 성장률을 보이던 경제 부문에 비교해 상대적으로 성공한 영역이었다. 초프라(Vir Chopra)의 표현대로, 인도의 민주주의는 실제로 "유사 민주주의(quasi-democracy)" 적 요소들을 감소시켜왔다.[15] 그러나 1960년대 후반 이래 돈과 장관직을 차지하기 위해 입법자들 사이에서는 탈당이 횡행했고, 중앙과 주의 입법기관에 대한 신뢰도가 낮아지게 되었다. 정치의 범죄화는 심각한 정도에까지 이르렀다. 과거의 범죄자와 폭력 단원들이 정치인으로 기용되었다는 것이 평론가들의 일반적인 주장 — 현재, 범죄전과자들은 정치인의 서열에 합류 — 이었다. 오늘날, 범죄전과자를 보유하지 않은 정당은 없으며 언론보도에 따르면 이들의 수는 무려 두 자리에 이른다고 한다. 보호라(Vohra) 내무부 장관이 지휘하는 상부의 연방정부 행정위원회는 1993년의 보고서에서 국가의 다양한 부문에 종사하는 정치인, 범죄자, 경찰, 관료 사이의 연계성에 주의를 기울였다.[16] 입법적 혹은 행정적 수준에서 이 보고서에 뒤따르는 조치는 애석하게도 거의 없었다.

1990년대 행동주의적 성격을 보이던 선거관리위원회 역시 선거 시행에 있어서는 표면적인 변화를 야기했지만, 범죄자들을 선거과정으로부터 추방하려는 노력이 아직까지는 성공적이지 못했다. 대법원은 1998년 이래로 모든 후보자들로 하여금 범죄, 유죄 판결, 자산과 책임액에 관련한 선서진술서를 추천서와 함께 선거관리위원회에 제출하도록 의무를 부과했다. 경제적으로 정체된 비하르에서는 연합적 정치기금이 사용될 수 없게 되면서부터, 1980년대와 1990년대 회의당과 자나타 달의 상층 정치인들은 사실상 사적 재산을 가진 보유자로서 입법자들의 폭력집단을 유지시키고, 이들의 이름을 빌어 무수한 편취를 자행하며 국고로부터 거액을 짜냈다. 비하르와 같은 주에서는 입법화는 되지 않았지만 반복적으로 갱생만 된 법령통치(Ordinance Raj)의 장치를 호소했다.

오랫동안 이 지역에서는 헌법의 연방조항 타도, 헌법 356조항의 오용과 같이 입법체계의 의회주의적이고 연방주의적인 요소들의 침식이 있었다. 중앙에서는 내각뿐만 아니라 의회 역시 과소평가되면서 수상체제가 퇴보되었다. 이러한 추세는 1990년대 이래로 반복되어왔으며 정당체제의 분열은 연합정부 특유의 불안전성을 수반해왔다. 중앙의 만성적인 정부 불안정은 의회정부를 형성하고 유지하는 생존 능력에 불안증을 유발시켰다. 그러나 최근 몇 년간 시민권에 대한 사태뿐만 아니라 일부 연방주의적 증진이 나타났다. 이러한 증진은 크게 보다 연방화된 정당제, 사법행동주의, 입법적인 역할과 관련해 대통령과 통치자들의 자의식 증가, 시민권단체의 행동, 1993년 의회법 아래에서 국가인권위원회(National Human Rights Commission)의 설치에 기인한다.

근대 비교 정치적 경험과 근대화된 정치체제는 실용적인 정당제도가 민주주의의 필수불가결한 요소임을 드러내왔다. 정당제는 민주국가의 성장과 안정화에 촉매적인 요소가 되어왔기 때문이다. 바이메(Klaus Von Beyme)는, "정당은 민주정치에서뿐만 아니라 정치학에 있어 발전의 중심이 되어왔다. 로웰(Lowell), 브라이스(Bryce), 오스트로고스키(Ostrogorski)와 마이클스(Michaels)가 진정한 정치학으로서 묘사될 수 있었던 최초의 서적을 출판한 것이 바로 정당에 관한 것이었다는 사실은 우연의 일치가 아니다"라고 언급했다.[17] 그러나 인도에서 1970년대까지 몇 년이 넘도록 유지된 일당지배체제는 권위주의적 통치의 수단으로 전락했으며 의회주의적 연방체제는 신세습적 레짐에 의해 대체되었다. 그러나 이후 일당지배체제가 쇠퇴하면서 다당제로의 길이 열렸고 체제의 연방주의적 잠재력은 결실을 거두게 되었다. 그럼에도 불구하고 정당들의 분열로 인해 의회정부의 안정성은 계속해서 문제가 되었다. 역설적이지만, 연방주의적 쇄신은 의회의 쇠퇴를 동반했다.

민주국가의 위기

현대 인도에서 정치제도의 위기는 민주화가 증가하면서 발생했다. 바르가바(Bhargava)[18]가 언급했듯이, "… 자유민주주의의 현 위기는 대개가 그것 자체의 성공 때문이다. 시민적 자유는 벙어리에게 목소리를 주고 민주적 절차는 그 목소리를 밖으로 끌어내는 공간을 형성한다." 야다브(Yadav)[19]와 같은 학자들은 주 의회의 선거 결과들을 비교하여 후기 회의당 국면에서 "제2의 민주적 융성"에 대한 사례를 들었다. "정치가 1990년대에 지방분권화 되었고, 민주주의적 충동은 주 수준에서 근본적으로 일었다. 1993년과 1996년 사이에 치러진 의회선거의 집합적인 (잠무 & 카슈미르와 펀자브를 제외하고 모든 주에 걸친) 결과는 큰 도약을 나타낸다."

야다브의 이러한 주장은 명백히 그럴듯하게 들린다. 그러나 개인, 당파, 심지어는 부패와 범죄의 목적을 위한 민주적 권력의 과격한 남용에 반영되는 것처럼 민주적 고조가 민주적 절차와 가치의 제도화로 직결되지 않기 때문에, 이 같은 주장은 부분적 진실성을 가질 뿐이다. 한편 국가와 시민사회의 제도 쇠퇴와 역기능은 막대한 경각심을 일으켜왔지만 일면에서는 코타리가 '비정당(non-party) 정치과정' 이라고 일컫는 것과 신사회운동, 사법행동주의, 환경보호와 빈곤층의 이익을 위한 공익소송과 같은 제도적인 응답에 의해 반격된다.[20] 비슷한 맥락에서, 마너(Manor)[21]가 주장하기를 "일찍이 하나의 비공식적인 제도로서 여겨졌던 회의당은 종종 다른 행동들을 이끌어내는 것이 수월했다—또한 공식적인 제도가 발전하도록 보호하기도 하고 한편으로는 그것의 성장을 방해하기도 했다. 그리고 공식적인 제도와 비공식적인 제도 사이에 이전에는 실행되지 않았던 (혹은 완전하게 실행되지 않았던) 많은 중요한 일들을 수행함으로써 훨씬 균형적인 측면을 가졌다."

사실, 인도 자유민주주의의 현재 위기는 그 기원과 함께 인도의 자유주의 그 자체에 대한 격렬한 논쟁을 야기해왔다는 것이다. 킬나니(Khilnani)의 『인도의 관념(The idea of India)』[22]에 대한 비평에서 바르가바[23]는 인도의 자유주의가 영국의 공리주의, 상대적 집산주의(최대 다수의 최대 행복)의 이데올로기, 인도 전통의 집산주의적인 민족정신에 의해 발생되었기 때문에 실패했다는 킬나니의 가설에 적절하게 대항한다. 바르가바는 또한 킬나니가 "자유는 개인의 권리로서가 아니라 국가의 집산적 자결권으로 이해되었다"라는 주장과, 인도 자유민주주의는 자유주의에 대한 경험과 의심이 없는 대중들에게 무지의 상태에서 주어진 것이라는 주장에 반대한다. 바르가바는 공리주의나 인도의 국가 어느 한쪽도 개인의 가치 인식과 절대권에 대해 완전하게 부족한 것만은 아니었다는 사실을 시사한다.

게다가 그는 또한 절대군주적이며 조금도 자유적이지 않은 식민지적 권력에 대한 집합적인 투쟁을 강조하고 있다. 바르가바는 또한 밀레니엄의 가장 뛰어난 리더들이 포함된 인도 정치엘리트들은 더 이상 영국 식민통치자들보다 어리석지 않았다고 강력히 주장하며, 결국 두 집단의 엘리트 모두 그들 행동의 의도하지 않은 결과들을 최대한 잘 인식할 수 있었고, 의도하지 않았던 불가피한 결과들은 완전하게 미리 배제할 수 없는 헤겔적 '이성의 교지(狡智, cunning reason)'와 같았다고 강력하게 주장한다. 우리는 민족주의 투쟁에서 중요한 인물인 간디 역시 여기에 포함시킬 수 있다. 간디는 집산주의의 편견에 대해, 이는 인도 역사에서 가장 위대한 대중운동을 동원하게 했다고 해석하면서 국민 개인은 국가에 대해 의식적인 반대의견을 제공해야만 할 권리와 의무가 있다고 주장했다.

국민국가와 국민

인도의 국가와 국민 사이의 관계는 세 가지 차원—(a)시민적, (b)발전적, (c)문화적—에 따라 형성되어왔다. 헌법 서문의 "우리… 인도의 국민은…"이라는 구절에서도 나타나듯이 시민적인 차원에서 둘 사이의 관계는 인도의회에서 이상적-전형적으로 구체화되었으며, 특히 자유롭고 개인적인 바탕의 참정권을 토대로 하여 직접적으로 선출된 록 사바에서 그러하다. 발전국가의 모습은 네루의 지휘 아래 설계된 계획국가의 외관에서 최초로 드러났으며, 이는 경제적으로 "유리한 고지"에 오르고 수백만 이상의 기아에 허덕이는 국민들의 복지를 책임지는 산업경제의 형성과 융합되었다. 1990년대 초기까지 발전에 대한 국가 주도적 전략이 위기에 빠졌으나, 국가는 전적으로 공공부문을 단념하지 않은 채 신자유주의적 자본주의 경제로 전향했다. 한편 인도의 국가와 국민 간 관계의 문화적인 차원은 언어와 종교에 있어 부족들의 권리에 대한 다문화적인 틀로 개인의 권리에 대한 자유적인 틀을 조정하려는 시도에서 표현되었다. 민주주의와 발전의 측면에서 문화는 중요한 역할을 해왔다. 국가와 국민 사이의 관계에 있어 중요한 이 세 가지 차원의 합리성과 정당성은 항상 동시에 존재하는 것이 아니다. 여기에서 발생하는 모순들은 특별히 인도 내셔널리즘의 사례들로 다문화적인 특유성을 지닌다고 할 수 있다.

인도의 내셔널리즘은 다른 국가의 내셔널리즘과 같이, 베네딕트 앤더슨(Benedict Anderson)의 잘 알려진 '상상의 공동체(imagined community)'라는 구절에서처럼, 발견보다는 발명의, 그리고 영국령 인도에 기원을 두고 있는 인쇄자본주의(print capitalism)의 산물이다. 그리고 이는 큰 무리를 이룬 지식인 계층의 대중들 사이에서 영어와 다양한 언어를 통해 인도 국가를 형성하고 이의 개념을 보급시킨 것이었다. 앤더슨은 "인류 언어의 숙명적인 다양성간 자본주의의 수렴과 인쇄술(print technology)은 상상의 공동체가 형성되리라는 새로운 가능성을 만들어냈는데, 그것의 기본적인 형태학은 근대국가의 단계를 설정한다"라고 주장한다. 또한 앤더슨은 유럽국가의 문화적 근간을 강조하며 언급을 계속한다.

> "내가 제안하는 것은 내셔널리즘은 그것을 일직선상에 정렬시킴으로써 이해되어야만 한다는 것이다. 정치적 이데올로기에 의해 자의식적으로 적용되는 것이 아니라 선행했던 문화체계를 통해 — 대항하던 것뿐만 아니라 — 탄생했던 것 중에서 말이다."[24)]

유럽 내셔널리즘의 전형적인 패턴과 비교해 인도 내셔널리즘의 가장 다른 특징은, 종교보다는 언어가 국가의 인종적 기초를 제공한다는 것이다. 왜냐하면 유럽의 국민국가는 그리스도적 세계 위에 로마 교황권이 동요하면서 악화되고 몰락되었으며, 고전적인 로마 가톨릭의 고수가 쇠퇴한 결과로 출현했기 때문이다. 인도아대륙은 세 가지 형태의 주요 국민국가를 발전시켜왔다. 스미스(Anthony D. Smith)의 용어를 빌어 말하자면,[25)] 우선 인도는 '다중심주의적(polycentric) 내셔널리즘'의 예이며, 파키스탄과 방글라데시는 주로 종교(이슬람)와 언어(벵골어)에 기초한 '민족중심주의적(ethnocentric)' 국가의 예라고 할 수 있다. 인도의 이웃에 위치한 이 같은 세 종류의 국민국가는 민주주의, 발전, 문화 — 공동체적이고 국가적인 — 의 차원에서 각각 그들만의 문제를 가지고 있다.

여기에서 드러나는 문제와 모순을 해결하는 데에 있어 인도의 현재까지의 업적은 아시아-아프리카(Afro-Asian)의 세계에서 특히 눈이 부실 정도이다. 낙관주의자들은 다문화·민주주의적 발전국가의 측면에서 인도를 위대한 성공을 이룬 나라로 접근한다.[26)] 반면, 비관주의자들은 민주주의, 공동체, 자본의 세계에서 황폐한 미래를 그린다. 이것은 문화적 차이, 국민의 선별적인 특성을 적합하지 않은 '소수'로서 필연적으로 배제하는 것의 실체화를 의미할 것이며, '좋은' 내셔널리즘과 '나쁜' 내셔널리즘 사이의 투쟁은 끝까지 출연할 것이다.[27)] 이러한 비관적 역사주의의 고찰은 오리엔탈리즘의 결과를 낳았고 식민지와 마르크스주의적 역사주의의 비전에 대한 완고한 복합체를 만들었다. 순수한 낙관주의도 역사주의적 비관주의도 보장되는 것 같지 않다.

우리는 이제 프랑스어로 ethnies(보다 작은 개념의 인종(ethinic) 그룹과 구별하여)라고 불리는 것과 마르크스주의자가 국민으로 칭하는 것 사이의 관계를 분석할 것이다. 인도에서 국민국가와 국민의 관계는 학문적 관심을 많이 받아오지 않았는데, 이는 아마도 1947년 무슬림연맹의 '두 국가 이론(two-nation theory)'의 국가분열 이후, 대개의 토론 이슈가 인도연방의 헌법적 틀 내에서 새로운 주들이 형성되어온 것에 초점이 맞추어졌기 때문일 것이다. 연방의 주(州) 수가 수년간 두 배가 되는 동안, 그 어떤 분리주의 운동도 성공하지 못했다. 그러므로 인도정치의 담론 내에서 국민에 대한 질문은 대개가 다문화주의와 연방주의적 내셔널리즘의 틀 속에서 계속하여 제기되어왔다. 비록 인도의 민주정치에서 인종적 아이덴티티의 다양성이 아무리 활발할지라도, 종교, 언어, 부족만큼은 주 형성의 기초로서 역할을 해왔다. 킴리카(Will Kymlicka)[28]에 의해 언급된 '민족적 소수(national minorities)' 라는 개념을 사용해 인도의 맥락에 적용을 하면서, 우리는 네 개의 공동체를 동일시할 수 있는데, 즉 무슬림, 시크, 그리스도교와 일부 토착 부족들이 그러하다. 이러한 민족적 소수 각각은 연방 내에서 그들을 대표하기 위해 최소한 하나 혹은 그 이상의 주—잠무 & 카슈미르(지배적으로 무슬림), 펀자브(지배적으로 시크), 나갈랜드(지배적으로 그리스도교 부족)—를 가지고 있다. 카스트 혹은 카스트 무리들은 선거정치와 관계되어 왔으나 주 형성에는 관계되지 않는다.

그러나 언어는 가장 많은 수의 사례에서 주의 형성을 증명해온 가장 중요한 인종적이고 지역적인 아이덴티티이다. 스물여덟 개의 주 중에서, 열두 개는 비(非)힌디 언어 그룹[각각은 안드라프라데시(텔루구), 아삼(아삼어), 구자라트(구자라트어), 케랄라(말라얄람어), 타밀나두(타밀어), 마하라슈트라(마라티어), 카르나타카(카나다어), 오리사(오리아어), 펀자브(펀자브어), 서벵골(벵골어), 잠무 & 카슈미르(카슈미르어를 사용하지만 주 정부에서는 우르두를 공식 언어로 선언해왔다), 마니푸르(마니푸르)]에 기초하고 있다. 수도 특별구역(National Capital State)을 포함해서 연방의 열 개 주는 힌디어 사용지역이다. 중요하게도 힌디어는 하나의 주를 형성하도록 하지 않았으며, 그렇다고 다른 주들로부터 분리되어 힌디어를 사용하는 주들의 공동지역이 제도적 공개토론장으로 형성되어 있는 것도 아니다. 이와 같이 최소한 힌디어 사용 주에서는 지리적인 혹은 지역적인 요소가 주 형성에 있어 언어적 아이덴티티보다 더욱 중요했다.

이것은 표준어인 힌디어(khariboli)가 실제로 마가히, 보즈푸리, 마이틸리, 브라즈바샤, 아바디, 라즈스타니 등의 힌디어 중심부에서 방언을 사용하는 그 어떤 지역에서의 모국어가 아니기 때문일지도 모른다. 15세기 쿠슈로(Amir Khushro)가 힌디아비(Hindiavi)라고 불렀던 것과 현재 힌디로 불리는 것은 최초에 그것들이 렉타(Rekhta)라고 불리던 델리-미루트(Delhi-Meerut)와 하이데라바드의 중세 군대진영과 시장에서 혼합되어 발전된 것이다. 영국통치 동안과 독립 이후에 간디가 힌두스타니라고 불렀던 힌디어는 힌두에 의해 산스크리트어화, 무슬림에 의한 페르시아어화로 시도되었다. 이러한 경향들 때문에 힌두스타니의 두 스타일 — 힌디와 우르두 — 은 이와 같이 정치적 틈을 형성하면서 반대 방향으로 발전해왔다.

해리슨(Selig S. Harrison)이 관찰한 것처럼, "이러한 지역적 일치화는 오래되고 영속적인 것이다: 대부분의 지역 언어는 그리스도 이후의 첫 세기로까지 그 문학적 전통과 선구자들의 흔적이 어려움 없이 추적될 수 있으며, 모든 지역 언어에 있어서 다소 완전하다고 할 수 있는 문학적 전통은 최소한 8세기에 이르러서야 형성되었다."[29] 인도에서 언어에 기반한 주의 역사는 독립 이전의 시기로 돌아간다. 1927년 영국령 인도에서 입법개혁을 참작하기 위해 영국에 의해 지정된 사이먼위원회는 오리야, 텔루구, 타밀, 카나다를 언어로 사용하는 사람들을 위하여, 그리고 아삼에서 벵골 관할지역까지 실헷(Sylhet, 인도 아삼지방의 경계에 위치한 도시이며 파키스탄 독립 이전에는 아삼주의 일부였음: 옮긴이)의 이전을 위하여 언어적 지방의 형성을 위한 수많은 각서를 받았다. 각각 지방의 입법기관들은 또한 결의안을 제출했으며 대부분의 경우에는 그 결의안을 통과시켰다. 게다가 초타나그푸르의 일부 부족 그룹들은 계급을 약화시켰고 모민스(Momins 무슬림 직공) 역시 그

들을 위한 분리 지역의 형성을 위해 사이먼위원회에 굴복했다.[30]

1920년대 초 마하트마 간디가 인도의 정치무대에 극적인 출현을 했을 당시, 그는 회의당의 지지기반이 지역 경계선에 기초하기보다는 언어적 기반으로 형성되도록 도왔다. 회의당은 내셔널리즘 운동의 일환으로 언어에 기초해 주가 형성되도록 지지했다. 회의당에 의해 지정된 위원회들뿐만 아니라 수상인 네루 역시 비언어적 주에 대한 요구는 국가통합의 분열을 일으킬 것이라 생각했다. 1953년 네루 정부에 의해 지정된 주 재편성위원회(The States Reorganization Commission)는 계속되는 언어적 선동의 측면을 1955년 보고서에 제출했지만 비언어적 주들이 정치적 압력 아래 형성되었다. 1956년 의회에 의해 통과된 주 재조직법(The State Reorganization Act)은 이 위원회의 권고사안들을 받아들이고 실행에 옮겼다. 그럼에도 불구하고, 언어적 주를 위한 동요는 다음 해에도 계속되었으며 연방정부는 그들의 요구를 인정하도록 강요되었다.

이와 같이, 비언어적 주 편성은 1960년에 봄베이 주에서 마하라슈트라와 구자라트로 양분되었고, 펀자브는 펀자브를 포함하여 하리아나와 히마찰프라데시의 세 갈래로 갈라지게 되었다. 나갈랜드는 1962년 아삼에서 분할된 최초의 북동부 주였다. 1970년대까지 아삼은 다른 여섯 개의 주들로 더 나뉘었다. 아삼에서 갈라진 주들은 — 아삼주 자체는 1870년대 초에 벵골로부터 분리되었다 — 대개 부족적 아이덴티티를 기초로 형성되었다. 자르칸드, 우타라칸드, 차티스가르의 세 주들은 부족적 후진성(자르칸드와 차티스가르)과 지역경제적 후진성(우타라칸드)을 고려해 2000년에 형성되었다.

이 모든 정치적 분열 및 분극화에도 불구하고, 각 주들 혹은 지역을 위한 31개의 요구들은 여전히 미결인 채로 남아 있다.[31]

민족성과 젠더

이행기의 인도에서와 같이 다문화적이고 다지역적인 국가에서는 앞서 논의된 모든 요소들이 선거정치에서뿐만 아니라 연방과 지역의 공공정책 결정에 있어 중요한 결정요소가 된다. 어떠한 수준에서는 이러한 요소들이 헌법의 12조항에서 모호하게 정의된 것처럼 인도의 국가개념에 집합적으로 투입된다. 그렇기 때문에 우리는 여기에서 언어, 종교, 카스트와 종족과 같은 귀속적(ascriptive) 범주를 위한 규정으로서 '민족성(ethnicity)' 이라는 용어를 사용하기로 한다. 이 수준의 분석에 있어 약간은 모호성을 지닐지라도 우리가 전인도와 인도 주에 대해 일반화를 시도하고 있기 때문에 이 같은 점은 다소 불가피할 것이다. 선거와 입법정치에 대한 정치학적 연구에서는 종교, 언어적 소수, 부족과 같은 범주들이 대개 '카스트' 라는 범주와 같이 다루어진다. 예를 들면, 입법기관과 각료회의에서 다양한 공동체의 대표성을 분석하는 정치학자들은 카스트 그룹과 나란히 하여 종교, 언어, 부족과 같은 그룹들을 다룬다.

프란켈(Francine Frankel)은 라오(M.S.A.Rao)와의 공저인 『현대 인도에서의 지배와 국가권력: 사회적 질서의 쇠퇴(Dominance and State power in Modern India: Decline of a Social Order)』의 서문에서 인도 국가에 있어 사회-국가 관계를 분석하기 위해 '지배' 와 '권력' 이라는 두 가지의 흥미로운 범주를 제공했다. 이 분석적인 틀에서, 지배(dominance)는 "정치-경제적 우선권을 획득한 그룹에 의해 사회 내에서 권위를 행사하는 것이며, 우월의식적인 지위의 관점에서 혹은 동맹을 통하여 지위의 분배를 조절하는 것이다." 32)

반면 권력(power)은 "개인이 지명하거나 혹은 국가의 기관에 선출됨으로써 세속적 권위를 행사하는 것을 의미하는데, 이는 영토적인 사법권 내에서 인구에 구속력을 지니는 결정과 실행을 위해 법 아래에서 합법성을 주장한다" 는 것을 의미한다.33) 프란켈은 역사적인 측면과 동시대적 측면에서 인도의 권력과 지배의 패턴을 분석함에 있어 이러한 개념들을 적용할 것을

〈그림 3.1〉 역사적 권력구조(프란켈에 의해 제안)

마하라자(Maharaja)
↕
라자(Raja)
↕
중간 자민다르(Intermediary Zamindars)
↕
자민다르(Zamindar)
↕
농노(Peasants)

제안하고 있다. 그녀가 시사한 인도의 역사적 권력구조는 다음과 같이 놓일 수 있다.

영국령 인도의 역사에서 주의 권력과 지배의 패턴은 최상위에 위치한 마하라자에서부터 최하위의 농노들에까지 걸쳐있다. 중간의 권력구조는 지역의 라자, 중간 자민다르, 자민다르 — 순서대로 — 가 맨 아래에 있는 농민과 정상부의 마하라자와 연결되어 있다. 국가제도에 의해 대표되는 전체 권력구조는 자민다르와 많은 농민들에 의한 지역 수준에서의 네트워크와 지역의 라자에 의한 중간 수준에서의 사회 지배연맹의 복잡한 네트워크에 의해 형성되었다. 같은 분석적 틀이 인종 그룹에 의해 독립 이후 사회 지배의 민주적인 국가권력구조에 대해 적절한 수정으로 적용되었다. 프란켈의 분석은 식민지와 식민지 이후 시기의 극적인 변화뿐만 아니라 연속성을 보여준다. 식민지시기 동안에는 정치사회체제의 합법성 위에 놓인 종교와 카스트 이데올로기의 압도적인 영향력은 점차 약화되었으며 탄생과 부의 귀속적(ascriptive) 기준으로부터 구별되어 더욱더 보편주의적으로 기울면서 합법성의 새로운 기초가 형성되었다. 프란켈을 인용하자면 "위에 묘사된 조건들 아래에서, 중앙화된 국가는 정부제도들이 그들의 권위적인 기초가 규범적으로 브라만적 합법화로 독립적 성격을 지닐 때에만 출현할 수 있었고, 단속적이고 강압적인 능력은 지역에까지 침투되었다. 그러한 조건들은 인도의 식민지 시기로부터, 심지어는 그 당시 지역의 경계를 넘어서는 정도의 다양성으로 나타났다.[34] 이밖에 프란켈의 분석이 함축하고 있는 것은 선거정치와 제도적 정치 내 정치적 권력과 사회지배의 상호연관적인 네트워크에 대한 발전적인 모형이다.

영국 통치자, 국가의 주권 아래에 있던 군주국의 통치자, 자민다르와 다수의 농민들 사이에서 엘리트에 기반한 사회적 동맹은 독립 이후 기존의 엘리트, 새롭게 출현하는 엘리트, 정치적 참여의 확대되는 악순환 속에서 민주적으로 동원된 투표 블록과 더욱 복잡해진 동맹체제에 의해 계속해서 교체되었다. 이러한 패턴은 이미 1920년대와 1930년대 자유 투쟁 기간 동안 "브라만과 비(非)브라만 사이의 갈등, 드라비다인과 아리아인, 카스트 힌두와 불가촉천민, 자민다르와 농민…"에 의해 예증되었다. 프란켈은 계속해서 지적하기를, "비록 국가적 정당인 회의당 조직이 거의 분열을 일으킨 힌두 중심부의 키산 수바스(Kisan Subhas)지역에서 사회주의자와 공산주의자들에 의해 주도되어 농민과 자민다르 사이가 점점 강화되어간 계급투쟁은 내셔널리즘 운동의 지렛대를 제공했다."[35]

다문화-세속적 차원

인도 민주국가는 바로 세속적인 차원에서 또 다른 특징적인 성격을 갖는다. 주와 국가 사이의 이 같은 관계는 헌법적으로 '세속적(secular)'으로 정의되거나 혹은 더욱 나은 표현으로 '다문화적(multicultural)'이라는 용어로 정의될 수 있다. 일부 연구자들에게는 인도 국가의 세속적인 이데올로기가 인도 사회의 깊은 종교적 방침에서 볼 때 역설로 드러날지 모른다. 이러한 현상은 인도 내셔널리즘 성격의 측면에서 이해되어야만 할 것이다. 상상의 인도국가 공동체는[36] 국가와 주가 서로 가깝게 얽혀진 방법으로 고안되었다.

인도 국가의 시민-영토적 개념은 같은 영토와 사회적 공간 속에서 공존해왔던 다양한 문화와 공동체의 집합이라는 측면에서 개념화되었다. 인도의 세속주의/다문화주의 역시 이 같은 맥락에서 국가공동체의 산물이었다.

인도의 근대화된 엘리트들은 영국통치에 대항한 해방운동기간 동안 세속주의의 개념을 두 가지 측면－개념 형성에 있어 국가에 대한 충성에 공통된 초점을 맞출 것과 법치의 발전과 인도시민권 획득에 기여할 것－에서 발전시켰다. 그들은 이로써 지역들 간에도 분리의 벽이 생기지 않을 것이라 생각했다.[37] 그러나 식민시기 인도에서의 민족주의적인 리더십은 국가통합에 있어 대대적인 어려움에 처하게 되었다. 바로 영국 통치자들이 "분리통치" 정책을 적용한 것이었는데 이는 선례 없던 규모로 공공의 정치화와 카스트 의식을 조장했다. 또한 이들 식민 통치자들은 다른 그룹에 대항해 특정 그룹의 이익만을 보장하는 역할을 함으로써 민족분열을 조장했다.

이 같은 상황에서 인도의 무슬림 분파는 역사적이고 본질적인 맥락에서 인도의 통치자들의 사고방식으로부터 전도된 "다수결주의적(majoritarian)" 인 사고 양식에 있어 정치적 변화를 인식했다. 그들에게 사회적 다수인 힌두는 자동적으로 정치체(polity) 내의 힌두 다수를 의미했다. 힌두 다수의 사회와 힌두 다수의 정치체 간 중재는－어떤 경우에 있어서도 현실적이기보다는 무조건적인－각각 교차적인 성격을 띠던 정치적 충성으로 깨지면서 동맹 역시 그들의 뜻을 이루지 못하게 했다.

인도 내 다수주의 모델의 수정을 위해 영국에서 도입된 공동체적 보호와 혁명적이고 연방적인 수단들 역시 그다지 긍정적인 영향을 끼치지는 못했다. 이 같은 장치들은 오직 힌두 간 분리주의의 망상에 불을 지피고, 무슬림 간의 불안과 공동체주의, 분리주의의 타다 남은 불씨에 연료를 끼얹는 격이었다. 식민지의 개입 없이 일반적인 국가 진화의 과정에서 살펴본다면, 이 같은 수단들은 어쩌면 인도의 혼합주의적이고 공존적인 문화조직을 구성했다는 점에서 긍정적인 결과였을지도 모른다.

네루와 간디는 근대 인도의 정치사상에 두 가지의 주요 세속적인 모델을 대표했다. 이 둘 모두 인도의 국가통합과 국민의 시민권을 위한 공통적인 법의 기초에 서 있었다. 그러나 네루는 국민의 시민권과 국가의 아이덴티티를 위해 자유적-개인주의의 토대를 강조한 반면, 간디는 보다 광범위한 국가적 차원의 공산주의적인 의식을 구성하기 위해 근본적인 다수주의와 공산주의적-인종적 아이덴티티를 형성하려는 세력들을 후원했다. 이와 같이, 네루비안(Nehruvian)의 자세는 합리주의와 과학적인 추세로부터 자양분을 얻는 세속주의의 관점에서 볼 때 서양의 자유적-개인주의에 보다 가까이 다가섰다. 반면 간디안(Gandhian)의 접근은, 사르보다르마 사마바바(sarvodharma samabhava: 모든 종교에의 똑같은 감정 이입)라는 인도 전통의 개념을 고수했다. 간디는 본질적으로 공산주의자였던 반면 네루는 전형적인 자유주의자였다.

인도 헌법에 적용된 세속주의의 개념은 인도 국민의 시민권에 대한 네루비안과 간디안의 접근을 결합한 것이다. 헌법은 우선 일련의 기본권 — 법 앞에서의 평등; 정치, 시민의, 직업의, 그리고 종교의 자유, 개인의 자유와 삶의 보호; 착취에 대항할 권리, 법의 보호를 받은 권리 — 을 모든 인도의 시민들에게 종교, 인종, 카스트, 교의, 성별, 출생지 혹은 이 어떤 것과도 무관하게 보장하고 있다. 그리고 이는 종교적이고 언어적으로 소수인 자들이 그들의 언어, 활자, 문화를 보존하고 그들의 선택에 따라 교육 기관과 종교 기관들을 설립하고 관리하도록 하는 일부 문화적이고 교육적인 권리로 확장된다.

그러나 주 혹은 주 이외로부터 기금을 보조받아 유지되는 어떠한 교육기관이라도 종교, 인종, 카스트, 언어 혹은 이들 중 어느 것에 근간해서 시민의 입회를 막고 있지는 않다. 더욱이 헌법 25조 1항에 기반한 의식의 자유, 직업의 자유, 그리고 종교 실행의 자유를 위한 헌법적 부여는 (a)종교적 실행과 연관될 수 있는 경제적, 재정적, 정치적 혹은 다른 세속주의적인 행동, 그리고 (b)사회 복지와 개혁 혹은 모든 계급과 모든 종교 분파를 향해 공적인 성격을 지닌 힌두(시크, 자이나교 혹은 불교) 종교 기관을 개방하는 조항(헌법 25조, 2(a)와 (b)항, 그리고 11장에서 설명)에 대해서는 국가가 규제와 금지를 하지 못하도록 막고 있다. 더욱이, 어떠한 종파라도 그들의 종교에 관한 일에 대해서는 스스로 관리하도록 하는데, 이는 기관의 설치와 유지가 종교적이고 자선적인 목적이 "공공질서, 도덕성, 건전성을 조건으로" 해야 하는 것을 포함한다(헌법 28조 1항). 이와 같이, 세속국가인 인도는 비록 종교에 관한한 절대적인 사법권을 포기하지는 않지만, 본질적으로 '세속주의적 법치 국가' 인 것이다. 실제로, 이를 국가정책지침(Directive Principles of State Policy)으로 통합시키기 위해 모든 시민들로 하여금 획일한 민법전을 적용하도록 한다(헌법 44조). 비슷한 맥락에서, 국가통합을 촉진하려는 최우선적인 중요성은 "헌법을 준수하고, 이의 규범과 제도, 국기와 국가(國歌)를 존중한다" 라는 시민의 기본적 의무를 헌법에 포함시킴으로써 강조되고 있다(헌법 51조 a항).

경제적이고 종교적인 요소에 더하여 공동체의 갈등을 악화시키고 힌두에 의한 무슬림의 조용한 차별, 무슬림에 의한 힌두 저항, 공동체주의를 조장하는 또 다른 주요 요소들은 정치적인 변수이다. 또한 여기에서 바라티야 자나타 당, 시로마니 아칼리 달, 그리고 무슬림연맹과 같은 문제의 장본인들은 종교적 정당일 뿐 아니라 세속적인 정당들이기도 하다. 만약 전자가 공공연한 공산주의에 탐닉해 있다고 한다면, 후자는 선거적 속셈으로 암암리의 공산주의에 의지하는 자세를 취한다. 공산주의 정당들을 포함하여 모든 정당들은 그들의 공약에 세속주의를 떠들썩하게 자청하거나, 선거에서 형편이 좋을 때에는 세속주의로부터 약간의 거리를 둔다.

만약 이것이 대체적으로 회의당, 자나타, CPI(M), CPI 정당들에서 사실이라면, 이는 BJP와 아칼리 달과 같이 힌두 부활주의와 시크 근본주의의 새로운 양상에 의해 압도되기 전인 1960년대와 1970년대에[38] 비공산화의 상당한 절차를 겪은 종교적인 정당들 내에서 사실이 되어왔다. 그럼에도 불구하고, 세속정당들조차 무슬림의 투표에 호소하기 위해서 종교정당들과 선거동맹을 맺거나 혹은 라슈트리야 스와얌세박 상(Rashtriya Swayamsevak Sangh)의 지도자 혹은 자마 마스지드의 이맘(Imam, 이슬람교 사회의 지도자: 옮긴이)과 친밀 관계를 갖는다. 어느 관점에서 보면, 세속 정당들과 종교 정당들 간의 친교 정도가 강화된 것은 환영해야 한다. 왜냐하면, 이는 최소한 일반적으로 정당체제에 일부 세속화하는 영향과 통합적인 영향을 가지

기 때문이다.[39)]

1980년대와 1990년대 힌두와 무슬림, 시크의 근본주의의 가파른 상승이 인도에서의 파시즘을 이간(離間)시켰는가? 그렇지 않다면 그것은 인도에 세속국가로서의 시대가 도래하고 그로 인해 종교적 아이덴티티에 있어 더욱 자연스러운 정치적 표현의 시작을 견딜 수 있다는 의미인가? 권력 부조화의 격정은 이제 다문화적 국가인 인도라는 흔들리는 배를 다종교적인 서양 민주주의의 선거 정치적 전형의 일반적인 수준으로 가라앉힐 것인가? 힌두단체의 반발은, 1989년부터 이후 십 년간 BJP의 권력 부활로 마침내 관심사가 옮겨가기 전인 1984년에, 회의당에게 전례 없던 선거에서의 대대적인 승리를 가져다주었는데, 이는 의회정치의 범위 내에서 충분히 가능한 일이었다. 1984년 힌두 투표에 대한 인지적인 해석에서, 코타리가 언급하기를,[40)]

> "모든 사람들이 이를 한 가지 혹은 다른 방면에서 인지하는 것 같지만, 어떻게 이것이 발생하고 또 어떻게 이것이 인도정치문화(또한 힌두 아이덴티티의 핵심으로서)의 기본적인 역전 현상을 나타내는지를 알아야 할 필요가 있다. 다원주의 분파는 오랜 기간 존재하면서, 힌두 전성기가 오용된 것에 대해 조정과 관용의 정신, 그리고 '소수'—무슬림과 시크에서부터 달리트와 아디바시까지—가 하고 싶은 대로 욕구를 채우는 것을 목격했다. 그들은 할당제를 보유하게 되었고, 그들만의 무기를 갖추었으며, 국가의 후원이라는 이익을 취했는데, 우리는 여기에서 소위 시류에 밀려난 다수였다."

이 같은 선거재편성은 브라민, 무슬림, 시크, 하리잔과 아디바시들의 선거승리 연합에 기반한 회의당의 오랜 지배기간을 전제로 했다. 이는 동시발생적인 선거연합을 가능하게 했다. 이는 1989년 BJP의 거대한 융기에 대한 토대를 준비하기 위해, 그리고 대개는 1991년 힌디어를 사용하는 심장부에서, 특히 우타르프라데시에서 수년간 급진적으로 변화했다. 루돌프 부부(Rudolphs)[41)]는 다음과 같은 표현으로 이 같은 현상을 설명한다.

> "종교적 수행, 찬양, 그리고 시연들은 지역성을 초월하여 국가적인 차원을 획

득하기 위해 시작되었다. 이것들을 통해, 그들은 더욱 소란스럽고 호전적이 되었다. 비슈와 힌두 파리샤드(Vishwa Hindu Parishad)와 같은 힌두연대와 통합운동의 선동과 야트라(yatras: 순례자)는, 더 이상 1880년대에 발 강가다르 틸락(Bal Gangadhar Tilak)이 푸나에서 가네샤 축제 즈음에 힌두 정치연대를 일으켰을 때와 같이 지역적인 현상이 아니다. 인쇄와 선거매체에 종교적 상징주의의 확산에 의해 도움을 얻어, 힌두기구들은 국가의 경계를 넘어 다양한 부문, 카스트, 그리고 계급들이 대중적이고 더욱 동질적인 힌두주의를 자각할 수 있도록 도왔다."

RSS-BJP의 힌두주의적 이데올로기의 결합은 일부 인도적 파시즘의 변형에 의해 이루어지게 되었다. 이 같은 성질은 전간기(inter-war) 파시스트 정당들과 종교적·민족주의적 동인이 결합하여 카리스마적 리더십으로 국민투표를 통해 대중에 호소할 뿐만 아니라 종교적-자민족 중심주의, 소수에 대한 낙인화, 권위주의적인 단일민족주의, 그리고 힌두 상가탄(sangathan)에 대해서도 동시에 초점을 맞추는 운동들로 힌두주의적 정치 세력에 기반하여 형성된다. 그러나 파시즘의 인도적 변형들은 일부 특정한 성질을 가지고 있다. 예컨대 아흐마드(Ahmad)[42]가 주장하기를,

"힌두주의적 파시즘의 현저한 특징은 독일이나 이탈리아 혹은 심지어 이란의 변형들과는 다른데, 그것은 상대적으로 경제적 요구들이나 형식들을 가리켜 좀처럼 '국가'와 '공동체'라는 범주를 따르는 이데올로기적 담론으로 일컫지 않는다 — 정치적 수단으로서 폭력의 조직적인 사용을 통하여. 종교적인 폭력은 우리 사회 내에서 또 다른 많은 종류의 일상적인 폭력을 야기한다는 것이 나의 주장의 핵심이다; 그러나 동시에 공통의 목적을 가진 폭력의 정치화는 — 국가권력을 포획하기 위한 수단으로서 폭력의 일정한 합리화조차 — 힌두주의적 파시즘을 다른 형태의 권위주의적 포퓰리즘뿐만 아니라 다른 종류의 폭력으로부터 구별하는 것이다."

아흐마드[43]는 계속해서, 힌두 파시즘은 인도의 세속주의적 내셔널리즘을 실패한 내셔널리즘으로 그 가치를 떨어뜨리며, 상층 카스트는 힌두 부활

주의를 명백하게 비(非)계급적 동원전략에 사용한다고 지적한다.

그러나 이 같은 노골적인 파시스트적 종교 공동체주의는 인도의 헌법과 자유민주주의적 레짐을 철저하게 무시하지 않는다는 점 때문에 이에 대한 판단에 신중을 기해야할 것이다. 예컨대 BJP는 '모조(假)세속주의' 혹은 '소수주의' 라고 묘사하는 것으로부터 구별하여 '긍정적인 세속주의' 라고 부르는 것에 공식적으로 동의한다. 그것의 '완전한 휴머니즘(integral humanism)' 은 개인의 요구를 넘어 집단의 요구에 특권을 부여하지만, 이는 국가적이라기보다는 사회 중심적이며, 힌두 라슈트라(Hindu Rashtra, 힌두지상주의: 옮긴이)의 주창자들은 이 개념이 협의의 맥락에서 힌두 종교그룹이라기보다는 인도에 존재하는 모든 공동체들을 포함한다는 의미와 그 경계가 접해 있음을 명확히 해야 할 어려움에 처해왔다.

그러나 힌두 라슈트라라는 용어가 소수를 두려워하고 놀라게 한다는 점은 지적되어야만 한다. 인도의 다양한 사회와 정체 속에서 선거정치에 대한 강제성은 힌두 호전성을 어느 정도 완화하도록 했다. BJP 리더십은 국가 수준에서 집권하기 위해 파키스탄에서 세속적 내셔널리즘을 조장했는데, 이는 더욱 자유주의적이고 다원적인 정치 진형이 되어야만 했다. 세속적 내셔널리즘은 1947년 인도 분할의 철회 이데올로기(Akhand Bharat)로부터 시작하여, 1999년 바즈파이 총리가 1940년 무슬림연맹의 파키스탄(Minar-e-Pakistan)에 방문한 것과 2005년 파키스탄을 방문하여 파키스탄 제헌의회에서 진나의 세속적 비전에 대해 야당인 아드바니(L.K.Advani)의 리더와 BJP의 이전 당 대표가 이를 언급함으로써 강조되었다.

인도의 세속주의는 영국령 인도 내에서 제국주의적인 '분할통치' 정책에 대한 충분한 가능성과 무슬림연맹의 "두 국가" 이론을 담을 뿐 아니라 사회의 다문화적 다원주의를 통합하기 위해 고안되었다. 인도 세속주의는 서구의 모델들과는 다른데, 서구의 두 가지 보편적인 모델로는, (a)사실상의 영국 세속주의로서 국가는 영국국교회와의 인습적인 제휴에도 불구하고 국가는 세속적임을 주창하는 것과, (b)헌법이 국가와 교회/종교 간에 형식적인 벽을 마련하는 미국과 프랑스의 법률적 모델이 그러하다. 그렇다면,

무엇이 인도라는 세속국가의 기본적인 특성이란 말인가? 이는 다음과 같이 요약될 수 있다: (a)기본권으로서 모든 시민들에게 종교의 자유를 보장하고, (b)교육과 문화와 관련해 종교적 소수에게 일정한 권리를 부여하며, (c)공식적인 국가 종교를 갖지 않고, 종교에 대한 과세를 금지, (d)가정법과 실행의 개혁, 종교적 전당과 유산의 관리를 위한 법률의 권능부여와 같은 종교적 사안들을 넘어 국가의 입법적이고 사법적인 관할권의 양도에 비추어 볼 때 국가와 종교를 구분하지 않는 명백한 사실이 그러하다. 게다가 인도의 국가는 형식상, 그리고 영속적으로 특정 종파의 훈령과 종교적인 선거 캠페인의 사용으로부터 자유로운 교육과 선거를 확립하기 위해 노력해왔다. 예컨대 BJP 주도의 NDA 레짐과 같이 일부 정부 측에서 이 같은 시도가 있어왔지만 이들은 정치적 반대세력, 언론, 대학, 그리고 사법권에 의해 제지되어왔다.

무엇이 세속국가로서 인도의 성공 혹은 실패였는가? 다시 한번, 명확하게, 긍정 혹은 부정으로 답변하기는 어렵다. 아마도 가장 중요한 성공의 지표는 인도에서 세속주의의 헌법 이념을 공식적으로 거부하는 정당이 없다는 점일 것이다. 심지어는 세속주의 국가로 분리된 인도에서 가장 큰 도전으로 여겨지는 BJP조차 '모조(假)세속주의' 혹은 '소수주의'를 제외하고는 세속주의 자체에 이의를 제기하지는 않는다. 이는 "긍정적 세속주의"라 부르는 것을 공언하고, 그것을 문화적 내셔널리즘 혹은 '힌두 라슈트라,' 인도헌법의 '바라티야타(Bharatiyata)'라고 하는 것들로 명료화하고 있다. 그러나 이 같은 사실은 과거에 인도의 분리를 야기한 것이 종교공동체주의와 근본주의라고 하는 딜레마로 오늘날 남아 있다. 다수와 소수 양쪽 진영에 있어 이 같은 브랜드의 정치는 역사와 제국주의적 희생 시대의 상처 입은 영혼으로, 문화 자율성, 인종적 아이덴티티, 그리고 역사와 미래에 대한 권리를 요구하면서 국가를 활보한다.

힌두교도, 시크교도, 그리고 무슬림들은 회의당(BJP식의) 레짐의 '모조-세속주의' 혹은 '소수주의(비록 어떠한 정당도 은밀하거나 혹은 명백한 공산주의에 탐닉하여 완전히 흡수될 수는 없을지라도)', 균질적이면서도 이질화된 인도 주(들)의 정책과 이에 따르는 차별, 그리고 불균형에 대해 비난해왔다. 상습적인 종교 단체의 폭동, 연쇄폭격, 그리고 다른 종류의 파괴 행위들은 1993년 국가인권위원회, 사법행동주의와 시민권 단체들의 행동들이 그들 존재의 중요성을 알아볼 때까지 계속해서 자행되었다. 1980년대 후반기에 펀자브에서, 그리고 1990년대 초에 잠무 & 카슈미르에서는 테러리스트 폭동과 종교근본주의가 횡행했다. 힌두근본주의는 1980년대 후반기에 무굴 침입자들에 의한 역사적 과오를 개정하기 위해 바브리 마스지드에 위치한 아요디아(Ayodhya) 내 람(Ram) 사원의 복구를 위한 강력한 대중 운동을 일깨웠다.

그리고 1992년 12월 6일 격앙한 폭도에 의해 중세 건물이 파괴되었다. 이전 기간에 BJP와 공식적인 화해를 했던 중앙의 나라심하 라오가 이끄는 회의당 소수정부는, 마침내 헌법 356조에 기초해 우타르프라데시(아요디아가 위치), 마디아프라데시, 라자스탄, 히마찰프라데시의 BJP 정부를 해임하기에 이르렀는데, 이는 일부 힌두(그리고 무슬림) 종교 조직들에 대한 금지령의 시행에 대해 우타르프라데시 정부가 헌법 조항에 따라 관리를 행하지 못한 불이행, 그리고 나머지 세 정부들에는 불이행의 우려에 대한 것이었다. 대법원은 대통령이 처음으로 봄마이(S.R.Bommai) vs. 인도연합 판례[44]에서 처음으로 주들 내에 비상사태를 선언한 것에 대해 검토를 실시하고, 우타르프라데시, 마디아프라데시, 라자스탄, 히마찰프라데시의 BJP 정부들의 해임을 지지함으로써 사법적인 유래를 만들기도 했다. 같은 판결에서, 1989년에 이미 해임되었던 카르나타카의 주 정부, 그리고 1991년에 해임된 메갈라야의 주 정부에 대한 해임은 위헌이라고 밝혔다. 법원은 이 주들에서 그동안 개최된 새로운 선거들만 아니었더라면, 이전의 선언을 공식적으로 공격하고 해임된 각 정부들과 입법 의회들을 복구하도록 했을 것이다. 위의 판결에서 대법원은 또한 정부의 민주적 형태, 봉건적 구조, 단결과 국가통합, 세속주의, 사회주의, 사회정의, 사법심사들이 헌법의 "기본적인 성격"이며 그러므로 의회의 개정권한에 의한 철회보다 우위에 있다는 점을 선언했다.

인도 국가의 세속적 성격에 대한 최근의 도전들은 국가문화와 인도 국민국가의 다문화적 본질을 구성하는 토대에 타격을 가하고 있다. 민주주의와 세속주의는 인도 국가를 형성하는 본질적인 요소이다. BJP는 이를 '문화적 내셔널리즘(문화민족주의)' 이라 일컬으며 인도의 세속적인 내셔널리즘은 반(反)문화적이라는 것이다. 그러나 이 같은 시각은 다문화주의와 내셔널리즘에 치명적인 타격을 입힐 뿐 아니라 옹호할 수 없다. 아마도 BJP는 우리가 여기에서 다문화적 인도 내셔널리즘이라고 일컫는 것에 반대하지는 않을 것이다. 왜냐하면 BJP는 인도의 세속주의에 대해 "긍정적 세속주의"라고 일컬으며 세속주의의 왜곡현상을 제거하려 노력해왔기 때문이다. 최근의 중요성과 긴장에도 불구하고 인도는 세속국가이기를 계속하고 있다. 인도의 세속국가 성격을 명료하게 밝히면서, 바르가바(Bhargava)는 다음과 같이 적절하게 설명한다.

> "인도는 결코 현실 초월적이거나 혹은 과도하게 절차적인 세속국가가 되려는 의도를 가지지 않았다. 이는 정치영역에서 모든 종교적 관행이나 제도를 배제하는 것을 의미하는 것이 결코 아니다. 인도 국가의 정책과 관행의 정당화 영역은 현저한 신분차이의 다양성 원칙에 입각해 문맥적인 세속주의에 호소함으로써 이루어졌으며, 일부 목적으로 종교를 배제하기도 하고 다른 목적들로 종교를 포함시키기도 하지만, 항상 비종파적인 고려의 대상 밖에 있지는 않다." 45)

일부 연구자들은 1990년대 힌두근본주의의 격앙에 대해 심각하게 우려적인 관점을 취해왔다. 확실히, 1992년 힌두 종교조직들에 의해 동원되었던 격앙된 폭도들에 의한 바브리 마스지드의 파괴는 가장 충격적이다. 이에 대한 결과로, 많은 힌두와 무슬림 종교조직들이 즉시 금지되었지만, BJP 만큼은 그 중에 속하지 않았다. 이는 힌두 굴욕의 상징으로 표현된 이전의 모스크 파괴 이후 감정의 쇠퇴와 금지령에 의해 약화된 "비슈와 힌두 파리샤드(VHP)로부터 보다 덜 호전적이고 덜 분열적으로 표현되기도 했다." 46) 자프레롯은 일반적으로 힌두 내셔널리즘 운동과 BJP에 관한 그의 연구에서, BJP의 모순적이면서도 보완적인 전략에 대해 분석했는데, 이러한 전략은 온건적이면서도 호전적임을 의미했다. BJP는 사회적 명사(名士)의 협조와 선거 전략에 의존하는 반면, 힌두 내셔널리즘 운동은 힌두근본주의 아이덴티티 형성의 전략과 동시에 반대 세력의 낙인화와 경쟁 전략을 사용한다. BJP는 실제로 호전적에서 온건적으로 입장을 바꾸어왔다. 온건적 특성의 이전 국면은 1977년 자나타 당에서 BJP의 이전 이름과 같은 바라티아 자나 상의 합병에서 정점에 이르게 되었다. 라즈니 코타리가 언급하기를, "자나타 이전의 실제적인 도전은 공산주의자들이 네루의 지휘 하에 있었던 것처럼 민주주의의 틀 내에서 자나 상을 데려온 것이나 다름없다."[47]

그럼에도 불구하고, 종교적 근본주의의 결과, 세속국가 인도는 거대한 압력에 시달려왔다. 그렇다고 인도가 세속국가임을 포기해서는 안 될 것이다. 이는 인도 사회 내에서 천 년간의 전통인 "고도의 관용과 낮은 통합" 때문만은 아니라,[48] 세속적이고 종교적인 민족주의자들이 시민화 되고 복지적인 국가 단일성을 위해서만 유일하게 실현가능한 다문화적 세속국가의 틀 속에서 이해관계를 갖기 때문이다.[49] 또한 다원주의적이고 연방적인 인도 정치의 무한한 가능성은 세속정치를 촉진하는 경향의 연합/소수정부와 선거정치 내에서 펼쳐지고 있다. 또 다른 점 역시 강조해야 할 필요가 있다면, 힌두와 시크 헤게모니(다르마의 지상권과 칼사의 볼바라(bolbala))의 요청에도 불구하고,[50] BJP나 아칼리 달의 어느 정당도 인도의 세속국가 폐지를 요구한 적이 없다는 것이다.

BJP 리더들은 비록 그들이 세속주의 정당의 '소수주의'에 대해 조소해왔지만,[51] 그들이 '긍정적 세속주의'[52]라고 부르는 것처럼 세속주의의 개념을 전적으로 버리지는 않았다. 주류와 지역적 하부 문화들의 불충분한 통합과 결부된 인도 사회와 정체 내 갈등 수준의 증가는 헌법의 지상권 원칙이 수년을 앞서 중앙 단계로 이동할 것임을 의미한다. 의회지상주의 원칙은 이미 헌법 내에서 연방주의와 사법심사를 이와 결합시킬 노력으로 개정되었다. 종교적 사안에 있어 대법원의 판결이 의회 다수를 뒤로 한 채 전 정당의 합의 없이 행정부와 의회에 의해(라지브 간디 레짐에 의해 샤흐바노(Shah Bano) 판례가 행해진 것처럼) 무효화가 요구되지 않는다면, 세속화 과

정과 정치적 재조정은 크게 도움이 될 것이다. 이는 공화국의 헌법으로 통합될 필요가 있다. 그리고 세속주의는 다문화주의로 새롭게 순응될 필요가 있다.

계급 차원

인도 국가의 계급 기반은 신마르크스주의적 맥락에서 많은 집중을 받아왔다. 신마르크스주의자들은 인도의 국가가 자본가와 지주에 의해 지배되는 것으로 간주하는 정통 마르크스주의자들과는 다소 상이한 노선을 걸어왔다. 신마르크스주의적 평가에서는, 부르주아지도, 노동계급도, 국가에 헤게모니를 형성할 수 없었다. 왜냐하면 식민국가와 이전 식민국가뿐만 아니라 후기 독립국가에서는 시민사회와 연관하여 이 부분이 과도하게 발달되었기 때문이다. 센(Anupam Sen)은 독립시기 즈음 인도의 선도적인 산업자본가들이 소위 봄베이 계획(Bombay Plan, 1944)이라 불리는 15년 전망의 계획을 고안했는데, 이 계획에서 국가는 인도의 산업화에서 주도적인 역할을 하도록 구상되며, 특히 사적부문이 약하거나 장기적으로 투자가 내키지 않는 영역과 사회부문, 그리고 국방관련 시각에서 국가개입을 요구했던 산업의 성격에서 그러했다. 네루 정부에 의해 시작된 경제발전계획의 전략에서 국가의 선도적 역할은 이같이 사적 부문에 의해 환영받는다.[53]

신마르크스주의자들에게, 장기적 관점에서 국가는 결코 계급기반으로부터 절대적으로 자율적일 수 없었지만, 최소한 현재로서는 인도의 국가가 계급기반으로부터 상대적 자율성을 누리고 있다. 바르단(Pranab Bardhan)은 인도의 국가에 대한 연구에서 "지배계급"과 같은 표준적인 마르크스주의 용어를 피하고, 대신에 산업자본가, 부농, 전문직업인(화이트칼라 노동자를 포함하는 일반인과 군인)의 연합을 가정했다. 바르단이 말하기를, "이 관점에서 한 가지 인상적인 것은 바로 이 계급들의 다원주의와 이질성이며, 그들의 이익갈등은 산업적으로 발전된 국가들 내 부르주아지의 분파(division)가 산업자본, 재정자본, 그리고 상업자본과 같은 '파편들(fractions)'과 비교될 수 없을 만큼 충분히 중요성을 띤다."[54]

바르단의 의견으로는, 인도에서 "반(semi)봉건적" 농업계급이 "대개 소멸해왔다." 그가 언급하기를, "국가의 대부분에서, 농업자본주의는 발아하고 있고 관개지역에서 더욱 그러하며, 이는 심지어 번성하고 있는 것으로 묘사될지 모른다."[55] 바르단은 또한 농촌지역에서 계급과 카스트 사이의 복잡한 맞물림에 주목한다. 그는 국가보조금의 물꼬를 트고 "자티(jati)의 농민들이 비슷한 직업의 다른 자티들과 연맹을 형성해야만 하는" 방향으로 자본을 투입하기 위해서라고 언급한다. 이 같은 관계는 "동질성에 의해서라기보다는 완고한 계급이익에 의해 함께 지탱되는 부자연스러운 정치연합들이… 서로의 식량을 받아들이지는 않을 것이지만 더 높은 가격 혹은 낮은 조세를 위해서는 서로 협력할 것이다."[56]

전문직업인의 계급을 고려하여 바르단이 말하기를, "소유계급 간에 그들을 포함하는 것은 통례가 아니지만, 만약 물적 자본이 계급층화의 기초가 될 수 있다면 인적 자본 역시 교육, 기술, 그리고 전문기술에서 기초가 될 수 있다."[57] 이것은 말하자면 교육과 공공직을 "관료제와 전문직업 내에서 보장을 받는 유망한 직업"으로 여기는 하층계급과 카스트를 위해, 높은 지위로의 동원을 위해, 계급범주를 더욱 개방한 것이나 다름없다. 이는 왜 "인도의 다양한 도시지역에서 가장 극심한 카스트 투쟁이 의학과 기술학교, 정부직 내에서 하층 카스트들을 위한 할당제가 중요한 이슈가 되어왔는지를" 어느 정도 설명하고 있다.[58]

바나익(Achin Vanaik)의 특정화(인도 국가의 '사회적 특성'이라 일컫는)는 크게 바르단의 것과 유사하지만, 두 가지 면에서 차이가 있다. 첫째, 이 같은 맥락의 문헌에서 사용된 다양한 용어들 가운데—'과두제 지배, 파워블록, 지배계급 연합, 지배적 연합/집권 연합'—그는 마지막 것을 "다양한 구성요소들이 긴장을 이루는 산업부르주아지와 농업 부르주아지 간 모든 긴장들 가운데 가장 적합한 것"으로 여긴다. 둘째, 그는 또한 지배연합의

제3요소에 비(非)국가적 전문계급의 상층부(higher rungs)와 전체로서 중간 계급분파(상급 변호사, 저널리스트, 국립대학 교수와 교육자, 미디어 스타 등) 역시 포함시키는 것이 적절하다고 생각한다.[59)]

젠더와 국가

인도에서의 국가 이론은 여성의 문제와 관련해서는 아마 발전이 가장 더딜 것이다. 이는 인도에서뿐만 아니라 서양에서도 사실일 것이다. 어디에서든지 인간의 절반을 차지하며, 완곡하게는 "더 나은 절반"으로 표현할 수 있지만, 근대민주주의의 발전에 있어서 이들은 참정권을 얻는 것이 마지막이었다. 생물학과 문화에서 인습적인 지혜를 설명할 수는 있을지라도, 남성과의 연관성에서 여성의 발전이 더딘 것은 정당화되지 않는다. 생물학적 측면에서 여성은 육체적으로 약하고 일부 노동의 영역은 이들에게 부적합하며 착취에 있어서도 남성보다 더욱 약한 존재로 여겨졌다.

이 같은 가정은 그들을 퍼르다(purdah, 여성들이 사용하는 베일을 의미하며 부녀자들을 남의 눈에 띄지 않게 하는 관습: 옮긴이)에 놓는 것뿐 아니라 일부 직업에 있어서 배제시키는 데에 사용되었다. 심지어 프로이트(Sigmund Freud)는 해부학이 숙명이라는 가정 하에 심리분석의 이론을 형성했다. 고전적인 생물학과 개인의 성격에 관한 고전적인 심리 분석뿐만 아니라 사회와 문화는 남성과 여성으로 하여금 각기 다른 사회적 역할과 문화적 역할을 하도록 제약하는 것이었다. 이같이 인습적인 성(sex)에 대한 고정관념은 그 후 계속해서 젠더평등을 이론화하는 데에 의문을 제기했다. 이와 같이, 이제는 사회과학에서 성과 젠더의 구분이 일반화되었다. 성이라고 하는 것이 생물학적 차이라면, 젠더는 사회적으로 역할과 아이덴티티를 형성하고 조건 짓는 것이다. 성에 대한 고정관념을 지우고 젠더의 사회적이고 문화적인 구성을 허락하기 위해서 해부학적인 차이로부터 재사회화될 수 있다. 현재에는, 이전까지는 남성의 영역이라고 여겨진 것들을 포함하여 모든 직업들이 여성에게 열려 있다.

현대 페미니스트 정치이론은 일반적으로 그리고 의심의 여지없이 사적 영역과 공적 영역의 관점에서 어려움에 처해왔다. 거의 모든 현대의 정치 이데올로기와 이론들은 어떠한 삶의 영역들이 국가에 열려있고 어떠한 영역들이 그렇지 않은가와 같은 것처럼 그들의 주장을 내세우기 위해 이 같은 합법적인 경계를 고려한다. 국가의 역할은, 혹은 사회까지지도, 공적인 사안들에 있어서는 사적인 사안을 제외하도록 여겨진다. 페미니스트들은 이것이 여성에 대한 불이익으로 작용하는 잔여적인 가부장제를 유지하기 위해 사용된다고 주장한다. 여성들은 여전히 가족에게 혹은 국가경제에 기여하기 위해 가족이라는 사적인 영역에서 대부분 일을 하고 있으며, 이는 심지어 국가 혹은 국제경제의 경제적 지표들로 나타나지도 않을 뿐더러 구성되지도 않는다.

심지어 직업을 가진 여성들조차 대개는 집안에서 인습적인 집안일을 하는 것뿐만 아니라 결국은 고용 장소에서도 일을 하게 되는데, 은유적으로 표현하자면 이는 영속적인 '교대제' 인 것이다. 심지어 이같이 불균형적으로 크게 가족과 국가경제에 기여하는 것은 지표화 되지 않으며, 부의 향상에 있어서 이들에게는 자격조차 주어지지는 않는다. 실제로 그들은 공적인 영역과 사적인 영역에서 경제적으로 그리고 성적으로 착취당할 뿐만 아니라 자연적으로 남성들에게 발생하는 일상적인 차이나 의무와도 일치하지 않는다. 나스바움(Martha Nassbaum)을 인용하자면, "거버넌스에서 여성의 참여는 그들에게 적합한 영역이 '사적인' 영역이라는 가정 때문에 금지되어 왔으며 이와 같은 가정은 젠더와 거버넌스가 효율적으로 작용하는 데에 방해가 되어왔다."[60]

인도에서 젠더적 거버넌스는 이제 '유행하는 것' 이 되었지만, 이는 최근에서야 그런 것이다. 근대 서양의 영향은 이 같은 과정을 유발한 것으로 여겨지며 지금은 정치적 계급뿐만 아니라 사회의 진보적인 부문들이 이의 원인을 분명히 하도록 주장한다. 이에 대한 연구의 표본으로는, 베테일

(Andre Beteille)의 인도의 평등에 관한 잘 알려진 연구와 쿠마르(Kumar)의 다르마에 관한 연구가 있다.61)

인도의 여성들은 1919년 인도정부법령(GOI)에 기초해 투표권을 획득했다. 이 법령은 31만 5천 명의 성인여성들에게 참정권을 주었다. 또한 1935년에는 6백만 명의 성인여성들로 참정권을 확대했다. 이 법령에 기초해 선거가 행해졌을 때, 8명의 여성들이 '일반(general)' 선거구에서, 42명의 여성들이 '할당제(reserved)' 선거구에서 선출되었다. 지방의 부서들이 이 법령에 기초해 형성되었을 때, 6명의 여성들이 각료로 포함되었다.62)

인도에서 사회적이고 정치적인 영역에서 여성과 연관한 자유투쟁의 기여는 대단히 큰 것으로 여겨진다. 이 같은 참여는 특히 대중 내셔널리즘 동원의 간디-네루 시기에 상층 계급/상층 카스트/교육받은 여성들에서 뿐 아니라 중간 계급/중간 카스트와 농촌지역의 여성들에게서도 나타나려했다. 독립 이후 여성 발전의 기록은 국가영역과 시민사회영역에서 공식적 혹은 비공식적으로 성공과 실패의 혼합된 양상으로 나타났다. 여성들은 근대교육과 고용부문에 있어 점진적인 대표성의 증가를 통해 현저하게 권리를 획득해온 것으로 보이는 반면, 조상의 재산공유영역에서 그들은 소외된 존재였다. 이와 같이, 근대성은 그들에게 위로가 될 수 있는 동원에 대한 수단을 열어주었지만, 인도사회의 전통과 인습은 여전히 가부장적인 구조와 가치가 지배적이었다. 모든 종교공동체 내에 존재하는 전통과 현대의 사회문화적 부문에서 젠더평등을 이끈 것처럼 공통시민법전의 채택은 여성의 해방에 가장 효과적인 수단이 되어왔다.

만약 이와 같은 시민법전이 존재하지 않는다면, 정체와 경제구조에서 여성의 대표성, 교육, 문자해독률(남성은 70.3%에 반해 여성은 50.4%)이 점차 상승할지라도, 실질적인 젠더평등은 기대하기 어려울 것이다. 독립이전 시기, 힌두가족법(Hindu family law)의 일부 개혁에도 불구하고, 재산, 계승, 결혼과 이혼 문제에 있어 여성은 남성과의 관계 속에서 불평등한 위치에 있었다. 힌두가족법의 두 가지 체제는 동부 인도에서 우세한 다야바가(Dayabhaga)라는 제도와 동부 인도 이외 지역에서 우세한 미탁샤라(Mitakshara)라고 하는 제도로 구성된다. 전자에서는, 아들이 아버지의 사망 이후에만 재산에 대한 권리를 주장할 수 있는 반면 후자의 경우에는, 아들이 아버지가 생존해 있는 기간에 이 같은 권리를 부여받는다.[63]

오늘날 힌두가족의 재산권은 1956년에 제정된 힌두계승법령(Hindu Succession Act: HSA)을 토대로 잠무 & 카슈미르를 제외하고 인도의 모든 주에서 82%의 인구에게 적용되고 있다.

힌두개인법(Hindu Personal Law)은 일반적으로 힌두교도, 시크교도, 자이나교도와 불교도에 의해 공유된다. 이 법령의 목적은 상속권한에 있어 아들과 딸의 평등을 보장하려는 것이지만 일부 면제조항들이 여전히 중요한 젠더불평등의 요소로 남아있다. 아가르왈(Bina Agarwal)을 인용하자면,

> "사실상 법령에 기초해 제공되는 제한이 없는 유언장의 권한들은 원칙상으로는 젠더 중립적이지만, 관습상 잠정적인 여성상속인으로부터 상속권을 박탈하는 데에 사용될 수 있으며, 또한 종종 사용되고 있다. 예컨대 다른 불평등으로는, 상속자 범주I에서 사망한 상속인이 남성(아들)인 경우 그의 아이들은 대습상속이 가능한 반면, 사망한 상속인이 여성(딸)인 경우 그녀의 아이들은 대습상속으로 인정하지 않는 예가 존재한다."

그러나 실질적으로 젠더불평등의 주요 토대를 이루는 두 가지가 존재하는데, (a)가족소유권과 결합한 미탁샤라의 계속적인 인식과, (b)농지에 주어진 특별관리가 그러하다. 일부 주들에서는, 힌두계승법령의 계속적인 개정으로 인해 가족소유권과 결합한 일부 불평등은 감소되어왔거나 혹은 성격이 변화되어왔지만, 대부분의 주에서는 개정되지 않은 것을 지속적으로 시행하고 있다.[64]

인도의 무슬림개인법(Muslim Personal Law)에는, 비록 남성과 동등하지는 않더라도 여성에게 재산소유를 공유할 자격을 주고 있다. 독립 이후 유효한 것으로 남아 있는 1937년의 샤리야트(Shariyat) 법령은 일부 주에서는 불법으로, 또 일부 주에서는 합법으로 간주된다. 이 같은 불법행위는 지역의 관습과 주에 따라 다른데, "샤리야트 내에 배태된 기본적인 내용(예컨대 아

들의 소유 절반을 딸이 공유하는 것)에 기초한다."[65] 고아의 기독교인들은 포르투갈의 시민법전을 따르며 케랄라의 코친(Cochin)과 트라반코어(Travancore)의 무슬림들은 현재까지 1921년과 1916년에 만들어진 같은 영역에서의 기독교 계승법령을 따른다. 이 두 법령은 모두 뚜렷한 젠더 불평등을 수반한다. 그러나 대법원의 메리 로이(Mary Roy) 소송(1986)의 판결 이후에, 자녀는 아버지의 재산을 동등하게 소유할 수 있게 되었다. 모든 인도 공동체들 중에서 파르시(Parsis, 인도에 거주하는 조로아스터교)는 1925년 두 번 연속으로 개정된 인도계승법령에 의해 가장 동등한 계승 관행을 갖고 있다.[66]

> 역설적으로 국가도 시민사회도, 그리고 후자로 인해 전자가 젠더평등을 진취적으로 이끄는 경향이 있다고 말할 수는 없다. 국가 내에서 사법권은 아마 젠더 문제로의 접근에 있어 가장 진보적일 것이다. 그럼에도 불구하고 사회정의로의 문을 열어주는 할당제도 역시 여성들에게 다가설 때에는 반발이 거세다. 이와 관련해, 일반적 공공영역에서보다는 오히려 국가와 주 내의 정당과 같은 수준에서 여성을 위한 할당제도 마련에 대해 저항이 더욱 크다는 점도 지적할 수 있다. 「인디아투데이」에 의해 실시된 설문조사에서 75%의 여성과 79%의 남성이 정치에서 여성의 활발한 참여를 지지했고, 남성과 여성 모두 75%가 입법권에서의 할당제도 마련에 지지했다. 정치계급에서의 반대 역시 "젠더와 카스트에 기반한(gendered and caste based)" 것이다. 자나타달, 라슈트리야 자나타달, 사마즈와디 자나타 정당과 바후잔사마즈 정당 모두 후진계급(backward classes)의 여성들을 위한 할당제도에 대한 조항이 없는 의회의 미결된 법안에 반대했다. 여성의원들 간에는 이 같은 입법안(아직까지는 법률이 되지 않은)에 대해 압도적인 지지가 있었다.[67]

젠더평등에 대한 이같이 수많은 장벽들에 대하여, 국가와 시민사회의 여성운동과 정치적 동원으로부터 여성들은 더욱 기대를 갖는 것으로 보인다. 인도의 여성운동에 관한 연구는 다음과 같이 결론을 내린다.

> "'개인은 정치적이다'라는 슬로건은 개인 내외의 관계를 조건 짓는다. 이전의 운동들은 이와 관련한 분석이 약속하는 존속력을 억제했던 반면, 여성운동

은 이 같은 수단을 계속해서 추구하는데, 왜냐하면 이는 카스트와 계급을 넘어 젠더에 기반한 예속, 지배, 저항을 이해하는 데에 설명 가능한 잠재성을 쥐고 있기 때문이다."[68)]

정치적 자유주의와 국가

인도국민회의당은 본질적으로 중도의 이데올로기적 방침을 지닌 정당이었을지라도, 자유 투쟁과 후기 식민지 재건설 기간 동안에는 네루, 수바시 찬드라 보스, 자야프라카시 나라얀과 같이 야심찬 리더들을 보유한 작지만 유력한 좌익이었다. 회의당의 발전프로그램은 대개 자유주의에서 마르크스주의를 망라해 사고하는 리더 그룹에서 나타난 성과였다. 회의당 이데올로기의 구성요소로서 독립 이전 시기 가장 중요했던 지표는 인도국민회의당의 카라치 결의안(Karachi Resolution, 1931)이었으며, 1935년 인도정부법에 기초해 형성된 지방 회의당 정부(provincial Congress Governments) 내 산업부문 각료회의 이후 회의당 당수인 수바시 찬드라 보스와 의장인 네루에 의해 임명된 국가계획위원회(1938)에 대한 협의였다. 그것은 4명의 상인과 기업가, 5명의 과학자, 2명의 경제학자, 계획에 관한 책을 쓴 기술자, 그리고 네루 및 2명의 리더를 포함한 15명으로 구성된 위원회였다.

카라치 결의안에서는 인도의 차후 경제발전 정책이 무료 초등교육, 최저생활임금, 노동자·노인·병자와 실직자를 위한 자비로운 노동조건, 담보노동의 폐지, 여성근로자의 보호, 육아 휴직, 등교연령아동의 공장고용 금지, 근로자를 위한 노동조합 권리와 중재에 의한 산업분쟁 조정의 적절한 장치, 농업임대료 축소, 소규모 자민다르 구제, 토착적 섬유공업의 보호, 인도의 산업을 촉진시키고 대중들의 부담을 경감하기 위한 환율과 유통정책의 제어, 주요 산업과 광물자원의 국가소유와 같은 조항들을 포함시키도록 강조했다.[69)] 국가계획위원회의 작동은 제2차 세계대전의 발발, 회의당의 퇴각과 네루의 체포로 곤란을 겪었다. 그러나 차터지(Partha Chatterjee)는 "'국가계획'의 개념 성취로 회의당의 국가적 리더십, 특히 네루의 출현에 대한 최초의 실질적인 경험"이었다고 언급한다.70)

헌법을 만들던 시기에, 회의당사회주의자들에 의한 제헌의회의 보이콧(boycott)으로 회의당의 좌익세력은 상당히 약화되었다. 이는 아마도 많은 이유 중에서 왜 경제권이 정치적으로 합법적인 권리로부터 분리되어 비(非)정당화된 국가정책지침으로 분류되었는지에 대한 하나의 이유가 되었는지에 대한 단서가 될지 모른다.

그러나 네루는 1950년 이래로 인도 국가의 경제적 이데올로기의 중심에 사회주의적 목표를 가지고 계획경제발전의 전략을 실현해냈다.

인도 국가의 발전계획에 대한 인지적인 부분에서, 파르타 차터지는 국가의 발전과 민주적 역할 사이의 내적 갈등에 주의를 기울이고 있다. 발전국가는 발전적 기능 안에서 그 취지를 뚜렷이 하는데, 이는 "식민국가가 갖는 이질적이고 추출적인 요소로 인해 결코 소유될 수 없는 그 무엇"이다. 다른 한편으로, 계획이라는 것은 전문가들의 합리적인 경제작동으로 볼 수 있는데, 이는 "시민사회의 특정이익을 넘어서는 수준에서 작동하며, 발전적인 행정을 통하여 대표적 정치와 집행의 일반적 절차 밖에서 정책을 만드는 영역과 같이 제도화된 관료제적 기능"이라고 할 수 있다.71)

제2차 5개년계획의 설립 당시 설계된 네루-마할라노비스(Nehru-Mahalanobis) 경제발전 전략은 국가로 하여금 산업화에서 주도적인 역할을 하게하고, 국가의 경제를 "유리한 고지(commanding heights)"에 오르게 한다는 목표를 지녔다. 이 발전전략의 구성 원칙은 (a)대도시 자본주의에 의존하는 경제를 독립적인 경제발전으로 재구성, (b)국가자본가와 도시부문의 자본주의적 발전, (c)반(半)봉건적 농업에서 자본주의적 농업으로의 전환이다.

네루의 지휘아래 국가의 정치경제적 재구성은 대내외적인 압력으로부터 이데올로기적으로 국가행동을 자율적으로 동원할 수 있는 영역을 개척했다. 네루의 주요 성과는 자립적 경제발전과 의회제도가 정치적 수행의무에 대한 부담을 지니도록 기초를 마련했다는 점이다. 또한 이는 노동조합협상에 대한 전통을 설치하고, 노동계급의 일부 보호적인 법률, 특히 조직부문에서 시행된 민주적 사회주의로의 이데올로기적 공약과 적당한 규모의 사회주의와 공산주의 운동의 출현을 고려한 것이었다. 네루에 의해 시작된 정책은 국제관계에서 군사블록들과 비(非)화해(nonalignment)의 정책에 대한 인도의 공약을 심화시켰으며, 사회주의 국가들뿐 아니라 서구와의 관계에서 인도의 무역을 다양화시키고 방어물자의 연계를 도왔다. 그러나 기초산업을 향한 네루의 열정과 "경제를 유리한 고지로 오르게 하는 전략"은 농업발전에 있어 저조한 실행을 보였을 뿐 아니라 일부 방책과 산업, 국방, 도시의 기간산업에 대한 실행의 저하를 가져왔다.

외국에의 식량공급 의존, 중국과의 전쟁에서의 굴욕, 그리고 도시에서의 혼란스러운 삶들은 이 같은 정책으로부터 직접적으로 수반된 문제들이었다. 국가부문의 증가는 결국 인도의 경제를 유리한 고지에 올려놓았으나 대내외적 경쟁으로부터 안식처를 제공하는 데에 비효율성을 증가시키는 경향을 보였다. 이는 또한 막대한 관료적 권한과 정치적 권력, 경제적 자원을 국가엘리트들의 손에 집중시켰고, 사적부문의 진취성과 추진력에 족쇄를 채우게 되었다. 동시에, 경제수행의 실패는 대중의 불행으로 귀결되었고, 집권당과 의회의 반대세력에 의해 포퓰리즘 정치의 실행을 초래하게 했다. 북부지역에서 의회 밖(extra-parliamentary) 대중운동은 역설적이겠지만 넓은 연방과 주의 정부들로 하여금 입법적 다수를 형성하게는 했지만, 그에 대한 합법성은 가져다주지 못했다.

이와 같은 대중저항에 직면해서, 집권엘리트들은 비상사태를 선포함으로써 정치적 과정에 권위주의적인 개입을 호소하려는 경향을 드러냈다. 이는 지배엘리트들에 의해 비상사태 이후까지도 언론에 대한 자유를 구속하려는 시도로 계속되었다. 그러한 권위주의적 수단들은 언론과 지하조직(underground)의 거센 저항과 선동에 직면하면서도 되풀이되었다. 비상사태 이후에, 집권당이 시민서비스의 전문적인 중립성을 정치화하고 사법권의 독립을 침식하는 경향을 띤 것과 같이, 정부 통제적 전자 대중매체에 대한 오용이 계속되었다. 엘리트적인 정신사고와 낭비적인 생활양식은 엘리트와 대중 간에 막대한 격차를 형성해왔다. 실제로 우리는 이 같은 격차와 국가와 시민사회 간, 농촌과 도시의 정치경제 간, 선두적인 그룹과 고립적이며 착취당하는 인종과 지역 그룹들 간 착취관계의 사슬을 인식하고 있다.

이 같은 현상들이 출현하게 된 주요 원인으로 일곱 가지 요소를 나열해 볼 수 있다. 첫째, 식량부족, 기아와 기근, 1950년대와 60년대 내내 대량의 식량수입으로 인한 외환보유량의 고갈은 1960년대 중반 일부 지역에서 농업혁명에 대한 최초 격발로 이끌면서 농업발전을 경제적 안건 중 핵심으로 몰았다.

둘째, 1962년 인·중(印中)전쟁에 대한 조처는 방글라데시의 자유화에 있어 성공적인 국가개입을 강조하면서, 남아시아에서 인도의 군사적 헤게모니를 구축하도록 하는 재(再)방침으로 귀결되었다.

셋째, 1960년대와 70년대를 통틀어 국가부문의 비효율성은 1980년대와 90년대 경제의 자유화에 압력을 가하고 — 본국에서 '허가제도(permit-quota-license raj)'의 규제를 감소시킴으로써 — 국제적인 재정투자와 기술로써 국가의 경제를 개방하게 했다.

넷째, 산업부르주아지는 지역적 라인과 소규모 제조 부문들에서 차별성과 규모가 증가해왔다. 한편 국가적 부르주아지는 연방 혹은 주 정부부문에서뿐만 아니라 다국적기업과의 제휴와 결합에 있어 증가적인 경향을 띠었다. 인도의 다국적기업들은 제3세계와 이외 지역으로 확대되어가고 있다.

다섯째, 강력한 자본가 농민계급과 중산 농민계층은 정치영역에 출현한 후 그 수와 세력에 있어 더욱 증가해왔다. 농업 배경을 지닌 입법자들은 뉴델리와 주(州)자본 범주에서 가장 큰 영역을 차지해왔다. 농업근대화 영역에서 강력한 조직과 운동들은 정치과정에 큰 영향을 끼쳐왔다.

여섯째로 계속적인 인플레이션 현상을 들 수 있는데, 이는 특히 1970년대에 극에 달했다. 현재까지 약간의 정도차이는 있지만, 인도의 국가는 중앙정부에 의해 재정결손을 최소화할 것과 주 정부들로 하여금 인도보유은행(RBI)의 초과인출에 대해 인식해야할 것을 요구하고 있다. 특히 직접세와 관련하여 세금수령의 지연, 농민들을 향한 자유보조금제도, 도시소비자들을 향한 주요산물 보조금제도, 그리고 낭비성의 비계획적 지출은 이자지급을 위한 차용증가에 더욱 의존하게 했다. 1987~88년 세입에서, 이와 관련한 지급액은 4.5%의 GNP 중 전체지출의 1/6을 차지할 만큼 높았지만 우려될만한 것은 아니었다.[72] 이는 외국원조와 채무를 제로의 상태로 지향하는 계획들이 여전히 현실성이 낮음을 보여준다. 이러한 상대적 기동성은 1973년 석유가격의 현상적인 증가를 극복함에 있어 경제의 탄성에 의해 조화되었는데, 이는 주로 서아시아와 걸프 연안의 석유수출 국가들을 향해 인도의 수출을 활성화시키는 새로운 시장의 출현 덕분으로 볼 수 있다. 인도의 무역관계는 여러 해에 걸쳐 무역상대국(가장 큰 무역 상대로서 출현한 미국과 유럽연합)과 무역구성품목에서 다양화가 증가되어왔다. 무역결손액은 1985~86년에는 GDP의 3.7%로 정점에 닿았지만, 1986~87년에는 GDP의 3.2%로 감소했으며, 수출에 대한 수행능력과 수입증가의 감속에서 모두 발전적 양상을 보였다. 이 같은 양상은 1987~88년에 GDP의 2.8%까지 더욱 감소했는데, 이는 주로 수출에 있어 증가가 컸기 때문이다.[73]

일곱째, 농민들의 불평(특히 농촌과 도시부문 간 형평성이 깨지는 상태에서의 무역과 농산물에 대한 적은 수익), 소수민족의 소외와 지역불평등, 중앙정부의 권위주의, 1980년대와 이후에 영향력이 증가한 언론단체에 의한 언론의 자유에 대한 선동, 주와 지역에서 발생한 강력한 자율성 운동 등에 대한 의존이 그러하다.

경제 자유주의와 국가

1991년은 인도의 경제정책에 있어 주요 패러다임의 전환을 보인 해이다. 아이러니하게도, 1991년 경제자유화를 향한 가속화만큼이나 1970년대 후반 이래로 드러난 진취성들은, 인디라 간디(1980년 초기)의 회의당 정부, 라지브 간디(1984~89)와 나라심하 라오(1991~96) 정부, 1980년대 이래 다양한 정당연합 정부, 자와할랄 네루식의 '인도적 사회주의'의 유산에서 볼 수 있다. 경제자유화정책과 관련한 이데올로기의 관점에서, 공산당, 인도인민당(BJP), 자나타달의 경제개혁적인 부문에서 이에 대한 반대가 있었지만 신경제정책의 진취성과 개정에 대해서는 전반적으로 정당체계의 전체적인 스펙트럼 상에서 광범위한 의견 일치를 형성했다.

일찍이, 이와 관련해 성공적인 수단들이 1990년대 초기의 경제적 자유화라는 '비밀스러운 개혁'[74]으로 묘사된 것은 경제에 있어 더욱 포괄적이고 급진적인 변형과 연관되었다고 할 수 있다.[75] 신경제정책의 일련에는 경제의 단기적 안정화와 중장기적 구조조정을 목표로 하는 보완적인 수단들이 포함되었다. 바이어(Byres)에 따르면,[76] 안정화는 20%의 루피 평가절하와 공공지출의 억제(예컨대 농부와 소비자를 위한 보조금, 외국자본의 자유로운 유통과 재정결손의 억제)가 포함되었다. 구조조정정책들은 더욱 자유로운 무역과 루피의 부분적인 전환 가능성, 산업적 관리해제, 공공부문 투자회수와 손실이 생기는 일부 영역에서 비축회수, 가격고정에 있어 보다 커진 자율성, 더욱 자유로워진 국가와 외국은행부문, 물품세와 관세 의무에서 세금개혁, 기술과 시장의 접근을 허락하기 위한 비(非)부채 형태에서 외국인직접투자의 활성화를 포함한다. 다양한 요소들이 경제발전에서 일정한 정도의 연관성을 가지고 경제자유화의 정책 적용에 기여해왔다.

마르크스주의자들은 경제의 자유화와 세계화를 위해 아마도 미국으로부터 발산된 인도에의 신제국주의적 압력과 외부의 역할, 국제통화기금(IMF), 세계은행과 같은 서구 지배적인 다변적 국제 재정기관들을 지나치게 강조해왔을 것이다. 내셔널리즘과 마르크스주의를 제언하면서, 그들은 인도의 경제적 손실과 정치적 주권을 비탄하고 반(反)국민적이고 친(親)부유층적인 편견을 비난했다. 바루(Baru)는 이 같은 외부적 영역을 고려하여 보다 현실적인 관점에서 다음과 같이 언급하고 있다.[77]

"출현하는 그림들은 제국주의적 보스정치(bossism)를 이겨낸 것이거나 혹은 그에 굴복하는 국민주권의 흑백만을 나타내는 것이 아니다. 대내외적 이익들이 함께 섞여 독립과 의존의 복합적인 양상을 조명하고 복합적인 정책을 산출하는 회색의 그늘이 존재한다."

기본적으로 과거 세계화의 압력에 대항해 국내 산업을 상대적으로 보호하려는 인도경제가 1990년대 경제개혁을 단행한 것에 대한 설명은, 1960년대 중반 이래 산업발전의 감소율, 공공투자의 감소, 지역적이고 사회적인 지표에서 부족하고 고르지 못한 농업발전 양상, 그리고 이의 모든 결과로서 수요와 공급침체의 악순환에서 이루어질 수 있을 것이다. 로이(Roy)를 인용하자면,78)

"산업생산의 성장률은 1951년에서 1965년 사이에는 7%, 1965~70년 사이에는 3.3%가 감소했다; 1970~77년에는 4.8%가 증가했지만, 1970~80년 사이에는 다시 1.4%가 감소했다. 그러나 60년대 중반 이래, 일부 산업의 증가율은 부정적이었다. 일부 경제학자들은 80년대 성장률에 있어 증가율의 토대에 의문을 제기해왔다."

동시에 경제발전을 위한 공적투자가 감소할 때, 다양한 주들 내에서는 중앙과 지역적 설명에서 자나타 거버넌스의 농촌지역 포퓰리즘과 국민투표에 기반한 대중민주주의라는 인디라 간디 브랜드의 포퓰리즘적 정치에 의해 공공지출에 대한 요구가 시작되고 있었다. 중앙에서뿐만 아니라 주들 내 공공부문과 국영화된 은행들은 포퓰리즘적이고 조직적인 노동조합 압력에 의해 약화되었다. '인도적 사회주의(Indian Socialism)' 는 지대추구적이고 반(半)봉건적이며 신세습적인 정치경제로 변화했다.

그럼에도 불구하고, 1970년대와 80년대 연방과 주 수준에서 포퓰리즘적 정치양상은 대중의 빈곤감소 측면에서 최소한 한 가지의 긍정적 효과를 보였다. 전국표본조사(Nstional Sample Survey: NSS) 데이터는 1970년대 중반에서 1980년대 말까지 농촌지역의 빈곤이 현저하게 약화되고 있음을 나타냈다. 이 같은 추세는 몇십 년이 지나도록 두드러진 변화를 보이지 않았다. 이를 통해 볼 때, 아마도 정부에 의한 사회부문 지출증가와 대중 빈곤감소

간에는 일부 긍정적인 상관관계가 있다고 할 수 있을 것이다.79)

그러나 1970년대 공공지출의 증가와 1980년대 대내외 시장으로부터의 막대한 차용은 비슷한 시기 사회주의 블록들 — 소비에트 연방(USSR)과 동유럽 — 과의 무역에서 손실을 가져왔다. 게다가 1980년대 말까지 인도의 수입과 수출부문에서 지불균형의 위기가 발생하면서 국가는 전례 없던 재정위기 상태가 되었다. 이 같은 문제는 특히 1991년 중반 경제정책에 주요 전향이 일어나면서 잇따른 불행으로, 서아시아로부터의 석유수입가격이 점차 상승함으로써 더욱 악화되었다. 신경제정책 혹은 경제개혁은 사유화와 자본주의적 세계화의 측면에서 극심하게 억제되던 경제의 관료적 규제철폐와 구조조정프로그램(Structural Adjustment Programme: SAP)을 포함했다. 인도에서 이 같은 변화는 전후 케인스주의적 자유주의와 서구의 복지국가에 대한 신자유주의적 공격을 따랐는데, 이는 "1970년대 여세를 모아 1980년대에는 정통주의적인 신고전주의경제학자들 사이에서 헤게모니가 되었다." 80) 더욱이 동아시아와 동남아시아의 성공적인 시장경제와 인도를 비교해 볼 때, 네루와 인디라 간디의 발전전략과 경제자유화를 향한 수정자본주의에 대해 신자유주의와 유사한 관점에서 비판이 일었다.81)

그러나 서구 복지국가에 대한 신자유주의적 비판도, 소비에트연합과 동유럽의 공산주의의 붕괴도, 인도의 발을 채지는 못했다. 인도 정치경제의 모습은 유권자의 주권을 중심으로 하는 정치적 시장과 소비자 주권을 중심으로 하는 경제적 시장이 겹쳐진 벤 다이어그램을 형성하고 있다. 차터지(Chatterjee)가 언급하기를,82)

> "…인도에 발전계획이 시행되던 특정한 맥락에서, 축적(accumulation)은 합법화(legitimation)로 재조정 되어야만 했다. 보편적인 성인참정권에 기반한 대표제를 채택한 것은 정치권력의 행사에서 확실히 효력을 지녔으며, 특히 경제적 목적들의 일련과 접합한 국가운동의 전체적 유산에서 그러했다. 이 같은 두 가지 목적들 — 축적과 합법화 — 은 인도의 발전계획에서 두 가지 함축을 의미했다. 한편에서 발전계획은 '인도의 촌락들에서 대중들의 거주지에 영향을 미치는 한 산업적 이동에 수반되는 불필요한 난항을 피하는 수단'이 되어야만 했다.

> 또 다른 한편으로는, 발전계획이 '거대하고 이질적인 아대륙에서의 갈등해결을 위한 긍정적인 수단' 이 되었다."

이 같은 이중적인 긴급성은 실제로 자유민주주의 레짐의 경제정책 형성에 있어 특징적인 것이다. 자본주의와 민주주의 간 갈등에 관해 의견을 제시하며, 하버마스(Jurgen Habermas)가 언급하기를,[83)]

> "만약 정당들이 집권을 획득하거나 유지하기를 원한다면, 그들은 사적 투자자들과 대중의 신뢰를 동시에 얻어야만 한다는 사실에서 이 같은 역설은 스스로를 증명한다."

사회학적 관점에서, 인도사회의 강력한 계급들은 대대적인 규모의 세계적 경제자유주의에 반대할지 모른다. 국내 관료제의 규제철폐가 마르크스주의 정당과 관료를 제외한 모든 이들로부터 환영받았던 반면, 경제의 세계화는 일반적으로 국가 부르주아지, 농민, 그리고 노동계급들에 의해 반대되었다. 인도 국가의 경제정책은 장기적 관점에서, 정치적으로 연관된 모든 계급과 그룹들의 이익을 반영해야 하기 때문에, 혼합적인 정책 결과가 흔히 예상 가능하다. 지역 부르주아지 부문, 부농, 그리고 다국적기업들(MNCs)의 노동귀족정치는 사실상 그들이 효과적 수단들을 마련해왔기 때문에 우선적으로 세계화를 지지할지 모른다. 국가 부르주아지의 대표제와 같은 인도상공회의소(FICCI)의 인습적 성격과 매판 부르주아지의 대표제와 같은 인도상공회의소협의회(ASSOCHAM)(두 기관 모두 외국인 투자기술, 수입자유화를 지지해왔다)에 의문을 제기하며, 바루는 다음과 같이 언급하고 있다.[84)]

> "이는 유일하게 모든 기업의 매판적 성격이 문제를 회피하고 지난 40~50년의 실질적인 역사적 경험에 거스르는 것임을 증명한다. 여기에서 가능한 설명은, 자유화, 특히 조정, 합리화, 산업계획의 복구를 위한 외부적 자유화의 과정에 의해 제공된 기회를 사용하는 것은 대기업의 이익 여하에 달려있을 것이라는 점이다."

그는 계속해서 탄식하기를,

> "인도 정부는 한국 혹은 일본의 정부와는 달리, 인도의 기업들로 하여금 기술적으로 원동력 있게 만들기 위해 강력한 정책을 추구해오지 않았다. 그 결과, 인도의 산업은 기술적인 토대를 향상시키기 위해 경제자유화에 의해 제공된 기회를 사용함으로써, 그리고 이에 더욱 의존하는 것으로만 새로운 기술적 기회를 잡고 있다. 만약 그것이 외국자본과의 타협을 수반한다면, 그 역시 그럴 것이다."[85)]

그러므로 스와라지(swaraj, 자치)와 스와데시(swadeshi, 힌디어로 모국을 뜻하며 여기에서는 자립경제와 국산품애용의 의미: 옮긴이)의 관점에서 국가가 대내외적 경제에서 보다 큰 경쟁력을 촉진시켜야만 하는 반면, 이는 경제발전에 있어 국가가 시장친화적인 촉진자의 역할을 하고 국가계획의 우선순위를 설정하는 계획입안자의 역할을 계속함으로써 국가 전체의 경제적 이해를 효율적으로 돕도록 한다.[86)]

인도가 처한 딜레마는 '네루비안 사회주의' 배후의 병든 국가를 피하고, 사회, 경제, 지역적 불균형의 파급효과와 점진적으로 쌓여가는 독점적인 추세로 인한 시장실패를 피하는 것이다. 현재로서는, 이 같은 염려가 모조사회주의와 모조민주주의에서 초래된 부정적인 경제적 결과일 수 있다. 이와 관련해, 중국과 인도에 대하여 "중국의 혁명은 민주주의의 토대를 마련하기 위해 꽃을 피우고 있다. 반면 인도 민주주의라는 잎은 그늘에 가려 햇빛을 차단하고 있으며 그 뿌리는 양분을 필요로 한다"라는 비유적 논평은 고려할 만하다.[87)]

국내자본이 세계자본과의 통합을 통해 국제경제로 들어서는 일이 많아지면서 기업의 자유주의는 동시에 기회와 도전에 부딪히게 되었다. 국가의 이익이 되는 최우선적인 경제규범과 지속적인 경제발전은 막대한 사회적, 생태학적 비용을 수반한다. 사회적 비용과 관련하여, 정부에 의한 공공지출의 명백한 감소는 풍족한 계급과 공동체, 발전된 지역들보다는 빈곤층과 사회의 약한 부문, 낙후지역에 영향을 주고 있다. 사적투자는 부유층의 요구에 응하는 것을 선호하는 실정이며, 자본동력으로의 추진력에서는 인간과 환경보호를 의식한 강제력이 적은 편이다. 오히려 이 같은 강제력은 생태적 재난과 인간멸종의 관점에서 위기에 처한 문제가 발생할 때만이 인식되기 시작할 것이다.

신경제정책은 농촌과 도시지역, 부유한 도시민과 중산층, 그리고 도시의 주변과 농촌지역의 빈곤층에 각기 다른 정도의 영향을 끼친다. 다음과 같은 슈르메르-스미스(Pamela Shurmer-Smith 2000)의 인용은 이 같은 점을 간략하게 보여준다.

A. "인도의 농촌지역에 존재하는 빈곤의 상황에서는, 이 지역에서 필요로 하는 투자를 국가만이 제공할 수 있지만, 자유화의 정책들이 점점 더 시장 중심적 접근을 요구하고 있다. 시장은 반드시 필요한 토지개혁을 적용시키려하지 않을 것이다; 또한 발전계획의 과정에서 적절한 토지를 제공하는 사람들에게 보상하지도 않을 것이다. 환금작물(cash crops)이 더욱 많은 토지를 없애고, 채무는 증가하며, 수자원에 대한 경쟁은 보다 더 치열해질 것이라고 강조하는 지표들은 어디에나 존재한다."[88]

B. "인도의 도시지역은 매년 3.5% 정도로 성장하고 있다; 이 중 대략 절반은 자연적 증가이며, 나머지 절반은 농촌에서 도시로의 이동이다. 일부 가장 빠른 성장은 보다 부유한 농업지역의 보다 작은 마을 에서 일어나는데, 펀자브와 서부 우타르프라데시가 그러하다. 이는 특히 주요 도심과 인접이 용이한 마을에서 현저하다. 예컨대 무자파르나가르(Muzaffarnagar), 가지아바드(Ghaziabad), 미어루트(Meerut)와 같이 새로운 산업들이 농업자본, 봉건적 정치구조와 고용구조, 느슨한 보건과 안전, 오염규제와 결합한 지역에서 일어났다."[89]

이와 같은 맥락에서, 국가개입의 부재는 시장다윈주의(market Darwinism)와 막대한 범죄와 폭력의 증가를 초래한다.

최근 인도에서는 병든 국가와 신자유주의 이데올로기의 공격으로 인해 최소한 얼마간은 관료적 규제철폐와 사유화가 이에 대처하는 비상구로 보인다. 복잡한 시나리오와 선천적인 딜레마들은 남인도의 연구에서 현저하게 드러난다.[90] 이 같은 연구의 저자들은 현대 인도의 맥락에서 국가와 시장 간의 관계에 있어서 실용주의적 접근을 취한다. 스리니바스(M.N.Srinivas)와 오로라(G.S.Aurora)의 연구에서 결론은 예증적이다.[91] 이들은 국가를 축소하기 위한 구조조정과 재정정책의 능률화를 환영하지만, "경제에서뿐만 아니라 정치와 시민사회에서도 역시 재편성이 필요하고," "인본주의적 발전의 목표들" 역시 필요함을 강조한다. 일부 다른 연구자들은 (a)시장 규제적 국가에 의한 관료국가의 교체, (b)지배적인 의회체제에서 보다 연방화된 정치체제로의 전환의 관점에서 계속되는 정치-경제적 변형을 해석하고 있다.[92]

세계화와 국가

'세계화(globalisation)'는 오늘날 세계적인 규모에서 일어나는 광범위한 변화들을 감싸 안은 표제어가 되어가고 있지만, 이는 정밀성이 부족하다. 비록 부차적인 다른 변화들이 이 용어에 포함된다 하더라도, 정보, 기술, 그리고 특히 자본에 있어 세계화의 현상을 언급한다. 세계화가 전적으로 새로운 현상은 아니지만, 오늘날 이것이 파급되는 범위와 속도는 일부 기초적인 가정과 구조들이 심각하게 문제제기 되는 수준에까지 이르렀다. 예컨대 대표적인 두 명의 사회과학자들에 의해 행해진 연구에서 다음과 같은 언급을 살펴볼 수 있다.

A. 주권은 사회적으로 구성된 원칙으로서 현실과의 다양한 정도에 있어 항상 유리한 조건이 되어왔으며, 최근 몇십 년간 위협되기도 하고 강화되기도 했다. 그러나 이것은 국가 간 체제가 존재하고, 또 정의되는 곳에 기초를 두고 있다.[93]

B. 경제활동의 실질적인 흐름의 관점에서 간략하게 언급하자면, 국민국가들은 이미 오늘날 경계가 없는 세계화된 경제 내에서 참여에 있어 의미 있는 개체로서 그들의 역할을 잃어왔다.[94]

그러나 현실은 현대의 세계에서 국민국가의 역할과 관련성에 관해 이같이 경쟁적인 인식들 사이 어딘가에 놓여있다는 점이다. 게다가, 인도 국가의 내부적이고 외부적인 맥락들은 세계화의 영향력을 조사하는 것에서 고려되어야만 한다. 케인즈적 이데올로기가 팽배하던 1950년대에, 인도는 자립적인 국가경제에 기초하여 성장과 정의를 목표로 민주적 발전국가로서 이력을 쌓기 시작했다.[95] 그러나 1970년대 초기에는, 이 같은 발전전략이 위기에 봉착하게 되고 인도는 민주주의와 발전을 놓고 우선순위에 대한 선택을 해야만 했다. 인도 고유의 발전 모델에서는, 민주주의와 발전이 동등한 무게를 가졌지만, 낙후된 경제와 결핍의 정치는 두 가지 목표를 동등하게 추진하도록 하는 사치를 허락하지 않았다. 앞서 언급했듯이, 인도는 한국과 다른 동아시아 국가들과는 달리, 공식적으로 발전목표를 단념하지 않은 채 민주적인 경로를 어렵사리 지나왔다. 한편, 권위주의적인 국가개입은 인도보다는 동아시아에서 보다 뚜렷한 것으로 증명되었다.[96]

인디라 간디의 비상 레짐은 민주주의보다는 발전에 우선순위를 둔다는 관점에서 동아시아의 경험을 다소 생각나게 하지만, 선거민주주의의 절정은 인도에서 제지할 수 없는 것으로 드러났다. 그럼에도 불구하고, 1990년대 초 세계자본과 기술로 경제를 개방한 인도정부는 지불균형의 심각한 위기에 직면했을 때 경제적 강요를 극복할 수 없었다. 서구에서는 1980년대에 이미 일어났던 경제정책에서의 신자유주의적 전환은 1990년대 이후로는 인도의 경험 일부가 되었다.

그러나 인도적 맥락에서 구별되는 특징은, 세계화와 관련해 인도 국가를 연구해야 한다는 점이다. 이 같은 특징들은 지리-정치적 맥락에서뿐만 아니라 주변국 혹은 세계와의 관계, 인도 국가의 성격과 경제와도 관련이 있기 때문이다. 우선 첫째로, 인도가 '약하지만 강한' 국가라는 점에서, 인도의 경제 역시 약하지만 강하다는 점을 들 수 있다. 국가와 경제라는 두 부분들은 저개발 부문의 집단들에 더하여 정교한 제도들을 합리적으로 발전시켜 왔다. 또한 전체적 규모면에서도 인도는 지역적이고 세계적인 연계에서의 한계를 완화시키기 위한 완충물로서 내부의 무역을 담당하는 거대한 시장을 갖추고 있다. 이는 거대한 비조직 부문과 함께 공존하며 세계적 차원에서 유망한 존재로 자리매김하려는 인도 법인회사들의 역설적인 면을 설명할 수 있을지 모른다. 경제적 결손에도 불구하고, 비조직 부문은 지역과 국가의 시장에 영합하고 있다.

세계화와 관련한 또 다른 특징으로는 인도-파키스탄 불화와 남아시아의 일반적인 낙후성을 근거로, 오히려 인도가 남아시아에서 지역적으로라기보다는 세계적으로 보다 통합적이라는 점을 들 수 있다. 남아시아지역협력연합(SAARC)은 1985년에서야 뒤늦게 형성되었을 뿐 아니라, 세계에서 가장 취약한 지역경제블록 중 하나로 남아 있다.

인도는 어떻게 내셔널리즘, 지방분권주의, 세계주의의 경합세력들이 스스로를 실행시켜왔는지를 증명할 수 있는 흥미로운 사례연구지로 다루어질 수 있다. 카코윅츠(Kacowicz)는 이 같은 세 가지 세력들이 "상대와 겹치고 관련되어 때로는 모순적이기도 하고, 때로는 서로 협조적이지만, 결코 조화를 이룰 수는 없다"라고 언급한다."[97]

인도는 초국가적 지역으로서 남아시아와의 통합을 약하게 형성하고 있다. 오히려 세계경제와 인도의 통합은 남아시아의 지역경제 혹은 아프리카-아시아 경제보다는 상대적으로 많은 부분을 차지한다. 이 같은 현상은 최소한 다섯 가지 이유들에서 찾아볼 수 있다.

첫째, 인도는 초창기에 내셔널리즘과 보호적 경제정책의 혼합으로 자립적인 경제 민족주의를 바탕으로 작동했다. 내셔널리즘과 정치적 자유주의, 포퓰리즘에 기초를 둔 발전전략은 기업자유주의에는 부족했지만 거대한 국내시장과 연결되었는데, 이는 수출기반경제에 대한 기대를 미리 배제시켰다.

둘째, 인도의 실용적인 중립노선은 소비에트 편향으로 소비에트와 동유럽 사회주의/공산주의 경제와의 무역관계를 촉진시켰다(그 후 계속해서 서양에서 공산주의 붕괴 이후 좌절을 겪었다).

셋째, 현실주의적 관점에서 고안된 남아시아와 관련한 안보는 지역경제통합의 이슈들에 그늘을 드리웠다. 심지어 분할되지 않은 인도의 통합적 경제조차 분할과 현실주의적 정치지형에 의해 분열되었고, 이 같은 분열은 지금까지도 계속되어오고 있다. 인도-파키스탄과 인도-중국 경쟁에서 특히 전자는 지역적 통합을 향해 평탄하게 움직이고 있다. 남아시아에서 인도의 인접국들 중 특히 작은 국가들의 경우, 인도가 경제권과 군사권을 사용해 이득을 취하기 위해 그들에게 지역통합을 강요하지는 않을까 두려워하고 있다.

넷째, 지역의 현실주의적 안보 분위기는 인도로 하여금 계속해서 부족한 경제자원으로부터 국방으로 관심을 돌리도록 압력을 가해오고 있다. 인도는 독립 이후 줄곧 파키스탄 혹은 중국과의 전쟁(1947, 1962, 1965, 1999년)에 직면해왔다. 인도의 지역안보에 대한 관심사 혹은 난민들의 대대적인 유입 역시 1971년 방글라데시의 해방과 탄생으로, 그리고 1984년의 스리랑카 요청의 평화유지군 개입으로 인해 흡수되었다.

다섯째, 안보에 대한 인도의 현실주의적 관심사들과 주요 인접국들과의 지역통합관계는 내부의 발전보다는 국방에 초점을 맞춘 정책실행들로 인해 부족한 경제자원들을 고갈시켰다. 이 같은 현상은 1998년 인도와 파키스탄의 핵무기 제휴에서 정점에 이르게 되었다. 이러한 맥락에서, 인도의 지역경제통합은 전체적인 세계통합의 측면에서 볼 때 다른 지역경제들과 비교해 여전히 뒤쳐지게 되었다.

1985년 SAARC가 다카(방글라데시의 수도: 옮긴이)에서 2년마다 열리는 정상회담을 개최했을 때 이에 대한 지역의 반응은 부정적이었다. SAARC의 연합보고서들에서 각국 정상들이 논의할 수 있는 영역을 넘어 논쟁적이고 양면적인 이슈들은 미리 배제되었다. 이러한 전략은 장단점을 모두 갖추었다. 초기의 정상회담에서는 자유화에 대한 이슈를 우회할 수 있었다. 사실상 선언서에서는 1991년 콜롬보에서의 정상회담이 남아시아자유무역협정(SAFTA)을 고안하도록 결정했지만, 지금까지의 무역은 여전히 크게 쌍무적인 경로를

통하여 이루어져왔다. 여기에는 이유가 있다. 와이어트(Andrew Wyatt)가 그의 연구에서 언급하기를,

> "작은 국가들은 지역자유화가 인도로 하여금 그들의 경제를 허락하게 할까봐 두려워하는 반면, 인도는 작은 국가들이 초국적 기업들에 의해 경제적 토대를 마련하기 위한 준비단계로서 사용되고 다른 국가들이 인도의 거대한 시장으로 접근이 가능한 정책들을 결정할까봐 두려워한다."[98]

1993년 다카정상회담은 남아시아선호무역협정(SAPTA)에 서명함으로써 경제협력을 촉진하는 성과를 거두었다. 이는 상호이익과 특정한 그룹의 상품들을 선택함으로써 관세장벽을 단계적으로 축소 혹은 철폐하는 것에 토대를 두고 회원국 간의 상호무역을 증진하는 것에 목적을 두었다. 저개발국인 네 회원들 — 방글라데시, 부탄, 몰디브, 네팔 — 은 상대적으로 개발된 회원국들 — 인도, 스리랑카, 파키스탄 — 로부터 각 국가들에게 경제적 이익을 주는 품목들을 선호할 기회를 제공받았다.

세계의 주요 지역그룹들 간 수출과 관련한 데이터를 제공하는 〈표 3.1〉

〈표 3.1〉 주요 지역그룹들 간 수출(1980~1999)

(연간 %)

지역	1980	1990	1996	1999
SAARC	4.8	3.4	4.3	4.7
ASEAN	16.9	18.7	23.2	22.2
NAFTA	33.6	41.4	47.5	54.6
EU	61.0	68.0	61.5	62.6
MERCOSUR	11.6	8.9	22.8	20.5

Based on *World Bank Development Indicators,* 2001

〈표 3.2〉 SAARC와 ASEAN의 2002년 수출입 판매증가율

(연간 %)

지역	수출	수입
SAARC	0.27	3.56
ASEAN	5.56	5.67

세계은행의 브루나이(Brunei) 데이터 부족으로, 다루살람(Darussalam)과 미얀마(Myanmar)는 산정에서 제외됨

은, 남아시아선호무역협정이 체결되었을 때, 남아시아의 상호지역 무역이 3.2%를 넘어 1999년에는 5% 가까이까지 조금씩 신장했음을 보여준다. 그러나 이는 동남아시아국가연합(ASEAN) 22.2%, 북미자유무역협정(NAFTA) 54.6%, 유럽연합(EU) 62.6%에 비교하면 극히 적은 수준이다.

여기에서는 지역적으로 보다 가까운 그룹인 SAARC와 ASEAN을 비교하는 것이 보다 적절할 것이다. 수입과 수출품목의 연간증가율에서, ASEAN은 예상하듯 SAARC를 앞서는데, 2002년 두 지역의 평균은 〈표 3.2〉에 나타난다.

수출부문에서 지역 내 증가율은 ASEAN이 5.56%, SAARC가 0.27%를 보였다. 인도-파키스탄 평화절차는 인도의 잠무 & 카슈미르와 파키스탄 점령 카슈미르(Pakistan-occupied Kashmir)간 통제선을 넘어 스리나가르-무자파라바드 사이에 버스서비스가 제공되던 시기인 2005년 봄에 새로운 절정에 이르게 되었다. 같은 해 4월 뉴델리에서의 만모한 싱-무샤라프의 '크리켓 외교(cricket diplomacy)'는 인도-파키스탄 간 관계에서뿐 아니라 카슈미르 분쟁의 조정과 관련해 낙관주의를 고조시켰다. 이는 또한 SAARC에서 높은 수준의 협동 잠재력을 향상시켰다는 점에서 두 국가 간 외교에 있어 새로운 시기를 향한 길을 연 것으로 보인다. 이보다 먼저 중국의 원자바오총리가 뉴델리에 방문해 시노-인도(Sino-Indian)경계 분쟁의 조정을 위해 중대한 진

전을 보였다.

인도-중국 간 무역규모는 눈부시게 확대되어왔는데, 1990년대 초부터 중요한 공급자로서 중국은 미국을 앞질러 인도의 최고 수입상대자가 되어왔다. 그러나 비록 중국과 인도가 자유무역협정에서 ASEAN과 결합하더라도, "효율적인 성과를 거두고 있는 아시안 블록이 서로간의 자유무역협정에 서명하지 않을 것이다."[99] 인도-미국 간 민간 핵협상은 2007년 8월 현재 진행 중이며, 시노-인도 경계 분쟁으로 인한 중국-인도 간 관계는 약간 냉정해져 왔다. 세계화의 방침을 받아들여 인도의 세계적 통합은, 지식기술에서 더욱 많아졌으며 경제적이고 재정적 관점에서라기보다는 서적인쇄술, 시장, 그리고 두뇌유출(brain-drain, 국가의 유효한 고급 인적자원을 활용하지 못하는 상태) 분야에서 경제를 개방하고 있다. 현재, 서구의 신식민지적 문화와 교육, 그리고 정보영역은 인도의 문화적 관습과 생활방식에 있어 신식민지적 경제영역보다 더욱 위협이 되고 있다. 더욱 개방된 통신정책을 통해 — 1990년 이래 전자대중매체 영역에서 개방 — 세계화는 지역과 세계의 문화에 동시적인 이익이 되도록 하는 문화아이덴티티 형성에 영향을 끼친 반면 국내 고유의 문화를 약화시켰다.

1980년대까지 인도의 공식적인 전자매체는 권력의 중앙집권화를 강화하는 역할을 했다. 비록 이들이 지역 주둔지와 지역의 언어에 응답했을지라도, 그들의 뉴스에는 상당 부분의 국가 전체적인 내용이 포함되었다. 현재 이 영역은 가정으로 직접 연결되는 텔레비전 방송(DTH)뿐 아니라 국제적이고 국내적인 사적 TV 채널들에 개방되어 있다. 비록 신문과 잡지는 1955년 네루 정부의 내각결의안에 의해 외국인 소유로부터 제외시키고는 있더라도, 서적인쇄술 분야 역시 개방되어 있다. 바즈파이에 의해 지휘되던 전국민주연합(NDA) 정부는 2002년 이래 이 부문에서 편집과 관리의 책임은 인도의 수중에 남아 있으면서도 외국지분율을 26%까지 허락했다.[100]

벤딕스(Bendix)가 언급하기를,[101] "현대적 배경에서뿐 아니라 역사적으로, 인도는 유럽의 경험과는 두드러진 차이를 보인다: 근대화된 엘리트들과 전체적으로 인구에 기반한 '종교 단체의' 강력한 연대 사이의 격차가 그러하다.” 인도에서 이 같은 엘리트-대중 간의 격차는 민족주의운동 시기와 독립 후 선거정치 시기에 농촌지역의 대중적 정치동원에 의해 심화되어 왔다. 바르시니가 언급하기를,[102)]

> “농촌지역에 존재하는 권력(rural power)에 대한 역사적 모순은… 비록 농촌지역에 거주하는 국민들이 경제발전으로 인해 (정치적)권력은 잃었을지라도, 민주적 정체(democratic polity)와 산업경제가 결합한 이후 이들의 (정치적)권력은 (다시) 부여된 것으로 보인다. 인도는 이같이 역사적으로 경과해온 역설에 저항하고 있다. 여전히 인구의 65% 이상이 농업에 의존하는 저(低)수입 국가이지만, 농촌지역은 정체에 있어 실질적인 권력을 획득해왔다. 현재 인도의회의 40% 인구가 농촌지역 출신이며, 이는 1950년대 20%이던 것과는 대조적인 것이다. 가격, 보조금과 대출에 있어 농촌지역의 동원은 1980년대에 번성했다. 모든 정당들은 ‘수지가 맞는’ 농업생산물 가격과 농촌지역에 보다 많은 공공자원을 투자할 것에 대한 요구를 지지한다. 마침내 델리에서 정책결정과 연관한 일부 주요 관료주의적 구성체들은 이제 실질적으로 농촌지역에 사회적 기원을 두고 있다(비록 여전히 적합하지 않을 것 같은 농촌지역의 정치인들이라도).”

인도의 농업인구에 대한 대중동원은, 우리가 앞서 토의했던 일종의 엘리트자율성을 줄이기 위해 근대화된 정치엘리트들에게 막대한 압력을 가해왔을지 모른다. 그러나 인도의 정당지형은 비록 인도인민당(BJP)과 자나타달(JD)이 힌두근본주의와 만달할당제의 사용을 위해 정치적 동원화 전략으로서 각각 힌두와 여타후진계급(OBC)을 투표기반으로 생각하는 경향이 있더라도, 이토록 우려스러운 정당의 분극화를 결정적으로 제안하지 않는다. 두말할 나위 없이, 종교공동체주의는 카스트주의만큼이나 바람직하지 않다. 그러나 코타리는,[103)] 카스트정치는 종교정치보다 ‘민주적’이라고 주장하며 전자는 후자에 반대되기 때문이라고 언급한다.

미 주

1) Giovanni Sartori, "Guidelines for Concept Analysis," in G.Sartori (Ed.), *Social Science Concepts,* Beverly Hills, California, Sage Publications, 1984, p.19.

2) R.S. Sharma, *Origin of the State in India: D.D. Kosambi Memorial Lecture,* 1987, University of Bombay Publication, Bombay, 1989, p.2.

3) S.N. Eisenstadt with Harriet Hartman, "Historical Experience, Cultural Traditions, State Formation and Political Dynamics in India and Europe," in Martin Doornbos and Sudipta Kaviraj (Eds.), *Dynamics of State Formation: India and Europe Compared,* Indo-Dutch Studies on Development Alternatives 19, Sage Publications, New Delhi, 1997, p.39.

4) Sudipta Kaviraj, "The Modern State in India," in Kaviraj & Doornbos (Eds.), *op. cit.,* p.227.

5) M.P. Singh, "Indian State: Historical Context and Change," *The Indian Historical Review,* Vol.XXI, No.1-2 July 1994 & January 1995, p.52.

6) R.S. Sharma, *Aspects of Political Ideas and Institutions in Ancient India,* 3rd edition, Motilal Banarsidas, Delhi, 1991; Romila Thapar, *From Lineage to State: Social Formations in the mid-First Millennium B.C., in the Ganga Valley,* Oxford University Press, Delhi, 1984; Hermann Kulke and Dietmar Rothermund, *A History of India,* Rupa and Company, Delhi, 1991.

7) Gunnar Myrdal, *Asian Drama: An Inquiry into the Poverty of Nations* (Abridged by Seth S. King), Vintage Books, New York, 1972.

8) Lloyd and Susanne Rudolph, *In Pursuit of Lakshmi: The Political Economy of the Indian State,* Orient Longman, New Delhi, 1987, Ch.1.

9) Atul Kohli, *Democracy and Discontent: India's Growing Crisis of Governability,*

Cambridge University Press, Cambridge, U.K., 1991.

10) Rajni Kothari, "The Crisis of the Moderate State and the Decline of Democracy," in Peter Lyon and James Manor (Eds.), *Transfer and Transformation: Political Institutions in the New Commonwealth,* Leicester University Press, Leicester, 1983.

11) M.P. Singh, "The Crisis of the Indian State: From Quiet Developmentalism to Noisy Democracy," *Asian Survey,* Vol.XXX, No.8. August 1990. See also C.P. Bhambhri, *Indian State and Political Processes,* Shipra, Delhi, 2007.

12) Yogendra Yadav, "Understanding the Second Democractic Upsurge: Trends of Bahujan Participation in Electoral Politics in the 1990s," in Francine R. Frankel *et al.* (Eds.), *Transforming India: Social and Political Dynamics of Democracy,* OUP, Delhi, 2000.

13) B.D. Dua and M.P.Singh (Eds.), *Indian Federalism in the New Millennium,* Manohar, New Delhi, 2004; Ujjwal Kumar Singh, *The State, Democracy and Anti-Terror Laws in India*, Sage, New Delhi, 2007.

14) K.C. Wheare, *Federal Government,* 4th ed., Oxford University Press, New York, 1964.

15) Vir Chopra, "India's Quasi-Democracy," Keynote address to The National Seminar on the Golden Jubilee of India's Independence, Kurukshetra University, 22nd January 1998.

16) Government of India, *Vohra Committee Report,* Ministry of Home Affairs, New Delhi, 1993.

17) Klaus Von Beyme, *Political Parties in Western Democracies,* Aldershot Hants, Gower, 1985, p.1.

18) Rajeev Bhargava, "The Democratic Vision of a New Republic: India 1950," The International Seminar on Democracy and Social Transformation: India 50 years After Independence, University of Pennsylvania Institute for the Advanced Study of India (UPIASI), New Delhi, November 16-19, 1997.

19) Yogendra Yadav, "Understanding the Second Democratic Upsurge," The UPIASI Conference, November 16-19, 1997.

20) Rajni Kothari, *State Against Democracy,* Ajanta, Delhi, 1988.

21) James Manor, "Political Institutions in India: Formal and Informal, Coercive and Non-Coercive," UPIASI Conference, November 16-19, 1997.

22) Sunil Khilnani, *The Ideal of India,* Hamish Hamilton, London, 1997.

23) Rajeev Bhargava, "Democratic Vision of a New Republic: India, 1950," in Francine R. Frankel *et al.* (Eds.), *op. cit.*

24) Benedict Anderson, *Imagined Community: Reflections on the Origin and Spread of Nationalism,* revised edition, Verso, London & New York, 1991, pp. 46 and 12, respectively.

25) Anthony D. Smith, *Theories of Nationalism,* second edition, Duckworth, London, 1983, pp.158-160.

26) Atul Kohli (Ed.), *The Success of India's Democracy,* Cambridge University Press, New Delhi, 2001.

27) Partha Chatterjee, *The Nation and its Fragments: Colonial and Post-Colonial Histories,* Oxford University Press, New Delhi, 1995, p.238.

28) Will Kymlicka, *Contemporary Political Philosophy An Introduction,* Oxford University Press, New Delhi, 2002, first Indian edition 2005, Ch.8. Also see, his "Federalism and Nationalism in Canada: A Comparative Perspective," in Rekha Saxena (Ed.), *Mapping Canadian Federalism for India,* Konark, Delhi, 2002, Ch.2.

29) Selig S. Harrison, *India: The Most Dangerous Decades,* Princeton University Press, Princeton, 1960, p.15.

30) Suniti Kumar Ghosh, *India's Nationality Problem And Ruling Classes,* Calcutta, 1996, p, 17.

31) Ajay Kumar Singh, "Federalism and State Formation: An Appraisal of Indian Practice," in B.D. Dua and M.P. Singh (Eds.), *Indian Federalism in the New Millennium,* Manohar, New Delhi, 2003, p.94.

32) Francine R. Frankel and M.S.A. Rao (Eds.), *Dominance and State Power in Modern India: Decline of a Social Order,* Vol.I, Oxford University Press, Delhi, 1989, p.2.

33) *Ibid.*

34) *Ibid.,* p.7.

35) *Ibid.,* p.12.

36) Benedict Anderson, *op. cit.,* theorizes the origins and evolution of nationalism as a modern phenomenon largely produced by print/(media) capitalism and democracy. This theory — somewhat oversimplified — can also explain the Indian case.

37) Donald E. Smith, *India as a Secular State,* Princeton University Press, Princeton, 1966.

38) Rajni Kothari, "Towards a Politics of Intervention," in his *Politics and the People: In Search of a Humane India,* Ajanta, Delhi, 1990; Harish Puri, "The Akali Agitation: An Analysis of Socio-Economic Basis of Protest," *Economic and Political Weekly,* Vol.XVIII, No.4, 22 January 1983.

39) M.P. Singh, "Whither Indian Pluralism," in Urmila Phadnis (Ed.), *Domestic Conflicts in South Asia, Vol.I, Political Dimensions,* South Asia Publishers, New Delhi, 1986.

40) Rajni Kothari, "The Problem," Special Issue on the 1984 General Elections, *Seminar,* No.306, February 1985.

41) Lloyd Rudolph and Susanne Rudolph, "Confessional Politics, Secularism and Centrism in India," in J.W. Bjorkman (Ed.), *Fundamentalism, Revivalists and Violence in South Asia,* Manohar, New Delhi, 1988.

42) Aijaz Ahmad, "Radicalism of the Right and Logics of Secularism," in Praful Bidwai, Harbans Mukhia and Achin Vanaik (Eds.), *Religion, Religiosity and Communalism,* Manohar, New Delhi, 1996.

43) *Ibid.*

44) Supreme Court, *S.R. Bommai & others v. Union of India & others, Judgements Today,* Vol.2, No.8, March 1994.

45) Rajeev Bhargava, "*The Secular Imperative*," in M.P. Singh & Rekha Saxena (guest-editor for this volume) in Political Science Annual 1997 edited by Subrata Mukherjee & Sushila Ramaswamy, Deep & Deep, New Delhi, 1998.

46) Jaffrelot Christophe, *The Hindu Nationalist Movement & Indian Politics 1925 to the 1990s,* Viking-Penguin India, New Delhi, 1996, p.529.

47) Rajni Kothari, "Towards Intervention," *Seminar,* New Delhi, No.269, January 1982, p.23.

48) S.C. Dube and V.N. Basilov (Eds.), *Secularization in Multi-Religious Societies: Indo-Soviet Perspectives,* Concept Publishing Company for ICSSR, New Delhi, 1983.

49) Achin Vanaik, *The Painful Transition: Bourgeois Democracy in India,* Verso, London, 1990, pp.171-172.

50) M.P. Singh, "Ideological Spectrum of Indian Party System: A Middling Pattern with Persisting Multipolarity," in M.P. Singh & Rekha Saxena (Eds.), *India's Political Agenda: Perspectives on the Party System,* Kalinga, Delhi, 1996.

51) L.K. Advani, "Fallouts of Minoritysm," in M.M. Shankhdher & K.K. Wadhwa (Eds.), *National Unity and Religious Minorities,* Gitanjali, New Delhi, 1991.

52) Bharatiya Janata Party (BJP), *Election Manifesto, Lok Sabha Elections 1989,* Central Office, New Delhi, 1989, p.7.

53) Anupam Sen, *The State Industrialization and Class Formations in India: A Neo-Marxist Perspective in Colonialism, Under-development and Development,* Routledge and Kegan Paul, London, 1982.

54) Pranab Barhan, *The Political Economy of Development in India,* OUP 1984, New Delhi, p.40.

55) *Ibid.,* p.48.

56) *Ibid.,* p.50.

57) *Ibid.,* p.51.

58) *Ibid.,* pp.52-53.

59) Achin Vanaik, "The Social Character of the Indian State," in Zoya Hasan (Ed.), *Politics and the State in India, op. cit.,* pp.90-91.

60) Matha Nussbaum *et al.* (Eds.), *Essays on Gender and Governance,* Macmillian India Limited for UNDP, New Delhi, 2005, p.5.

61) Dharma Kumar, *Colonialism, Property and the State,* Oxford University Press, New Delhi, 1998; and Andre Beteille (Ed.), *Equality and Inequality: Theory and Practice,* OUP, New Delhi, 1983.

62) M.N. Srinivas, *The Changing Position of Indian Women,* Oxford University Press, Delhi, 1978, p.27.

63) Fali S. Nariman, *India's Legal System: Can It Be Saved?* Penguin Books, New Delhi, 2006, p.158.

64) Bina Agarwal, *Gender and Legal Rights in Landed Property in India,* Kali for women, New Delhi, 1999, p.15.

65) *Ibid.,* p.38.

66) *Ibid.,* pp.43-46.

67) Amrita Basu, "Gender and Governance: Concepts and Contexts," in Martha Nussbaum *et al.* (Ed.), *op. cit.,* p.45.

68) Lakshmi, Lingam, "Taking Stock: Women's Movement and the State," in Ghanshyam Shah (Ed.), *Social Movement and the State,* Sage Publications Pvt. Ltd., New Delhi, 2002, for a similar emphasis on the activist role of feminist movements, see Nivedita Menon, *Recovering Subversion: Feminist Politics Beyond the Law,* Permanent Black, Delhi, 2004.

69) Arjun Dev & others (Eds.), *Human Rights: A Source Book,* NCERT, New Delhi, 1996, pp.16-18.

70) Partha Chatterjee, "Development Planning and the Indian State," in Zoya Hasan (Ed.), *Politics and the State in India, op. cit.,* p.117.

71) Partha Chatterjee, *ibid.,* pp.122-123.

72) Figures are from A.M. Khusro, "Economic Party Initiatives: II-High Interest and Subsidy Regime," *Economic Times,* New Delhi, 9th February 1988.

73) Ministry of Finance (Economic Division), *Economic Survey 1989-90,* New Delhi, Government of India Press, 1990, p.110.

74) Jagdish Bhagwati and T.N. Srinivasan, *India's Economic Reforms,* New Delhi, Ministry of Finance, Government of India, 1993, p.9.

75) C.T. Kurien, *Economic Reforms and the People,* Madhyam Books, Delhi, 1996, pp.3-4, 10 and Terrence J. Byres (Ed.), *The State, Development Planning and Liberalization in India,* Studies on South Asia (SOAS), OUP, Delhi, 1997, pp.4-5.

76) Terrence J. Byres, *ibid.,* pp.5-6.

77) Sanjaya Baru, "Continuity and Change in Indian Industrial Policy," in T.V. Satyamurthy (Ed.), *Industry and Agriculture in India: Since Independence,* OUP, Delhi, 1995, p.132.

78) Sumit Roy, "Liberalization and the Indian Economy: Myth and Reality," in T.V. Satyamurthy (Ed.), *op. cit.,* p.136.

79) Rumki Basu, *Economic Liberalization and Poverty Alleviation: Social Sector Expenditures and Centre-State Relations,* Deep & Deep, New Delhi, 2000, p.xi.

80) Byres, *op. cit.,* p.1.

81) Neeraj Kumar, *The Role of the State in Developmental Process: A Study of the South Korean Experience,* Ph.D., Thesis in Political Science, University of Delhi, 2004.

82) Partha Chatterjee, "Development Planning and the Indian State," in Byres, *op. cit.,* p.91.

83) Jurgen Habermas, *The Theory of Communicative Action, vol.II, Life World and System: A Critique of Functionalist Reason* (Trans. From the German by Thomas McCarthy), Cambridge, Polity Press, 1987, First Published in German in 1981, p.346.

84) Sanjaya Baru, *op. cit.,* p.130.

85) *Ibid.*

86) Neeraj Kumar, *op. cit.*

87) T.K. Arun, "Nurture the grass roots," *The Economic Times,* New Delhi, 14th April 2005, p.12.

88) Pamela Shurmer-Smith, *India: Globalization And Change,* Arnold, London, 2000, p.79.

89) *Ibid.,* pp.57-58.

90) M.N. Srinivas and G.S. Aurora, "From Structural Poverty and Adjustment to Structural Change," in G.S. Aurora (Ed.), *Economic Reforms: The Social*

Concerns, New Delhi, Academic Foundation in Association with Institute for Social and Economic Change, Bangalore, 2004.

91) *Ibid.,* p.145.

92) Lloyd and Susanne Rudolph, "Iconization of Chandrababu: Sharing Sovereignty in India's Federal Market Economy," *Economic and Political Weekly,* Vol. XXXVI, No.18, 5-11 May 2001; M.P.Singh & Rekha Saxena, "India Independent: The First Half Century of Political Development and Decay," *The Indian Historical Review,* Vol.XXVI, July 1999. Also see the Introduction in Rekha Saxena, *Situating Federalism: Mechanisms of Intergovernmental Relations in Canada and India,* Manohar, New Delhi, 2006; B.D. Dua, M.P.Singh and Rekha Saxena (Eds.), *Indian Federalism in the New Millennium,* New Delhi: Manohar, 2003; and Akhtar Majeed (Ed.), *Federalism within the Union,* Delhi: Manak, 2004.

93) Connie L. McNeely, "The Determination of Statehood," in Frank J. Echner and John Boli (Eds.), *The Globalization Reader,* Blackwell Publishers, Oxford UK, 2000.

94) Kenichi Ohmae, "The End of the Nation State," in Frank J. Lechner and John Boli (Eds.), *The Globalization: Reader,* Blakwell Publishers Ltd., USA, 2000.

95) For a theoretical and empirical discussion of Developmental State in Comparative Perspective, *see* Mark Robinson and Gordon White, *The Democratic Developmental State: Political And Institutional Design,* Oxford: Oxford University Press, 1998.

96) For a theoretical argument as well as empirical elaboration on this theme, see Rekha Saxena, "Democracy-Development Interface: Divergent Concerns," in M.P. Singh and Rekha Saxena (Eds.), *Ideologies and Institutions in Indian Politics,* Deep & Deep Publications, New Delhi, 1998.

97) Arie M.M. Kacowicz, "Regionalization, Globalization and Nationalism: Divergent or Overlapping?" *Alternatives,* Vol.24, No.4, October-December 1999, pp.5-7.

98) Andrew Wyatt, "South Asia," in Anthony Payne (Ed.), *The New Regional Politics of Development,* Houndmills, Basingstoke, Hampshire, UK, Palgrave Macmillian, 2004, p.158.

99) Arvind Panagariya, *The Economic Times,* 20 April, New Delhi, 2005, p.14.

100) M.P. Singh, "Economic Liberalization and Political Federalization in India: Mutually Reinforcing Responses to Global Integration," in Harvey Lazar, Hamish Telford and Ronald L. Watts (Eds.), "The Impact of Global and Regional Integration on Federal Systems: A Comparative Analysis," Montreal McGill-Queen's University Press, 2003.

101) Reinhard Bendix, *Nation-Building and Citizenship: Studies of Our Changing Social Order,* University of California Press, Berkeley, 1964.

102) Ashutosh Varshney, *Democracy, Development, and the Countryside: Urban-Rural Struggles in India,* Cambridge University Press, Cambridge U.K., 1995, p.3.

103) Rajni Kothari, "Caste, Communalism and the Democratic Process," in Praful Bidwai *et al.* (Eds.), *Religion, Religiosity and Communalism,* Manohar, New Delhi, 1996.

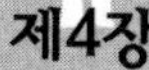

제4장

의회:

릴리풋 소인국의 걸리버?

개요

정부의 세 가지 고전적인 기구들 중 행정부가 일반적으로 국가의 이성과 제휴하고, 사법부가 헌법의 수호와 결합한다면, 의회는 대중들의 의지에 대한 궁극적인 관리자이다. 국민의 의지와 같이 정부의 진화가 지역의 수준에서 직접적인 대중의 행동을 넘어서 표현될 필요가 있는 것에서, 의회는 대표성과 정당성의 최고 정치제도로서 출현했다. 이와 같이, 의회는 정부의 다른 어떤 기관보다 모든 권력의 실제적인 원천으로서, "우리 인도의 국민들은…"과 같이 인도 헌법의 직접적인 제도적 표현을 할 수 있다.

인도의 의회 구조는 대표성에 있어 세 가지의 개념에 기초한다: (a)국가/국민을 대표한다, (b)서로 다른 이익/계급을 대표한다, (c)주로서 연방/지역의 주를 대표한다. 영국의 의회법 학자인 에드먼드 버크(Edmund Burke)가 브리스틀에서 그의 유권자들에게 했던 유명한 강의에서와 같이, "의회는 서로 다른 적대적인 이익을 가진 대사(ambassadors)들의 회합이 아니다.

이익은 각각 대리인과 옹호자로서 다른 대리인들과 옹호자들에 대항해 유지해야 한다. 그러나 의회는 전체적으로 지역의 목적도 아니고 지역의 선입관들이 인도해야만 하는 것이 아닌 일반 이익이라는 한 가지의 이익을 갖는 한 국가의 심의집회(a deliberative assembly)이다." 1)

대표성에 관해 이상화된 버크적 개념은 국가를 형성하는 다양한 이익과 계급을 대표하는 것과 같이, 영국의 국가를 대표하는 영국의회의 역할을 찬미하는 것이다. 현실에서 영국의회는 최소한 두 가지의 대표적인 기능을 이행하는데, 바로 '평민'과 '군주'를 대표한다는 점이다. 인도의회는 연방의 두 번째 원(院)인 라쟈 사바(Rajya Sabha, 상원: 옮긴이)를 통해 연방을 형성함으로써 인도의 국민들을 대표한다.

이 같은 대표성을 비롯해 의회는 국민들의 불평을 환기시키고, 하루의 주요 문제들에 대해 논의하며, 정책지침과 지출에 대해 정부의 책임을 묻고, 헌법 개정의 권력행사와 같은 나머지 기능들을 수행하도록 되어 있다.

1952년 선출된 최초의 인도의회는, 일반 성인의 참정권(록 사바)이라는 기초 위에 선출된 최초의 연방적인 규모의 입법조직이었다는 점에서 독특한 민주적 제도였다. 또한 상원(라쟈 사바)은 그간 인도에 설립된 것 중 최초로 연방의 규모를 갖추었다. 영국 통치자들에 의해 도입된 전(前)독립 정치적 대표제는 제한된 참정권과 제한된 입법권 위에 기초했기 때문에 그들은 전적으로 연방규모의 요구가 부족했다. 1935년 인도정부법 아래 도입된 참정권의 가장 큰 한계는 인도 성인인구의 약 25%를 교육적인 자질과 부의 소유권에 기초를 두게 했다는 것이다. 영국령 인도입법 역시 관례에 따르기만 한 입법체였다. 왜냐하면 그들은 국가의 모든 문제를 토론하기에는 역부족이었으며 행정적인 통제와 지배를 조건으로 했기 때문이다. 더욱이 1935년 인도정부법이 처음으로 제한적인 연방의 원칙을 도입했을지라도 이 헌법에서 연방적인 구성은 일시적으로 중단상태에 있었다. 왜냐하면 일종의 연방 개체의 범주에 속해 있던 군주국들이 영국령 인도의 지역에는 속하지만, 결국 인도연방에 합류하는 것은 거절했기 때문이다.

인도의회에서 양원제는 입법부의 이원제적 개정의 원칙과 연방 상원에 있어 지역을 대표하는 것을 모두 반영한다. 그러나 연방적 대표성의 기준은 의회주의와 내셔널리즘의 원칙에 의해 상당히 약해졌다. 의회정부의 기본 원리 중 하나는 연방적 주의 차원을 넘어 국가를 대표하는 지상권을 갖는다는 점이다. 인도의 상원에서 연방적 주의 평등성 원칙은, 지역과 군주국의 크기와 인구라는 변수로 인해 일반적으로 인도의 입법의회 내에서 그 가치가 저하되어왔다. 제헌의회 역시 신중한 검토 후에 "재정법안(money bill)의 통과를 제지시킬 수 있는 상원의 수를 30에서 14로 줄였다." 지역 상원의 경우, 같은 영토에 속하지 않은 유권자들로부터 선출된 상원보다는 대중적으로 선출된 하원은 직접적으로 기능상 혹은 직업상에 있어 지상권을 부여받는다. 연방 상원과 하원 간 공동회기(joint sitting) 조항은 두 원 사이의 교착상태를 해결하기 위해 만들어졌다. 암베드카르 박사는 이것이 "중앙 입법부의 연방주의적 성격" 때문에 행해졌다고 설명했다.[2)]

록 사바는 현재 전국적으로 543개 선거구의 사람들에 의해 직접선거를 기반으로 구성된다. 록 사바의 의원들은 매 10년마다의 인구조사 이후 선거구획정위원회(Delimitation Commission)에 의해 인구를 바탕으로 경계가 한정된 유권자를 대표하는 것으로 되어 있다. 이에 대한 마지막 실행은 1961년 인구조사에 기반해 1967년 록 사바 선거의 준비를 위해 행해졌다. 최근 행해진 한 평가에 의하면, 만약 오늘날 록 사바 유권자의 경계가 한정된다면, 남 인도의 주들은 북 인도 주들에게 록 사바의 상당 수 의석들을 양도해야만 했을지 모른다.[3)] 선거구 획정과 관련해 이 같은 대표적인 부조화는 유권자들이 적은 것에 비해 몇 배나 크게 그들을 대표하는 국회의원들이 생겨나는 왜곡으로 귀결되었다. 만약 이 문제가 알맞게 해결되지 않는다면, 이는 거대한 지역갈등의 문제로 심하게 변화할 수 있다.

록 사바 선거와 관련한 또 다른 대표적인 변칙은 지정카스트 후보자들을 보호하는 선거구와 연관된다. 라자스탄의 한 선거구에 대한 판례는 대법원 앞으로 미결인 채로 남아있다. 이 판례는 지정카스트들을 위해 이들을 보호하는 선거구의 보존을 지속하기 때문에 선거구 내 일반 범주의 투표자들은 최초로 총선거가 치러진 이후에는 선거에서의 경쟁할 권리를 부정해왔다고 주장한다.

록 사바는 대중의 의지를 직접 대표하는 의회의 원으로서 정부구조 내에서 재정적인 수단을 통제할 수 있을 뿐 아니라 의회의 신뢰와 자신감을 지니며 특별한 지위를 향유한다. 각료의회는 집합적으로 이러한 원에 책임이 있으며 재정 법안 또한 록 사바 안에서만 시작될 수 있고 궁극적으로 라쟈 사바에 의해 거부될 수도 없다. 입법의회에 대한 논의는 라쟈 사바를 입법 개정, 연방 상원, 원로회의, 논쟁, 양원제와 관련한 원으로 만든 설립자들의 관심을 반영한다.[4] 그러나 라쟈 사바의 특징은 주 간 동등하게 부여된 대표성의 범위에서 통합되지 못했기 때문에 이러한 맥락에서 인구가 기준으로 수용되었다는 점이다. 입법적으로 "라쟈 사바 설계"에 대한 이론적인 설명의 배후로서 다음 네 가지의 관점들이 사카리아위원회에 의해 요약된다.

(a) 입법부에의 신중한 투입과 그곳을 대표하는 더욱 경험 있는 사람들로부터의 선거 과정
(b) 그곳을 대표하는 주의 관점에 대한 대표성. 의석은 아루나찰 프라데시, 고아, 마니푸르, 메갈라야, 미조람, 나갈랜드, 시킴, 트리푸라, 폰디체리까지의 우타르프라데시를 포함한 31개 각각의 주 영역에 할당
(c) 라쟈 사바가 매 6년마다 1/3의 비율로 부분적으로 갱생된 지속적인 원이라는 사실의 측면에서 의회의 작동에 어느 정도 연속성의 정도를 제공하는 것, 그리고
(d) 양원 합동회의(joint session)에서 갈등과 교착의 신속한 결의를 가진 협조적인 방법으로 록 사바와 함께 작동하는 점(지금까지는 오로지 세 번의 양원 합동회의만이 소집되어야만 했다)이 그러하다.[5]

그러나 라쟈 사바 역시 연방 상원으로서 특별한 지위를 부여받는다. 의회가 헌법 249조항 아래 2/3 다수에 의해 종속되는 국가에 정당성을 부여하기 위한 권한을 부여할 수 있는 것이 바로 라쟈 사바이다. 게다가 주 정부뿐만 아니라 연방정부에 의해 공유되는 전 인도 서비스 또한 라쟈 사바 결의안에 의해 형성될 수 있다. 더욱이, 헌법 개정에서 라쟈 사바는 거부권을 가진다. 연방과 관련한 모든 영역에서, 라쟈 사바는 연방 상원으로서

특권을 가지고 있다. 그러나 헌법에는 라쟈 사바의 연방적 자격을 희석시키는 조항 역시 존재한다. 한 예로, 라쟈 사바는 록 사바와 같은 방식으로 인구에 기초해 구성된다. 연방 상원으로서, 라쟈 사바는 미국 상원이 그렇듯이 각 주에서 두 명의 상원의원들을 가짐으로써 대표성의 동등한 원칙으로 연방의 주들을 대표할 수 있었다. 두 원의 인구에 의한 대표성은 라쟈 사바에서 작은 주가 불이익을 받을 수 있는 반면 보다 큰 주들은 록 사바에서 더 많은 의원을 가지게 된다는 것을 의미한다. 이러한 주장을 토대로 볼 때, 라쟈 사바는 대체적으로 명목상만으로 연방 상원이라고 말할 수 있다. 이는 연방적이라기 보다는 의회적인 양식으로 설계된 것이다.

공화국의 초기에 영국의 정치학자인 존스(W.H.Morris Jones)는 그의 고전연구에서 라쟈 사바가 적절한 연방적 역할을 수행하거나 혹은 관련성에 대한 어떠한 것도 발견할 수 없었다고 한다. "상원은 연방의 주 의회이며 상원의원들은 주 의회에 의해 선출된다. '주권(Statesrights)' 의 방어, 지역적 요구의 표현은 다른 원에서 말하는 것과 마찬가지이다."[6)]

존스는 라쟈 사바가 개정 원(Chamber of revision)의 임무를 수행한다고 인식하지 않았다.[7)] 존스가 라쟈 사바에서 발견할 수 있었던 상원으로서의 유일한 관련성은 (a)입법을 개시하는 최초의 원이자 록 사바의 짐을 줄이기 위한 법안의 최초 개시 장소로서, (b)라쟈 사바는 "거대하고 마구 치솟는 토론을 위한 토론장으로서 자체의 힘을 시험하기 시작했다."[8)]

위에서 묘사된 상황은 좀 더 최근의 몇십 년간 정당체계의 지방분권화가 연방주의적 상원인 라쟈 사바에 투자해왔다는 주장을 하는 M.P.싱의 관점에서는 약간 변화되어온 것이다. 그의 주장은 (a)라쟈 사바는 공동회기의 헌법에 있어 특별하게 언급되지 않는 두 원 사이의 연방주의적으로 중요한 헌법 개정의 교착상태에 대해 거부권을 갖기 보다는 록 사바와 동등한 권력을 갖는다. (b)분리된 두 회기 사이에 교착상태가 생길 경우, 두 원의 공동회기에서 연합정당 간의 지형이 단순하게 록 사바의 편을 드는 쪽으로 움직인다. 그리고 (c)라쟈 사바는 국가의 종속을 입법화하기 위해서 혹은 전인도 서비스를 형성하기 위해 정부의 의도를 막을 수 있다. 싱은 다음과 같은 결론을 내린다. "그래서 본질적으로 라쟈 사바의 권력에 대한 의회적 해석은 인도 공화국 초기 몇십 년 동안 라쟈 사바가 일당지배체제의 부산물이었다는 것으로 보였다. 라쟈 사바의 연방주의적 연관성은 정치체계의 지방분권화가 증가하고 점점 더 현저해지게 연방화가 되어가는 것에서 찾을 수 있다."[9)]

1952~2002년까지 라쟈 사바의 의원 구성에 대한 분석에서 의원들이 실제로 속해있지 않은 주에서 선출된 경우가 단계적인 증가를 보였다. 선거 절차상 주거지에 대한 필요조건으로 인해 실제로 선거 용지가 다소 조작되기도 했다.[10)] 이는 헌법에 의해 본래 기획된 것 이상으로 라쟈 사바의 연방주의적 성격을 희석시킨다. 더욱이, 2003년에는 전국민주연합 정부가 선거 절차상 필요한 주거지에 대한 필요조건조차 폐지했다. 이전의 라쟈 사바 의원에 의해 제기된 판례에서, 나야르(Kuldeep Nayar)는 라쟈 사바와 대법원의 연방주의적 성격을 이유로 하여 헌법 개정을 지지했다.

사회경제적 배경에서 의회 의원들의 구성이 변화하는 측면은 흥미롭다. 1952년 최초의 의회에서, 록 사바 의원들의 64.5%가 변호사(35.6%), 기자 혹은 작가(10.4%), 교사 혹은 교육가(9.9%), 개업의사(4.9%), 공무원 혹은 직업군인(3.7%)과 같은 전문직/현대의 중산층 출신이다. 농업 종사자는 22.5%를 차지하고 무역과 산업 종사자는 12%를 차지한다. 이러한 패턴은 수년간 상당히 변화되었다. 이 같은 변화는 특히 (a)농업 종사자와 (b)정치 사회적 노동자인 두 전문직/직업의 대표성에서 계속적인 증가를 보인다는 점이다. 세 번째 두드러진 변화는 무역업자와 산업가 범주 출신들의 수가 지속적으로 감소한다는 점이다. 노동자 출신들의 증가는 예컨대 '정치와 사회사업' 으로서 그들의 본래 직업을 보고하는 의원들에서 볼 수 있는 것과 같이, '정치의 전문직화(professionalization of politics)' 의 증가를 나타낸다고 볼 수 있다.[11)]

한편 농업종사자의 비율 증가는 자신들을 농업종사자라고 보고하는 의원들에서 볼 수 있는 것과 같이, '의회의 농촌화(ruralization of the Parliament)' 가 증가되었다고 볼 수 있을 것이다. 여기에서 주의할 사항은, 농업종사자 범주가 실질적인 농부, 농업노동자들뿐만 아니라 작은 소농들까지를 포함할 수 있다는 점이다. 또한 이 자료의 근거는 노동조합을 배경으로 하는 국회의원들의 수에 대해 어떠한 단서도 제공하지 않는다. 노동조합 출신의 의원 수가 무시할만한 정도가 아닐 것이라는 사실이 바로 우리가 인지하고 있는 점이다. 아마도 노동조합원들은 정치사회적 노동자 범주에서 똑같이 취급되는 것 같다.

의회와 연합의 정치

의회의 작동은 최소한 크게 세 국면으로 나눌 수 있다: (a)일당지배정부 산하 의회, (b)소수정부 산하, (c)연합정부 산하가 그러하다. 물론 각각의 국면에서 의회의 역할 역시 변화해왔다. 일당지배체제에서는, 행정부가 의회의 기능을 상당한 정도로 통제하도록 함으로써 행정부의 의회적인 통제는 정당강령에 의해 상당 부분 필요조건이 되었다. 이러한 국면은 네루 시기와 인디라 간디의 전성기 사이에 구별적인 패턴을 보인다. 의회의 쇠퇴현상이 비교적 약하던 네루 시기에 의회는 보다 많은 역할을 갖고 효율적으로 기능했다. 위원회 체제 역시 보다 효율적으로 작동했다. 회의당의 다수를 편안하게만 생각했을 수 있는 상황에도 불구하고, 네루는 의회를 심각하게 받아들였다. 의회에서 논의되어야 하는 의제들의 기준 역시 인상적이었고 의회의 회기 또한 길었다. 인디라 간디-라지브 간디의 집권기인 1970년대와 80년대에 의회의 역할은 뚜렷한 감소를 보였다. 자나타 당의 막간 집권기(1977~79) 동안 의회의 역할은 다시 뚜렷한 증가를 보였다. 중요한 헌법 개정이 통과되고 정책 개혁이 논의되었는데, 예컨대 44번째에 의한 42번째 개정의 철회와 대체가 그러하다.

자나타 정부는 다섯 개의 선거 정당이 통합하지 못한 채, 자나타 당이라는 형식상의 이름으로 자율적인 유권 단체로서 계속해서 기능했다는 점에서 1977년의 선거 전날 급하게 합병된 사실상의 연합정부였다. 이는 또한 아칼리 달과의 정당 간 연합이었다. 의회의 자율성에 대한 필요는 반대 다수의 통제 아래 기능해야 했던 정부로서 나라심하 라오(가까스로 다수를 날조하는 위임통치의 통로(mid-way)로서)의 회의당 소수정부 산하에서 정점에 이르렀다. 정부는 정부의 정책 뒤에 충실한 지지자들을 줄 세우기 위해 정당의 의회 내에서 동의를 이끌어내야만 했다.

민주주의와 정당연합의 형성은 지폐의 양 면과도 같으며, 비교정치이론에서 '연합정치' 라는 용어는 명확한 다수가 부재한 상태에서 입법부를 구성하는 반대 진영을 언급한다. 회의당-무슬림연맹의 연합정권은 정강이나 행동에 있어 영국령 인도와는 별개로, 독립 인도의 연합적 거버넌스의 측면에서 인도국민회의당의 일당지배체제가 쇠퇴함을 일깨웠다. 이들 연합은 1960년대 후반에 지역적인 수준에서 처음 형성되었고 이어서 연방적인 수준에서는 1970년대 후반에 최초로, 그리고 1980년대 후반 이래로 지속되었다. 인도에서 정당 간 연합은 분열된 사회 내에서 '문화적 시너지' 를 위해, 그리고 분열된 정체에서 '정치적 편의' 를 위한 필요에 의해 일어난다.[12] 연합정치는 대통령/수상, 내각, 록 사바와 라자 사바, 다양한 주 정부 출신 혹은 다른 정당 혹은 정당의 그룹들에 의해 형성된 정치적 지형의 관점에서 '분리된 정부'[13]의 출현 증가에 반대하는 역할뿐만 아니라 실제로 필요한 장치가 되어왔다.

1989년 뉴델리에서 연합/소수정부가 시작된 이래 의회는 이 같은 정치적 틀의 세 가지 버전(version)을 목격했다. 두 가지는 가장 큰 두 전국정당인 BJP와 인도국민회의당에 의해 각각 주도되었다. 세 번째 버전은 인도국민회의당과 BJP 사이에 제3전선을 형성하기 위한 시도로 자나타 달에 의해 주도되었다. 1977년 인도국민회의당의 역사적인 대안으로서 출현할 각오를 보이던 자나타 당/자나타 달은 1990년대 후기까지 카스트와 주의 경계를 따라 매우 분열적인 성격을 띠었으며, 인도국민회의당에 상대해 연방에서 집권을 목표로 하던 경쟁자인 BJP에 의해 쉽게 추월되었다. 두 개의 주요 정당은 현재 연방연합에 있어 실력자들로 남아 있다. 이들은 주로 이데올로기에 의해 특징지을 수 있으며, 이보다 나은 용어는 없을 것이므로 각각 자유민주주의와 힌두민주주의로 막연하게 묘사될 수 있을 것이다.

연합정부의 세 가지 버전은 선거의 영역과 정책의 영역에서 심각한 문제에 직면해왔다. 자나타 버전은 선거의 측면에서 카스트 분열 조정에 난항을 겪었다. BJP 버전은 종교 내셔널리즘의 문제를 해결하는 데에 있어, 그리고 회의당 버전은 종교, 언어, 지역의 거대한 다양성에 기반한 소수-다수 분열을 조화롭게 조율하는 데에 있어 문제에 부딪혔다. 한편 정책적인 측면에서, 장관(principal)은 사회의 다양한 부문의 문화 경제적인 주장들을 조화시키는 사안에 직면했다.

인도의 연합정치와 정부에 대한 연구는 일반적으로 이것이 과거에는 지배 혹은 주요 정당 정권 내에서 가능하지 않았던 측면들이 사회, 문화, 지역적 요구에 따른 대표성과 응답성을 증가시킨 만큼 긍정적인 발전이었다고 가정되어왔다. 광범위한 연방주의적 권력 분담은 국가통합에 기여해왔다. 반면 이와 관련한 주요 부정적인 영향은 정권의 불안정성과 연관되는데, 특히 처음 십 년간 정부의 지체와 우유부단성이 그러했다. 여기에서 연방정부는 1977년 이래 서벵골에서, 1980년대 이래 케랄라에서의 더욱 성공적인 연합 경험으로부터 일부 교훈을 얻을 수 있었다.[14)]

다당체제의 시작으로 조화를 이룬 연방연합의 시기 동안에, 1989년 록사바 선거 이래 의회의 자율성은 상당히 증가된 것으로 추정된다. 다당 연합정부는 쉽게 일당다수의 정권을 이루는 통일된 행정권이 부족하다. 이러한 이유로 인해, 다당 연합정부에서 동의(consensus)를 만드는 기능은 더 이상 각료회의의 기능만으로 제한되지 않는다. 정당 간 연합과 연방연합정부 내에서 장관들로 하여금 권력을 분담하여 협조적인 위원회를 구성하도록 촉구하는 행정권이 보다 확산되었다. 그러나 이러한 사실이 필연적으로 위원회의 효율성을 증가시킨다는 보장은 없다. 다당연합으로 구성된 위원회가 이전보다 보다 적은 수의 법안을 상정했다는 증거가 일부 존재한다.[15)] 실제로 위원회에서 의회가 본격적으로 작동한다. 이 같은 사실은 자연스럽게 정권의 실행과정에서 의회의 중재를 더욱 개입시킬 수 있는 여지를 제공한다.

그러나 이러한 국면 동안 의회의 자율성에 있어 논쟁의 가능성 역시 증가해왔다. 최근 몇십 년간, 정치의 범죄화가 증가해왔기 때문이다. 대부분의 모든 정당들은 범죄자로서의 출신배경을 지닌 입법자들을 포함하고 있다. 연합정당들이 그들을 장관으로서 추천한 경우, 총리는 심지어 그러한 입법자들을 반드시 포함하도록 강요당하기도 한다. 일찍이 통일진보연합 정부는 대법원에 의한 증명 없이 범죄로 인해 헌법이 사람들의 의원 자격을 박탈하지 않도록 언급하면서 대법원에 선서진술서를 제출했다. 그럼에도 불구하고, 이는 공공평가에서 의회와 정부를 하향시켰다. 더욱이 의회를 향한 내각의 집합적 책임성 또한 TDP, DMK, AIADMK와 같은 연합연맹정부에 의해 희석되었다.

게다가 원에서 일어나는 사건들과 관계하는 사법중재 역시 증가되어왔는데, 이 같은 사법중재는 전형적으로 자주적인 도당과 의회의 영역이라 여겨졌다. 10차 헌법 개정에 포함된 반(反)탈당법의 일부인 의장의 통치는 사법심사를 반대했다. 더욱이, 몇 달 동안 반대파에 의해 의회 절차는 붕괴의 지경에 이르렀다. 이 같은 현상들로 의회에서의 정치는 속세의 정치와 다를 바가 없이 되었다. 91번째 헌법 개정은 탈당을 더욱 어렵게 만들었다.

더욱이 정치신규에 대한 모집은 최근 몇십 년 동안에 '셀룰로이드 정치(celluloid politics)' 라고 불리는 돈과 강제력에 의해 지나치게 영향 받았다. 심지어 대통령에 의한 라쟈 사바 의원들에 대한 추천은, 보통 헌법이 사회서비스, 예술과 과학의 영역에서 추천된 사람들에 의한 성취를 기대하는 것과는 달리, 집권당에 의한 당파적 고려에 의해 이루어졌다. 라쟈 사바의 의석 역시 정당에 대한 상당한 기부로 인해 공천후보자 명단이 주의 입법기관에 선출된 의원들로 구성됨으로써, 생산업자들에 의해 구매되는 것으로 알려져 있다.

의회의 의원은 급료, 수당, 임시 수입의 명목으로 한 달에 거의 10만 루피를 받는다. 그러나 의원으로서 의회의 근무에 장기간 결석하는 것은 심각한 비율에 이르렀다. 이로 인해 종종 원에는 빈자리가 많아 의결 정족수가 부족하게 된다. 의회의 보통 의원은 그들의 감독 아래 공공에게 분배하기로 되어 있는 공공재를 팔아서 사비를 충당하기도 하는데, 예컨대 가솔린 펌프, 전화선, 가스관, 다른 배당 몫이 그러하다. 입법자들은 지대추구적 신봉건주의의 제후이며 흰 코끼리(비용과 수고만 드는 무용지물: 옮긴이)로 변화해왔다.

라오가 주도하는 회의당 정부는 의원에게 할당된 지역발전기금에 대한 계획을 도입했는데, 의원은 그의 감독 아래 지역관리에 의해 이를 감독하도록 한다. 서류상에는 총합 천만 루피이지만 실제로는 이보다 두 배가 많은 공공자금이 이러한 계획 아래 해마다 각각의 의원에게 분배된다. 계획은 차기 정부에 의해 지속되어왔고 그 규모는 두 배가 되어왔다. 원칙적으로, 이러한 종류의 계획은 이상적으로 입법부의 의원들보다는 행정부 산하에서 관리된다. 록 사바의 의장인 차터지(Somnath Chatterjee)는 이론적으로 잘못 고안되고 현실적으로 문제를 일으키는 이 계획의 폐지를 제안하면서 신문에 계속해서 언질을 주고 있다. 실제로, 이러한 공공자금은 이따금씩 신문이 보도하는 것처럼 종종 개인적인 욕구 충족이나 정당기금을 위해 국민들로부터 짜내어진 것으로 알려진다. 한 연구는 심지어 이전의 총리와 관련한 일부 판례들에서 이 계획에 배당된 배당액이 완전히 활용된 액수보다 적게 남아 있는 경우도 발견했다.16)

의회 위원회들

다른 어떤 기관보다도 의회 위원회들은 의회의 권력과 자율성을 유지하는 데에 있어 중추적인 역할을 한다. 커다란 규모의 조직으로 구성된 의회는 대개 부적절하게 조직되어 효율적인 기능을 할 수 없고, 의회의 의사진행에 방해가 되고 있다. 입법조사, 헌법 개정 법안, 행정과 관리의 통제와 관련한 실제 의회의 기능은 전체의 원에서보다는 의회의 위원회에서 행해진다. 위원회는 각료회의 혹은 배타적인 다수를 이루는 정당 혹은 지배연합체인 내각과는 구별된다. 이러한 점에서, 의회는 작동에 있어 두 개의 조종위원회를 선출한다. 정부의 일을 수행하며 의회의 가장 중요한 위원회라고 할 수 있는 내각과, 의회의 입법적인 일을 더욱 면밀히 수행하기 위해 선출된 전(全)정당 의회 위원회가 그러하다. 이 같은 점에서, 행정부의 의회에 대한 기대는 위원회 작동의 효율성에 의존한다고 볼 수 있다.

1993년 3월, 의회는 지출, 행정, 정부 정책에 대한 자세한 정밀 조사를 위해 내각에 기초한 특별상임위원회를 설치했다. 이러한 개혁은 거대한 내각에서 효율적이지 못한 총체적인 위원회를 대신해 내각에 기초한 위원회를 설립한 것이다. 331C의 법률 아래 설립되어, 위원회의 의원들은 라쟈 사바의 의장과 록 사바의 의장에 의해 지명되고, 이의 의장 역시 이들에 의해 임명된다. 위원회의 회원 자격은 매년 갱신된다. 이 위원회는 각각 45명의 의원들을 포함한다(록 사바에서 30명, 라쟈 사바에서 15명). 위원회에서 정당 대표성은 의회의 정당 구성을 비율적으로 반영한다.

이러한 위원회들은 정부가 아닌 의회의 기구라는 점을 기억하는 것은 중요하다. 그들의 역할은 자문이지만 내각의 의견으로부터 자유로운 대안을 제시한다는 관점에서 극히 중요하다. 양질의 자격을 갖춘 위원회의 작동은 거버넌스를 풍부하고 효율적으로 만들 수 있다. 카시얍(Subash Kashyap)은 다음과 같이 언급한다.

> "의회제의 약화 없이, 부분별로 연관된 상설선발위원회의 개념은 의회에게 더욱 날카롭고 더욱 효율적인 감독 기구를 제공하며, 의회의 입법부와 심의기능 사이에 균형을 잡아주고, 대표체로서의 역할을 복구하며, 무엇보다도 의회와 정부의 상호 이익을 위한다."[17]

의회의 새로운 위원회 제도에 대한 최근의 연구는 위원회들이 바라보는 내각과 연관한 기부금에 대한 요구에 대부분 집중해왔다. 이는 한편으로 위원회 회의에서 의원들의 참석이 부족함을 의미한다. 이들의 참석률은 평균 35~40% 밖에 되지 않는다. 위원회 회의가 의회에 예산 제출을 한 이후, 위원회가 부재한 것은 원 내 참석률에 기인한다.[18]

인도의 의회 위원회에 대한 또 다른 연구는 미국 내 의회 위원회와는 달리 대개는 법안 통과 이후 해산된 임시선발위원회들이라고 언급한다. 이 연구를 인용하자면,

> "법안에 있어 선발위원회의 입법 활동은 중요하지만, 그들이 법안을 상정하는 기간에만 존재하기 때문에 그들은 상설위원회에서와 같은 방식으로 정치적 권력을 축적하지 않는다. 상설위원회의 활동은 법안의 전후 조사에 더욱 초점이 맞추어지며(비록 법안이 통과되기 전에 때때로 그것들을 고려할지라도), 법안이 통과된 이후 정부활동의 조사, 직접적인 통제 이상의 책임성 형태를 띤다."[19]

의회의 특권

본질적으로 입법부는 (a)봉건적인 특권/혹은 (b)권위주의적인 행정부의 전횡으로부터 대표기관과 책임기관들을 자유롭게 하기 위한 투쟁에 있어 민주주의의 이정표 역할을 한다. 의회가 지니는 특권은 국민들이 어떠한 두려움이나 호의, 압력이나 위협 없이 대표성을 갖도록 하는 데에서 의미를 지닌다. 의회가 갖는 이 같은 특권의 증가는 왕권, 귀족정치, 법원으로부터 하원에 의해 투쟁되거나 얻어진 산물이었다. 이는 입법적 법률제정보다는 입법적 관습에 의해 확고해졌다. 얼스킨(Thomas Erskine)의 언급에 따르면, 하원의 특권은 "왕의 특권, 일반 법원의 권한, 상원의 특권에 대항한 원과 개인적인 의원들의 기본권의 총합이다." 이 같은 의회의 특권이 "집합적으로 각각의 원에 의해 향유된 고유의 권리"라는 인식이 계속해서 확산되었다.[20]

영국의회의 주요 특권으로는 민사상 구속으로부터의 자유, 연설과 논의의 자유, 내부적 자율성과 의원들을 넘어서는 규율권의 특권, 증인의 출석과 불복종에 대한 비회원의 처벌 요구, 원의 모욕죄에 대한 일반 영장, 소환

특권과 민사와 군사적 권위의 저항에 대한 요구, 여왕에 접근할 권리 등이 포함된다.[21)]

총독회의(Governor General' s Council)에서 연설의 자유권에 대한 승인의 시작은 1833년의 특허법에서 어렴풋한 흔적이 발견되며, 이어 1853년의 특허법과 1861년의 인도의회법에서 발견된다. 1909년 인도정부법은 최초로 입법의회의 간접선거를 명시했다. 자유연설에 대한 의견은 어느 정도 지지를 얻었지만, 영국령 인도 정부는 여전히 입법특권에 대한 형식적인 인가를 내주지 않았다. 오직 관습에 의해서만 인도의 의원들 일부분에 있어 솔직한 연설을 통해 점차 발전시켜갈 수 있었다.

특권에 대한 최초의 법적 인식은 1919년 인도정부법에서 나타났다. "의회에 영향을 끼치는 규칙과 현행 질서를 조건으로, 총독입법회의(Governor' s Legislative Council)에서 연설의 자유가 존재한다. 어떤 누구도 연설에 대한 이유 혹은 어떤 의회의 투표, 그러한 의회의 어떠한 공식적 절차보고서 내에 포함된 이유로 하여금 책임을 질 수 없다."[22)] 입법자들의 특권은 입법부의 회의 혹은 그 어떤 위원회의 시민적 절차 아래에서 체포나 구류로부터 면제받을 수 있는 1925년 민사소송법(Civil Procedure Code)에 대한 개정에 의해 강화되었다. 형사소송법(The Criminal Procedure Code)에서의 비슷한 개정은 의원들이 배심원이나 사정관으로 수행하는 것을 면제시켰다. 1935년 인도정부법은 같은 목표를 지향하는 또 다른 긍정적인 시도였지만, 특권에 대한 진위가 의심스러운 위반자를 처벌하는 경멸권한을 인도 입법부에 양도하지 않았다.

인도의 독립적인 헌법은 의회의 의원들과 주의 입법부, 원의 절차에서 발언권과 참여권을 가진 사람들에게 대개의 자유민주주의적 "권력, 특권과 면제권"을 보장한다. 이러한 권리는 원내에서 혹은 어떤 위원회와 출판에 의해 혹은 입법적 권위 아래에서 "언급된 어떤 것 혹은 주어진 어떠한 투표에 대해" 사법 기소의 책임으로부터 면제될 것을 포함한다. 물론 이 같은 권리들은 헌법의 조항과 원의 경영 규율을 조건으로 한다. 헌법은 원래 입법자들과 인도 헌법의 형성과 개시의 시기에 영국의 하원 의원들에 의해 향유된 입법위원회 의원들에 대한 '기타 세목들(other respects)', '권력, 특권과 면제'를 규정했다.[23] 1978년 44번째 개정은 특권이 "때때로 법에 의해 의회에 의해 정의되어야만 하고 아직까지 그렇게 정의되며, 1978년 헌법(44차 개정)의 15조항의 실행 직전에 원과 원의 의원들과 위원회가 되어야한다"라는 입장을 공식적으로 바꾸었다.[24]

몇 번의 소송에도 불구하고, 1964년 대통령 중재 판례에서 대법원의 자문을 제외하고는 지금까지 의회나 법원이 면제특권을 성문화하지도, 그렇다고 이를 본래의 사법권 아래에서 실행하지도 않았다.

판례법

케샤브람 레디(Keshavram Reddy) vs. 나피술 하산(Nafisul Hasan)과 우타르프라데시 주의 블리츠 판례(The Blitz case)[25]는 입법특권과 관련한 독립 인도에서의 최초의 판례였다. 블리츠 편집자는 우타르프라데시 의회의 의장 명령에 대한 특권을 불이행함에 따라 체포되었다. 대법원은 청원자가 이 주의 한 호텔에 숨어 지냈기 때문에 그를 석방하라고 요구했고, 22(2)조항에 따라 치안판사 앞에 이 청원서를 제출하지 않았다. 시어바이(H.M. Seervai)는 법정 앞으로 제출된 청원서에서 특권에 대한 의심이 없었기 때문에 입법특권에 대한 법률을 규정하지 않았다.[26]

샤르마(M.S.M.Sharma) vs. 스리 크리슈나 신하와 다수(Sri Krishna Sinha and others) 판례[27]는 파트나의 일간지인 서치라이트(*The Searchlight*)와 연관된다. 일간지는 의장이 장관직을 박탈하도록 요구한 신하(S.K.Sinha)를 맹렬하게 비판한 의회에서의 연설 일부를 출판했기 때문이다. 사건은 의회에 의해 보내진 편집자에게 통지를 하도록 했다. 편집자는 대법원으로 향했고, 32조항에 따라 입법특권에 대한 청원은 19(1)(a)항 아래 연설과 표현의 개인적인 권리를 통제하지 않았다. 네 명의 판사로 구성된 법정은 의회 혹은 주의 입법부에 이르기까지 105(3)항 혹은 194(3)항 각각 아래, 이 같은 특권은 기본권을 전제로 하지 않았다. 이러한 상황은 프렘찬드(Premchand) vs. 세무국장 간의 판례에서도 반복되었는데,[28] 이는 법정이 19(1)(a)조항이 194(3)항을 조건으로 하여 판정한 것이었다. 라오(P.V.Narasimha Rao) vs. 국가 판례[29]에서는 법원이 19(1)항과 194(3)항을 조건으로 판정했다. 법원의 다섯 명의 판사가 연설의 자유에 대해, 의회에서의 연설의 자유는 19(2)조항에서 포함된 한계를 조건으로 하지 않기 때문에, 19(1)(a)조항의 연설과 표현의 자유권보다는 보다 넓은 의미에서 105(1)조항에 따라 의회 의원들에게 있어 가능한 것이라는 점에 동의했다.

또 다른 중요한 판례는 1964년 우타르프라데시의 입법의회와 알라하바드(Allahabad) 고등법원 사이의 갈등에서 일어났다. 싱(Keshav Singh)은 MLA에 대항해 소책자를 출판했다. 원은 그를 모욕죄로 판결하고 그를 원의 의장에 의해 징계되도록 처벌했다. 1964년 3월 14일에 의장은 징계를 집행했고, 원내에서 위법행위를 저질렀다는 이유로 일주일간 투옥이 지시되었다. 싱의 변호사는 솔로몬이라는 이름으로 226조항에 따라 알라하바드의 고등법원의 러크나우 재판소로 탄원을 옮겼고 재판의 마지막 처분이 있을 때까지 케샤브 싱의 잠정적인 보석을 얻어냈다. 의회는 위법행위를 조사했고 보석을 내린 법원의 판사, 케샤브 싱과 그의 변호사를 원에 대한 모욕죄로 체포했다. 두 판사는 헌법의 226조항 아래 의회의 대처가 위헌이라고 선언하고 그 결과 알라하바드의 28명 판사 전체가 의회의 요구 실행을 유예하라고 판결함으로써 이 사건은 고등법원으로 옮겨졌다.

전례 없는 헌법적 위기의 결과로, 인도의 대통령은 143(1)항에 의거해 대법원에 이 사건에 대한 자문을 언급했다. 여섯 명의 판사로 구성된 법원은 두 명의 판사가 의회의 모욕죄에 대한 처벌을 명확히 하지 않았고 한 명의 시민이 법원을 옮길 권리가 있으며 변호사는 정식으로 105(3)조항과 194(3)항과는 관계없이 사법적 절차를 지원하도록 했다. 이러한 자문 의견이 따른 이후에, 알라하바드 고등법원은 케샤브 싱 판례를 재심했고 의회의 권력과 모욕죄를 범한 것과 위법자를 처벌할 사법권에 대해 인식했다. "이 법정은 청원자의 모욕죄에 대한 입법의회의 결정을 초월한 항소에서 헌법 226조항 아래 청원의 상태가 될 수 없다"라고 판결했다.[30)]

대법원 역시 타즈키람(Tajkiram) vs. 산지바 레디(N.Sanjiva Reddy)의 판례[31)]를 통해 의회에서의 연설이 법정 내 합법적인 절차로부터 면제된 것이라고 판결했다. 조시(K.C.Joshi)가 피력하기를, "영국에서 출현한 의회의 특권은 국민에 대항한 검(sword)으로 사용되지 않았다"라고 했다. 인도에서는 기본권과 법정에 상대해서 의회의 위치는 유동적이다.[32)] 이러한 사실은 국회의원들이 그들 자신을 격하시키게 하며 천만 루피를 획득하게 하고, 1993년 7월 28일 라오 정부에 투표하고, 이후에는 1860년 IPC의 조항과 헌법 105(2)조항에 의해 제공된 보호의 효력에 의해 1988년 부패방지법에 대항해 면세를 시행하도록 했다. 나라심하 라오 판례에서 대법원은 2/3 다수에 의해 뇌물을 받고 정부의 편에 투표를 했다고 주장하는 국회의원들은 입법적 특권에 입각해 면제임을 판결했다. 이는 불합리한 조처였다. 의회의 특권은 효율적인 정부, 자유, 평등, 정의 — 법치의 성채(the bulwarks of the rule of law) — 의 기본 원칙들에 따라야만 한다.

보다 최근의 특권에 대한 판례는 결론에 이르지 못할 만큼 기상천외한 경우였는데, 2003년 말 자야랄리타(J.Jayalalitha)에 의해 주도된 AIADMK 정부 아래 타밀나두 의회의 결의안을 발생시켰다. 이 사건은 장관, 의장, 위원회와 관련한 일부 뉴스에서 편집상 논평을 하고 이를 출판함으로써 입법특권에 대해 불이행을 행한 저널들(*The Hindu*와 *Murasoli*)의 편집자와 상급 저널리스트들을 체포하고 2주 동안 투옥할 것을 요구했다. 저널리스트들은 체포를 유예하라고 언급한 대법원으로 갔고, 법정의 의견에 따라 판례는 헌법에서 중요한 일부 이슈들과 연관되었다.[33)] 이 판례는 결국 결론적으로 해결이 나지 않은 상태를 지속하게 되었다.

위에서 언급한대로, 인도 의회의 특권은 일부분이 헌법에 언급되었고 일부분은 영국의회의 관습에 남아있다. 헌법에 상세히 명시된 일부 특권을 제외하고는, 많은 위원회와 협회에 의한 권고에도 불구하고 기타 특권들은 여전히 성문화되지 않은 채로 남아 있다. 문제는 영국의 관습이 명확한 것도 아니고, 그렇다고 이를 직접적으로 인도에 적용할 수 있지도 않다는 것이다.

이러한 관점에서 판례법은 특권에 대한 정의, 합법적인 정착, 입법자들의 면제를 가능하게 하는 장치가 될 수 있었다. 그러나 이 같은 일 역시 발생하지 않았다. 이는 지금까지 발생한 문제들이 법과 정치적인 국면 사이에서 성격이 뚜렷하지 않은 영역으로 남아있었다는 이유에서였다. 지금까지 법원에 의해 결정된 판례에 대해 검토한다면 이러한 점은 충분히 명확하게 밝혀질 것이다.

'특권은 행정적이거나 혹은 사법적인 잠식에 의해서만 사용되는 것을 의미하는 것이었는가?' 혹은 '헌법 III장 아래 보증된 개인적인 권리에 대항해 사용될 수 있는가?'와 같은 질문들에 대해서는, 입법의회에서 이러한 이슈들이 집중적으로 토의/심의되지 않았기 때문에 이에 대답하는 것은 어려운 일일 것이다.

위축된 의회?

의회의 쇠퇴는 모든 민주주의 체제에서 공통적으로 나타나는 슬픈 현실이다. 소위 모체의회(Mother Parliament)로 불리는 영국의 의회조차 19세기 의회지상권의 전성기 직후에 나타난 문헌에서의 주장에 따르면, 이 역시 20세기 초까지 끝이 났다고 보았다.[34)] 정당체제의 발전, 내각 정부, 영국 수상직의 "대통령제화(미국적 관점에서)," 두 번의 전간기와 전후기에 있어 정부 영역과 기능의 팽창 등이 이 같은 현상에 책임을 지니는 주요 요소들이다. 심지어는 서유럽적 관점에서 인도의 강한 정당체제의 발전 없이, '네루-파텔의 양두제'[35)] 이후 수년간 앞서 언급한 요소들이 역사를 변하게 하고 네루와 인디라 간디 시기에 '총리' 체제와 행정지배의 발전을 촉진한 반면, 라지브 간디 기간 동안에 그 정도는 약화되었다.

1980년대 이후로, 의회의 쇠퇴는 전례 없던 부패와 선거의 범죄화로 인해 더욱 심화되어왔다.[36] 정치적 부패와 관료주의적 부패의 심각한 증가, 정치사회적 분열과 정당체제의 약화, 지독한 상업주의, 시장근본주의를 향한 경향 등은 정치제도의 종합적인 위기를 초래해왔다. 이러한 위기에 대한 제도적인 응답으로서 사법행동주의의 영역을 지향한 헌법의 해석과 검토가 증가되어왔다. 정치체제는 민주주의적 정치과정에서 악화와 위축을 보임과 동시에 종종 사법 경향적 성격을 띠었다.[37] 그러나 이 같은 보상적인 기능적 응답은, 계속되는 의회의 역기능에 대한 위험성과 행정기관이나 사법부에서의 부패를 내포하게 된다. 이 시점에서 반드시 필요한 것은, 균형적인 헌법과 정치제도화의 전반적인 발전이다.

의회개혁: 헌법작동검토위원회(NCRWC) 보고서 2002

헌법작동검토위원회(NCRWC)는 2000년 벤카타찰리아(M.N.Venkatachaliah)의 의장직 아래 법학자, 저널리스트, 행정가, 의원과 같은 뛰어난 전문가들과 열 개의 다른 위원회 위원들과 함께, 인도인민당(BJP)이 이끄는 전국민주연합(NDA) 정부에 의해 지명되었다. 보고서는 다음과 같이 언급했다.

> "만약 의회와 국가의 입법부가 기능에 있어 문제를 발생시킨다면, 최근 몇 년간 그들에 의해 행해진 양적이고 질적인 면에서의 쇠퇴 현상 때문일지 모른다. 수년간 입법부와 원들은 매우 현저하게 타락했다. 여기에는 의회가 위협적인 반대 세력들에게 강제력을 사용하고, 논의의 폐쇄, 잦은 휴회 등을 포함한다."[38]

이 보고서는 의회제를 더욱 "대표적이고 책임성 있으며 국민의 요구에 응답하도록" 만들기 위한 개혁안을 권고했다. 제안된 개혁은 네 가지의 항목으로 간추릴 수 있다: (a)의회절차, (b)위원회 체제, (c)행정부 관련, (d)매스미디어와 공공이 그러하다.

의회 절차

위원회의 관점에서, 일부 '고풍적이고 시간이 걸리는 절차들' 이 개혁의 대상이 될 것이다. 개혁의 안건에는 정부와 반대당, 실행훈련, 질의시간, 행동개시예정시각(zero hour), 휴회발의, 장기결근, 예산절차, 의회의 재조직 등이 포함된다. "전문적인(정치적이 아닌) 방법에 있어 절차적 개혁의 이슈를 다루는 가장 최선의 방법은 영국에서처럼 의회 밖 연구그룹에 의해 이 같은 이슈를 연구하게 하는 것이다(원본 출처를 강조함)."[39] 그리고 나서 원의 통치 위원회들은 이렇게 형성된 권고 사안들을 고려한다.

위원회 체제 강화

의회의 17개의 부문별 상설위원회를 설립한 1993년 개혁이 '경로를 깨뜨리는 혁신' 으로서 헌법작동검토위원회에 의해 권해지는 동안, 이는 의원들(50%를 초과하는 범위)의 상습적인 장기결근에 의해 의회가 손상을 덜 입도록 특별화하기 위한 방법을 제안함으로써 이 같은 개혁들을 심화시켰다. 이러한 목적으로, 위원회는 산하 위원회의 회원 자격을 조정하고(현재 각각 45명의 회원), 위원회에 의해 보호되는 장관의 수를 감소하며, 이 같은 위원회에 의원들을 지명하는 동안 정당의 일부분에 보다 전문적이고 특별한 자문가가 마련되는 조항 등을 권고한다.

헌법작동검토위원회의 권고 중 가장 특별했던 재편성은 세 개의 상설위원회였다. 이는 국가 경제, 입법, 헌법 개정, 의회의 측면에서 지속되고 특화되었지만 정부로부터는 독립적인 업무를 수행했다. 이러한 위원회들은 내각과 협동하여 작동하지만, 이들의 기능이 중복적이지는 않다. 이러한 상설위원회의 설치로, "세입세출예산 , 공공인수와 예속입법기관에 대해 현존하는 위원회를 지속하는 것은 필요한 일일 것이다(출처 강조)."[40]

의회와 행정부의 관계

의회와 행정부 사이의 관계와 관련하여 헌법작동검토위원회의 개혁적인 의제는 (a)정부의 불안정 문제에 대항해 논쟁하고, (b)정부의 의회 통제를 강화하는 것이 목적이다. 첫 번째 의제에 대해, 위원회는 공천권을 선출한 다른 정당의 국회의원/MLAs의 탈당을 전면 금지하고, "불신임의 건설적인 투표(예를 들어 불신임 투표는 퇴진정부를 대체하기 위한 신뢰할 만한 대안적인 부서로 성취될 때만이 허락된다)"를 권고했다. 정부의 의회 통제를 확실히 하기 위해, 위원회는 '공공재정의 의회적 통제에 대한 수단'으로서 국가와 주의 입법부 내에서 공공평가위원회(The Public Accounts Committees)의 권한을 권고한다.[41] 연방과 주의 수준에서 재정책임법(Fiscal responsibility Acts) 또한 정부의 대출에 대해 의회가 통제를 보장하기 위해 제안된 것이다. 위원회 역시 "공공회계감사는 효율적인 거버넌스를 위한 강력한 도구이다"라고 의견을 제시한다.[42] 헌법적으로 확립된 인도의 회계감사원장의 권위는 주 정부가 오히려 지나치게 중앙집권화 될 뿐만 아니라 연방의 신용거래 감사를 위해 설치했다는 사실에서, 위원회는 의회와 주의 입법부 산하에 더하여 "공공회계감사의 효율적인 수행을 위하여" 회계감사원(CAG)의 효율성과 영향력을 강화하기 위한 시각으로 회계감사부(Audit Board)를 권고한다.[43] 회계감사부는 회계감사원장이 의장을 맡게 되며, 대통령과 같은 자격을 가진 다른 의원들을 포함하는 것이 바람직할 것으로 고려된다.

의회와 매스미디어와 공공과의 관계

헌법작동검토위원회는 대중매체와 공공 내에서 의회의 이미지를 개선하는 것을 중요하게 여긴다. 이 위원회의 권고안으로는, "하원의원들은 시저(Ceasar)의 부인과도 같아야만 한다. 그들은 의회의 옴부즈맨(고충처리원)을 통해 자발적으로 스스로를 공공의 조사에 개방시킨다. 이는 오랫동안 토론

중이던 윤리 법전에 의해 보강되어, 의회를 국민의 호의와 관심으로 집중할 것이다.[44] 의회와 함께 매체 역시 또 다른 중요한 공공논의의 포럼이라 할 수 있다. 의회, 이익단체, 매체의 삼각관계는 효율적인 거버넌스에 절대적으로 필요한 제도적인 틀이다.

결론

결론을 내리자면, 의회는 네루 시기에 발전을 시작하여 1950년대 이래로 점차 쇠퇴해왔다. 이에 대해 의회는 헌법보다는 스스로에게 책임을 물어야 할 것이다. 왜냐하면 헌법은 의회를 국가의 도덕적이고 주권적인 목소리로서, 개정권한에 의한 헌법의 관리자로서, 국가의 행정과 재정의 거장으로서 중요하게 여기기 때문이다. 의회는 사실상 국가의 도덕적 리더십과 사법권에 대한 헌법의 법적 보호를 실추했다.[45] 이것은 공익소송(Public Interest Litigation: PIL)의 제도발전과 헌법의 '기본구조' 에 대한 비개정의 원칙 때문에 발생했다. 연방국가의 다양한 기구들 중에서, 의회는 아마 공공평가에 있어 가장 낮은 수준이 되었을 것이다. 그러나 최근 의회가 법원에 의한 합법적 잠식으로부터 자율성을 주장함으로써 실추한 지지기반과 명성을 회복하려는 것으로 보인다.

예를 들면, 2006년 초기에 상·하 양원은 의회에서 뇌물을 받은 TV 채널에 관련된 약 열두 명의 의원들을 정당으로부터 즉각 추방했다. 일부 추방된 의원들은 원내에 혹은 그들의 위원회에 입장을 표명할 기회조차 부여받지 못한 채 즉각적으로 추방당한 것에 대해 대법원에 제소했고, 대법원은 록 사바의 의장과 라쟈 사바의 의장에게 소환장을 보냈다. 이에 대한 대응으로, 록 사바 의장인 솜나스 차터지에 의해 회담이 소집되었다. 이 회담은 헌법이 그 어떤 외부의 저촉으로부터 의회적 절차에 대한 자율성을 보장하기 때문에 관장 공무원들이 소환에 응하는 것을 거절할 것이라고 결정했다.

행정부로부터 의회의 자율성은 2006년 봄, 정치체제에 의한 헌법 102(1) 조항의 더욱 엄격한 시행에 의해 자극제가 되었다. 의회의 일부 의원들은 의회의 회원자격에 따르는 '이득이 되는 관직(office of profit)'을 보유하던 지역에서 그들의 의석으로부터 사임하라는 압력을 받았다. 우타르프라데시 영화발전회의의 의장직을 맡고 있던 사마즈와디 당의 국회의원인 바찬(Jaya Bachchan)과 관련한 최초의 시범 판례에서 인도연합의 대통령에 대한 인도 선거관리위원회의 유사-사법적 권고는 "이득이 되는 관직"을 결정하는 다음과 같은 기준을 입안한 대법원의 판결을 언급했다: 정부는 임명과 해임을 결정하고 보상을 제공하며, 관직을 점유한 사람은 통제를 행하는 정부를 위해 기능을 수행한다. 사직과 해임에 함축된 일련의 위협요소들은 극히 불안정한 상태에 있다.[46]

바찬의 자격박탈에 관련해 대통령의 요구에 도전한 대법원에 대한 그녀의 청원에서, 대법원은 이득이 되는 관직을 보유한 사람이 사실상 어떠한 보상을 받았는가 혹은 아닌가는 관련이 없다고 판결했다. "중요한 것은 누군가가 점유한 관직과 연관해서 받을 수 있는 액수이다."[47]

미 주

1) Quoted in Carl J. Friedrich, *Constitutional Government and Democracy,* 4th edition, Oxford and IBH Publishing Company, Calcutta, 1974, p.277.
2) Granville Austin, *The Indian Constitution: Cornerstone of a Nation,* Oxford University Press, Delhi, 1966, Classic Reissue 1999, pp.156-163; the quotes are from pages 161 and 162.
3) Ashish Bose, "North-South Divide in India's Demographic Scene," *Economic & Political Weekly,* Vol.XXXV, No.20, 13 to 19 May 2000, pp.1698-1700.
4) *Constituent Assembly Debates (CAD)*, Vol.IV, p.877, e.g. the speech by Gopalaswamy Ayyangar. See also Loknath Mishra's speech *CAD*, Vol.VII, p.1208.
5) Commission on Centre-State Relations, *Report, Part-I,* Government of India Press, Nasik, 1987, p.68. Chair: Justice R.S. Sarkaria.
6) W.H. Morris Jones, *Parliament of India,* Longmans Green, London, 1957, p.256.
7) *Ibid.,* p.257.
8) *Ibid.,* p.258.
9) Mahendra Prasad Singh, "The Parliament," in Mahendra Prasad Singh and Himanshu Roy (Eds.), *Indian Political System,* 3rd ed., Manak, Delhi, p.117. See also Rekha Saxena (2007), "The Rajya Sabha: A Federal Second or Secondary Chamber," *Indian Journal of Federal Studies,* 1/2007.
10) Sandeep Shastri quoted in Ajay Mehra, "The Role of the Rajya Sabha," in Ajay K. Mehra and Gert W. Kueck (Eds.), *The Indian Parliament: A Comparative Perspective,* Delhi: Konark, pp.418-419.

11) Balveer Arora, "The Indian Parliament and Democracy," in A.K. Mehra and G.W.Kueck (Eds.), *op. cit.,* pp.26-27.

12) Bidyut Chakrabarty, *Forging Power: Coalition Politics in India,* Oxford University Press, New Delhi, 2006, Ch.1.

13) For the concept of "Divided Government," *see* Robert Elgie (Ed.), *Divided Government in Comparative Perspective,* Oxford University Press, Oxford, U.K., 2001.

14) See M.P. Singh and Anil Mishra (Eds.), *Coalition Politics in India: Problems and Prospects,* Manohar, under the auspices of the Rajendra Prasad Academy, New Delhi, 2004; Bidyut Chakrabarty, *op. cit.*; Katherine Adeney and Lawrence Saez (Eds.), *Coalition Politics and Hindu Nationalism,* Routledge, London, 2005.

15) Rajesh Jha's doctoral dissertation on *Legislation under Coalition Governments,* in the University of Delhi, Department of Political Science, 2007.

16) Arun Agarwal, "The Indian Parliament," in Devesh Kapur and Pratap Bhanu Mehta (Eds.), *Public Institutions in India: Performance and Design,* Oxford University Press, New Delhi, 2005, Ch.2.

17) Subhash C Kashyap, "New Parliamentary Initiative: Subject-Based Standing Committees of Parliament," *Economic and Political Weekly,* Bombay, 6th October 1990, p.2278.

18) Sandeep Shastri, "Parliamentary Committees in India and Legislative Control over Administration," A.K. Mehra and G.W. Kueck (Eds.), *op. cit.,* p.219.

19) Arun Agarwal, *op. cit.,* pp.92-93.

20) Thomas Erskine May, *The Law, Privileges, Proceedings and Usages of Parliament,* 17th ed., Butterworth's Co. Ltd., London, 1964, p.42.

21) *Ibid.,* pp.42-189.

22) *Government of India Act,* 1919, Govt. of India, Central Publication Branch, Calcutta, 1924, Section 72-D, Sub-section 7.

23) *Constitution of India,* Articles 105 and 194.

24) *The Forty-fourth Amendment,* 1978.

25) *AIR* 1954, SC 636⋯.

26) H.M. Seervai, *case Privileges of Legislatures.*

27) *AIR* 1959, SC 395⋯.

28) Quoted/cited in *Kunj Behari Lal Aggarwal v. Union of India,* AIR 1963, SC 996⋯.

29) *CBI/SPE, AIR* 1998, SC 2120⋯.

30) Special Petition No.1 of 1964 by the President of India to the Supreme Court. The judgement accessed from Supreme Court's website: www.supremecourtofindia.nic.in.

31) SCC, 272.

32) Quoted in *ibid.,* p.431.

33) *Asian News Digest,* New Delhi, Vol.IV, 2003, pp.3252-3317.

34) Philip Norton (Ed.), *Legislatures,* Oxford Reading in Politics and Government, Oxford University Press, New York, 1990, especially selections from Walter Bagehot and Lord Bryce, first published in 1867 and 1921, respectively. Also Louis Massicotte, "Parliament in the 1990s," in James Bickerton and Alain Gagnon (Eds.), *Canadian Politics,* 3rd ed., Broadview Press, Peterborough, Ontario, 1999.

35) The term is Michael Brecher's from his *Political Succession in India,* Oxford University Press, New Delhi, 1966.

36) See A. Surya Prakash, *What Ails Indian Parliament? An Exhaustive Diagnosis* Indus, New Delhi, 1995, and Chandan Mitra, *The Corrupt Society: The Criminalization of India from Independence to the 1990s,* Viking Penguin Books India, New Delhi, 1998, especially "Election, Defection, Corruption" and "Anatomy of the Scam Trinity."

37) Rajeev Dhavan, "Governance by Judiciary: Into the Next Millennium," in B.D. Dua, M.P. Singh and Rekha Saxena (Eds.), *Judiciary and Politics in India: The Changing Landscape,* Manohar, New Delhi, 2007.

38) *National Commission for the Review of the Working of the Constitution (NCRWC)*, 2002; Ch.5, para 5.2.

39) *Ibid.,* para 5.21.5.

40) *Ibid.,* para 5.9.1.

41) *Ibid.,* para 5.13.

42) *Ibid.,* para 5.16.1.

43) *Ibid.,* para 5.15.2.

44) *Ibid.,* para 5.11.1.

45) See Granville Austin, "The Supreme Court and the Struggle for Custody of the Constitution," in B.N. Kripal *et al.* (Eds.), *Supreme But Not Infallible: Essays in Honour of the Supreme Court of India,* Oxford University Press, New Delhi, 2000.

46) *The Hindu,* New Delhi, 26 March 2006, p.10.

47) *Ibid.,* 9 May 2006, p.1.

제5장

연방 행정부:

내각인가 도당인가?

개요

이 장에서는 인도의 의회적이고 연방적인 거버넌스 안에서 연방 행정부에 대해 생각해보기로 한다. 인도의 헌법이 정부의 연방적인 원칙과 의회적인 원칙을 결합하려 하기 때문에, 여기에서의 행정부는 정부의 의회적이고 연방적인 요소로서의 역할을 모두 수행하고 있다.

인도의 헌법 아래, 정치적 행정부는 합법적이고 민주적으로 구성되며 입법통제와 사법심사를 조건으로 한다. 인도의 전제군주적인 전통 내에서 행정적인 특권이나 우선권을 주장하는 것은 옹호될 수 없을 것이다. 헌법 53조항에 따르면, 행정권은 "대통령에게 귀속되어 있고, 대통령에 의해서 혹은 헌법에 따라 그에게 속한 관리들을 통해서 행사되어야만 한다." 최초의 두 임기동안 대통령을 지냈던 라젠드라 프라사드(Rajendra Prasad) 박사와 일곱 번째 대통령인 자일 싱(Zail Singh)은 대통령의 권력에 대해 광범위하게 자율적 해석을 할 수 있도록 제안했다. 그러나 이후에 더욱 자세하게 논의되는 바와 같이, 그들의 논쟁이나 대통령에 대한 내각의 자문과 관련한 헌법 관습의 구조 어느 것도 정당화되지 않았다. 법무장관들과 현직의 총리들은 다르게 생각했다.[1)]

라다크리슈난(Radhakrishnan) 대통령, 아흐메드(Fakhruddin Ali Ahmed)와 (1975년 인디라 간디에 의한 국가 비상사태의 선언에서조차) 싱을 계승한 벤카타라만(R.Venkataraman) 역시 엄격하게 이름뿐이거나 입헌적인 역할을 실행했을 뿐이다. 라다크리슈난은 대통령의 행정권에 대한 본질에 대해 의심을 해본 적이 없다. 그는 샤스트리(Lal Bahadur Shastri)가 쉽게 잘 다루지 못했던 한 가지 경우를 제외하고는 항상 총리에 대해 격식적인 태도를 갖추었다.[2)] 샤스트리는 그 후 그것에 관해 불평을 했다. 라다크리슈난은 네루 정부의 정책 혹은 수행, 특히 대(對)중국전쟁에서 인도가 패배한 것에 대해 그의 비공식적인 공공비평에서 솔직한 태도를 보였다. 라다크리슈난의 헌법적 해석에 따르면, "대통령은 행정권을 직접적으로 행사할 수 없으므로 총리직(the office of Prime Minister)의 여백을 채울 수 없었다."[3)]

이와 같이, 인도의 대통령은 의회 양식에서 연방의 정상이다. 즉, 그는 연방내각을 자문함에 있어 의회연방의 관리로 행한다. 그러나 실제상황에서는 정당체계가 선거 이후 다수정당정권을 만들어내는 데에 실패하거나 혹은 그 결과로서 뜻하지 않은 부수적인 사건들이 발생할 수 있다. 성문화된 헌법의 원문을 살펴보면, 헌법이 비록 대통령 혹은 다른 장관직의 지위에 대해 총리의 자문이 영향을 끼칠 수 있음은 명시되어있지만 총리의 지위에 대해서는 명기되어 있지 않다.

라다크리슈난과 자일 싱은 평소의 업무에 종사하다가 서거한 세 명의 총리—네루는 1964년, 샤스트리는 1966년, 인디라 간디는 1984년—로 인해 다른 방법으로 총리직의 계승을 시행해야 했다. 라다크리슈난은 회의당의 정규 지도자 선거가 미정인 상태에서 가장 원로인 내각의 의원을 총리로 취임시켰다. 이 두 경우 모두에서 굴자릴랄 난다(Gulzarilal Nanda)가 임시총리로 지명되었지만, 정당의 마지막 선택은 각각 랄 바하두르 샤스트리와 인디라 간디였다. 이 사례들에서, 대통령은 자신에게 자문을 해줄 총리가

부재했기 때문에 대통령 스스로 이들을 결정해야만 했다.[4)]

그러나 이러한 전례들은 관습으로 발전할 수 없었다. 왜냐하면 인디라 간디의 암살로 자일 싱 대통령은 내각의 원로 장관인 프라납 무커지를 등안시하고 라지브 간디를 취임시켰기 때문이다. 비평가들은 이를 왕조의 법정 추정상속인 선정으로 보았다. 자일 싱은 그의 자서전에서 이렇게 언급하고 있다.

> "인디라 간디의 후계자에 대한 나의 최초의 생각은 라지브 간디에게 시선이 고정되었다는 것이다. 내가 네루를 무척이나 존경하고 인디라 간디에게 느꼈던 다정한 감정을 떠나서, 나는 누군가 록 사바의 주요 정당에게 받아들여질 사람을 임명하길 원했다. 특정한 위기의 시점에서 국가를 적절하게 이끌 수 있었던 사람 말이다."[5)]

아룬 네루(Arun Nehru)의 그날에 대한 회고에 따르면,

> "'승계' 혹은 '선서취임식' 이슈에 대한 논쟁은 없었다. 중대한 결정들이 내려졌을 때 초기에 당선될 가망이 있던 지도자들은 거의 없었다. 나는 특정하게 누군가와 리더십의 이슈에 대해 의논하지 않았다. 1984년 당시 우리에게는 휴대전화가 없었다는 것과 회의당작동위원회(CWC)의 구성원들과 논의할 시간도 없었다는 것을 기억해보라. 라지브 간디는 자연스럽고 올바른 선택이었고 시간이 지나면서 모든 사람이 받아들였으며, 내가 알기로는 의견 차이가 없었다. 적용할 '양식'에 대한 논의가 있었고 이것은 나중에 다수를 안정시키기 위해 사용되었으며, 이에 특별히 고통을 겪었던 사람은 프라납 무커지였다."[6)]

인도 헌법의 측면에서, 행정권은 입법이나 사법권이 아닌 정부 기능의 나머지 부분이라고 할 수 있다.[7)] 위급한 상황에서, 행정권은 헌법을 조건으로 하여 입법적 제재보다 우선하여 사용될 수 있다.[8)] 넓은 의미에서 헌법은 연방 행정권에 있어 적어도 세 가지의 한계를 지닌다. 비록 실제로는 입법권과 행정권을 융합하는 의회의 도가니 내에서이기는 하지만 정부의 세 가지 고전적인 기구 간의 권력분립, 연방과 주 간 연방주의적인 권력분

립, 시민의 기본권이 그러하다. 이 모든 한계들은 헌법, 판례법, 그리고 헌법의 관습에 기인한다.

인도의 연방 행정부는 부분적으로 선출되고 또 부분적으로 임명된다. 이는 대통령, 총리, 고문단, 관료로 이루어진다. 대통령과 총리의 관계는 1978년 44번째 헌법 개정까지 주로(성문화된 법전에 의해서라기보다는) 인습에 의해 형성되었는데, 이는 총리가 정부의 실질적인 수령인 반면 대통령은 국가의 명목상 수령임을 나타낸다. 44번째 헌법 개정은 이러한 인습을 헌법의 성문법전에 명백한 조항으로 대치하게 되었는데, 이는 대통령에게 딱 한 번의 재심의(reconsideration)의뢰를 제공하지만 궁극적으로는 대통령이 내각의 조언에 따라야만 한다. 이러한 진전은 초기 두 임기의 대통령이었던 라젠드라 프라사드가 인도 대통령은 영국 정부와 유사하지 않다고 했던 논의를 쓸모없게 만들었다. 왜냐하면 인도의 대통령은 선출되는 사람이고, 탄핵의 대상이 될 수 있으며, 연방상의 관리이고, 영국군주의 어느 것에도 해당하지 않기 때문이다.[9] 인도 최초의 대리장관(Attorney General)이었던 세탈바드(M.C.Setalvad)가 프라사드에게 1950년대 당시만큼 오늘날에도 유효하게 남아 있는 그의 권력의 측면에서 제공한 권고는,

> "나는 그와 가진 인터뷰에서 대통령의 입헌적 지위에 대해 내가 생각하는 것들을 그에게 지적했다. 그는 영국의 군주와 같이 그의 각료들을 설득시키려 노력할 수 있었고, 그 설득력은 영국의 헌법적 역사에서 여러 번 시행되어 왔듯이 의심할 바 없이 거대한 영향력을 수반했을 것이다. 그러나 만약 그러한 설득력이 실패한다면, 나는 그가 그의 각료들의 권고에 따라 행동하지 않을 수 없다고 그에게 말했을 것이다."[10]

44차 개정에 의해 헌법의 원문에 이러한 인습법이 마련됨으로써 인도는 아일랜드 공화국과 유사한 헌법유형을 갖게 되었는데, 아일랜드의 헌법은 웨스트민스터(영국 의회정치) 모델 이후에 다른 방법으로 형성이 되었을지라도 비슷한 조항을 지니게 되었다. 그러나 이러한 예방책이 대통령과 총리 간의 관계에 있어 발생하는 모든 문제를 해결하지는 못했다. 자일 싱과

그의 후계자인 벤카타라만의 주재기간 동안 새로운 문제들이 발생했다. 자일 싱은 인디라 간디의 암살에 대해 그가 요구한 타카르(Takkar)위원회 보고서가 갖추어지는 것뿐만 아니라 라지브 간디 총리에 의해 몸소 소송이 적요되는 기회와 권력의 저항에 대해 불평을 했다. 싱은 헌법 78조항 아래 총리로 하여금 대통령에게 정무에 관한 보고를 하도록 강요하는 것에 대해 강력한 논쟁을 벌였다.[11]

이후 라지브 간디 정부와 연관된 보포르 무기협정사건(Bofors arms deal scandal)에 직면했을 때, 싱과 그의 후계자 벤카타라만은 부패 책임에 관해 총리에 대항하여 시종일관 면직 혹은 기소 제재를 요구했다.[12] 이러한 전략은 옳지 않았다. 왜냐하면 입헌적 규범에 입각해 판단할 때, 대통령은 그러한 경우에 충동적인 반응으로서 사법절차를 밟아서도 안 되며 의회의 다수를 포위해서도 안 되기 때문이다. 그러나 이 문제를 다루는 벤카타라만의 회고록에서 그는, 대리 장관인 카루나니드히(Karunanidhi) 판례에서 대법원의 판결은 총리가 1986년 부패방지법 아래 공공의 관리로서 간주될 수 있으며 대통령은 총리를 부패 혐의로 해임할 수 있다는 자세로 전향했다고 밝혔다.[13] 게다가 그는 또한 나익(R.S.Naik) 판례를 통해, 대통령 혹은 통치자가 그러한 기소 제재에 있게 된다면 각료회의의 결정으로부터 독립적이어야만 한다고 밝혔다. 그러나 대통령과 대리 장관은 모두 "이러한 지위들은 적합한 소송절차에서 공박당할 수 있다"라고 생각했다.[14]

44차 헌법 개정(74조 1항)으로, 재심의에 관한 대통령의 요청을 조건으로 하여 대통령은 그의 각료회의의 조언에 의해 판단해야 할 의무를 지니게 하면서, "총리를 포함하여 선두에서 대통령을 원조하고 조언하는 각료회의"를 제공했다. 대통령과 각료회의 간의 헌법적으로 민감한 관계의 관점에서 헌법 역시 다음을 명기하고 있다. "어떠한 안건이든 각료들에 의해 대통령에게 제공된 조언은 어떠한 법정에서도 조사되어지면 안 된다(헌법 제74조 2항)."

헌법 제작자들이 연방(federation)에 '연합(Union)' 이라는 용어를 사용하기를 선호했던 것처럼, '각료회의' 라는 용어 역시 이러한 맥락에서 내각에 선호되었다. 내각이라는 용어는 헌법 77(3)조항 아래 재계회의(Business of the Council) 규칙에 나타난다. 본체로서의 회의는 결코 열리지 않는다. 내각의 간부회의와 위원회들만이 종종 개회되며 회의라는 이름하에 의사 결정을 내린다.

총리와 그의 내각 동료들, 예컨대 제1총리와 부총리 간의 관계에 대해 정의를 내린 네루와 파텔의 문서를 부분적으로 각각 살펴보자면,

> 내가 생각하는 한 총리의 역할이라고 하는 것은 중요하며 중요한 것이어야만 한다. 그는 명목상의 수령일 뿐만 아니라 정책의 일반적인 동향을 살피고 다양한 정부의 부서 업무를 조정하기 위해 누군가보다도 막중한 책임을 가져야만 하는 사람이다. 최후의 권위체는 단연 내각이다. 그러나 우리가 적용해온 민주적 제도의 형태 내에서, 총리는 대단히 중요한 역할을 하는 것으로 기대된다 … 그렇지 않으면 내각과 정부 내에 유대가 생기지 않을 것이며 분열적인 경향이 작용할 것이다 … 만약 이러한 시각이 맞는 것이라면, 물론 그러한 행동이 지역 당국에 부당한 저촉이 되면 안 되지만, 그렇다면 총리는 그가 언제 그리고 어떻게 행동하는가에 대해 완전한 자유를 가져야만 한다.[15]

이에 대한 답으로, 파텔의 문서를 부분적으로 살펴보면,

> 총리의 지위는 나의 지각에 따르면 탁월한 것이다. 그는 대등한 사람들 가운데에서도 으뜸이다. 그러나 그는 그의 동료들을 넘어서는 권력을 갖지는 아니한다. 만약 그가 그럴 경우에는, 내각과 내각의 책임성은 불필요한 것이 될 것이다. 총리에 대한 나의 관점에서, 정당의 리더이며 전체 내각의 수반으로서 불가피하게 내각의 정책결정은 효율적이라는 것과 한 부서와 다른 부서 간의 갈등이 없다는 것에 관련한다. 그러나 정부정책을 실행하기 위한 전체적인 책임은 내각의 정책결정에서 안건과 관련한 장관과 각료들에 의거한다. 총리는 이에 따라 적용되는 정책, 심지어는 실행될 정책에 따라서 자문과 조언을 할 권리뿐만 아니라 관련된 장관에게 정보를 요청할 권리를 가졌다. 그러나 정책 실행에 관한 책임은 관련한 장관과 각료들의 것이어야만 하며, 총리는 장관들에게 자문을 하고 조언을 하는 방법으로 영향을 미쳐야만 한다.[16]

네루와 파텔은 이 문제에 관해 간디를 만나기로 되어 있었으나 회의가 열리기 전에 간디는 암살당했다. 완강했던 이 두 사람은 비극적인 사건 속에서 둘 간의 시각 차이를 단념하고 충격에 빠진 국가의 운명을 이끌어가기 위해 연대하여 일을 했다.

헌법의 원문에 쓰였을 뿐인 총리와 그의 내각 제도에 대한 외형을 제외하고는, 인도의 정치집행부는 원활한 기능을 수행하기 위해서 여전히 관습이나 틀에 맞춘 경제의 법칙에 의존한다. 장관, 관리인으로서의 정부, 부총리의 직무라는 범주가 있다손 치더라도 이 역시 관례 혹은 관습의 문제들이다. 아마 틀림없이 이러한 관습들은 제헌의회의 논쟁, 인도의 관례와 관습, 인도에 적용된 구(舊)연방주의 국가들의 그것들에 근거하여 재구성될 수 있을 것이다. 의심의 여지가 발생할 경우, 안건은 최종적으로 사법부에 의해 종결될 수 있다. 관습, 개정, 그리고 사법적 해석은 헌법이 지나온 주요 흔적들이다.

헌법의 원문과 관습 간의 연계는 헌법 75(2)조와 (3)조에서 찾아볼 수 있는데, "장관들은 대통령의 휴가 기간 동안 직책을 맡아야만 한다"와 "각료회의는 국민의 의회에 공동으로 책임을 져야만 한다"라는 규정에서처럼 명백한 모순을 포함하고 있다. 이 같이 모순은 대통령만이 의회의 하원 내에 다수의 지지를 모으는 총리를 임명할 수 있다는 명확한 추론에 의해 제거될 수 있다. 대통령에 의해 총리의 천거로 임명된 장관들은 의회의 의원이거나 임명 후 6개월 이내에 의회의 의원이 되어야만 한다(헌법 75조, 1항과 5항). 지금까지 모든 총리들은 록 사바 혹은 라쟈 사바의 의원이었고, 대부분이 록 사바의 의원이었다.

인도의 내각체제에 관해 쓰이지는 않았지만 다소 확립이 잘된 규정은 각료회의의 형성에 있어 지역과 인종의 원칙이다. 주요 주의 정부, 지역, 카스트, 공동체의 대표성을 포함시키려는 의도는 정치적으로 권할 만한 것이다. 캐나다에서는 내각의 지역적 대표성이 총리가 중요한 지방이나 지역의 상원의원을 임명하거나 하원에서 정당이 선거를 통해 대표성을 얻어낼 수 없을 경우에는 그들을 내각의 지위까지 올리는 정도로 헌법적 관습이 발전되어 왔다.

라자 사바는 상대적으로 약한 연방의 상원이기 때문에, 그리고 캐나다의 상원은 훨씬 더 약하기 때문에, 양국의 연방내각은 공표된 상원의 연방적인 성격에도 불구하고 지역적 대표성에 더욱 효율적인 도구로서 존재해왔다. 이것은 내각이 공동으로 하원의회에 책임이 있는 연방체제의 의회에서는 불가피한 것이다. 각료회의의 지방분권화에 대한 이러한 경향은 1989년 이후 인도의 연방 연합정부의 시작에서 훨씬 두드러져왔다. 첨언하자면, 캐나다는 정당정부의 원조이다. 만약 정체된 하원이 선거운동으로부터 출현한 것이라면, 캐나다 국민들은 연합정부 대신에 소수정부의 형성을 선호할 것이다. 아마도 이는 캐나다 국민들이 영국 국민들보다 더욱 군주제의 지지자들임을 보여주는 예가 아닐까 한다.

인도의 입헌역사에서 행정적 리더십은 최소한 세 가지의 형태를 갖는다고 볼 수 있다.[17] 이것들은 (a)네루-파텔의 양두정치 기간 동안 현저하게 의회적/유사 연방적이었던 총리직이 1950년(1946~1971) 12월 파텔의 서거 이후 네루하에서 결국 총리내각체제가 되었다는 것, (b)심지어는 주 장관들이 총리에 의해 지명되고 이에 따라 주의 회의당 입법부에 의해 승인되던 회의당과 뉴델리의 과도한 중앙집권화로 인한 1970년대 대부분, 인디라 간디하에서 유사 의회적/유사 연방적/세습적인 총리내각체제였다는 것, (c)모라르지 데사이, 인디라 간디, 라지브 간디(1977~1989)의 연방총리직에 관한 전조적인 국면, 그리고 인도 정치체제의 연방적인 특징들이 총리 권위의 우위에 관한 재배치와 이론상으로는 아니지만 실제로 내각의 공동적인 책임성 원칙에 관해 재배치를 요구했던 연합/소수정부 시기(1989년 이후 지금까지)의 연방 총리직이 그러하다.

네루의 "정부의 예술(fine art of Governmnet)"은 그의 전기를 담당했던 작가인 고팔(Sarvepalli Gopal)에 의해 다음과 같은 말로 특징지어진다.

> "네루의 민주정부는 예술이었는데, 연관된 모든 사람들에게 참여의 관념을 심어주고 일련의 확장된 집단 속에서 협력을 구축하는 것이었다. 그는 희망컨대,

그의 개인적인 지배를 파멸로부터 안전케 하는 업적을 달성한 것이었다. 그것은 실로 실현되지 않은 위대한 업적이었다." 18)

이러한 은유와 관련해, 간디의 "대양의 집단(oceanic circles)"은 네루의 총리직의 유효성보다는 더욱 시적인 것이었다. 네루의 맹렬한 성품과 주 수준뿐만 아니라 연방에서의 회의당 지배는 그러한 것들을 가능하게 만들 수 없었던 것이다. 네루 시기의 이러한 권력구조는 1970년대 인디라 간디 정부보다는 더욱 다원적이었지만, 두 시기 모두 진정으로 연방주의적 성격을 띤 것은 아니었다. 일부 수석장관들은 다른 사람들보다 더욱 배려되었으나 그들의 관계는 공통적이었다. 네루는 수석장관들에게 정기적으로 긴 서한을 썼지만 연방과 주 사이의 한정된 관할권과 관련한 상호작용이라기보다는 의사소통에 가까웠다. 이러한 서한들이 편찬된 분량 중의 한 권에 쓰인 편집노트에는 다음과 같이 나타나 있다.

이 서한들에는 네루가 크고 작은 모든 문제들에 관여하고 있고 이 문제들을 해결하려는 노력들을 담고 있다. 발전계획에 대한 과정, 커뮤니티 발전 프로젝트, 농지개혁, 행정적 이슈, 북동부지역의 발전문제들은 그가 고려중인 안건들의 일부이다. 그러나 그는 항상 올바른 목적과 그 목적들을 향한 적합한 방향의 커다란 맥락에서 문제들을 다룬다. 외교정책에 있어서는 지나치게 그러했는데, 그는 본성(true nature)과 비조정(non-alignment)의 중요성을 반복해서 설명하며 한국과의 협상이라든지 파키스탄과의 관계와 같은 당면한 이슈들을 적절하게 설정한다. 19)

최초의 연합내각은 총리인 네루와 부총리이자 내무부장관이었던 파텔의 실질적인 양두정치(diarchy)와 같았다. 불굴의 성격인 두 사람은 앞서 언급한 바와 같이 간디를 통한 내각체제에 대해 서로 다른 관점을 갖고 문서를 교환했다. 간디의 암살은 네루와 파텔을 다시 연합하게 만들었다. 이들의 화합은 회의당과 인도의 중앙정부를 붕괴로부터 구했을 뿐만 아니라 네루의 권력을 유지시키기도 했다. 파텔의 세력과 지지가 없었다면 네루는 무너졌거나 높은 권좌에서부터 밀려났을지도 모른다. 네루가 대부분 외교와 고도의 히말라야의 모험에 열중해 있는 동안 파텔은 2년간 인도의 행정을 담당했다.[20] 1950년 12월 파텔이 서거한 이후, 네루는 1964년 5월 그가 사망하기 전까지 실질적으로 내각에서 무한한 권력을 행사했다. 비록 네루가 고도로 중앙집권화된 정치 피라미드에 앉아있는 그랜드모갈(Grand Moghal)과 종종 비교됨에도 불구하고,[21] 브레처(Michael Brecher)는 "그의 책임성에 대한 중대함이 그로 하여금 다른 사람들에게 의지하지 않을 수 없게 만들었다"라고 했다. 브레처는 계속해서 다음과 같이 언급했다.

> "회의당 엘리트는 1950년 파텔의 서거 이후 약간 변화했다. 회의당작동위원회(CWC) 내의 주요 그룹은 대략 스무 명 정도이다. 그러나 이들 중 오직 대여섯 명 정도만이 중요한 정책결정에 관여했고 또 관여하고 있다. 네루와 아자드(Azad) 이외에 현저한 인물들은 판트(Pant), 데사이와 로이(B.C.Roy) 박사가 그러하다. 내부 그룹으로 근접하자면 우타르프라데시 주의 샤스트리가 존재한다. 중앙 내각에서는… 그것 역시 같은 그룹이다. 총리 다음으로, 비공식적인 서열을 매기자면, 판트, 데사이, 샤스트리, 외교에 관해 특별한 지위를 차지하고 있는 메논(Krishna Menon)이다."[22]

이러한 국면 동안, 그것은 본질적으로 네루의 후견 아래 총리내각의 양상을 띠었다. 데사이 내각뿐만 아니라 샤스트리와 초기의 인디라 간디 내각은 보다 단체 조직적이었다. 그러나 1970년대와 1980년대의 인디라 간디 내각은 현저하게 총리내각의 성격을 띠었다. 우리의 관점으로는, 비록 보다 단체 조직적이고 운영에 있어 집합적이기는 하지만 라지브 간디 정권 역시 비슷한 성격이었다.

정당체제의 변형과 연합정부의 도래로 대통령의 권한은 새로운 차원에 돌입했다. 마너(James Manor)가 연구한 바에 따르면, 정부의 형성은 게임의 심판과도 같기 때문에 1989년 이래로 대통령은 더욱 중요해졌으며, 그는 의회의 해산에 대한 총리의 요청을 승인할지의 여부를 결정한다. 이러한 의회의 정체기간 동안, 이전의 업무는 더욱 복잡해지고 어려워지며 이후의

업무 역시 잠정적인 문제가 된다.[23)]

연방 총리직 양식

연합/소수정부의 기간 동안, 즉 1950년 12월 파텔의 서거 이후 네루하에 운영되던 총리내각, 1970년대(자나타 당의 통치를 제외하고) 인디라 간디하의 총리내각, 1980년대 인디라 간디와 라지브 간디의 총리내각은 과거의 것이 되었다. 대신에 보다 집합적인 내각체제가 존재하게 되었다. 1970년대와 80년대 사이에 유일하게 차이가 있다면 회의당 총리가 더욱 자율적인 비회의당 주 정부, 특히 힌디어를 사용하지 않는 주변 지역에서 경쟁을 해야만 했다는 점이다. 1980년대 후반기에는, 주 수준에서보다 차별화된 정당체제가 비회의당 정부에 의해 두드러졌으며 록 사바와 라쟈 사바에서도 역시 차별화된 정당대표제의 지형을 이루었다. 회의당 정부는 가까스로 의회의 다수를 소집할 수 있었으나 상당히 아슬아슬했다. 1990년대까지 회의당과 비회의당 연합정부는 록 사바에서 다수를 구성했지만, 라쟈 사바는 변함없이 야당이나 야당연합에 의해 제어되었다.

V.P.싱의 리더십 아래 자나타 달이 이끄는 국민전선(National Front)에 의해 형성된 최초의 소수연합정부는 총리의 역할과 내각체제의 작동에 대해 큰 변화를 일으켰다. 이는 1970년대 말 자나타 당에 의해 형성된 것처럼 사실상 연합정부이기는 하지만 1970년대의 것과는 달리 다수의 연합정부가 아니라는 이유 때문이었다. 소수정부 역시 1991~1996년에 라오의 회의당 정부에 의해 출현했지만 연합정부는 아니었다. 그것은 록 사바 내의 반대 다수에 직면하게 되었다. 연합전선(United Front)은 연합정부이자 소수정부였다. V.P.싱 정부의 업무는 이로써 보다 복잡해졌다. 외부인들에게는, 싱이 이러한 이중적으로 어려운 상황에 적합하지 않으며 경험이 없고 변덕스러운 것처럼 보였다.

예를 들어, 그는 그의 부총리이었던 데비 랄과의 의견 차이를 좁히는 데에 실패했다. 둘 사이의 불화는 조정할 수 없는 것으로 변했다. 총리는 그의 부총리를 면직시키는 데에 있어 명백하게 충동적이며 맹렬한 행동을 취했다. 이후 곧, 그는 1980년대 인디라 간디와 라지브 간디 회의당 정부에 의해 10여 년간 가까이 묵살되었던 만달위원회보고서(1978)를 황급히 시행하도록 추진했다. 그는 전체 내각이나 국민전선협동위원회와 상의하지 않은 채, 유효한 지표들에 의거해 국민전선의 선거성명서에 포함되어 있는 항목의 탄원서를 취했다.

그러나 총리의 정보자문가(Information Advisor)를 담당했던 유력한 저널리스트인 쟈(Prem Shankar Jha)에 의해 제공된 내부의 답변은 공공의 인식과는 다르다. 쟈[24]는 V.P.싱이 "그의 정당에 대한 취약성과 절망적인 동맹"에 대해 예리하게 인식하고 있었으며 "이러한 단점들을 최소화하는 정치경영 방식을 진화시켰다"라고 피력한다.[25] 쟈는 계속해서 다음과 같이 쓰고 있다.

> 중앙에서는 V.P.싱이 다양한 층의 자문 절차를 통해 공을 들여가며 합의를 형성하기 위해 노력했다. 모든 정당에서; 그리고 '친근한' 정당인 인도인민당(BJP)과 좌파, 그리고 국민전선에까지. 가능한 국가가 직면한 주요 이슈들에 대해 필연적인 입법 혹은 행정적 행동을 취할 서곡으로서 이러한 모든 방법들을 통해 그는 합의를 형성하려 시도했다.[26]

그러나 쟈는 합의에 있어 이러한 시행들이 "동등하게 성공적"이지 않았던 일부 사례들을 제공한다.[27] 합의의 해결책에 대한 초기의 희망이었던 펀자브와 관련한 다루기 어려운 예들은 결실을 맺을 수 없었다. 그러나 전(全)정당회의는 "몇 가지 주변적인 이슈들에 대해 보잘 것 없는 합의를 얻었다." 예를 들면, 국가 비상사태 동안 펀자브의 법원에서 기본권의 실시를 일시적으로 보류했던 59차 헌법 개정의 폐지가 그러했다.[28] 선거개혁에서뿐만 아니라 카슈미르에의 전체정당 대표단 역시 전반적으로 정부의 일부분으로서 결정적인 행동을 조성할 수 있는 합의를 이끌어내는 데에 실패했다.[29]

우리가 연방 총리직 양식이라고 일컬어온 것에 대해 설명하기 위해 몇 가지 다른 에피소드를 여기에서 언급하는 것이 좋을 듯하다. 나라야난(K.R.Narayanan)과 구즈랄(I.K.Gujral)의 임기에 관련해 대통령직을 맡았던 사람은 압둘 칼람(A.P.JAbdul Kalam)이었으며, 칼람은 곧 바즈파이와 만모한 싱(Manmohan Singh)과도 관계를 잇는다. 구즈랄 정부는 비하르의 RJD 정부에 대해 법과 질서를 유지할 수 없는 무능력을 이유로 해임을 권고했으나 나라야난 대통령은 그 제안을 재심의하도록 정부에 요청했다. 공교롭게도, 그 제안은 대통령에게 다시 제출되지 않았다. 또 다른 경우로, 우타르프라데시의 주지사인 반다리(Romesh Bhandari)는 인도인민당(BJP) 정부를 해임하고 회의당원인 팔(Jagdambika Pal)로 대치했다. 구즈랄이 이끄는 뉴델리의 자나타 달 주도의 연합전선정부는 눈가리고 아웅하는 식의 임시방편 정책을 채택했고, 사건에 대한 연방의 개입에 대해 계속해서 항의가 한창일 때에 나라야난 대통령에게 아무런 자문도 하지 않았다. 나라야난은 자진해서 불만의 권고—특별한 지령은 없는—를 주지사에게 보냈다. 마침내 이 사건은 해임된 정부의 복귀를 요구한 대법원에까지 이르게 되었다. 칼람의 대통령직 임기 동안, 바즈파이 정부는 그에게 선거관리위원회가 입후보자에게 범죄 전과가 있다손 치더라도 금융자산, 교육증명 등과 관련한 선서진술서를 요구하는 지령을 폐지하는 법안을 보냈다. 선거관리위원회의 지령은 대법원의 판결에 회부되었다. 칼람은 재심의를 위해 법안을 돌려보냈다. 내각은 이 제안을 수락할 것을 반복적으로 요청했고 그 결과 대통령은 법안에 대한 찬성을 승인했다. 2005년 비하르 주의 선거는 정체된 의회로 돌아갔으며, 그 결과 몇 달 동안을 통틀어 정부가 형성되는 데에 난국의 형상을 보였다. 주지사인 부타 싱(Buta Singh)은 입법의원들 사이에서 빈틈없는 홍정을 내세우며 단지 전국민주연합(NDA) 주도의 연합정부가 예상될 때 의회가 해임될 것이라고 언급했다. 만모한 싱이 이끄는 중앙의 회의당 주도의 통일진보연합(UPA) 정부는 주지사의 보고서에 배서하도록 대통령에게 제안서를 보냈다. 칼람 대통령은 문서에 서명을 했지만 이후 대법원은 의회의 해임은 위헌이라고 선고했다.

연방 총리직 양식에서 총리의 우월한 정치권력은 실제로 다당연합의 권력분배를 조건으로 하게 되었다. 게다가 의회에 대한 내각(상세히 말해서 록사바)의 집합적인 책임성은 연합을 구성한 막강한 지역정당과 전국정당들을 고려해야만 한다. 그러나 지역정당들의 주요 지도자들은 주의 장관들처럼 한발 물러선 상태에서 정책을 원격 조종하는 것을 선호한다. 이 같은 현상은, 내각체제의 단체집합적인 성격에 분열을 가져오고 협동에 쇠약화를 초래한다.

물론, 인도의 내각체제는 영국의 모델과 똑같지 않다. 이에 대한 명백한 이유로는 (a)인도는 의회체제일 뿐만 아니라 연방체제이며, (b)뉴델리(그리고 일부 주)에 연합/소수정부가 필요하다는 이슈를 오랫동안 다루어 왔다는 점, 그리고 (c)인도의 헌법에는 연방 주들의 권리뿐만 아니라 정치체제에서 사법부를 궁극적인 중재자로 만드는 시민의 기본권 역시 통합되어 있기 때문이다. 영국의 의회지상주의는 이 같은 제한들 중 어느 것에 대해서도 논쟁하지 않는다. 한편, 이러한 맥락에서 인도와 캐나다와의 비교는 적절할 것이다. 왜냐하면 두 정치체제는 공통적으로 영국식민지의 역사를 공유하기 때문이다. 영국의회는 1935년에 — 1867년의 영령북미법령(British North America Act)과 동시에 런던의회의 산물이며, 현재는 1867년의 캐나다헌법령(Canada Constitution Act)의 양식을 대부분 따라한 — 인도정부법령(Government of India Act)을 시행했다.

그러나 총리 연방직의 약화와 1990년대에 우리가 목격했던 내각체제의 '도당화(cabalization)'는 효율적인 거버넌스를 위해 자격을 갖춘 것이라고 말하기는 어렵다. 우리는 정부의 각 부서에서 연합 상대들끼리 세력을 확장하려 다투고, 지배연합의 정책결정에 끊임없이 반대하고, 특별한 그룹의 이익을 위해 후원하거나, 부패와 범죄정당 혹은 범죄자로부터 비민주적인 압력이 존재하는 것을 목격했다. 또한 비하르에서 달리트와 상층카스트들의 대량 학살이 이루어지고, 구자라트에서는 무슬림과 기독교인에 대해 주 혹은 연방정부가 범죄를 묵인하는 현상을 목격했다. 이러한 모든 문제들이 뉴델리의 대다수 정부들을 불안정하게 하는 요소로 작용했다.

연합정부하의 행정부

인도의 정치지형에서 연합정부의 출현은 행정부의 기능적 양식에 중대한 변화를 가져왔다. 다당연합정부는 전통적인 웨스트민스터 의회의 양식으로부터 멀어졌거나 혹은 최소한 이에 변형을 가져왔다는 것을 의미했다. 사실 이 같은 현상은 영국의회의 원칙과 실행으로부터 두 단계 멀어진 셈이다. 첫 번째 단계는 캐나다처럼 헌법 내에서 의회와 연방제가 결합된 것이었다. 두 번째 단계는 1989년 연방연합정부의 필요성으로 더욱 명백해졌다.

연방연합내각의 작용은 거대한 규모를 지녔으며, 이는 다시 더욱 비대해진 내각체제의 연방화(지방분권화의 관점에서)로 변화되었다. 뉴델리의 연합정부는 주 혹은 지역의 자율성을 상당한 정도로 가능하게 만들었다. 또한 국가의 단일과 통합을 촉진해오던 국가와 지역정당들 사이에 광범위하게 권력을 공유하는 현상도 일어났다. 이와 같이 주들이 보다 더욱 자율적이고 강해지고 있다 하더라도 연방정부는 불안정한 상태를 지속하고 있다. 연방정부는 응집성을 촉진하는 정책으로 인해 난항을 겪고, 심지어는 정책마비 혹은 위축에 시달리기도 한다.

연방과 주의 행정부 측면에서 인도의 연합정부를 최소한 세 가지의 국면으로 그려볼 수 있다. 첫째, 1967년 이후 펀자브와 벵골에 걸쳐 인도의 북부에 위치한 주들에서 포괄적인 연합정당들이 존재했다는 것이다. 이러한 연합정당들은 '비(非)회의당주의'에 동의하여 형성되었고, 이 정당의 이데올로기를 담당했던 수석 사제는 로히아(Ram Manohar Lohia) 박사였다. 로히아 박사는 우파에서 좌파에 걸친 모든 비회의당 정당을 포함하여 비회의당 포괄 연합의 전략을 짜냈다. 우파로는 바르티야 자나 상, 스와탄트라당, 가나탄트라 파리샤드, 회의당에서부터 분열된 수많은 자나 회의당(Jana-Congress parties), 그리고 좌파로는 사뮤크트 사회당과 인도공산당(마르크스주의자)이 포함되었다. 그들의 이데올로기적 다양성을 고려해볼 때, 오리사의 가나탄트라 파리샤드 주도의 우파 연합정부를 제외하고는 이러한 연합정부가 결국은 매우 불안정하게 되었다. 북인도정치의 연합적인 양상은

1969년 회의당의 분열 이후 인디라 간디의 리더십 아래에서 회의당 지배의 복귀로 대체되었다.

둘째, 1977년 이후 같은 목적을 지닌 정당들의 연합정부들은 서벵골(CPI(M) 주도의 전선), 케랄라(CPI(M) 주도의 좌파 민주전선과 회의당 주도의 연합민주전선), 그리고 트리푸라(CPI(M) 주도의 좌파 전선)에 있었다. 이데올로기적으로 융화가 가능했던 이들 연합정부들은 보다 안정적이었다.

셋째, 1989년 이후 연방의 수준에서 출현한 연합정부는 세 가지의 양상을 보인다: (a)자나타 달 주도의 국민/연합전선, (b)인도인민당(BJP) 주도의 전국민주연합(NDA), 그리고 (c)회의당 주도의 통일진보연합(UPA)이 그러하다.

안정적인 행정부를 구축하기 위해서는 연합정당들 간 응집성, 실질적인 권력분담과 이질성을 조화시키기 위한 장치들, 예컨대 협동위원회(coordination committee)와 같은 것이 필요하다. 정부의 안정성을 위해 피해야 할 것으로는 은닉된 의제들, '외부적' 지지(내각과의 결합 없이 입법부의 의원으로부터), 의회 밖 권력의 중심을 향한 내각의 집합적인 책임성에 대한 지나친 긴장 등이 있다.

현재까지의 가능성으로 보아, 연합정부들이 예측 가능한 미래를 지속할 것으로 기대된다. 이것은 두 가지 이유 때문인데: (a)인도의 정치체제가 "유사연방주의"에서 "유사연합연방주의"로 변천해온 것과 정당체계의 파편화가 계속되는 추세,[30] 그리고 (b)산업사회의 인도 전형에서 계급 분극화의 부족이 그러하다.

연합정부의 형태 내에서 개혁을 시행해야 할 영역은 세 가지 수준에서 언급될 수 있다: (a)선거제도, (b)정당체제, 그리고 (c)의회의 경영원칙이 그러하다. 연합정부의 안정성은 대표제와 정당체제에 밀접한 연관성을 가진다. 일반적으로 양당제를 형성하는 다수제 혹은 비교다수득표제(first-past-the post electoral system)는 사회와 지역의 이례적인 다양성 때문에 인도에서는 크게 만족되지 않았다. 그러나 비례대표제는 정당체제에 있어 훨씬 많은 파편화를 초래하는 것 같다. 그러므로 다른 방법으로는 선거에서 최소한 50% 이상의 득표를 한 후보자 혹은 정당을 요구하는 다수선거제를 도입하는 것이다. 이 제도에서는 만약 그 어떤 정당도 첫 번째 투표에서 50% 이상의 득표를 획득하지 못하면 한 번 더 투표를 해야 할 필요가 있다. 두 번째 투표는 가장 많은 득표를 한 두 명의 후보자만이 당선에 대한 희망을 가질 수 있다. 만약 한 번 이상의 투표가 비용이 들고 부담이 되는 것으로 여겨진다면, 가장 덜 성공적인 후보자에서 가장 성공적인 후보자까지 첫 번째, 두 번째, 세 번째로 선호하는 후보들을 기입하는 선호투표제가 시도될 수도 있다.

정당체제의 수준에서, 지역정당과 결합하는 연방정당의 형성을 촉진하는 법률제정은 정당의 수를 감소시킨다. 이것은 안정적인 내각정부를 위해 도움이 될 것이다. 더욱이, 캐나다처럼 지도자를 선출하기 위해 연방정당들이 국가적 차원에서 회의를 하는 제도 역시 국가적 차원에서 정당 수를 감소시키는 데에 도움이 될 것이다.

입법 경영의 원칙 수준에서는, 의회에서 선출된 총리 혹은 주요 장관들에게 이익이 되는 헌법작동검토위원회(NCRWC)의 권고와 "신뢰에 기반한 건설적인 투표(대안정부를 위한 제안서가 수반될 때만 불신임의 신청을 허락)"는 고려할 가치가 있다.

행정 거버넌스의 세 가지 기본적인 문제점

1990년대 이후, 연합/소수정부들에 의해 형성된 상당한 정도의 연방화는 연방의 행정 거버넌스의 효율성을 심각하게 약화시키는 세 가지 문제들을 표면화했다. 첫째, 증대된 연방화는 의회지상권을 쇠퇴시켰고 헌법의 연방적 특색에 보다 큰 자유를 제공했다. 의회제와 연방주의의 원칙의 결합은, 전자가 의회의 지상권을 전제로 하고 후자는 권력의 분산에 기초하기 때문에 근본적으로 모순이 된다. 인도의 헌법은 이러한 모순에 대해 의회와 연방 행정부에게 주의 입법기관과 주 정부를 넘어서는 일정한 권력을 부여함으로써 극복 방안을 찾고 있다. 1990년대 이래로 의회의 지상권은 지역/주 정당들의 연방연합내각들로 인해 불리한 위치를 점하게 되었다. 이러한 지역정당들 역시 주 수준에서 결정적으로 균형적인 역할을 하는 데에 한몫을 하고 있다. 의회지상주의가 그러한 연방연합정부들로 인해 침식당하게 될 때에, 의회는 종래의 행정부 중심의 거버넌스를 대신하여 사법부 중심의 거버넌스를 발동한다. 더욱이, 사회적 동원과 정치참여의 증가, 국가 수준에서의 정당체제의 파편화와 연방화, 재조정의 의미와 방법들 역시 다당제와 주간회의(Inter-State Council), 그리고 국가발전회의(National Development Council)의 상호정부적인 포럼의 수준에서 모색되어야만 한다.[31)] 앞서 언급했듯이, 이 모든 발전들은 우리가 연방적 총리내각과 연방화된 집합적 내각제라 일컬었던 각기 다른 양식의 총리내각 리더십과 내각제를 필요로 한다.

인도의 정치체제에서 볼 수 있는 두 번째 문제점은 연방화의 증가가 훨씬 근본적이고 복잡한 양상에 직면해 있다는 점이다. 과거에는 가능했던 소수의 권리보호를 위한 연방의 행정개입이 이제는 어려워졌다. 예를 들어 1990년대의 잠무 & 카슈미르, 펀자브, 아삼, 1980년대의 비하르, 그리고 최근의 구자라트는 복잡한 문제를 제기해왔다. 어떻게 소수 혹은 빈약층의 권리가 분리된 권한과 책임성의 연방제 내에서 적절하게 보호될 수 있는가? 이 문제는 국가적 차원에서는 다수이지만 지역적으로는 소수를 형성하는 공동체가 밀집한 주에서 더욱 민감해졌다. 잠무 & 카슈미르의 카슈미리 교사들, 비하르의 달리트와 상층카스트, 어떤 주에서든 언어적으로 소수인 계층이 적절한 예이다. 회의당 일당우위정당체제에서는 연방정부가 어느 곳에서든 믿을 만한 소수의 권리 보호자로서 존경받았다.

이 기간 동안 연방정부는 헌법적 비상사태 아래 대통령령을 허락하는 헌법 356조에 근거해 행정권을 사용함으로써 효율적으로 주에 대해 개입할 수 있었다. 체제의 연방화가 상당히 증가하고 주의 자율성이 증가함으로써, 그러한 개입은 정당체제의 지방분권화와 대법원의 봄마이(Bommai) 판결

(1994)[32] 이후 주 정부의 연방적 자율성을 보장하는 헌법의 사법적 해석으로 인해 어려워졌으며, 이는 대통령령을 사법적인 조사에 노출하는 계기가 되었다. 라쟈 사바 내 반대 다수 역시 일반적으로 1990년대 이후로 정치적 불안정성을 형성해온 예가 되었다. 예를 들어, 비하르의 나라얀푸르(Narayanpur) 마을에서 달리트의 대량학살이 일어난 이후 라슈트리야 자나타 달(RJD) 정부는 중앙의 전국민주연합(NDA)에 의해 해임되었다. 록 사바에 의해서 대통령의 요구가 통과되었지만 라쟈 사바에 의해 거절됨으로써 해임된 주 정부가 복귀했다. 2002년의 구자라트 폭동에서, 중앙의 전국민주연합 정부는 공동체의 갈등에 있어 구자라트 경찰과 주 정부가 연루한 증거가 확실함에도 불구하고 모디(Narendra Modi)가 이끄는 인도인민당 정부에 대항해 주에 헌법적 비상사태를 호소할 제안을 제출조차 하지 않았다.

세 번째 문제점은 특히 1989년 이후 연방의 행정 거버넌스를 둘러싸고 정치사회적인 파편화, 결함, 부패의 정치로 인해 정부가 불안정에 처했다는 것이다. 1989년 록 사바 선거 이후 14년이 지나는 동안 우리는 다양한 임기와 불확실성을 가진 아홉 번의 중앙정부가 형성되는 것을 목격했다.

전(全)인도서비스

인도의 연방행정부에 대한 분석에 있어 행정서비스와 정당체제의 논의가 빠진다면 불완전한 것이 될 것이다. 이 두 가지 요소 중에서, 관료정치가 연방과 주 정부에 대해 본질적인 것이라면 정당은 시민사회와 국가를 연결하는 중요한 연계가 된다. 이 두 구조들은 연방정치체제의 출현과 작동에서 중추적인 역할을 담당해왔다. 인도연방제의 진화에 대한 개괄적인 관점은 식민지적 설계가 관료적으로 추진되는 체제로서 착안되었다고 보는 것이다. 사실, 1935년 인도정부법령 아래 중앙정부는 관료적 레짐을 지속했는데, 영국령 인도지역과 군주령 주의 연방적인 연합에서 후자가 결합을 내켜하지 않아 현실화가 무산되었기 때문이다. '양도된(transferred, '지정된(reserved)' 과 구별하여)' 지역에 제한된 권한을 가진 내각 레짐이 일시적으로 출현했다. 그러나 1937년의 회의당 지역내각은 1939년 영국정부가 인도국민회의당과의 상의 없이 제2차 대전에 참전했을 때 사임했다.

앞서 언급한 바 있듯이, 연방행정부는 선거정치적인 부분 이외에도 지정된 관료 부문을 가진다. 이는 연방정부에 의해 배타적으로 사용되는 중앙서비스를 포함한다. 즉, 유일한 전인도서비스(AISs)는 본래 두 개로 구성되었으나 — 인도행정서비스(IAS)와 인도경찰서비스(IPS) — 1966년 이래 인도삼림서비스(IFS)가 항목에 추가되어 현재로서는 세 개가 되었다. 이보다 앞선 예로는 영국인도행정서비스(ICS)와 인도경찰(IP)로 거슬러 올라갈 수 있다. 제헌의회는 1946년 7월, 인도의 내무부 장관인 파텔이 소집하고 의장을 맡은 지역 장관들의 회의에서 합의한 결정을 토대로 이들을 재건하기로 결정했다.

파텔은 총리인 네루에게 이 같은 최고 기간요원 서비스들(일반적으로 지역의 정부뿐만 아니라 연방적으로 사용되는)을 포기하지 말라고 설득했다. 결국 이들 서비스들은 헌법에 의해 규제되며 보충적인 역할을 하는 입법체가 되었다. 그들은 독립적인 입법위원회로부터 고용되고, 연방공공서비스위원회(Union Public Service Commission: UPSC)라는 중앙의 협회에서 양성되며, 기간요원들이 속한 주에서 행정 분야를 교육받는다. 이들은 대개 주 정부 아래에서 일을 하고 이따금씩 연방정부로 대리 파견을 나간다. 물론 두 수준의 정부는 연방공공서비스위원회에 의해 고용된 중앙과 주의 독자적인 행정서비스를 갖추고 있고, 각 주마다 유사 입법적으로 확립된 공공서비스 위원회들이 존재한다.

전인도서비스는 연방제가 작동함에 있어, 정당체제와 시민사회가 필요로 할 경우에는 과도하게 정체되지 않고 일정한 정도의 중앙집권화와 협동을 제공한다. 이는 1977~79년 뉴델리의 자나타 당 정부와 1989년 이래 다당제로의 변형에 대한 경험으로부터 나온 것이다. 전인도서비스는 주의 수준에서뿐만 아니라 뉴델리에서 각기 다른 정치적 레짐 아래에서 발생하는 역경들을 이겨나갔다. 한편 뉴델리에서는 이 같은 전인도서비스가 하나의 정당 혹은 연합 레짐으로, 일부 주에서는 정치적 신념들로 받아들여졌다. 이러한 서비스의 폐지에 대한 요구는 오늘날 더 이상 존재하지 않는다. 이들은 또한 연합정부 뿐만 아니라 일당다수정부 하에서도 작동해왔다. 긴 기간 동안의 회의당 지배 이후 비회의당 정부에 대한 충성도에 관한 초기의 의구심은 이미 사라졌다. "권력이양의 냉혹한 사용"을 통해 새롭게 출현한 비회의당 정부들은 초기의 의구심을 충분히 극복했다.33)

정당체제

인도의 연방행정부에 대한 정당체제의 영향은 매우 가시적이었다. 위에서 요약한 총리내각 리더십은 현직자들의 개인적인 성격보다는 정당체제의 특성과 더욱 깊은 연관을 갖는다. 물론, 네루에서 만모한 싱에 이르기까지 현직자들의 성격은 상당히 다양했다. 그러나 성격이라고 하는 것은 우세한 정당체제에 의해 형성된 다양한 정치적 분위기에 의해 일부분 도움이 되기도 하고 혹은 방해되기도 한다. 강한 성격은(예컨대, 네루) 온화한 성격(예컨대, 샤스트리)보다는 당파적인 반목 없이 일당정부 내에서 강한 총리내각 리더십으로서 출현할 것이다. 그러나 강한 성격은 도당적이고 파편화된 정당정부(예컨대, 1977~79년 데사이의 자나타 정당 정부) 내에서 무력해질 수 있다. 물론, 다당제 안에서의 소수/연합정부는 전혀 다른 위치를 점한다. 그들은 이를테면 창조적으로 지지자를 이끄는 것과 같은 재조정의 기술을 지닌 온화한 성격을 요구한다. 우리가 일찍이 '연방적(federal) 총리내각 리더십 양식'이라고 일컬었던 것은 전형적으로 1989년 이후에 형성된 다당제의 산물이다. 이러한 양상은 '국가적'이거나 혹은 전국적인 정당들과 '주' 혹은 지역정당들로 8개에서 24개에 이르는 수의 정당들이 연합한 정부에서 볼 수 있다.

이러한 정당들의 연합에서 눈여겨볼 사항은 1989년 이래 세 개의 "중추적인" 전국정당들이 모였다는 점이다: 자나타 달, 바라티야 자나타 당, 그리고 인도국민회의당이 그러하다. 네 번째 전국정당은 인도공산당(마르크스주의자)인데, 서벵골 좌파전선의 주 장관이었던 바수(Jyoti Basu)에게 자나타 달 주도의 연합전선정부들 중 하나의 리더십이 한때 제공된 적이 있다. 바수는 이러한 제안을 받아들이려 했지만, 그의 정당은 지배적인 위치를 점하지 않은 연합정부와 결합하지 않은 채 스스로를 이끌도록 하겠다는 판단으로 제안을 거절했다. 바수는 이후에 정당의 이러한 결정을 두고 '역사적으로 큰 실책(historical blunder)' 이라고 묘사했다.

이 네 개의 실질적이고 중추적인 전국정당들은 오늘날 인도에서 연방행정정부의 작동에 있어 특별히 중요하다. 비록 지역정당들이 대개 이들 세 개의 주요 전국정당 중에서 어느 정당이 정부형성에 균형적인 역할을 수행할 수 있는가를 결정한다지만, 이들은 연방연합정부를 이끄는 지역정당들 이상으로 보인다.

인도처럼 다문화와 연방의 규모를 가진 국가에서는 입법부영역에서의 연합정치가 두 가지 측면 — 정당 내와 정당 간 — 에서 중요한 의미를 갖는다. 인도국민회의당은 거대한 규모로 형성된 표준구(locus classicus)와 같았다. 1970년대 말의 자나타 당이 비록 여러 당 — 회의당, 바라티야 록 달, 사회당, 바라티야 잔상 — 과 연합을 이룬 사실상의 정당 간 연합으로서 간주할 수 있을지라도, 이는 최소한 형식적으로라도 정당 내 연합을 형성했다. 왜냐하면 자나타 당은 각 정당의 분리된 조직적 요소를 완전하게 합병하여 작동한 것이 아니라 임시적으로 서둘러 형성되었기 때문이다.

1989년 이래 정당 간 연합은 전국정당의 성장을 방해하고 파편화하면서 지역정당들 — 구 정당과 신생정당 — 의 증가와 번성에 비옥한 토대를 제공해왔다. 1990년대 이래로 다양한 정당 간 연합을 이끌었던 전국정당들의 형태에 대해 두 가지로 요약할 수 있다. 바로 연방 정당과 연합연방정당이 그러하다. 연방정당은 합리적인 정도의 중앙의 지시와 주 단위 지부의 자율성을 갖추고, 정당조직의 중앙과 주 단위 개체 사이에는 그 분절형태가 더욱 조직화된 것으로 정의될 수 있다. 연합연방정당은 명의상 중앙의 통제로 일부 강력한 권력을 갖는 주의 지부들이 합병한 것이다. 인도국민회의당, 인도인민당(BJP), CPI(M)은 연방정당의 범주에 들어가며, 자나타 당과 자나타 달은 연합연방정당의 예가 된다.

결론

요약컨대, 우리는 연합행정부의 입법적인 요소들에 논의의 초점을 맞추었다. 대통령은 일차적으로 연방적인 역할을 수행하는 명의상 의회의 관리이다. 그는 내각의 자문에 의거해 행동해야만 한다. 부통령은 의회의 연방 상원회의에서 의장직을 맡는다. 총리는 록 사바 입법체로부터 선출되지만 궁극적으로 그는 전국의 국민들에게 영향력을 갖게 된다. 연방내각은 대개 연방의 모든 지역과 주를 대표하며 라쟈 사바보다는 연방대표제에 있어 보다 효과적인 포럼이다. 전인도서비스는 궁극적으로 연방과 지역의 주 모두를 위해 일해야 한다는 관점에서 볼 때, 연방정치체제의 영역에서 유일하게 관료제 성격을 갖는다. 즉 전인도서비스는 각각의 정치적 행정부 아래에서 연방과 주 정부를 이어주는 관료제적인 다리를 놓는 역할을 수행한다.

연방행정부의 정치적 구성에 대한 측면에서는, 다수당 혹은 소수당연합은 각각 다른 장단점을 갖는다. 소수당의 총리는 반대 세력인 의회의 반대 다수와 다투어야만 하는 반면, 연합통치 아래의 총리는 양당 혹은 다당내각의 강제력 아래에 놓여있다. 심지어 다수정당정부에서는, 총리내각의 권한이 내각 내 세력들의 분파적인 균형을 조건으로 한다(예컨대, 네루-파텔의 양두정치 기간). 내각에서 의심의 여지가 없는 지상권을 가진 총리의 경우, 그의 권한은 집합적인 내각체제를 실질적으로 총리내각체제(혹은 대통령제, 미국의 관점에서)로 변화시킬지 모른다. 그러한 상황에서 만약 의회가 온순한 성격으로 변모한다면, 의회의 견제와 균형은 깨지고 권위주의적인 형세로 물꼬를 트이게 할 수 있다(예컨대, 1975~77년의 비상 레짐). 이러한 상황에서는 오직 시민사회의 견제와 균형, 대중의 선거개입만이 최후의 장치로 남게 된다.

미 주

1) Granville Austin, *Indian Constitution: Cornerstone of a Nation,* Oxford University Press, Delhi, 1966. A classic reprint recently reissued by the OUP.

2) Survepalli Gopal, *Radhakrishnan: A Biography,* Oxford University Press, Delhi, 1989, Chapter 12.

3) *Ibid.,* p.394.

4) *Ibid.,* p.331.

5) Giani Zail Singh, *Memoirs of Giani Zail Singh: The Seventh President of India,* Har-Anand Publications Pvt. Ltd., New Delhi, 1997, pp.203-204. As narrated to Manohar Singh Batra.

6) Arun Nehru, "Seats of Power: What I remember of Oct. 31, 1984," *The Asian Age,* New Delhi, 5 September 2004, p.13.

7) *Madhav Rao v. Union of India, AIR* 1971, SC 530, paragraphs 94 & 96.

8) *Maganbhai Ishwarbhai Patel v. Union of India (1970),* 3, Supreme Court Cases: 400, *AIR* 1969, SC 783⋯.

9) Austin, *op. cit.,* pp.142-143.

10) Motilal C. Setalvad, *My Life: Law and Other Things,* N.M. Tripathi Pvt., Ltd., Bombay, 1970. Excerpted in M.P. Singh and Ravi Bhatia, *An ICHR Project on Indian Constitutional Documents,* 2002, p.83.

11) Singh, *op. cit.,* Chapters 35-36.

12) Singh, *op. cit.,* pp.188-190.

13) R. Venkataraman, *My Presidential Years,* Indus, New Delhi, 1994.

14) *Ibid.,* pp.278-279.

15) Durga Das (Ed.), *Sardar Patel's Correspondence, 1945-50,* Vol.6, Navajivan Press, Ahmedabad, 1973, pp.18-19.

16) *Ibid.,* p.24.

17) For an early conceptualization of this idea, *see* M.P. Singh and Rajesh Singh, "Three Modalities of Electoral Politics & Landmarks of Premiership and Party System Evolution," in M.P. Singh (Ed.), *Lok Sabha Elections 1989: Indian Politics in 1990s,* Kalinga Publications, Delhi, 1992.

18) Gopal, *op. cit.,* 1989, p.196.

19) G. Parthasarathi, editorial note to *Jawaharlal Nehru: Letters to Chief Ministers 1947-1964,* Vol.3, 1952-1954, Jawaharlal Nehru Memorial Fund, Teen Murti House, New Delhi, 1987, distributed by OUP, Delhi.

20) Stanley Wolpert, *Nehru: A Tryst with Destiny,* Oxford University Press, New York and London, 1996, p.433.

21) Wells Hangen, *After Nehru Who?* Rupert Hart Davis, London, 1963.

22) Michael Brecher, *Nehru: A Political Biography,* Jaico, Bombay, 1969, p.296.

23) James Manor, "The Presidency," in Devesh Kapur and Pratap Bhanu Mehta (Eds.), *Public Institutions in India: Performance and Design,* Oxford University Press, New Delhi, 2005, p.106.

24) Prem Shankar Jha, *In the Eye of the Cyclone: The Crisis in Indian Democracy,* Viking Penguin Books, New Delhi, 1993, Chapter 5.

25) *Ibid.,* p.92.

26) *Ibid.,* pp.92-93.

27) *Ibid.,* p.93.

28) *Ibid.*

29) *Ibid.,* pp.93-94.

30) Douglas V. Verney, 'From Quasi-Federation' to 'Quasi-Confederacy'? The Transformation of India's Party System; *Publius,* Vol.33, No.4, Fall 2003, p.171.

31) For a detailed study of intergovernmental mechanism, see Rekha Saxena, "Strengthening Federal Dialogue: Role of NDC and ISC," *Contemporary India,* Vol.1, No.3, July-September 2002.

32) S.R. *Bommai & others v. Union of India, AIR* 1994, SC 1918….

33) M.P. Singh's Interview in New Delhi with B.P. Singh, IAS, Who Served under the Assam Government as well as the Union Government, as Home Secretary and Secretary, Culture, Delhi, 4th June 2004.

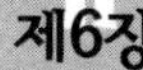

제6장

사법부:

규칙과 그 이상의 전쟁

개요

인도의 헌법은 정치적 권력의 두 가지 출처를 다음 두 가지로 밝히고 있다: (a)주권에 대한 궁극적인 출처로서 "우리 인도의 국민들은…" 이라는 선언으로 헌법의 서문에 명기되어 있는 국민주권설과, (b)1947년 인도 독립법의 측면에서 영국의회로부터 인도의 제헌의회로 합법적인 권력이양을 실시했던 정치적인 연속성이 그러하다. 이 두 가지 유산은 당시 만연한 정세에 의존하여 자연스럽게 국민주권설과 의회주권설에 대한 대안적인 개념을 마련하게 했다. 제헌의회는 헌법 368조 아래, 헌법 개정을 위한 권력을 의회와 주의 입법부에 부여하고 있다.

그러나 '주성(stateness)' 에 대한 대표성의 요구가 증가하면서,[1] 사법부에 의해 고안된 "기본구조" 덕분에 의회는 점점 사법부에 대하여 헌법을 넘어서는 "관리인" 으로서의 역할을 잃어가고 있다.[2] 의회, 행정부, 그리고 사법부 간 상호작용의 역학에서, 사법부는 이와 같이 헌법에 의거해 그것이

의미하는 것과 어떠한 범위 내에서 개정이 될 수 있는지에 대해 최후의 결정권을 갖게 되었다. 선거위임과 헌법위임 간에 갈등이 발생하는 경우, 헌법적인 의견일치와 위임이 선거적인 위임을 선행할 뿐만 아니라 정기적인 위임은 어떠한 유효성도 가질 수 있다는 범위 내에서 합법적이고 헌법적인 요소라는 사실 덕분에 우선권을 갖는다는 판례법 역시 명료하다.

그럼에도 불구하고, 사법지상주의에 대한 논의가 종결된 것이 아니다. "헌법의 최후 중재자는 누구인가?"라는 질문을 떠올리는 이들은 매번 쉽게 대답할 수 없는 것들이다. 메타(Pratap Bhanu Mehta)를 인용하자면,

> 헌법주의의 현실에서 헌법을 해석함에 있어 입법부와 사법부가 경쟁자인 것처럼 보인다. 이는 결코 최후의 결정권을 설정할 수 없음을 의미한다. 각각의 결정사항들은 사건들에 대해 몇 번이고 실행될 수 있는 긴 고리와 연결되어 있는 것 같다. 의회는 입법사안을 통과시킬 수 있고, 법원은 적법성을 결정할 수 있으며, 의회는 헌법을 개정함으로써 법원을 앞지르려 시도할 수 있고, 법원은 의회가 헌법 개정에 대해 제한적인 권한을 갖고 있다고 공표할 수 있다… 등등.[3)]

역사적 배경

인도의 사법적 구조 아래 놓여 있는 합법적이고 헌법적인 이론을 이해하기 위해서는, 우리는 영국령 인도로 돌아가 인도가 최초의 공화국으로 영연방 국가의 헌법적 설계의 전통에 합류하는 시기를 살펴보아야만 한다. 영국통치(British Raj)는 인도의 법적 근거를 형성했는데, 특히 헌법과 형법에 관련해서였다. 이 영역에서 법은 모든 인도 국민들을 공공(公共)으로 한다는 점에서 일반화되었다. 비록 기존에 존재하던 사회적이고 종교적인 관습의 민법 혹은 가정법(Family law)의 영역은 계속되었을지라도 말이다. 국가정책지침(Directive Principles of State Policy, 헌법 44조)에 공포된 일반시민

법전에 대한 개념은, 실제로 독립 인도가 자율적으로 이 같은 방향으로 이동하려는 추세로 볼 때에 아직 성취되지 않았다.

영국통치기간 동안, 민법과 형법은 항소의 최후 법원으로서 작동한 영국의 추밀회의사법위원회(Judicial Committee of the Privy Council: JCPC)에서 판사겸 치안판사(judges-cum-magistrates)들로 인해 집행되었다. 행정부와 사법부 간의 분리는 점점 확고해졌고, 1935년 인도정부법에 의해 인도의 최고법원은 연방법원의 형성 내에서 설립이 되었으나 오직 추밀회의사법위원회에 종속된 것이었다. 영국 식민지 기간에는 판사 혹은 치안 판사에게 소송의뢰인의 소송사건 신청을 제출하기 위해 변호인이나 변호사를 제공하는 법인의 법률가들 역시 출현하기도 했다.

국가 최고의 완전한 독립 법원인 인도의 대법원은 1950년 헌법 아래 처음 설립되었다. 헌법은 또한 1935년의 인도정부법과 비교해 보다 의회연방적인 체제를 구축하기 위해 법원의 통합적인 서열을 설정했다. 1935년의 법령은 완전하게 의회체제(중앙의 입법체에 의해 통제할 수 없는 독립적인 행정권한을 보유한 인도의 총독 때문에)도 아니며 그렇다고 완전하게 연방 체제(현행 헌법상 지방의 자율성이라고 하는 것이 주의 자율성보다도 상당히 적기 때문에)라고도 할 수 없었다. 총독은 예산과 국방에 관련한 일에 있어 독립적인 행정권한을 가지고 있고 중앙정부는 지방정부를 넘어서는 중요한 행정권한들을 가지고 있다.

구조

법원의 서열에 따라 대법원은 연방의 수준에서, 고등법원은 주의 수준에서, 그리고 지방법원은 주의 하부 수준에서 작동한다. 모든 수준에서의 판사의 임명에 관해서는 인도의 대통령(대법원과 고등법원의 경우)과 주지사(부속법원의 경우)가 관련하고 연루된다. 모든 수준에서의 법원은 인접한 상부

수준의 사법권 아래에서 작동한다. 이의 임명은 형식적으로 판사들의 협의 내 적절한 수준에서 행정부에 의해 행해진다. 연방행정부는 "대통령이 필요의 목적으로 간주되는 것처럼 대법원과 주 내 고등법원의 판사들과 의논을 한 이후에" 대법원과 고등법원의 판사들을 임명한다. 판사의 임명에 관해 "인도의 대법원장은 항상 의논되어야만 한다(헌법 124조 1항)"라고 헌법 역시 명시하고 있다.

대법원 판사들의 임명은 논쟁의 대상이 되어왔으며 판례법의 구성체는 오랜 기간 동안 다듬어져왔다. 1982년 굽타(S.P.Gupta)와 인도연합(Union of India)의 판례,[4] 그리고 1977년 인도연합과 세스(Sankalchand Seth)의 판례[5]에서 대법원은 비록 피임명자의 공적에 관해 의견의 교환이 있음은 틀림없을지라도 이 "의논"은 "의견의 일치"를 함축하는 것이 아니라고 판결했다. 대통령 자문서에 나타난 1999년의 자문의견에는, 대법원은 "의논절차의 규범과 요구"는 연방행정부를 속박하지 않았다는 초기의 입장을 반복하고 있다. 그러나 결과적으로 대법원은 대법원변호사협회(Supreme Court Advocates on Record)와 인도연합 간의 판례에서 이러한 입장을 바꾸었다.[6] 이제 내각을 통해 전달된 판사 법인의 권고가 인도의 대통령을 속박하게 되었다.

이와 같이 상급 법원들은 판례법에 의해 행정부로부터 그들의 권한이 속박당하는 것에 대항해 일부 동요를 일으키는 기관이 되어왔다. 2000년 연방정부에 의해 임명된 헌법작동검토위원회(NCRWC)는 2002년 제출된 보고서에서 의장으로서 인도의 대법원장(Chief Justice of India: CJI)과 대법원의 가장 연장자인 두 사람, 연방 법무장관과 함께 "인도의 대통령으로부터 추천을 받은 유능한 한 사람"을 구성원으로 하는 사법위원회(National Judicial Commission)의 설립을 권고했다.[7]

이러한 권고안은 사법부에게 행정부의 두 대표인/지명자를 능가하는 한 사람의 수적 우위를 부여하는 것이다. 그러나 위원회는 여기에서 언급하는 의논이 합의 혹은 다수에 의해 작동할 것인지의 여부를 상세하게 명료화하고 있지 않다. 인도인민당 주도의 전국민주연합(NDA) 정부가 이러한 위원회 설립을 위해 의회에 제안서를 가져왔을 때, 언론과 의회의 냉소주의적인 분위기가 정부로 하여금 법안을 철회하게 만들었다. 회의당 주도의 통일진보연합(UPA) 정부는 이 항목이 입법적인 안건(정부가 형성되고 얼마 지나지 않아 뉴델리에서 만모한 싱 총리가 판사회담(Judges' Conference)에서 연설한 것)에 해당하지 않는다고 언질을 주었다.

사법권과 사법심사

헌법은 대법원(그리고 고등법원)에게 헌법 131조와 131(A)조, 132, 133, 134, 134(A), 143조에 각각 의거해 상소와 자문의 사법권(대법원)을 부여했다. 헌법 144조는 인도의 모든 시민적·사법적 권한이 "대법원의 도움으로써 작동해야만 한다"라고 규정하고 있다. 여기에서 언급하는 '시민적' 이라는 용어는 입법적이고 행정적인 권한 모두를 명백하게 포함한다. 그리고 인도의 군사적 권한이 시민적 통제를 조건으로 한 이후로, 이는 또한 국가의 모든 위압적인 무기들을 포함하기도 한다.

대법원의 고유한 사법권은 권력의 연방적인 분배나 시민의 기본권과 관련하여 연방-주와 주 간 논쟁이슈들을 포함한다. 이러한 문제들은 대법원(헌법 131조)에 직접 제기될 수 있다. 1990년의 상감(T.N.Cauvery Sangam)과 인도연합에서 발생한 판례[8]는 주 간 물에 대한 논쟁을 사법권의 영역으로 확장시켰다.

또 다른 예로, 대법원은 "인도 영토 내의 어떤 법원이나 법정에서 통과된 어떠한 소송사건이나 문제"에서 "항소에 대한 특별한 허가"를 스스로에게 부여한다(헌법 136조 1절). 만약 연방과 주 정부가 동의한다면, 연방리스트(Union List), 주 리스트(State List), 그리고 겹임 리스트(Concurrent List)에 연관한 법에 의거해 대법원의 사법권을 더욱 확장시킬 수 있다(헌법 138조 1항과 2항). 더욱이 연방행정부가 이를 "대법원의 자문을 얻는 수단"으로 여긴다면, 대통령 자문서에 의한 대법원의 자문적 사법권이 있다 (헌법 143조).

영국과 같이 고전적인 의회제를 채택하는 나라에서의 모든 법원들처럼, 대법원과 고등법원은 모호하거나 논쟁적인 사건들에 대해 법을 해석할 권한을 갖는다. 영국에서는, 의회지상주의의 헌법적 교리 때문에 법원이 해석의 권한을 넘어서지 않는다. 왕권이나 판사들이 의회의 법률제정 분별력을 능가하여 재판을 할 수 없다. 이를 위해 명백하고 함축적인 의회의 승인 때문에 1977년까지는 행정적인 지시들도 포함을 했다. 1977년 이후에 법원은 단순한 행정적 지시를 넘어 사법심사에 대한 제한적인 권한을 허가받았다. 인도의 법원은 오로지 헌법적이거나 합법적인 유효성으로서 사법조사와 심사를 하려는 법적인 의도와 목적이 명백할 경우에만 법의 해석과 행정적 지시를 넘어설 수 있다.

제헌의회의 논쟁들은 사법부와 이에 상대한 의회의 권한과 관련하여 어느 정도의 모호성을 나타낸다. 영국의회제의 융통적인 헌법 개정 절차를 선호하는 마하라슈트라의 데시무크(P.S.Deshmukh), 비하르의 프라사드(Brajeshwar Prasad), 마하라슈트라의 카마스(H.V.Kamath), 우타르프라데시의 티아기(Mahavir Tyagi)와 같은 회원들도 있다. 우타르프라데시의 자와할랄 네루 역시 논쟁에서 다른 기관의 검토를 넘어서는 의회의 권한에 대해 비슷한 의견을 표현했으나, 헌법의 일부 조항들이 2/3라는 의회의 단순다수에 의해 개정될 수 있고 다른 조항에서(연방적인 특징)는 입법부의 최소 50%에 의해 추가적인 비준을 요구하는 것에 동의하지 않았다.

특히 마지막으로 지적할 것은 필연적으로 사법심사를 포함한다. 펀자브의 시드바(K.K.Sidhva)와 봄베이의 아마드(Naziruddin Ahmad)와 같은 다른 회원들 역시 의회의 단순다수에 의한 개정에 반대했다. 최후에는 암베드카르(Ambedkar) 박사가 의장을 맡는 설계위원회(Drafting Committee)가 이 같은 논쟁에서 이기게 되었다.[9] 사법심사를 포함한 연방의 시각은 암베드카르(설계위원회의 의장)와 라젠드라 프라사드(제헌의회의 의장)의 연설문에도 반영되었다.[10]

그것은 인도의 연방사법부가 오늘날 전 세계에서 가장 강력한 법원체제를 갖춘 것과 같이 처음부터 명백했던 것은 아니었다. 왜냐하면, 다른 연방체제 내 법원은 오직 입법부와 행정부의 지시들을 검토하지만 오늘날 인도의 대법원은 헌법 개정 역시 검토하기 때문이다.[11)]

심지어는 공화국의 초기 몇십 년간은 빈틈없는 사법전문가들이 사법해석에 있어서 사법부의 역할에 대해 강조하기도 했다. 스와룹(Jagdish Swarup)이 최초로 인도 법원의 해석적인 역할에 대해 강조했다는 사실은 흥미롭다. 700여 페이지가 되는 책의 내용이나 색인 어디에서도 '사법심사(judicial review)' 와 '행동주의(activism)' 에 대한 용어는 찾을 수 없다. '검토권(right to review)' 이라는 용어가 내용에 포함되기는 하지만 책과 관련한 논의는 사법적 맥락에서보다는 입법적인 성격을 띤다; 초기 성문법에 대한 입법체들의 검토권을 언급하고 있다.[12)]

인도의 사법심사는 불가피하게 최소한 세 가지의 헌법적 특성을 따른다: (1)어떠한 법령안 혹은 행정지시에 대항하여 보장되는 시민의 기본권에 대한 장, (2)연방 리스트, 주 리스트, 겸임 리스트의 입법과 세금관할권의 경계를 짓는 헌법의 7차 스케줄, 그리고 (3)1950년의 헌법에 대해 이와 갈등을 일으키는 이전의 모든 법은 무효라는 선언이 그러하다.

상급법원들의 검토권으로 판례법과 관련한 사건들이 수년간 증가되고 있다. 검토의 대부분은 재산, 자유, 평등에 대한 권리에 집중된다. 재산권이 기본권의 장에서 삭제되고 합법권으로서 헌법 300-A조로 이전되는 것에 이르기까지, 이는 사법부와 의회가 끊임없이 직면하게 되는 주요 원인이 되었다. 정부는 토지개혁과 같은 진보적인 의제나 국가정책지침에 있어 기본권을 넘어서는 우선권을 부여하는 것이 도움이 된다고 주장한다. 그러나 법원은 재산권에 대한 비합리적인 제한이라는 토대에서 이러한 입법권이 불법이며 국가가 취한 사유권에 대한 적절한 보상과 소유, 입법적 평등권에 대한 자유와 같은 다른 권리들을 보상할 것을 선언했다.

생명과 자유에 관한 판례법은 일반적으로 헌법 21조와 관계된다. 공공질서와 안전을 위해, 최근 테러리스트 행위가 이 법령의 일련에 첨가되었는데,

예를 들면 국내보안유지법령(Maintenance of Internal Security Act: MISA), 테러리스트와 파괴행위에 관한 법령(Terrorist and Disruptive Activities Act: TADA), 테러행위방지(Prevention of Terrorism Act: POTA) 등이 그러하다. 헌법 21조의 맥락에 따르면 개인의 생명과 자유는 '법에 의해 설립된 절차' 를 통하는 것만큼은 제외하고 국가에 의해 침해될 수 없으며, 제헌의회는 '정당한 법의 절차(due process of law)' 라는 미국 헌법의 교리를 조심스럽게 피해왔다. 왜냐하면 후자는 모호성을 띠며, '정당한 법의 절차' 가 강조하는 특성으로 인해 미국 내에서 너무 많은 기소의 출처가 되어왔기 때문이다. '법에 의해 설립된 절차' 의 형성이 입법부에 의해 형성된 소정의 법에 대한 기지의 사법적 고양을 속박할 것이다.[13)]

판례법에서 또 다른 중요한 이슈는 헌법 개정의 중심이 되는 사법심사이다. 이를 통한 사법권의 확장은 헌법 개정의 권한을 의회와 집합적인 입법체(의회와 주 입법기관들)에 명백하게 수여한 헌법의 창시자들에게는 아마도 이해되지 않았을 것이다.

이 같은 헌법의 광범위한 구성체는 1960년대 말 이후로 40여 년간 발전해왔다. 이러한 진화과정은 최소한 네 가지 양상으로 크게 나누어 볼 수 있다: (a)1950년에서 1966년은 대체로 최초의 총리와 두 번째 총리였던 자와할랄 네루와 랄 바하두르 샤스트리의 재임기간과 일치한다, (b)1967년에서 1972년은 회의당의 선거 운이 쇠퇴하지만 네루를 잇는 회의당의 새로운 집권기로 인디라 간디 총리의 초기 집권기로 특징지을 수 있다, (c)1973년에서 1979년은 1970년대 대부분 기간 동안 계속된 인디라 간디 통치의 소란과 정치적 주도, 그리고 성과 없는 결말을 향한 자나타 당의 짧은 집권으로 요약할 수 있다, 그리고 (d)1980년에서 현재까지를 살펴보면, 1980년대는 인디라 간디의 복귀와 1984년 그녀의 암살 이후 라지브 간디의 계승으로 요약할 수 있다. 1989년 이후 인도는 뉴델리에서 회의당 우위체제로부터 연합 혹은 소수정부들의 다당제로 이동했다.

이러한 시대 구분은 일차적으로 정치적인 측면에서 나타날 수 있지만, 국가의 사법적 행동의 형태변화와도 중대하게 연관된다. 이는 앞으로 진행될 토의에서 명확해질 것이다.

진화의 첫 번째 국면(1950~1966)

첫 양상은 한편으로는 행정부와 의회 간에, 다른 한편으로는 사법부와의 상대적으로 조화로운 관계에 의해 특징지을 수 있다. 이 국면 동안 대법원에 의해 판결된 두 가지 특징적인 판례는 1951년의 산카리 프라사드(Sankari Prasad) vs. 인도연합,[14] 그리고 1965년의 사짠 싱(Sajjan singh) vs. 라자스탄 주에 대한 것이었다.[15] 헌법에 대한 최초의 개정에 관해 의심을 제기했던 첫 판례(1951)는 유효했다. 이 개정은 어느 정도 진보적인 토지법, 개혁과 사설버스운송업의 국유화 등을 사법심사로부터 보호하기 위해 헌법에 제9차 스케줄을 첨부했는데, 그 안에 담겨 있는 법률은 사법조사로부터 면제되기 때문이다. 법원은 일찍이 이러한 수단들이 사유권과 점유권 등에 대한 그들의 침해에 대해 불법이라고 선언했다. 최초의 개정에 의해 저지되었던 법정은 기본권에 관한 III-장을 포함하여 현재 헌법 368조가 의회로 하여금 헌법을 개정할 권리를 부여한다고 규정하고 있다. 법원은 헌법 13(2)조 내 '법' 이란 용어는 헌법 개정에 해당하지 않는다고 주장했다. 왜냐하면 법은 의회의 입법적 권력의 덕택으로 만들어지는 데에 반해 개정은 특별한 헌법적 권력에서 나오기 때문이다.

수년간 몇 차례의 새로운 개정이 있었는데, 기본권에 대한 4차와 7차 개정이 그러하다. 제7차 헌법 개정(1964)은 9차 스케줄에 일부 새로운 법률들을 첨부했다. 대법원에 제기된 1965년의 사짠 싱 vs. 라자스탄 주의 판례가 이에 도전했다. 이 사건에 대한 판결에서, 대법원장인 가다카르(Gajendra Gadakar)가 의장을 맡았던 판결에서, 판사석에 있던 다섯 명의 판사들 중 세 명이 III-장을 포함하여 의회의 헌법 개정을 합법적이라는 산카리 프라사드 판례에 대한 대법원의 이전 판결에 동의했다. 소수이기는 했지만 마침내는 판결에 동의했던 두 판사(히다야툴라와 무드홀카르)는 기본권이 어떠한 제한도 없이 개정되어야만 하는 것인지에 대해 다소 우려를 표현했다.

진화의 두 번째 국면(1967~1972)

두 번째 국면은 1967년 골락 나스(Golak Nath) vs. 펀자브 주에 대한 대법원의 판결로 시작했다.[16] 판결은 지배적인 회의당이 뉴델리에서는 축소된 우위로 남아있었을지라도, 인도연방의 주들에서 득표의 절반을 잃었다는 제4차 총선거(1967)에 대한 발표가 있기 불과 며칠 전에 전달되었다. 1970년대 초에는 회의당 레짐의 권위주의 증가와 부패에 대한 이슈에 대해 공공저항의 대중운동 역시 일어났다. 최후에는 의회 밖 대중운동의 소용돌이로부터, 그리고 실질적인 정치적 퇴각으로부터 빠져나오기 위해 사회당원에서 간디안으로 전향한 자야프라카시 나라얀을 영입했다. 이 기간에는 행정부와 의회, 한편으로는 사법부와의 민감한 갈등을 찾아볼 수 있다.

이 양상은 1953년 토지소유법령에 대한 펀자브보안국(Punjab Security)의 9차 스케줄 첨부에 대항한 골락 나스 사건으로 시작되었다. 이 사건은 1차와 4차 헌법 개정에서와 같이 7차 개정 역시, 새로운 법률들이 9차 스케줄에 더해졌는데 이들은 기본권, 주로 재산권 소유에 대해 위법이라고 주장했다. 골락 나스 사건과 묶어진 다른 두 개의 청원서는 1962년 마이소르 토지개혁법령(Mysore Land Reform Act)에 대해 도전했는데, 1969년 9차 스케줄이 비슷한 이유로 개정되었기 때문이었다. 대법원은 여섯 명 중 다섯 명의 다수에 의해 이전의 판결을 역전시켰으며, 의회의 개정권은 기본권에 대한 III-장에 미치지 못하는 것을 중단하는 결론에 이르렀다.

대법원장인 라오(Subba Rao)가 의장직을 맡은 판사석의 다수에 의해 기본권의 헌법적인 설계는 목적과 의도에서 일정한 불변성으로 부여되어 출현한 것이라는 판단을 내렸다. 법원은 또한 헌법 368조는 개정의 권한

(power)을 포함하지 않는다고 판결했다. 그것은 개정의 절차(process)에 대한 외형을 잡아줄 뿐이었다. 개정에 대한 권한은 헌법 245, 246, 248조에서 연방과 주들의 입법적인 권한의 범위 내에서 다루어지고 있으며, 의회의 잔여권은 각각 7차 스케줄의 연방 리스트 내 기재사항 97번에서 또한 찾을 수 있다. 의회의 헌법적 권한은 특히 잔여권으로부터 발생한다. 그러나 헌법 13(2)조항이 의미하는 한에서 헌법 개정은 '법' 이며, 어느 정도까지는 권리를 축소하기도 하고, 사법권에 의해 무효로 선언될 수도 있다.

진화의 세 번째 국면(1973~1979)

1973년 케샤바난다 바라티(Keshavananda Bharati) vs. 케랄라 주에 대한 대법원의 판결[17]은 인도의 사법행동에 있어 세 번째 국면을 선도했다. 케랄라토지개혁법령(1963)은 1969년과 1971년에 개정되었고 소송은 이로 인해 발생했는데, 소송이 미정인 동안 29차 헌법 개정에 의해 9차 스케줄은 대체되었다. 청원자는 24차, 25차, 29차 헌법 개정의 유효성에 대항했다. 대법원장인 시크리(S.M.Sikri)가 의장을 맡은 13명의 판사석 모두 골락 나스 판결을 역전시키는 결론에 다다랐는데, 의회는 III-3을 포함하여 전체 헌법을 개정할 권리를 갖는다는 것이었다. 그러나 7명의 판사들(대법원장인 시크리와 셰란트, 헤지, 그로버, 자간모한 레디, H.R.카나, 무커지 판사)은 중요한 보완 조항을 덧붙였는데, 개정권은 '기본구조' 혹은 '특성'과 같은 수정 불가능한 함축적인 제한들을 조건으로 한다는 것이었다. 이와 같이, 법원은 24차 헌법 개정을 지지했고 의회의 개정권한은 헌법의 모든 부분 혹은 어디에라도 미칠 수 있지만 헌법의 기본 구조를 바꾸거나 파괴할 수 없다는 판결을 내렸다. 판결의 다수적인 관점을 요약하자면 다음과 같다.

1. 골락 나스 [판결]은 무효이다.

2. 헌법 368조로 의회는 헌법의 기본구조 혹은 골격을 바꾸는 것이 불가능하다.
3. 1971년의 헌법(24차 개정) 법령은 유효하다.
4. 1971년의 헌법(24차 개정) 중 2(a)조항과 2(b)조항은 유효하다.
5. 1971년의 헌법(24차 개정) 중 처음 3부분은 유효하다. 두 번째 부분, 즉 '그리고 어떠한 법률도 일정한 정책 [국가정책지침]이 그것에 영향을 미치지 않는다는 근거로 해당하는 어떠한 법정에라도 불러들여져야 한다는 선언을 포함하지 않는다' 는 유효하지 않다.
6. 1971년의 헌법(29차 개정) 법령은 유효하다.
7. 헌법재판석은 1971년의 헌법(26차 개정) 법령의 유효성은 법에 따라 유효하다는 결정을 내릴 것이다.

헌법의 기본적인 특성에 대한 실례의 열거는 일부 겹치는 부분도 있지만 판사마다 다양하다. 이에 대해 대법원장인 시크리는: (a)헌법의 지상권, (b)정부의 공화적이고 민주적인 형성, (c)헌법의 세속적인 성격, 그리고 (d)권력분립과 권력의 연방주의적 배분을 들고 있다. 셰랏과 그로버는, (a)헌법의 IV-장에 포함된 복지국가 형성을 위한 위임, 그리고 (b)국가의 단일과 통합을 열거한다. 헤지와 무커지는, (a)인도의 주권, (b)정체의 민주적 특성, (c)국가의 단일성, (d)시민 개인의 자유에 대한 본질적인 특성, 그리고 (e)복지국가 형성을 위한 위임을 언급한다. 자간모한 레디는 헌법의 서문과 나머지 부분의 퇴고를 들고 있다. 판결은 다소 모호하고 혼란스러운 것이며 뚜렷하게 나누어진 법원의 산물로서 비판되었다.

사실, 관습법의 전통 내에서 법원의 판결은 이에 대한 적용이 점점 새로운 상황으로 확장해가는 패러다임이 되는 것을 의미했다. 헌법은 우리가 판례법에서 발견하는 패러다임적인 변환에 대해 보다 많은 풍부성과 보다 적은 책임성, 즉 변화하는 시기에 대하여 유사한 패러다임적 적용가능성을 너무 많이 가지고 있다. 1975년 대법원에 제출된 인디라 간디 vs. 라즈 나라인의 사건[18]은 위에서 우리가 언급했던 판례법의 새로운 원칙으로의 확장가능성을 증명한다. 이 판결은 자유롭고 공정한 선거를 헌법의 기본구조의 일부분으로 선언했다.

최초의 헌법 개정(1951)부터 1970년대 말까지 기본구조 논쟁권을 처음으로 생기게 한, 의회와 사법부 간 논쟁의 핵심이 되어온 소유권은 1978년 44차 헌법 개정으로 자나타 당 정부에 의해 헌법에서 삭제되었다. 재산권은 기본권의 자격에서 삭제되었고 헌법 300A조 내에 법적인 권리로 간주되었다. "어떤 누구도 법의 권한에 의해 그의 재산권 축적을 박탈당해서는 안 된다"라는 법적 보호는 여전히 헌법상 가능하다. 기본권의 소송사건에 대해 대법원으로 즉시 접근하는 것은 소송에 불가능하다. 사건은 이제 하급법원으로부터 천천히 위로 올라가야만 한다. 그러나 이러한 변화가 헌법의 기본구조에 대한 법적인 담론을 마친 것은 아니다.

진화의 네 번째 국면(1980~현재)

네 번째 국면은 미네르바 제분회사(Minerva Mills Ltd) vs. 인도연합의 사건으로 시작되었다(대법원, 1980).[19] 이 사건은 소유권의 문제였던 제분소의 국유화 이슈에서 발생했는데, 팔키왈라(Nani A. Palkhiwala)는 의회의 헌법 개정권의 이슈에 대한 사건이라고 주장했다.

대법원장인 찬드라추드(Chandrachud)가 의장을 맡은 미네르바 제분회사 판사석은 42차 헌법개정법령(1976)의 4조항과 55조항은 의회의 개정권을 넘어서는 것이며 위헌이라고 선언했다. 어떠한 법에 근거해서라도 전자의 '반박의 전체적 배제(a total exclusion of challenge)' 때문에 국가정책지침 시행을 위해 그것은 정당화되었다. 법원은 헌법 14조(법 앞의 평등)와 19조(점유, 무역 혹은 경영의 자유)의 위법성을 발견했다. 42차 개정의 55조항 역시 "그것은 헌법의 기초 혹은 본질적인 특성 혹은 기본적인 구조를 손상시키거나 파괴할 목적으로 헌법 개정에 대한 의회의 권한에 대한 모든 제한을 제거한다"라는 이유로 사법심사를 금지함으로써 무효를 선언했다.

어떠한 사법조사나 지침에 영향을 미치는 법률에 대한 보호였던 25차 헌법 개정(1971)에 의해 헌법에 추가된 31C조항은 이미 케샤바난다 사건의 판결로 인해 위헌 결정이 났으며, 헌법 14, 19, 21조(생명과 개인의 자유에 대한 보호)의 '황금삼각형(golden triangle)' 에서 두 변을 제거하기 위한 또 한 번의 습격이 있었다. "우리 헌법의 세 가지 조항, 오로지 세 가지, 이는 타고르가 그의 조국에 원했던 자유의 천국인 길과 억제되지 않은 권력의 심연 사이에 서 있다." 그것은 이 "황금삼각형은 이 나라의 국민들로 하여금 헌법의 서문에 의해 공표된 약속이 기본권 원칙을 통해 평등주의 시대로 안내함으로써 실행될 것이라는 확신을 주는 것이다. 즉, 스스로 개인의 존엄성을 보호할 수 있는 자유와 평등권의 무력화 없이 말이다."

1980년대와 90년대를 통틀어, 판례법의 수많은 헌법적 가치들이 정치적 갈등과 시련으로 인해 위협을 받았다. 『인도의 헌법(2001, 최초의 출판은 1950년)』이라는 슈크라(V.N.Shukla)의 법률보고서의 열 번째 개정판에서, 마헨드라 팔 싱(Mahendra Pal Singh)은 판례법의 커다란 구성체를 언급하며 다음과 같이 관찰했다.[20] "우리 헌법의 기본구조에 대한 원칙에 대해 이러한 선언들은 더 이상 논쟁의 대상이 될 수 없다. 내용만이 논쟁으로 남아있다. 일부 내용은 이미 해결이 된 반면 다른 문제들은 해결의 절차에 속해있으며 또 어떤 것들은 결말이 날 것이다. 케샤바난다 바라티로부터 삼바르무르티(Sambharmurthy)에 이르기까지 사법심사는 명백하게 헌법 기본구조의 일면으로서 출현한 것이었다."

사법행동주의

최근 몇십 년간, 인도의 사법행동주의에 대한 많은 논쟁이 있었다. 사법행동주의를 향한 것이든 혹은 그에 대항하는 것이든, 최소한 당분간은 의회와 행정부 기관들의 역기능과 거버넌스의 위기를 경감하기 위해 비상수단으로서 이를 지지하고 승인하려는 광의의 법령이 존재할 것이다. 정부기관에 대한 연구자들은 인도 정부의 절차가 대부분 행정부 중심이었는데 이제는 사법부 중심으로 되어가고 있다고 주장하는 경향이 있다.[21]

사법행동주의라는 용어는 종종 정확한 개념화에 대한 시도 없이 신문·잡지의 문헌에서 많이 사용된다. 일정한 정도의 개념적 명확성으로 이 용어를 사용하는 사람들은 사법행동주의를 최소한 두 가지로 의미한다.

첫째, 네루 시기 혹은 인디라 간디 통치 초기에는 존재하지 않았던 사법심사권의 옹호에 있어 사법권의 일정 부분에 대한 일종의 단언(assertiveness)을 의미한다. 예컨대 행정부가 사법부에 의한 조사의 영역에서 멀어지기를 원했던 최초의 헌법 개정에서, 네루 정부는 헌법에 9차 스케줄을 만들었다. 법원은 이의를 제기했지만 행정부/주의 입법권을 조정하려고 노력했다. 대법원은 2007년 여름 이전에 미결이었던 사건에 있어 현재 9차 스케줄의 합법성을 조사 중이다.

그러나 앞서 이미 언급한 바와 같이, 골락 나스(1967)와 케사바난다(1973) 사건의 시작으로 대법원은 헌법 개정의 사법심사권에까지 관여해야 했다. 이 같이 사법권의 영역에 대한 확장은 명백하게 법원의 일부분에서 행동주의의 예로써 간주될 수 있을 것이다. 비슷한 맥락에서, 예컨대 의장 혹은 관장 관료들의 통치와 의회/입법부의 우선권처럼, 의회와 주의 입법체 내부에서 일어나는 일과 같은 영역에서 검토권의 확장 역시 사법행동주의의 지표로서 간주될 수 있을 것이다.

둘째, 사법행동주의의 개념에 포섭되는 가장 현저한 예는 공익소송(Public Interest Litigation: PIL) 혹은 사회행동소송(Social Action Litigation: SAL)이었다. 사법권의 이러한 확장은 크리슈나 아이어(V.R.Krishna Iyer), 바그와티(P.N.Bhagwati)와 법원경영의 원칙을 바꾸려 했던 동료들보다 우위에 있던 다른 판사들과 같이 일부의 진보적인 판사들의 영향으로 대법원에 의해 이루어진 것이다. 이러한 변화로 인해 대법원과 고등법원에 기본권과 법적인 권리에 대한 거부의 인식을 심어준 제소권의 관습적인 규칙은 제3자(논쟁에 직접적으로 연관되는 사람이 아닌) 혹은 우편물에 의해 법원에 제기되는 것이 허락되었다. 이는 헌법에 언급된 상소와 자문의 사법권 같은 본래의 권한에 부가하여 법원의 '서한적 사법권(epistolary jurisdiction)'으로 알려지게 되었다.

소송사건들의 이러한 범주는 빈곤층, 건설노동자, 도로의 거주민, 언더트라이얼(undertrials: 저지른 범죄에 대한 법의 처벌 기간을 초과하여 긴 기간 동안 치안판사나 법원 앞에 나서지 않은 채 감옥에서 괴로워하는 사람) 등의 권리로부터 시작되었다. 이에 더불어, 법정의 공익소송이나 사회이익소송은 어린이, 여성, 환경과 생태, 역사적 유물 등의 권리를 포함하여 증대되었다.

오늘날 사법행동주의에 대해서는 막대한 공공의 지지와 승인이 있는 것으로 보인다. 확률표본조사는 마침 사법부문이 이제 공공평가에서 가장 합법적인 인도의 국가기관이라는 것을 밝혔다.[22] 더욱이, 행정부문과 입법부문에 대한 사법부의 도전 역시 그러한 도전들이 가장 심각했던 1970년대에 비해 사실상 사라진 것이나 마찬가지이다. 국가비상사태 기간 동안, 대법원은 정치적 압력에 다소 타협해왔다. 그러나 후기 비상사태 선거와 권위주의적이었던 42차 헌법 개정이 폐지된 이후, 법원은 극단적으로 검토권에 대해 거듭 주장했다. 이는 또한 사법행동주의가 가장 눈부신 방법으로 출현했던 후기 비상사태 시대였으며, 다당제와 연방 연합정부 기간에는 정점에 달했다. 이후 지금까지는 괜찮았다.

사회학적이고 심리학적인 관점에서 사법행동주의를 연구하는 시각에서, 박시(Upendra Baxi)는 이러한 현상은 상층과 중산계급이 아무런 주저함 없이 빈곤층에 대해 '격렬하게 사회적 배제'를 실시하는 세계화에, 정치가 냉담한 비인간화로 합병하는 경향인 곳에, 헌법이 "비형식적이지만 무분별함과 무모한 세계화가 분포된" 곳에, 정의와 인권에 대한 수사(修辭)가 "세계 공동의 자본주의와 매판의 압력이 증가하는" 곳에, 사법적 공언이 "사법행동주의의 구조적 조정"을 증진하기 위함이라고 곧잘 일컬어지는 곳에 있다고 지적한다.[23] 사법행동주의를 지지하는 영역들로는 시민권/국민권 행동주의자, 소비자권리단체, 반(反)연대 노동단체, 생태학자, 아동권리단체, 보호권단체, 재산권단체, 자국민권리단체, 여성권리단체, 법조단체, 매체자율

권단체, 다양한 변호사에 기반한 단체, 다양한 개인청원자 등이 있다.[24)]

1990년대 초에 신자유주의적인 개혁과 세계화의 시작 이후로, 사법행동에 대한 인지적인 변화가 있는 것으로 보인다. 기관으로서의 공익소송은 계속되는 반면, 최근 일부 법원의 판결에서는(정치적 자유주의와는 구별되는) 경영자유주의로 명백하게 이동한 것으로 보인다. 예를 들어, 2000년의 BALCO 고용인 연합 vs. 인도연합의 사건에서, 정부회사의 고용인들은 인도정부의 투자 중지에 대한 결정에 대항해 청원했는데, 투자 중지를 위한 최저경매가격의 확정절차가 전횡적이고 투명성이 부족하다고 주장했다.

대법원은 이 청원을 기각하며, "투자 중지에 대한 결정과 그것에 대한 시행은 순수하게 국가의 경제정책과 관련한 행정적인 결정이다" 라고 결론을 내렸다.[25)]

대법원의 옹호자이자 활동가인 부샨(Prashant Bhushan)은 이 판결에 대해 주석을 달면서, "만약 한 시민이 개인적으로 영향을 받지만 않는다면 PIL을 수단으로 국고에 대한 약탈행위에 도전할 수 없음을 효과적으로 의미한 것이다" 라고 썼다. 부샨은 CITU vs. 인도연합(1997), 카르나타카 주 vs. 아룬쿠마 아가르왈(2000), 공익소송 센터 vs. 인도연합(2000), 델리과학포럼 vs. 인도연합(1996), 인도연합과 아자드 바차오 안돌란(2003), HPCL-BPCL vs. 인도연합(2000), 나르마다 바차오 안돌란 vs. 인도연합(2000), N.D.자얄 vs. 인도연합(2003), 타타 주택개발회사 vs. 고아 기금(2003), 알미트라 파텔 vs. 인도연합(2000), 그리고 T.N.랑가라잔 vs. 타밀나두 주(2003)와 같은 소송을 언급하며 다음과 같이 결론을 내린다.

> "위의 판례들은 다음과 같은 주장을 위한 일화 이상의 의미를 지닌다: (a)기관으로서 대법원은 '경제개혁' 이라 불리는 그 어떤 행정적 행동에 대한 반대에 난색을 표해 왔는데, 심지어는 그러한 도전들이 법령의 위법과 부패의 증거에 근거할 때조차도 그러했다. 그리고 (b)법원은 지난 최근 몇 년간 헌법 21조의 해석을 희석시켜왔다." [26)]

CPI(M)의 이데올로기 창안자이자 서기관인 카랏(Prakash Karat) 역시 사법부는 인도헌법의 정신에 대항해 신자유주의적 자본주의와 세계화에 조화를 이루어가고 있음을 애석하게 생각했다. 대학의 정치를 금지하는 명령을 내린 케랄라 법원을 언급하면서, 카랏은 이는 자유 투쟁에 대한 가치에 반하는 것이며 "학생들로 하여금 그들의 연합을 형성하지 못하도록 막는 것은 헌법 어디에도 명시되어 있지 않다"라고 언급했다.[27)]

그러나 그것은 사법행동주의가 순수하게 행복을 주는 것이라든가 혹은 거버넌스의 모든 문제에 대한 만병통치약이라는 식의 고지식한 억측이 될 것이다. 한 가지 언급할 것은, 사법부는 가장 위험성이 적은 부문이면서도 가장 약한 부문일 수 있다는 것이다. 그것은 자력도, 무력도 제어하지 않는다. 전자는 의회에, 후자는 행정부에 속한다. 사법부의 권한은 법치를 고수한다. 그러나 사법부는 균형 잡힌 헌법 정부의 틀 내에서 각각의 부문이 기능과 의무를 다하지 않은 채 입헌주의를 보장할 수는 없다. 이와 같이, 효과적 거버넌스의 보장은 오로지 균형잡힌 입헌 레짐의 틀 내에서만 구축될 수 있는 것이다.

이러한 관점에서, 2005년 초기의 몇 달간 의회 지도자를 만나고 선출했던 자칸드 입법부에 대한 대법원 지령의 결과로 인해 의회와 주의 입법체들이 의회적·입법적인 절차를 주장하는 것은 반가운 발전으로 보인다. 더욱이, 의회는 2006년 초기 몇 달간 의회에서 제기한 질문들에 대해 뇌물수수로 구속된 일부의 의원들을 TV 채널에 의한 공개 수사가 있은 이후 즉시 해임시켰다. 일부 추방된 의원들과 관련한 사건에 착수한 대법원은 현직 관료들에게 지령을 부과했다. 이에 대한 응답으로, 록 사바의 의장인 솜나스 차터지는 의장회의를 소집했고, 법원의 소환이 받아들여지지 않을 것이라고 결정했다. 이와 같이 입법부는 법원으로부터 최소한 입법적인 절차들에 있어 잃어버린 자신들의 지분에 대해 반환할 것을 요구하고 있는데, 이는 헌법에 근거하여 사법적인 중재를 넘어서는 것이다.

그러나 정당성을 회복하려는 입법권들은 사법적이고 공공적인 압력 없이 도덕, 법률, 그리고 헌법에 입각해야만 한다. 또 한 가지 유의할 사항은,

사법행동주의의 남용은 사법부의 정치화와 부패로 귀결될 수 있다는 것이다. 인도의 하급 사법부는 이미 유망하게도 지연적일 뿐만 아니라 극심하게 부패되었다. 최소한 고등법원의 수준에 이르는 고등 사법부 내 부패의 실례들은 더욱 빈번해지고 있다. 그리고 고등법원에 이르는 것은 지나치게 비용이 많이 드는 일이므로, 이는 금지하는 것이나 마찬가지이다. 이러한 이유들로 하여금, 사법행동주의에 대한 대처방안은 장식적인 것이 될 수도 있으며, 결국은 예상을 뒤엎는 결과를 가져오고 입헌적인 위기를 유발할 수도 있다.

미 주

1) Llyod and Susanne Rudolph, *In Pursuit of Lakshmi: Political Economy of the Indian State,* Orient Longman, New Delhi, 1987, Chapter 3.
2) Granville Austin, "The Supreme Court and the Struggle for Custody of the Constitution," in B.N. Kripal *et al.* (Eds.), *Supreme but not Infallible: Essays in Honour of the Supreme Court of India,* Oxford University Press, New Delhi, 2000, Chapter 1.
3) Pratap Bhanu Mehta, "India's Judiciary: The Promise of Uncertainty," in Devesh Kapur and Pratap Bhanu Mehta (Eds.), *Public Institutions in India: Performance And Design,* Oxford University Press, New Delhi, 2005, p.169.
4) *S.P. Gupta v. Union of India, All India Reporter (AIR),* Supreme Court Section (SC), 1982….
5) *Union of India v. Sankalchand Seth, AIR,* SC, 1977….
6) *SC Advocates on Record Association v. Union of India,* 1993….
7) National Commission for Review of the Working of the Constitution, *Report of the NCRWC,* Universal Law Publishing Co. Pvt. Ltd., Delhi, 2002, Paragraph 7.3.7.
8) *T.N.Cauvery Sangam v.Union of India,* 1990, *Supreme Court Judgments,* 2: 547….
9) *Constituent Assembly Debates (CAD)*, Book No.4, Lok Sabha Secretariat, New Delhi, 1999, 3rd reprint, pp.1644-1671.
10) See Ambedkar's speech presenting the draft Constitution for debate and his reply to the debate at the deliberations running into about three years, and Prasad's valedictory address at the end. *CAD,* Book No.2, pp.31-44; and Book

No.5, pp.972-981 and pp.984-995.

11) Upendra Baxi, *Courage, Craft, and Contention: The Indian Supreme Court in the Eighties,* N.M. Tripathi Private Ltd., Bombay, 1985, Chapter 3.

12) Jagdish Swarup, *Legislation and Interpretation,* Dandewal Publishing House, Allahabad, 1968.

13) Granville Austin, *The Indian Constitution: Cornerstone of a Nation,* OUP, Delhi, 1966, pp.101-112.

14) *Sankari Prasad v. Union of India* (1951).

15) *Sajjan Singh v. State of Rajasthan, AIR,* SC 1965….

16) *Golak Nath v. State of Punjab, AIR,* SC 1967….

17) *Keshavananda Bharati v. State of Kerala, AIR,* SC 1973….

18) *Indira Nehru Gandhi v. Raj Narain, AIR,* SC 1975….

19) *Minerva Mills Ltd. v Union of India, AIR,* SC 1980….

20) *V.N. Shukla's Constitution of India,* Revised by Mahendra Pal Singh, 10th ed., First published 1950, Eastern Book Company, Lucknow, 2001.

21) Rajeev Dhavan, "Governance by Judiciary: Into the Next Millennium," in B.D. Dua, M. P. Singh and Rekha Saxena (Eds.), *Indian Judiciary and Politics: The Changing Landscape,* Manohar Publications, New Delhi, 2006.

22) S.K. Mitra and V.B. Singh, *Democracy and Social Change in India: A Cross Sectional Analysis of the National Electorate,* Sage, New Delhi, 1999.

23) Upendra Baxi, "The Avatars of Indian Judicial Activism: Explorations in Geographics of [In] Justice," in S.K. Verma and Kusum (Eds.), *Fifty years of the Supreme Court of India: Its Grasp and Reach,* Indian Law Institute/Oxford University Press, New Delhi, 2000, pp.172-173.

24) *Ibid.,* pp.173-176.

25) Prashant Bhushan, "Public Interest Litigation: Supreme Court in the Era of Liberalization," in B.D. Dua *et al.* (Eds.), *Indian Judiciary And Politics: The Changing Landscape,* Manohar, New Delhi, 2007, Chapter 6.

26) *Ibid.*

27) *The Hindu,* 24 January 2007, New Delhi, p.14.

제7장
연방화의 심화를 향하여

개요

연방주의는 의회주의와 함께 인도정부를 형성하는 기본 원칙의 또 다른 한 축을 담당하고 있다. 의회정부가 입법적 지상권을 전제로 하는 반면, 연방주의는 정치권력의 분산화에 기초를 두기 때문에, 이 두 가지 원칙은 모순적인 것이다.[1)] 1947년 분할 이후, 인도헌법 내에 이 두 가지 원칙을 결합시킨 것은 국가 안에 존재하는 상당한 정도의 지역적 다양성과 방대한 크기의 관점에서 필요했기 때문이다. 그러나 인도헌법의 창안자들은 국민국가의 형성시기부터 갖고 있던 역사적인 분열과 분할들로 인해 강한 의회중심의 헌법을 도안하는 것이 유리할 것이라고 간주했다. 의회지상권과 연방주의적 분권화 사이의 본질적인 갈등은 평상시에나 혹은 특히 비상상황에서 주의 정부를 다소 넘어서는 권한을 연방정부에 부여하는 장치에 의해, 그리고 지역수준으로 내려가는 통합된 서열을 통해 연방의 대법원이 형성되는 것으로써 조정될 수 있을 것이라 여겨졌다. 게다가 헌법은 연방과 정부의 관계를 조정하기 위해 주간회의(Inter-State Council)를 구상했다.

인도의 연방주의는 국가적인 실체가 아니다. 그것은 인도국민회의당의 일당우위체제기간 동안의 지배적이었던 의회제로부터 1989년 이후 연합정부와 함께 다당제하에서 상당하게 연방화된 체제로 진화해온 것이다.

역사적 배경

약 200년간의 영국 통치기 동안, 대륙 내 지역왕조 간의 갈등은 중앙의 강력한 식민지 정부에 의해 억제되었다. 연방체제는 독립적인 인도의 엘리트들뿐만 아니라 영국통치자들에 의해 1947년 권력이양의 시기 즈음에 필요로 여겨졌다. 1950년 헌법이 만들어지기 이전에조차, 영국통치(British Raj)는 이미 1935년의 인도정부법에 근거해 연방적인 실험을 시도했다. 영국통치의 초기에는 행정적인 중앙화가 시행되었으며 후기에는 지방으로의 권력 이전 절차가 시작되었다. 이러한 움직임은 군주령인 주들이 제안된 연방에의 결합을 꺼렸기 때문에 연방적인 수준에서 발전이 더디었던 1935년에 정점에 이르렀다. 이와 같이, 1935년 법령의 지방적인 구성요소들만 시행된 반면, 중앙정부는 여전히 1919년 법령 아래 작동되었다.

1935년 이전의 영국통치는 단일한 행정체제였다. 그러므로 영국령 인도 지역들의 경우에는 중앙이 단위 개체들에 선행했다. 그러나 개념상으로 군주령의 주들은 연방권보다 우선하는 영국군주제의 지상권 아래에 놓여있었다. 독립시기에 군주령의 주들은 자결권을 부여받았는데, 이에 의해 그들은 독립의 상태로 남아 있거나 혹은 새롭게 형성되는 인도와 파키스탄의 두 국가 중 한 곳에 귀속되는 양자택일의 선택을 할 수 있게 되었다.

인도의 의회제적 연방헌법의 선택은 이처럼 국가의 역사적 경험에 의해 결정되었다 . 인도는 중앙권의 약화로 인해 외부로부터 공격받고 식민지로부터 고통을 겪었다고 전해진다. 따라서 강한 의회제적 성격을 띠는 중앙이 필요했다. 그러나 다양성 내에서 단일성을 추구해야할 필요성으로 인해 자율성을 가진 주가 연방적인 양식에서 통합을 이루는 합리적인 허용 역시 긴요했다.

연방적 설계

인도의 헌법과 정치체제는 모두 전통적으로 '유사연방주의적' [2]으로 묘사되며 연방주의가 쇠약해지는 범위에서는 중앙집권적이다. 이러한 해석은 다음과 같이 규정된 헌법에 근거하여 연방주의적 설계에 기초를 두었다: (a)단일 시민권, (b)광범위한 연방과 겸임 리스트, (c)주의 경계를 재조정하는 의회의 권한, (d)법원의 통합된 서열, (e)전인도서비스의 독특한 공무원들, (f)주와 주 사이의 동등함보다는 주의 인구에 기초하여 형성된 연방 상원, (g)연방 행정부의 개체인 계획위원회(Planning Commission)의 중앙으로부터의 임명, (h)연방과 주 수준에서 초기에 지배적이었던 인도국민회의당 등이 그러하다. 그러나 수년간, 특히 1990년대 이후, 인도정치체제는 본 저서의 저자에 의해 처음 강조되었듯이 상당한 수준으로 연방주의의 심화를 향해왔다.[3] 실제로, 버니(Douglas Verney)는 이제 지방분권적 다당제지형을 향한 인도정당체제의 형성이 '유사연방주의' 에서 '유사연합연방주의' 로의 변환을 고무시켜왔다고 지적하는 것을 넘어섰다.[4]

연방제적 원칙의 인식 없이 오늘날의 인도정부를 상상할 수 없다. 인도의 연방제를 이해하는 것은 인도만의 독특한 역사와 사회학적인 맥락에 대한 지각을 필요로 한다. 이러한 접근은 철저한 연구조사에 의하지 않고, 세계 도처의 주요한 연방제들과 동등화를 시키는 비교적인 관점에서 그 성격이 희석되어지면 안 된다.

인도연방주의는 역사적으로 진화했으며 여전히 진화 과정에 있다. 이의 역사적인 궤도는 제국주의적 '세금과 법과 질서모델' 에서 '계획발전모델' 로,

〈표 7.1〉 인도 연합(2005)

(I) 주(List of States)
1. 안드라프라데시(1953, 1956, 1959)
2. 아삼(1951, 1962, 1971)
3. 비하르(1950, 1956, 1968, 2000)
4. 구자라트(1960)
5. 케랄라(1956)
6. 마디아프라데시(1950, 1956, 2000)
7. 타밀나두(1950, 1953, 1959)
8. 마하라슈트라(1950, 1960)
9. 카르나타카(1950, 1956, 1968)
10. 오리사(1950, 1960)
11. 펀자브(1950, 1956, 1960, 1966)
12. 라자스탄(1950, 1956, 1959)
13. 우타르프라데시(1950, 1968, 1979, 2000)
14. 서벵골(1950, 1954, 1956)
15. 잠무 & 카슈미르(1950)
16. 나갈랜드(1962)
17. 하리아나(1966, 1979)
18. 히마찰프라데시(1966)
19. 마니푸르(1971)
20. 트리푸라(1950)
21. 메갈라야(1971)
22. 시킴(1975)
23. 미조람(1971)
24. 아루나찰프라데시(1971)
25. 고아(1987)
26. 우타라칸드(2000)
27. 자르칸드(2000)
28. 차티스가르(2000)

(II) 연방직할지(List of Union Territories)
1. 델리(1950, 1956)
2. 안다만 & 니코바르 제도(1950, 1956)
3. 락샤드윕(1956)
4. 다드라 & 나가르 하벨리(1961)
5. 다만 & 디우(1987)
6. 폰디체리(1962)
7. 찬디가르(1966)

참고: ( )안의 연도는 건설/재편성 연도를 의미함
출처: Rajeev Dhavan, "Indian Federalism and its Discontents. A Review," Typescript, 1996

다시 '협동적 연방주의모델(cooperative federalism)' 로, 이는 또다시 '협상 모델(bargaining model)' 로, 그리고 '협력적 모델(collaborative model)' 로 관통해왔다. 이는 가능하게도 지역정부로의 분산화와 권력이양에 기초한 '국민민주주의(people' s democracy)' 모델로의 발전일 수 있다. 입법절차에 의해 연방의 주들을 재조직하기 위해 인도의회에 권한을 부여하는 인도헌법 3조는(헌법 개정과는 구별하여), 명백하게 비연방적인 특성으로 종종 간주되어왔다.[5] 왜냐하면 그것은 오로지 그들의 의뢰와는 상관없이 주들과 연관한 재조직을 위해 연방에 '의논하기(consult)' 만을 요구했기 때문이다. 그러나 만약 주들에 대한 독립이전의 경계가 자연적인 사회문화적 영토지형이라기보다는 역사적 우연성의 산물이라는 점을 상기할 때, 인도 공화국의 창시자들이 왜 의회에 단독적인 권한을 부여하기로 결정했는지 명확해질 것이다. 1950년 이후 주 사이의 경계는 계속해서 재조정되어왔고 여전히 완전하지 않다. 이러한 사실로 미루어볼 때, 융통성은 중요한 것이다.

1950년대에는 남인도의 재편성, 이어 1960년대에는 서부와 북부인도 주들의 재편성을, 그리고 1970년대에는 북동부의 재편성을 볼 수 있다. 가장 최근에 새로 형성된 세 개의 주들은 2000년에 생긴 만큼 근래의 것이다. 현재에도 여전히 새로운 주들을 형성하기 위한 요구가 존재한다(예를 들어, 안드라프라데시의 텔렝가나, 마하라슈트라의 비다르바 등). 주 사이의 경계에 대한 이슈는 여전히 논쟁의 여지가 있다.[6]

현재의 주와 연방직할지를 살펴보면 〈표 7.1〉과 같다.

연방구조 내의 불균형

인도와 같은 다문화국가 내에서, 연방주의는 양면적 특성을 지니는 것 같다. 이러한 특성은 특히 '불균형적인 연방주의' 라고 일컬어지며, 이질성을 갖는 연방주의적 개체의 일부가 그들의 그와 같은 이질성에 근거하여 헌법적인 가중치를 부여받는 것을 의미한다. 인도연방제는 네 종류의 불균

형에 근거한다.[7)]

첫째, 모든 개체에 영향을 미치는 보편적인 불균형이 존재한다. 예를 들어, 인도의 주들은 라자 사바에서 대표성을 갖는데, 미국에서와 같이 형식적인 동등성에 근거한 것이 아니라 인구에 기초하는 것이다(4차 스케줄과 헌법 4[1]조와 80[2]조). 따라서 우타르프라데시는 31석을 갖는 반면 북동부(메갈라야, 미조람, 마니푸르와 같은) 지역과 폰디체리, 고아는 라자 사바에서 불과 한 개의 의석을 가질 뿐이다.

둘째, 부족지역, 주 간 지역적 불균등, 법과 질서의 영역, 마하라슈트라, 구자라트, 아삼, 마니푸르, 안드라프라데시, 시킴, 아루나찰프라데시, 고아(헌법 371, 371B, 371C, 371D, 371E, 371F, 371H, 371I)의 주들과 연관한 입법의회의 의석수에 대한 확정과 관련하여 행정적 불균형이 존재한다. 헌법 371조는 마하라슈트라 혹은 구자라트의 주지사에게 기술교육설비와 발전기금, 직업훈련과 고용기회를 동등하게 할당하는 것으로써 이 주들의 지역적 낙후성에 대해 분리된 발전위원회를 설립할 수 있도록 '특별한 책임성(special responsibility)' 을 부여하고 있다. 헌법 371B조와 C조는 인도의 대통령으로 하여금 아삼과 마니푸르 주와 관련 공동체의 복지를 돌보기 위해 부족/구릉 지대로부터 선출된 의원들로 구성된 입법의회위원회 설치를 보장하고 있다. 헌법 371D조와 E조는 인도의 대통령으로 하여금 안드라프라데시 내 다른 지역의 주민들에게 공공고용과 교육, 주 내 중앙대학의 설립과 관련하여 '동등한 기회와 설비' 를 보장한다. 헌법 371F조와 I조는 시킴과 고아의 입법의회가 "의원이 서른 명 이하가 되지 않게 구성해야 한다" 라고 보장하고 있다. 앞의 항목은 주지사들에 대하여 주의 "다른 부문의 주민들의 사회 경제적인 향상을 보장하기 위한 동등한 조정과 평화와 같은 특별 책임성" 역시 부여하고 있다. 헌법 371H조는 아루나찰프라데시 내에 "법과 질서와 관련한 책임성" 을 현직자들에게 부여하고 있는데, 예컨대 각료회의의 논의를 거친 "개인적인 판단" 을 통해 행동할 수 있는 주지사제도가 그러하다.

인도연방주의 내 세 번째 불균형은 연방직할지(Union Territories: UTs)라고 일컬어지는 특정 종류의 연방개체들과 관련한다. 일곱 개의 연방직할지는 생성 원인이 다양하다. 이 지역들은 하나의 주를 이루기에는 너무 작거나 혹은 문화적으로 이질적이며, 주 간 갈등이 발생하거나, 수도특별구역(National Capital Territory)으로 특별히 지정할 필요가 있거나 혹은 해안에 고립된 채 멀리 떨어진 지역적 위치를 고려하여 근접하는 주와의 결합이 어려운 경우 등이다. 본래, 이들은 모두 중앙에서 임명된 관리자를 통해 연방에 의해 직접적으로 관리되었다. 이들 중 어떠한 지역도 입법기관을 갖고 있지는 않지만 이들 모두 의회의 하원에서 최소한 한 석의 의석으로 대표성을 지닌다. 의회는 이러한 영토지역에 인접하는 주의 사법권을 확장시키거나 분리된 고등법원을 설립할 수 있다(헌법 241[1]조와 [4]조).

결과적으로, 두 가지 새로운 형태의 연방직할지가 생성되었는데 이는 폰디체리(14차 헌법 개정, 1962)와 델리(69차 개정법령, 1991)이다. 이 두 영토의 일반적인 특징은 이들에게는 주민에 의해 직접 선출된 의원들로 구성된 일원적 입법부가 존재한다는 것이다. 폰디체리의 입법부는 일부분이 선출되며 일부는 지명된다. 또한 양 영토 지역 내 입법부에 대한 책임을 지는 각료회의가 존재한다는 것이다. 델리와 폰디체리의 정상은 정부의 형식적인 행정기능을 수행하기 위해 연방에 의해 임명된 부지사(Lieutenant Governor)가 맡는다. 양 영토 역시 각각의 입법부에 책임이 있는 주 장관들에 의해 이끌어진다.

그러나 델리의 주 장관은 부지사의 추천을 받아 대통령에 의해 임명된다. 이는 추측컨대 수도특별구역이라는 사실에 대한 시각에서일 것이다. 델리의 입법부는 오로지 사법권의 겸임만을 수행한다. 델리의 입법부에 의해 형성된 법률과 인도의회에 의해 형성된 법률 사이에 갈등이 발생할 경우, 후자가 우선한다. 폰디체리는 록 사바와 라쟈 사바에서 각각 한 석을 대표한다. 델리는 7개의 록 사바 의석을, 그리고 3개의 라쟈 사바 의석을 갖고 있다. 주라고 일컬어짐에도 불구하고, 델리는 실제로 영토, 경찰과 시민서비스와 같은 지극히 중요한 몇 가지의 영역들이 연방정부에 귀속되어 있는 반(半) 주이다. 델리정부는 다른 영역에 있어 겸임사법권만을 가진다.

따라서 델리의 완전한 주로서의 지위에 대한 요구가 오랜 기간에 걸쳐 존재해왔다. 폰디체리의 경우, 토지, 경찰과 시민서비스는 주 정부의 사법권 아래에 있다.

넷째, 잠무 & 카슈미르, 나갈랜드와 미조람(헌법 370, 371A조와 371G조) 주와 관련해 특정한 불균형이 존재한다. 인도헌법 내에 가장 심각한 불균형은 바로 잠무 & 카슈미르 주와 관련한 것이다. 헌법 370조는 인도의회의 입법적인 권한들이 인도연방을 향한 주의 "접근의 수단 내에 규정된 안건들과 일치" 해야만 하며, "국가의 정부와 겹치는" 다른 안건을 규정하고 있는 '일시적 조항' 이라 불리는 것을 포함하고 있다. 여기에서, 1947년 영국의회에 의해 통과된 인도독립법을 상기해보자면, 잠무 & 카슈미르의 군주령 주는 영국군주제의 지상권으로부터 해방되어 독립의 상태로 남을 것인지 혹은 인도나 파키스탄에 귀속될 것인지의 선택이 주어졌다.

무슬림 지배적인 이 주의 마하라자 하리 싱(Dogra Hindu Maharaja Hari Singh)은 첫 번째 선택지를 실행하기로 결심했지만, 파키스탄으로부터의 숨은 공격으로 인해 인도로부터의 군사적 원조를 요청했다. 인도의 총독이었던 마운트배튼 경은 외국에 인도의 군대를 파견할 수 없다는 의견을 말했다. 이러한 까닭에, 잠무 & 카슈미르는 이러한 정세 속에 군대 파견의 개입을 명확히 할 목적으로 인도에의 접근 수단에 서명을 했던 것이다. 그러나 인도가 파키스탄의 침입자들에 의해 점령된 전체의 영토를 자유화하기 이전에 국제연합은 휴전을 선언했다.

인도헌법이 이 주에 부여하는 특별한 자격은 인도연방으로의 통합에 대한 특유한 정세의 존재 덕분이다. 이의 접근 이후로, 잠무 & 카슈미르 주는 인도연방제에 더욱 통합되어졌다. 이는 1951년 11월 잠무 & 카슈미르가 이러한 목적으로 소집한 제헌의회에 의해 1956년 고유의 헌법을 만들게 된 인도의 유일한 주인 것이다. 잠무 & 카슈미르가 인도연방과의 관계에서 가장 두드러진 특징은 바로 의회의 법령이 주의 입법부가 이를 승인하지 않거나 승인할 때까지는 이 주에 자동적으로 적용되지 않는다는 것이다.

이와 유사하게, 헌법 371A조와 G조는 나갈랜드와 미조람의 주로 확장되는 의회의 법령이 만약 나갈랜드와 미조람 주민들의 종교와 사회적인 풍습과 관련하여 연관된 법, 이들 주민들의 관습법과 절차, 주민들의 관습법에 영향을 미치는 민사와 형사를 담당하는 행정, 그리고 이 주 내의 토지자원 소유와 이전일 경우에는, 이 주들의 입법부에 대한 동의를 요구한다고 규정하고 있다. 나갈랜드의 법조항 역시 나갈랜드 정부는 나가 구릉의 투엔상(Tuensang) 지역 내 '내적 동요' 가 발생하는 한, 그 주의 편제가 계속되기 이전에 법과 질서에 관한 '특별한 책임성' 을 가져야만 한다고 명기하고 있다.

연방과 주의 관계

입법적 관계

연방과 주 정부의 사법권에 대한 헌법적 경계는 연방, 주, 겸임의 세 가지 항목으로 실행된다. 광범위하게 말하자면, 이러한 구획은 보조와 협력의 원칙에 기초한다. 보조의 원칙에 따르면, 이는 어떠한 수준의 정부라도 그 문제가 주어진 것보다 더욱 효율적으로 특정 문제를 다룰 수 있다는 것을 의미한다. 협력의 원칙에 따르면, 중간지대(twilight zone)에서 갈등이 발생할 경우 그 문제는 주의 입법부에 의해 만들어진 법률보다 우세한 의회에 의해 법률이 만들어진 정부의 양쪽 지령이 모두 할당된다. 본래의 헌법은 연방 리스트에 97개, 주 리스트에 66개, 겸임 리스트에는 47개의 조항을 갖고 있었다.

지난 반세기 동안, 주 리스트는 겸임/연방 리스트에게 일부 조항을 빼앗겼다. 1950~2001년 사이에는, 전체적으로 27개 항목의 변화가 헌법 개정에 의해 발생했다. 연방 리스트에 9개, 주 리스트에 11개, 겸임 리스트에 7개가 그러하다. 연방 리스트 내에서 9개 중 4개가 행정부, 연방에 상대한 주에 대해 문화적이고 강압적인 권한을 확대하는 것이었다(예를 들면, 1956년 6차 헌법 개정은 연방 리스트에 새로운 세금을 추가했는데, 이는 곧 주 간의 무역과 상거래의 영역에서라기보다는 상품의 판매와 구입에 관한 것이다). 이와 같은 변화들은 연방 리스트에 빼앗긴 다른 항목들에 의해 얻어진 조항들과 같이 다른 리스트 내에 반영되었다.

겸임 리스트는 그 어떠한 조항도 빼앗기지 않았으며, 오로지 얻기만 했다(예컨대, 1976년의 42차 헌법 개정은 이에 네 개의 조항을 추가했는데, 이는 주의 사법행정과 하급법원, 삼림, 교육, 인구통제와 가족계획의 설치가 그러하다). 레짐의 관점에서, 위에 언급된 27개의 개정안들 중 13개는 네루 시기에, 14개는 인디라 간디 시기에 만들어졌으며, 1989년 후기 다당 연합정부의 국면에서 만들어진 것은 하나도 없다.[8)]

헌법의 200조항은 연방으로 하여금 주의 입법절차에 개입할 권한을 부여한다. 동의를 위해 주지사에게 제출된 법안은 이를 승인하거나 혹은 승인하지 않을 권한을 가진 연방의 행정부에 의해 고려의 대상으로 보류될지도 모른다. 캐나다의 헌법에 이와 비슷한 조항이 있는데, 수년간 헌법의 관습에 의해 쇠퇴해왔다. 그러나 인도에서 이는 사카리아위원회 보고서(Sarkaria Commission Report)에 의해 충분히 관련 문서가 쌓일 만큼 연방과 주의 관계에 있어 중요한 자극제가 되어왔다. 보고서는 1969년 11월 10일에서부터 1984년 6월 7일 사이에 보류된 15개의 주 법률 중에서, 연방행정부가 9개의 사건에 찬성을 보류했다. 여섯 개의 사건에서 결정은 일 년 반이 걸렸으며, 다섯 개의 사건에 대한 결정은 3년이 지난 후였고, 세 개의 사건은 6년, 한 사건은 12년이 걸렸다. 보통은 주지사가 각료회의의 자문에 따라야만 한다고 위원회는 권고했다. 위원회의 관점에서, 주지사에 의한 주 법률제정의 보류 결정권은 "그러한 법률제정이 명백하게 위법" 일 때와 같이 "극한 경우와 예외적인 경우들" 에 행사되어야만 한다. 위원회는 또한 그렇게 보류된 주의 법안은 수령한 날로부터 4개월 이내에 처분되어야만 한다고 권고했다.[9)]

행정 관계

연방과 주 정부의 행정권은 그들의 입법적 사법권과 동일선상에 있다. 인도의 헌법은 헌법 256조에 주의 행정권은 "의회에 의해 만들어진 법률에 따를 것을 보장하기 위하여 실행되어져야만 한다"라고 헌법 256조에 명시되어 있는 만큼 '협조적 연방주의(cooperative federalism)'를 구상하고 있다. 이 조항은 "연방의 행정권은 주를 향해 인도정부에 그러한 목적에서 필요로 나타날 수 있는 것으로서 그러한 지시들을 제공하는 것으로 확대해야만 한다"라고 계속해서 언급하고 있다.

어떠한 국제조약 혹은 국제회의에 가입할 권한은 연방행정부의 것이다. 그러나 헌법 253조는 이러한 협정에 영향을 미치기 위하여 의회의 입법권을 요구하고 있다. 헌법의 이 조항은 세계화의 맥락에서 다소 논쟁적인 부분이 되었다. 예를 들어, 인도연방이 1995년에 맺은 WTO 조약과 2007년의 비군사적 인도-미국 핵 협정이 그러했다. 인도연방은 주 정부들과 의회로부터 가능한 응답과 반응을 감안하여, 조약의 실행에 있어 더욱 신중해야 할 것이다.[10)]

인도의 주지사는 두 가지의 역할—주의 입헌적인 수뇌역할과 주 정부 내에서 연방의 대표 역할—을 수행한다. 첫 번째 역할에서, 주지사는 주의 부서(State Ministry)가 입법부에 대해 책임진다는 것을 보장하기 위해 헌법의 관리인으로서 행동해야만 한다. 그의 두 번째 역할에서는, 인도헌법의 광범위한 조항에 따라 주 정부가 실행되어야 한다는 것을 보장하기 위해 인도연합 대통령의 눈과 귀가 되어야 한다는 것이다.

주지사직에 관한 사안은 아마도 연방과 주의 관계에서 가장 논쟁적인 이슈가 되어온 것이 아닌가 한다. 논쟁은 중앙에서 권력을 지닌 정당에 의해 주지사의 임명이 이루어지는 것과 뉴델리에서 권력을 나타내는 현직자의 명백하게 정치적인 역할에 대한 문제로 제기가 되었다. 주지사직은 종종 정치적인 충신들과 유연한 관료들에게 일종의 퇴임 이후의 보상책으로서 제공되어왔다. 일부 정당들과 주 정부들은 사카리아위원회에 그들의 규약에 존재하는 직위에 대해 폐지해달라는 지경에까지 이르렀고, 주 장관은 주지사를 임명하기 이전에 의논절차를 거치도록 해야만 한다고 주장했다. 위원회는 폐지에 관한 의견에는 동의하지 않았지만, 주 정치의 영역에서 최근 정치활동이 적었던 사람을 주지사로 임명하고 이의 임명과정에서 주 장관과 의논절차를 거치도록 권고했다. 위원회는 나아가 주지사는 일반적으로 직분의 영역에 대해 현직 정부 혹은 잠정적인 정부의 질의에 다수의 요구를 허락해야만 하며, 자율적인 결정권을 최소한으로 억제하고 가능한 객관적으로 정세를 판단해야 한다.

헌법 356조에 근거해 주 정부를 점거할 수 있는 연방의 비상권은, 연방 행정부가 주 내의 헌법 기제가 파손될 경우 주지사의 보고에 대해 혹은 그 외에 이 같은 권한을 행사할 수 있도록 한 것이다. 이 권한과 관련하여 과거 뉴델리의 모든 집권정당은 수차례 비상권을 오남용하기도 했다. 이에 대한 남용의 전형적인 예로는, 1977년 중앙의 자나타 당 정부가 9개의 회의당 주 정부를 해임하고 그들 각각의 의회를 해산시킨 것과, 1980년 인디라 간디가 재집권했을 때 수상인 그녀에 의해 자나타 당 주도의 9개 주 정부와 다른 반대정당들이 해임된 것이다. 1983년에는 반대당의 압력에 놓여 있던 인디라 간디가 중앙과 주의 관계를 담당하는 사카리아위원회를 임명했다. 이 위원회에 부속된 일부 정당과 주 정부들은 이 조항의 폐지 혹은 최소한 보다 광범위하게 헌법적으로 제한되기를 요구했다.

이 보고서에서 위원회는 헌법 356조의 폐지를 권고하지 않았지만 헌법 창안자들에 의해 기대된 억제력 때문에 이 권한을 행사하는 연방의 관리들에게 이 같은 의도를 강력하게 내비쳤다. 이는 또한 주지사, 대통령과 연방 내각에 관련해 일부 지침사안을 마련했다. 그러나 일당우위체제가 다당제로 변환될 때까지 큰 변화는 일어나지 않았다. 그러나 전통과는 거리를 둔 대법원은 1994년 봄마이(S.R.Bommai) vs. 인도연합에 대한 사건에서 사법심사를 조건으로 대통령령을 만들었다.[11] 약 2년 전 스리나가르에서 열린 주간회의는 개정을 통해 헌법에 이 판례법을 두도록 하는 법률을 통합시키는 데에 합의에 이르렀다. 이는 이 조항이 헌법의 일부가 되기 때문에 좋은 생각이기는 하지만, 대법원조차도 봄마이 판결을 역전시킬 수는 없다.

재정상의 연방주의

인도에서 연방-주의 관계와 정부 간 관계는 어느 정도의 자극과 긴장에도 불구하고 크게 보아 협조적인 연방제의 모델을 순응시켜왔다. 거대한 자원과 권력의 사용으로, 연방은 모든 주요 정책영역, 심지어는 주 정부의 배타적인 사법권 아래에 놓여 있는 사안들에 있어서도 주 정부의 동의를 얻어 중앙지지계획(Centrally Sponsored Schemes: CSS)에 착수했다. 그러나 일부 주들은 주를 넘어서는 중앙의 재정영역에 대해 불만을 표해왔고 두 정부의 질서 간에 권력과 세입의 자원을 재분배할 것을 요구해왔다. 그러나 중앙과 주의 관계를 담당하는 사카리아위원회도, 헌법작동검토위원회도, 이러한 조정에 대해 그 어떤 실질적인 검토도 하지 않았다. 사카리아의 조사위원단은 세입제도를 연구하고 보고서를 작성할 다른 위원회의 설치를 제안했다. 세입제도는 임시방편적으로 서투르게 다루어져 왔지만, 이러한 제안은 아직까지 실행되지 않고 있다.

재정연방주의는 복합적이고 기술적인 영역이다. 그럼에도 불구하고, 예컨대 캐나다와 같은 다른 연방주의들과는 달리, 인도헌법은 연방과 주 사이에 세입을 공유하는 세부사항들을 갖추고 있으며 연방정부로 하여금 매 5년마다 헌법상 권력이 양도되는 자율적인 재정위원회를 임명하여 문제를 해결하고 연방에서 주로 세입이전을 하는 지침을 내려야 하는 원칙을 권고해왔다. 연방이 주에 부여하는 자유재량의 보조금은 연방정부에 의해 임명된 계획위원회(Planning Commission)의 자문에 기초하여 이루어진다. 그러나 이 위원회는 헌법적인 양도권을 갖지 않는다. 이는 1950년 내각의 합의로 설치되었으며, 재정위원회(Finance Commission)보다는 덜 자율적이다. 주 정부들은 재정위원회의 자문에 크게 기초하여 연방적 세입이전이 이루어지기를 선호해왔다. 사카리아위원회는 재정위원회가 영구적인 구성체로 만들어졌으며 계획위원회 역시 입헌적인 자격이 주어져야만 한다고 권고해왔다.

그럼에도 불구하고, 인도정체의 연방화에 대한 심화의 측면에서 경제정책의 패러다임적 이동과 연방과 주 사이의 관계는 1990년대 이후로 일어나기 시작했다. 경제자유화는 주 정부들의 자율성뿐만 아니라 사적부문의 자율성 역시 증대시켜왔다. 연방화는 경제적 지역주의뿐만 아니라 정치적 지역주의를 지향하는 추세로 가속화되어왔다. 여전히 보다 분산화된 계획이 정착한 반면, 경제에 있어 공공투자는 상당히 감소되어왔다. 이는 보다 발전된 주들에게는 사적부문에서의 제휴를 통해 그들만의 발전전략을 입안하도록 경제적으로 기회를 열어왔지만, 발전이 늦은 주들은 자원부족과 연방정부의 공공투자부문이 감소함을 고려할 때 불이익에 놓여 있다.

2005년 제출된 12차 재정위원회 보고서는 기존의 29.5%에서 30.5%까지 연방의 전체 분할 가능한 합동자금을 주와 공유하도록 권고했다. 그러나 여기에서 주들이 얻은 약간의 이득은 주의 재정뿐만 아니라 연방의 재정에 구속력을 발휘하는 신자유주의적인 경제정책으로 인해 무효화될 수 있다. 12차 재정위원회(TFC) 보고서에서 주의 관점으로, 스리다르(V.Sridhar)가 충고하기를, 비록 헌법이 재정위원회의 주요 업무가 중앙에서 주로 자원을 이전하는 양식을 마련하는 매개로서 역할을 상정했다고 하더라도, 참고적으로 '12차 재정위원회' 라는 용어는 '집합적이면서 각기, (주)정부들이 공평한 발전에 따라 공공재정의 재구조, 예산균형의 회복, 거시경제의 안정 획득과 채무 감소를 야기할지 모르는 계획' 을 제안하도록 요구함으로써 확장되고 있다. 자세한 용어로는, 연방주의원칙에 위반이 되는 것으로부터 멀어져서, 자유주의양식 내에서 이미 재정적으로 포위된 주들을 향해 모든 혹독한 관계들로부터 중앙이 주를 구속하려는 시도라는 두려움이 존재했다.[12)]

그럼에도 불구하고, 적당한 규모의 공산당들의 의회 지지에 의존하는 2004년 회의당 주도의 통일진보연합(UPA)의 집권으로, 좌파에 의한 압력이 방침의 일부를 변화시켰다.

논쟁과 상호작용

인도의 정부 간 관계는 인도정치체제의 두 가지 측면에서 증진되었다: (1)헌법에 이례적으로 세부적인 조항, 특히 재정연방주의에 관하여 연방-주 관계를 조화시킬 것, 그리고 (2)독립 이후 일당우위체제의 초기와 영국통치(British Raj)로부터 퍼진 연방-주 관계에 대한 확립된 행정절차의 유산이 그러하다. 헌법은 연방과 주 사이의 세입에 대한 할당, 모금과 공유에 대해 세심하게 제공하는 특별한 고려를 취해왔다. 게다가 헌법 280조에 근거해 헌법 내에서 5년마다 정기적인 검토가 자율적인 재정위원회에 의해 시행되는데, 대개는 전문가들로 구성이 된다. 이러한 사안들은 캐나다와 같은 다른 연방주의에서처럼 장관들 혹은 연방과 주의 관료들에 의한 자세한 협상을 조건으로 한다.

재정위원회의 자문에 근거해 주로 헌법적으로 연방적 이전이 양도되는 것에 더불어, 연방은 재유재량으로 주에 기금을 이전할 수도 있다. 비법령(non-statutory)의 계획위원회는 이러한 사안들 속에서 중앙의 자문을 위해 1950년대 이후로 설치되어왔다. 재정위원회와 계획위원회 모두 연방정부에 의해 단독적으로 임명되지만, 이들의 차이점은 전자는 헌법적인 지반을 굳히고 있는 반면, 후자는 전문가들로 이루어진 구성체임에도 불구하고 연방내각의 형성체라는 것이다. 아마도 이러한 이유로 하여금, 계획위원회가 주 정부들의 장관들과 관료들이 세부적인 논의를 실시함에도 불구하고, 재정위원회의 권고들은 보다 편견에 치우치지 않고 객관적이며 계획위원회의 권고들에 비해 보다 큰 합법성을 갖는다. 중앙과 주의 관계를 담당하는 사카리아위원회는 이의 보고서(1987~88)에서 재정위원회는 영구적인 입헌적 구성체가 될 것과, 계획위원회는 입헌적 자격이 주어질 것을 권고했다. 카브라(K.N.Kabra)와 같은 정치경제학자들은 주 정부들 역시 계획위원회와 재정위원회의 의원들을 임명함에 있어 약간의 발언권을 가져야만 한다는 의견을 말했다.[13] 그러나 이러한 개혁들 중 어느 것도 실행되지 않았다.

네루 정부에 의해 발전계획이 시작되었을 때, 국가발전회의(National

Development Council: NDC)라고 일컬어지는 정부 간 수뇌포럼이 1952년 내각의 결의로 설치되었는데, 이는 계획위원회의 임명에 의해 준비된 주 정부들의 계획에 대한 승인을 위한 것이었다. 국가발전회의는 수상, 경제부서를 이끌어가는 일부 주요 연방의 장관들, 모든 주의 주 장관들과 연방 직할지의 행정수반들로 구성된다. 수상이 의장을 맡는 국가발전회의의 결정사안들은 다수의 법칙에 의해서라기보다는 의장에 의해 결정된 것에 동의하는 것으로 이루어진다. 발전에 있어 비록 주의 투자가 경제의 사유화 증가로 감소되더라도, 사무국의 역할을 하는 국가발전회의와 계획위원회는 발전에 대한 공공투자가 계속될 수 있도록 고려하는 데에 활발한 역할을 한다. 계획위원회 역시 연방과 주에 경제의 변화에 대한 자문을 함에 있어 유용한 '두뇌집단(think tank)' 이라고 증명되었다.

연방정부의 시작으로 설치된 비형식적인 포럼들의 과거 전통 역시 인도에 큰 도움이 되었다. 그러한 국가적 규모의 회의들과 자문위원회들은 과거에서부터 거의 모든 정책영역에 존재해왔다. 잘 알려져 있는 법령체를 하나만 언급하자면, 연방의 인적개발자원부(HRD) 장관이 의장을 맡고 선도적인 교육자들과 매스미디어, 문화적 인물들뿐만 아니라 주의 교육부 장관들, 연방과 주 교육부의 서기관들 등으로 구성된 교육을 위한 중앙자문위원회(Central Advisory Board for Education: CABE)가 있다. 이의 설치는 교육정책분야에서 예기치 못한 정부 간 긴장과 갈등을 유발했던 인도인민당 주도의 전국민주연합 정부에 의해 중단되었다. 2004년 5월 집권한 회의당 주도의 통일진보연합 정부는 소멸한 이 위원회를 부활시켰다. 중앙자문위원회 이외에도, 정부 간 정책들을 조화시키기 위한 법령에 근거하는 교육분야의 다른 기관들이 존재한다.

예를 들면, 1948년 중등 이후의 수준에서 기술교육분야의 중앙정부를 돕는 자문기구로서 설치된 전인도기술교육회의(All India Council of Technical Education: AICTE)가 존재한다. 이 기관은 1988년 의회법령에 근거하여 만들어진 법령체이다. 이는 명백하게 중앙의 기관이지만, 주와도 밀접한 관련을 갖고 있다. 지난 20년간의 새로운 발전은 사적부문에 '자급재정(self-financing)' 기관들이 출현해 왔다는 것이다. 이러한 기관들 중 일부는 무거운 인두세를 부과하는 상업적 모험으로서 시작되었다. 전인도기술교육회의는 공익의 차원에서 이러한 '자급재정 기관들'을 규제하는 입법적인 척도들을 연방과 주 정부에 제공하는 자문의 출처로서 역할을 해왔다. 이러한 정책영역에 대한 논쟁은 종종 대법원까지 가게 되는데, 대법원은 정부와 그의 기관들이 이러한 교육기관들을 위해 징수금의 원칙, 장점에 대한 개방 등을 규정해야 한다고 지시했다. 그러한 국가회의들과 자문위원회들은 예컨대 보건, 도시발전, 지역자치, 인구, 산업, 농업 등과 같은 거의 모든 정책영역에 존재한다.

앞으로 이어질 토론은 왜 헌법 263조가 1990년까지 사용되지 않은 채 남겨진 주간회의(ISC)를 설치했는가에 대한 이유를 설명하는 데에 도움이 될 것이다. 이는 부분적으로 앞에서 설명한 것처럼 주간회의에 대한 기능적인 대체물들이 있었기 때문이고, 부분적으로는 앞으로의 포럼들은 주간회의의 형식적인 입헌적 포럼보다는 보다 융통적일 것이라는 연방정부의 생각 때문이었다. 연합정치 시대의 초기였던 1990년에 주간회의가 처음 설치되었을 때, 헌법의 연방적 조항들을 활성화시키고 주간회의의 설치절차를 밟겠다던 자나타 달 주도 연합전선의 선거에 대한 약속이었다.

그러나 아이러니하게도, 삭세나(Rekha Saxena)는 기대되었던 주간회의의 활성화는 결코 현실화될 수 없었다고 전한다.[14] 이는 주로 두 가지 이유에서였다. 첫째, 이 기간에 형성된 연합정부들은 이례적으로 다양한 정당들로 이루어졌으며, 이들 중 일부는 주 정부들을 이끄는 것이었다. 많은 주 정부들이 연방내각에서 직접적으로 지역의 대표성을 지니기 때문에, 대부분의 정부 간 안건들은 연방내각 자체의 수준에서 협상될 수 있었다. 주간회의는 연방정부에서 대표성을 가지지 않는 주 정부들을 위해서만 필요했던 것이다. 둘째, 국가발전회의는 경제계획의 승인을 위한 포럼으로써 계속되었다. 국가발전회의가 주간회의와 합병이 되고나서야 주간회의는 보다 큰 중요성을 갖게 되었다. 게다가 사카리아보고서마저 경제정책을 정치화시키지 않도록 그들로 하여금 계속 분리되어 있게 권고했다. 이러한 일이 일어남으로써, 국가발전회의는 경제정책 결정의 중요한 포럼으로서의 중요성을 갖게 된 반면, 주간회의는 '정상(apex)' 정치적 구성체로서 한계에 이르게 되었다. 그러나 헌법작동위원회 보고서(2002)와 회의당 주도의 전국민주연합 정부의 공동최소화프로그램(Common Minimum Programme: CMP)은 정부 간 정상포럼으로서 주간회의의 중요성을 강조하고 진정한 연방정신을 촉진하기 위해 이를 활성화할 필요를 강조했다.

그러나 인도의 정부 간 관계의 현실이 제안하고 있는 것은 비공식적인 것이 여전히 규범이라는 것이다. 문제로 가득한 정부 간 협상과 정책결정은 관료, 장관, 마침내는 두 정부 체제 간 수상/주 장관의 공공연한 비공식적인 회의에 의해 실행된다. 이러한 회의는 국가발전회의와 주간회의의 회의들보다 훨씬 잦다. 또 다른 정부 간 법령포럼인 조날회의(Zonal Councils)는 북동부조날회의(NEZC)를 제외하고는 대개가 존재하지 않는다. 이는 아마도 이 지역이 최소한 다른 거시지역, 예컨대 힌디어 사용권인 북서부와 남인도지역보다 지형적으로 고립되고 경제적으로 독립적인 유일한 지역이기 때문일 것이다.

앞으로의 논의는, 재정위원회나 계획위원회와 같은 전문적 구성체들로부터 중요한 투입이 이루어짐에도 불구하고, 정치적 의미에서 정부 간 논쟁의 조정에 대한 모든 예들에 관한 것이다. 갈등의 정치적 조정은 모든 혹은 대부분의 주에서뿐만 아니라 뉴델리의 인도국민회의당 영역에서 일어날 경우 훨씬 수월하게 이루어진다. 많은 경우, 논쟁들은 연방과 주의 수준에서 정당의 가장 영향력 있는 리더들을 대표하는 회의당작동위원회와 회의당의 회위원회와 같은 최고의 정당포럼들 내에서 우호적으로 해결되었다. 이 영역의 쇠퇴로, 특히 다당제 출현 이후로, 이러한 형태의 갈등조정은 불가능해졌다. 주 수상들에게 네루가 격주로 쓴 서한들은 오늘날 다당제 지형 내에서의 수상 서한보다는 일당제의 틀 내에서 확실히 효과적이었다.

주 간 수자원 논쟁은 주 사이에 갈등을 유발하는 또 다른 주요 영역이 되어왔다. 의회는 1956년 정치적 협상에 의해 해결될 수 없는 논쟁들에 대해 참고조항을 규정하는 주 간 수자원논쟁법령(Inter-State River Disputes

Act)을 통과시켰으며, 지금까지 나르마다, 크리슈나, 고다와리, 카베리와 수트루즈-자무나에 5개의 심판위원회가 설치되었다. 심판위원회는 종종 대법원의 판사가 의장을 맡아 위원회에 사건을 회부하기도 한다. 만약 심판위원회와 위원회 둘 다 실패할 경우, 안건은 최종적으로 대법원으로 가게 된다. 수자원에 대한 논쟁은 지금껏 펀자브, 하리아나와 라자스탄, 타밀나두와 카르나타카를 제외하고 다소 우호적으로 해결되어왔다. 지난 몇 년간 카베리 논쟁은 타밀나두와 카르나타카 주 사이 로거헤즈(loggerheads) 지역에서, 특히 가뭄이 들었던 기간 동안 종종 발생했다. 모든 정치적 협상이 실패하면, 그 안건은 대개 대법원에 의해 임시적으로 조정되었다. 펀자브의 회의당 정부는 최근 라비-비스-수트루즈에서 야무나에 이르는 수자원의 공유에 대해, 강기슭의 주들 간에 1981, 1985, 1994년 만장일치의 주 의회 결의안에 서명하여 주 사이의 협정을 종결시킴으로써 조정에 착수했다. 안건은 여전히 미결인 채로 남아 있다. 카베리심판위원회의 판단은 2007년에 제출되었지만, 카르나타카와 타밀나두는 반대를 표명하고 있으며, 후자보다는 전자가 더욱 그러하다.

전국민주연합 정부에 의해 제기된 '인도의 모든 주요 강들을 잇자' 는 제안에 대해 현재(2007)의 통일진보연합 레짐은 이의 절차를 밟고 있는데, 만약 계획안이 검토된다면 미래의 수자원 갈등에 대한 이슈는 더욱 악화될 것으로 보인다. 왜냐하면 이 프로젝트의 찬성자들은 이는 국가의 수자원에 대한 합리적인 배분에 의해 다양한 지역에서 동시적으로 발생하는 홍수와 가뭄의 불합리한 발생을 피하게 될 것이라고 주장하는 반면, 생태학자들은 그것이 생태적 균형을 방해하고 주간의 논쟁과 사회 갈등을 심화시킨 것처럼 자연적인 재해를 가져올 것이라고 주장하기 때문이다.

헌법상으로 연방적 논쟁을 조정하는 최후의 기관은 헌법(헌법 131조)과 자문사법권(143조항)에 근거해 인도의 대법원이 맡는다. 법원의 통치는 비록 신자유주의적 경제개혁이 가능한 지표들로 인해 역전될 것 같지 않더라도, 종종 공익, 분배의 정의와 계획에 대한 진행을 크게 강조한다.

2000년 11차 경제위원회 보고서의 제출에 대해 안드라프라데시의 주 장관인 찬드라바부 나이두(N.Chandrababu Naidu) 주도로 일부 부유한 주들의 리더들은 수상을 만나 위원회의 권고에 대해 불만을 표시했다. 재정위원회 보고서는 주를 향한 연방재정이전(federal fiscal transfers)의 결정에 있어 낙후성과 인구에 계속해서 무게를 두어왔다. 최근 재정위원회 보고서에서는 경제적 수행능력에 비례적으로 중점을 두고 있더라도, 빈곤한 주들은 풍족한 주들에 비해 여전히 더 많은 상황이다. 재정이전의 형태에 있어 어떠한 중대변화라도 지역적 경제의 불균형을 증가시킬 것으로 보인다. 정부 간 관계는 비교적 관점에서뿐만 아니라 절대적 관점에서도 인도연방주의에 다소 약한 부문이었다. 대부분의 연구자들은 정부 간 관계의 형태가 드물게 사용되거나 혹은 지나치게 중앙에 의해 지배적이라는 점을 발견했다. 캐나다의 정부 간 관계와 비교할 때, 인도의 모습은 정지한 것처럼 보인다.

앞서 언급했듯이, 인도에는 연방을 구성하는 다양한 사법권 행사기관이 공식적이거나 혹은 비공식적으로 — 대개는 후자 — 존재한다. 문맥상 가장 공식적인 기관은 1990년 헌법 263조에 근거하여 뒤늦게 설치된 주간회의이다. 이는 정부의 두 체제의 행정수반, 즉 수상과 관련 장관들이 한편에, 또 다른 한편으로는 주의 주 장관들과 관련 장관들로 구성된다. 보다 덜 공식적이게는 1952년 내각결의안에 의해 설치된 국가발전회의에 부여될 수 있다. 이의 구성원들은 주간회의와 같다. 보다 덜 공식적인 구성체도 의회법령(1956)에 근거하여 지역 내 설치된 조날회의로 인도의 내무부장관과 주의 장관들로 구성된다. 가장 비공식적인 포럼으로는 수상과 주 장관들, 두 정부의 수준에서 장관들이 참석하는 임시적인 회의들이 있다. 이 구성체들이 일차적으로 정부 간 협상, 정책결정과 정책조화의 목적을 수행한다.

입법기관들 사이에서 공식적인 협조는 없다. 유일하게 비공식적인 입법기관 간 포럼은, 의장들 혹은 현직관료들이 이 같은 기관들이 직면한 문제들을 논의하고 해결하기 위해 그들의 경험을 교환할 목적으로 이따금씩 여는 회의들이다. 물론, 인도정부와 주 정부 서기관들의 비공식적인 회의도 있다. 이들은 정부 간 관계의 실질적인 문제의 핵심들이 장관들에 의해 승인되는 가장 빈번한 예가 된다.

그러나 통일진보연합 정부가 2004년에 만든 공동최소화프로그램(CMP)은 국가발전회의를 "보다 효율적인 협조적 연방주의의 장치"로 만들고, 주간회의 역시 '활성화' 시키기 위해 일임해왔다.[15]

지역적 압력

연방화 절차(federalizing process)는 사실 형성되기까지 오랜 시간이 걸렸다. 1983년, 인디라 간디 수상은 사카리아(R.S.Sakaria) 판사가 의장을 맡는 중앙-주 관계의 헌법위원회 임명을 놓고 지역의 압력에 놓여있었다. 1987~1988년에 위원회는 두 권의 보고서를 제출했는데,[16] 관련된 모든 연방주의적 담론에서 가장 빈번히 상기되는 문서이다. 게다가 주지사들을 포함하여 관료들에 의한 기능 형태와 태도의 연방주의적 재교육을 제안하면서, 사카리아위원단은 국가발전회의와 계획위원회의 헌법적 구축을 권고했다. (둘 모두 1950년대 초기에 내각결의안에 기초하여 생성되어 비(非)법령적 존재로 유지되어왔다.) 이는 또한 헌법 263조 아래 주간회의의 설치 역시 제안했다. 이는 1990년대에 실행되었다.

국가발전회의와 주간회의는 정치와 경제 영역에서 공통으로 관련한 일반 이슈들에 대해 고려하고 정책을 결정하기 위해 중앙과 주 정부들의 행정적 수뇌들을 대표하기 위한 최고의 정부 간 구성체이다. 사카리아위원회 역시 재정위원회는 영구적인 구성체로서 연방과 주 간 세입공유에 대한 형태와 원칙을 자문하기 위해 헌법 280조에 근거해 매 5년을 주기로 중앙에 의해 임명된다고 제안했다.

일반적으로 경직된 인디라 간디의 중앙방침과는 대조적으로, 라지브 간디는 지역·인종적 요구에 필요한 조정방침을 적용했다. 중앙은 1985년 펀자브와 아삼에서, 1986년 미조람에서, 1988년 트리푸라에서 인종운동과 정당에 지역적 조화를 이루게 되었다.[17] 아칼리 달(Akali Dal)과 조화하는 펀자브

는 펀자브, 하리아나와 라자스탄 사이에 주 간 영토적인 수자원 논쟁을 해결할 방법을 모색했다. 이는 의회의 전인도구르드와라법령(All-India Gurdwara Act)을 약속했다. 아칼리 달은 아난드푸르사힙결의안(Anandpur Sahib Resolution)을 언급했고, 위원회는 1984년 델리에서의 시크교도 대량학살에 대한 사법적 질의를 보장했다.[18)] 논쟁의 여지가 존재하는 마지막 두 이슈를 제외하고는, 나머지 이슈들은 대개 여전히 해결되지 않은 채 남아 있다.

내무부 장관 프라단(R.D.Pradhan)과 아삼의 선동적인 리더들 간에 서명한 1985년 8월 아삼협정은, 1966년 1월 1일 이전에 아삼에 들어온 방글라데시 이주민들을 조사하고 명부에서 삭제하기로 규정했다. 1966년 1월 1일에서 1971년 3월 24일 사이에 들어온 이주민들에게는 10년간 선거권을 박탈했다. 그리고 1971년 3월 25일에 혹은 그 이후에 그들의 이주를 탐지하여 국외로 추방했다. 미조람과 트리푸라협정은 폭동의 정지와 무장된 비밀활동 영역의 복귀에 의해 정상의 상태를 복구하기 위한 노력을 여러 번 했다. 이러한 평화에 대한 노력들은 폭동의 순환을 완전히 근절시키는 데에 성공적이지 않았던 반면 정부의 민주적 절차는 복구되었다.

폭동과 중앙의 통치가 반복되고 거의 10년이 지난 후, 1996년 잠무&카슈미르에서 선거가 열렸다. 주요 지역정당인 잠무&카슈미르 국민회의는 그 해의 의회선거를 보이콧했는데, 뉴델리는 1952년의 델리협의가 승인되지 않은 채 주의 자율성을 회복하기 위해 인도헌법의 370조에 근거하여 명령을 발포한다는 요구 때문이었다. 이에 대한 협정으로, 압둘라(Sheikh Abdullah)는 1947년 파키스탄에 의한 강제적인 합병을 피하기 위해 마하라자에 의해 서명된 인도에의 접근수단(Instrument of Accession with India)에 배서했다. 이는 인도 내에서의 자율성 모색을 내포했다. 압둘라는 이어 동요했고 해임되어 델리 주에 의한 가택연금에 놓였다. 수상인 인디라 간디와 압둘라 사이의 1975년 카슈미르협정은 후자가 주에서 권력을 되찾는 전조가 되었다.

오늘날, 1952년을 향한 복귀에 대해 셰이크 압둘라의 아들과 정치적 계승자인 파룹 압둘라(Farooq Abdulah)는 주가 인도연방으로 보다 크게 통합되는 추세의 복귀를 의미한다. '자율성의 최대화' 라는 뉴델리의 제안에 대해, 파룹 압둘라는 1996년 열린 의회의 선거에 출마했고 승리를 전했다. 2000년에 개최된 판차야트 회의들에서는 열정적인 대중 참여를 볼 수 있다. 잠무와 카슈미르 의회는 2000년 6월 26일에 주 내의 국민회의 정부에 의해 임명된 주자율위원회(State Autonomy Committee) 보고서에 기초한 자율결의안을 통과시켰다. 만약 이것이 실행되었다면, 잠무 & 카슈미르는 인도연방 내에서 국방, 의무, 통신에 중앙의 역할이 한정적으로 미치는 연합연방의 주로 유일하게 남았을 것이다.

협정은 회의당-무슬림연맹의 분할을 구실로 마운트 배튼(Mountbatten)이 인도분할계획을 세우게 한 인도 독립 전야의 영국내각임무계획(British Cabinet Mission Scheme)을 생각나게 한다. 다른 주와는 대조적으로 이 주와의 연방적 관계에서 존재하는 불균형은, 중앙이 이 주의 주지사를 임명하지 않으며 인도헌법 356조 아래 비상사태에도 개입하지 않아 매우 신축성을 가진다는 것이다. 주지사는 주의 입법기관에서 선출되는 주의 상부인 사드르리야삿(*Sadr-e-Riyasat*)에 의해 교체될 것이다. 보고서는 계속해서 발생하는 잠무 & 카슈미르 규칙에의 1950년의 헌법 적용에 대한 모든 지시의 폐지를 요청한다. 보고서는 '위헌적으로 침식된 주의 자율성 회복과, 불행한 과거의 파편은 제거하고 상호신뢰와 존중을 반영하는 새로운 관계의 형성을 위해' 잠무 & 카슈미르와 인도연합 간 새로운 협정을 제안하게 된다.[19] 이 자율결의안은 '구습(舊習)을 고수하면서 국가로의 통합을 염원하는 잠무 & 카슈미르 사람들을 조화시키려는 자연스러운 과정에 대항하려 한다' 는 이유로 2000년 7월 4일 연방내각에 의해 거절되었다.[20] 그때 이후로 수년간 아프가니스탄에서 세계적인 반(反)테러전쟁과 전 세계의 캠페인을 볼 수 있었다.

인도의 선거관리위원회는 파키스탄으로부터 계속되는 국경 테러공격과 외국인 외교매체의 참석을 배경으로, 2002년 가을 잠무 & 카슈미르 의회에 대한 자유롭고 공정한 선거를 실시했다. 지배당인 잠무 & 카슈미르 자나타당은 주에서 크게 표를 잃은 반면, 신생정당인 회의당과 진보민주당, 판터스 당(Panther' s Party)은 지지를 얻었다. 후자에 의해 주도되는 회의당-PDP 연합정부는 2002년 10월에 임기가 만료되었고, 회의당의 알선 협정에 의해 차후 5년간의 권력이양 중 중간에 주 수상직이 만료되었다.

2004년 록 사바 선거에 이어 뉴델리에서 회의당 주도의 통일진보연합 정부의 형성을 인도정부와 잠무 & 카슈미르 정부는 전정당후리야트회의(All-party Hurriyat Conference) 내 온건주의자들로부터 대화를 시작했고, 처음으로 후리야트 리더들이 파키스탄을 방문하도록 허락했으며, 잠무 & 카슈미르와 파키스탄에 거주하게 되었다. 이는 카슈미르분쟁의 조정일 뿐만 아니라 인도-파키스탄 평화 절차에서 한 걸음 나아간 것으로 보일 것이다. 그러나 인도와 파키스탄 정부는 그들의 외교적 입지를 계속해서 반복했는데, 이는 즉 인도는 국가 내 더 이상의 분할은 협상 불가능하다는 것이며, 파키스탄은 잠무 & 카슈미르의 통제선(Line of Control: LOC)이 국제경계선으로서 수용될 수 없다는 것이다. 현재 시나리오로서 새로운 것은 잠무 & 카슈미르의 두 지역 사이에 버스서비스가 시작된 것과 인도와 파키스탄 정부, 카슈미르 분리주의자들 간에 협의절차가 시작되었다는 것이다.

지역정부: 연방구조의 세 번째 층?

연방구조의 세 번째 층은 도시와 농촌지역에 존재하는 지역의 자치기관들이다. 지역정부는 그들의 존재를 법률로 제정하는 주 정부의 관할권 아래에 놓여있다. 그들은 연방정부와 어떠한 구조적 관계도 갖지 않는다. 정부의 상부부터 하부수준에 이르기까지의 어떠한 연계도 비공식적인 것이다. 이 수준에서 균일하지 않고 일부 변칙적인 주의 업무들은 1992~1993년에 농촌과 도시지역에 각각 73차와 74차 헌법 개정으로 촉진되었다. 이러한 개정들 덕분에, 헌법은 이제 주의 입법기관들에 의해 적용되고 시행되는 지역정부 입법모델과 책임의 분배성을 갖게 되었다.

처음으로, 73차 헌법 개정은 안드라프라데시, 마디아프라데시, 라자스탄, 구자라트, 마하라슈트라, 히마찰프라데시, 오리사와 비하르 주의 지정부족들에게 적용하지는 않았다. 이어서, 의회는 1996년에 판차야트법령(지정 영역들까지 확장)을 제정했다. 법령의 확장 덕분에, 부족적인 지역구성체들은 자치정부를 위한 기득권을 상당히 부여받아왔다. 농촌지역의 지역정부로는 일반적으로 마을, 만달(mandal), 구역 수준의 세 층 구조가 존재한다. 도시지역에서는 도시들 내 의회의 형태로 자치체가 존재한다. 이 지역 구성체들은 직접 선출된다. 농촌지역에서, 마을의 판차야트들은 직접 선출되는 반면, 만달 판차야트와 질라 파이샤드(Zilla Parishads)는 다음 하부수준의 판차야트 통치구성체들의 장들로 구성된다. 지역정부의 구조는 실제로 인구의 다양성을 반영한다. 할당대표제(Reserved representation)는 1992년 73차 헌법개정법령에 따라 지정카스트와 지정부족들에게 인구수만큼 비율이 적용되며, 여성에게는 33%의 범위가 적용된다. 비하르는 지역구성체 내 여성의 할당대표제 비율을 50%로 상향조정했다. 제11차 재정위원회는 처음으로 지역자치기관들의 재정에 관해 규정을 마련했다.

1996년에는, 낙후지역공동체와 부족공동체로 분할되는 지정지역들에 판차야트 통치조항들을 확장했다(헌법의 5차 6차 스케줄). 법령의 판차야트는 전통적·부족적 의회를 대체한다. 판차야트의 새로운 부서 — 이전에는 이 부서가 농촌지역개발부서(Ministry of Rural Development)였다 — 가 통일진보연합 정부에 의해 설치되었다.

전통적 형식 내에서 판차야트 통치기관들은 인도의 고색창연한 과거와 역사적 모든 국면들로 되돌아 가볼 수 있다. 중세 판차야트/사바스(Sabhas)/우르스(Urs)/나가람스(Nagarams)를 통한 베딕 사바스와 사미티스(Samitis)에서부터 후기 독립 시기로 내려와 농촌과 군주령 인도에 설치된 법령지역구성체까지, 지역의 정치체제들은 인도에서 변화가 많은 역사가 되어왔다. 그들은 찰스 메트칼프(Charles Metcalf)와 같은 영인도 보수주의자들과 간디, 자야프라카시 나라얀과 같은 민족주의자들 내에서 낭만적이고 이상화된 마을공동체의 비전으로 재등장했다. 헌법제정과 후기독립 정치체제의 구조 확립에 있어 판차야트 통치기관은 상응하는 중요성을 얻지 못했다. 다양한 주 정부들에 의해 설치된 법령의 판차야트 통치기관들은 간디의 '그람 스와라지(Gram Swaraj)' 의 꿈과 나라얀의 '국민을 위한 스와라지 청원' 으로부터 외침이었다.

심지어는 지역자치기관들을 헌법적 기반에 놓은 73차와 74차 헌법 개정조차도 실질적으로 이들 판차야트를 '입법체에서 운동으로(from Legislation to Movement)' 나아갔다고 격찬하는 단계까지 승격시키지 않았다.[21] 이러한 꿈과 취지들은 부르주아 민주혁명으로의 완전한 이전 이후에서야 비로소 실체화될 것이었다. 중간기간에는, 주 수준에 의한 지역회의의 장(長)들이 보다 강력한 정치적 동원을 형성했고, 중앙의 정치엘리트들은 1970년과 80년대 인디라 간디와 라지브 간디 레짐의 과도한 중앙화 기간에서만 목격된다. 지역의 권력 선언에 대한 이러한 에피소드들 중 알려진 것은 1977년 자나타 당의 선거승리 기간, 헤그데(Rama Krishna Hegde)가 주 장관직에 있는 동안 1987년의 판차야트 선거, 주 장관 파트나익(Biju Patnaik)에 의해 열린 1992년 오리사에서의 지역구성체 선거, 1993년 서벵골에서의 판차야트 선거가 있다.[22]

행정

인도에서의 행정 역시 세 개의 넓은 범주로 구분할 수 있다. 연방과 주 정부들은 중앙 서비스와 주 서비스라고 불리는 그들만의 개별적인 행정적 인사부를 갖추고 있다. 게다가 인도연방제는 전인도서비스라는 독특한 행정적 인사부의 기간요원들을 갖추고 있는데, 이 기관은 연방공공서비스위원회(Union Public Service Commission)라는 자율적 헌법위원회에서 모집하고 중앙의 행정기관과 기간요원들이 영구적으로 할당되는 주 정부들의 차원에서 양성한다.

그러나 그들은 임시적으로 연방정부 파견되어 일을 할 수 있다. 사실, 연방정부들뿐만 아니라 주에 존재하는 대부분의 상급 행정직들이 이들 관리들에 의해 차지된다. 그들은 어떤 수준의 정부든지 그들이 특정 시기에 일을 하게 되는 곳의 관할권 아래에서 일을 한다. 정직(停職)이나 해임에 대한 최후의 규율적 평가에 대해서는, 연방의 내무부에 언급하는 것이 필수적이다.

정부의 양쪽 체계 내 행정은 행정부의 정치적 통제를 조건으로 한다. 시민서비스들은 어떤 자문이든 그들이 적합하다고 여기는 것들을 제공하지만, 한번 정책결정이 이루어지면, 행정부는 이를 실행할 도덕적 의무가 있다. 행정부와 입법부의 관계는 직접적이지 않다. 이는 장관들을 통해 중개된다.

연합정부 시기의 연방정치

헌법의 구조와 더불어, 인도연방제 내에서 입법부와 행정부의 활동은 선거제도, 정당제도, 사법행동의 성격에 의해 중대하게 영향을 받는다. 다수선거제는 양당제를 발생하게 한다는 뒤베르제-라이커(Duverger-Riker) 가설과는 반대로,[23] 인도의 경험은 사회적·지역적으로 다양한 연방체제를 구성하기 때문에, 이 같은 선거규칙은 정당의 파편화, 궁극적으로는 다당제 지형을 이끈다고 제안한다. 뒤베르제-라이커 가설은 상대적으로 동질적인 정치문화가 부여된 국가들, 예컨대 의회연방제에서는 영국과 호주, 대통령제로는 미국과 같은 곳에서만 유효하다. 인도와 더불어 캐나다는 뒤베르제-라이커 가설의 또 다른 반례이다. 캐나다와 인도는 모두 역사적으로 국가수준에서는 일당우위체제의 국면이 발달했지만, 그 후 정치화의 증가, 지역적 단언, 인종적 주체성으로 인해 다당제로 변화했다. 이와 같이, 이 두 사례에서 비례대표제는 다수제 아래에서 사회적·지역적 다양성이라는 제3요소 때문에 공평한 것으로 보인다. 비례대표제는 대체로 다당제를 이끈다고 널리 받아들여진다.

정당제는 아마도 연방정치체제의 작동에 중대한 영향을 끼치는 가장 중요한 개입변수일 것이다. 앞서 언급했듯이, 인도는 일당우위체제로 시작하여 1989년 이후 다당제를 이루어왔다. 네루와 인디라 간디 국면에 걸친 인도연방제의 중앙집권화 양상은 대개 회의당 일당지배와 결합된다. 이러한 정당제의 특징은 정부의 모든 기관들이 작동하는 데에 명백하게 반영되었다. 인도의 최초 대통령인 라젠드라 프라사드 박사에 의해 제기된 대통령권한 해석에 대한 최초의 논쟁이 발생한 이후, 이 문제는 영국의회의 전통 내에서 이름뿐인 주 수상에게 이익이 되는 방향으로 해결되었다.

내각은 이 같은 국면 동안 네루-파텔의 양두정치와 1950년 12월 파텔의 서거 이후 시작되었는데, 내각제는 네루하에서 실질적으로 총리제로 바뀌었다. 입법부의 일당통제는 강한 총리내각의 출현을 조장했다. 연방제 주들의 자율성은 실질적으로 모든 주에서뿐만 아니라 뉴델리에서 같은 정당의 통치에 의해 다소 그늘에 가려졌으나, 이후 인디라 간디 아래에서만큼이나 주 정부들이 힘이 없지는 않았다. 샤스트리가 총리직을 맡은 이래 짧은 막간 이후 이어진 인디라 간디 레짐 동안 정치체제는 과거보다 상당히 중앙집권화 되었다. 헌법 356조 아래 주 정부들에 의한 중앙의 개입은 주 내 반대정부들을 와해시키기 위해 빈번하게 호소되었다.

이렇듯 과도로 중앙집권화된 연방정부는 정부의 독재와 부패에 대한 이슈에 있어 J.P.운동이라 불리우는 의회 밖 대중운동에 의해 도전을 받았다. 이에 직면해 인디라 간디는 곧바로 국내 비상사태를 선언했고, 반대당 리더들이 대거 체포되었다. 1977년의 선거들은 비상 레짐의 노선에 의해 치러졌고, 새롭게 형성된 중도 자나타 당이 뉴델리와 주요 북부 주들에서 집권을 하게 되었다. 거의 2년 반 동안의 자나타 집권 이후 1980년 인디라 간디에 의해 회의당 복구가 이루어졌다. 1984년 그녀가 암살된 후, 아들인 라지브 간디가 그녀를 승계했다. 이러한 국면 동안, 기관들의 기능은 비록 1970년대보다는 다소 정도가 약화되었지만 또다시 중앙집권화에 의해 특징지어졌다. 왜냐하면, 이 국면 동안 일부 주 정부들은 비회의당에 의해 통제되었기 때문이다. 인디라 간디는 비상사태 분규로 인해 지나치게 누그러졌다. 라지브 간디 정부는 특히, 선동적인 운동으로 두드러진 비회의당 주들과의 관계에서 다소 신선한 접근을 채택했다. 그는 펀자브, 아삼, 미조람과 트리푸라에서 주요 지역정당들과 일련의 평화협정을 맺었다. 라지브 간디 역시 국민회의 리더와 이해의 교량을 형성했고, 이어 잠무&카슈미르의 주 장관인 파룹 압둘라와도 그러했다.

인도정치에서 질적으로 새로운 양상은 1989년 선거에서 다당제가 도래하여 지금까지 인도되어왔다는 점이다. 이 국면 동안 그 어떠한 일개 정당도 뚜렷한 다수를 형성하지 않았고, 연합과 소수정부들이 통치를 해왔다. 이러한 변화의 복잡한 추세는 정치체제 내 큰 변화를 일으켰다. 오늘날 인도의 내각제는 실제적 권한을 가진 일부 주 수상들에 의해 이끌어지며 참여정당들에 의해 통제되는 파편화 양상을 띤다. 합법적으로, 수상은 그/그녀의 손에 궁극적인 권한이 놓여있다는 점에서 여전히 이 체제의 가장 핵심적인 요소이다. 그러나 연합 파트너들에 의해 의무가 부과되고 내각으로부터 퇴출된 장관들은 때때로 수상의 의지에 대항한다. 이와 같이, 집합적 책임성의 원칙은 정당대표들과 주 수상들을 향해 의회를 넘어 상당히 무리하게 사용된다. 이는 아마도 연방연합내각에서 피할 수는 없는 것이지만, 웨스트민스터 체제와는 성질을 달리하는 것이다.

총리내각직의 권한 쇠퇴가 비록 대통령으로 하여금 독립적인 역할을 기대하도록 귀결되는 것은 아닐지라도, 대통령의 역할은 보다 광범위한 활동범위를 갖게 되었다. 그러나 최근의 대통령들은 연합지형의 정세하에서 과거보다 큰 진취성과 추진력을 보였다. 연합과 소수정부 국면은 그동안의 어떠한 일당다수정부 아래에서보다도 주 정부에서뿐만 아니라 의회의 자율성 역시 증가시켜왔다.

1950년대 인도의회에 대한 모리스존스(Morris-Jones)의 고전연구에 따르면 연방하원으로서 라쟈 사바의 역할은 특별히 두드러지지 않는다. 그의 평가에 따르면, 라쟈 사바는 록 사바는 주 정부의 권리 접합을 위한 포럼

이상인 것 같지 않다고 한다. 양원은 논쟁의 양식과 기준의 관점에서뿐만 아니라 의원들의 사회경제적 배경과 정당제휴의 관점에서도 다소 비슷하다. 그러나 1990년대 정당제의 변형으로 라쟈 사바는 록 사바와는 다르게 정당지형을 반영하는 연방의 상원으로서 출현했다. 라쟈 사바에서 이질적인 반대다수는 주들 내에서 다른 정당제 지형을 형성하도록 기여하는데, 이들 주의 입법부들은 연방의 상원에서 선거단체를 형성한다. 이와 같이, 록 사바에서의 정부 다수는 이제 법률과 헌법 개정의 통과를 증진시키기 위해 라쟈 사바와의 원간(inter-house) 입법적 이해를 구축해야만 한다.

양원 간의 정체는 오직 공동개회기간에서만 해결된다. 이 공동개회기간에서는 라쟈 사바의 다수가 선동적으로 출현하는 것 같지 않다. 그러나 어떠한 정부도 이를 의회절차의 규정된 특징으로 만들려 하지 않는다. 이에 대한 증거로는 공동회기가 이제까지 세 번 밖에 소집되지 않았다는 사실이 그러하다(2002년 3월 26일 POTA 법안에 마지막으로 존재). 어떠한 경우에서든지 헌법 개정은 라쟈 사바에 의해 효율적으로 차단될 수 있다. 라쟈 사바의 연방 대표성은 1952~2002년 사이 라쟈 사바에 선출된 의원들 중 59%가 상원에 선출되기 이전에 주 정치 영역에서 활동적이었다는 사실에서 명백하게 반영된다.

선거제 및 정당제에 더불어, 사법행동은 인도연방 내 입법적·행정적 거버넌스의 작동에 영향을 미치는 또 다른 중요한 요소이다. 이의 공통적인 통합구조에도 불구하고, 법원은 일반적으로 헌법의 연방구조에 보호적 자세를 취해왔는데, 특히 최근 몇 십 년간 더욱 그러했다. 법원은 최소한 세 가지 측면에서 그러했다.

첫째, '하르고빈드 판트(Hargovind Pant) vs. 라구쿨 틸락(Raghukul Tilak)과 다수' 사건(1979)[24]에서만큼이나 일찍이, 대법원은 주지사의 역할에 대해 본질적으로 연방적인 해석을 했다. 대법원은, 주지사의 역할은 "인도정부의 통제를 조건으로 하지 않는 독립적 헌법 지위이다"라고 언급했다.

둘째, '봄마이와 다수 vs. 인도연합과 다수(1994)' 사건에서, 대법원은 이전에 판결된 많은 판례들의 결정을 역전시켰다. 법원은 이제 이 일에 있어 대통령의 승인이 '주관적인 것' 이지만 "전적으로 절대적인 것은 아니며" 공공영역에서 명백한 자료 혹은 증거에 기반하여 시행되어야만 한다는 입장을 견지했다. 법원은 이와 같이 처음으로 사법심사를 조건으로 한 연방행정권을 확립했다. 이것은 연방의 전횡적인 행정권 행사가 주 정부의 행정권을 위협하는 사태를 상당히 감소시켰다.

셋째, '케샤바난다 바르티(Keshavananda Bharti) vs. 인도연합' 의 판례(1973)[25]와 '미네르바 제분회사 vs. 인도연합' 의 판례(1980),[26] 그리고 이후의 판결에서, 대법원은 헌법의 '기본구조' 수정 불가능의 원칙을 확립했는데, 연방주의는 이의 일부분으로서 구체적으로 선언된다. 가능한 지표들에 의해 볼 때, 정치체제의 연방화가 심화되고 있다는 추세는 계속될 것 같다. 2004년 록 사바 선거는 다시 한 번 정체된 의회를 야기했다. 그러나 전국민주연합은 통일진보연합에게 집권을 빼앗겼다. 중도좌파연합은 이와 같이 그동안의 중도우파연합을 대체했다. 보다 최근의 경험으로는 연합정치의 시대가 출현한 것이다.

1991년에 박차를 가하기 시작한 신자유주의 경제개혁은 의회법령에 기초하여 자율적이고 반(半)사법 규제기반들을 설치하는 다소 새로운 국면을 가져왔다. 이것은 사실 전혀 새로운 현상이 아니며, 과거에도 그러한 기관들은 제한된 수로 존재했다. 새로운 것은 그들의 수가 배로 증가했다는 것이다. 이는 '구역연방주의(sectoral federalism)' 현상의 가속화로 불릴지 모른다.[27] 이러한 기관들의 예로는 중앙통신규제당국(Central Telecom Regulatory Authority), 중앙전기규제당국(Central Electricity Regulatory Authority), 중앙보험규제당국(Central Insurance Regulatory Authority), 경쟁위원회(Competition Commission), 세비(SEBI) 등이 있다. 의회법령에 근거하여 설치되었더라도 이들의 활동은 주 정부뿐만 아니라 연방의 작동에 중대한 영향을 미친다.

더욱이 남아시아의 상부(supra)국가 지역경제통합은 2004년 1월 남아시아지역협력연합의 이슬라마바드 정상회담 이래로 새로운 여세를 모아가고 있다. 자유무역협정(FTA)에 대한 일부 절차가 진행 중이고, 남아시아 통화에 대한 비공식적인 수준에서의 협의 또한 진행 중이다. 비록 이 단계에서 정치통합이 무리한 것으로 보일지라도, 만약 경제수준에서의 진행이 구체적이라면, 머지않아 국가를 넘어선 남아시아의 정치적 연방화는 현실이 될 수 있을 것이다.

미 주

1) M.P. Singh, "From Hegemony to Multi-Level Federalism? India's Parliamentary-Federal System," *The Indian Journal of Social Science,* Vol.5, No.3, July-September 1992; Rekha Saxena, "Reframing Continuity" (Conversation with Douglas Verney), *The Pioneer,* New Delhi, 5 April 2001.

2) K.C. Wheare, *Federal Government,* Oxford University Press, New York, 1964, Fourth edition.

3) M.P. Singh, "From Hegemony to Multi-Level Federatism? India's Parliamentary Federal System," *The Indian Journal of Social Science,* Vol.5, No.3, July-September, 1992; and M.P. Singh and Rekha Saxena, *India at the Polls: Parliamentary Elections in the Federal Phase,* Orient Longman, Delhi, 2003.

4) Douglas Verney, "From Quasi-Federation to Quasi-Confederacy? The Transformation of India's Party System," *Publius,* Vol.33, No.4, Fall 2003, p.171; Also see Lawrence Saez, *Federations Without a Centre: The Impact of Political And Economic Reform on India's Federal System,* Sage, New Delhi, 2002.

5) Wheare, *op. cit.,* pp.26-28.

6) Ajay Kumar Singh, "Federalism and State Formation: An Appraisal of Indian Practice," in B.D. Dua and M.P. Singh (Eds.), *Indian Federalism in the New Millenium,* Manohar, New Delhi, 2003; See also A.S. Narang, *Ethnic Identities and Federalism,* Indian Institute of Advanced Studies, Shimla, 1995.

7) Rekha Saxena, "Indian Model of Federalism," *The Federal Idea,* Centre for Policy Alternatives and the Forum of Federations with the support of the Canadian International Development Agency and Foreign Affairs Canada, Browns Beach Hotel, Negombo April 3-5, 2005, pp.35-38; *See* also Balveer Arora, "Adapting Federalism to India Multi-Level and Asymmetrical Inno-

vations," in Balveer Arora and Douglas V. Verney (Eds.), *Multiple Identities in a Single State: Indian Federalism in Comparative Perspective,* Konark, New Delhi, 1995.

8) M.P. Singh, "Federal Division of Responsibilities in India," *Indian Journal of Federal Studies,* Vol.1, January 2004, pp.109-111; *See* also Akhtar Majeed (Ed.), *Federalism Within the Union: Distribution of Responsibilities in the Indian System,* Manak, New Delhi, 2004.

9) Commission on Centre-State Relations, *The Report,* Part I, Government of India Press, Nasik, 1988, Chapter 5. Chair: Justice R.S. Sarkaria.

10) See Rekha Saxena, "Supranational Intergovernmental Relations and Role of Judiciary," in B.D. Dua, M.P. Singh and Rekha Saxena (Eds.), *Judiciary and Politics: The Changing Landscape,* Manohar, New Delhi, 2007. On the treaty-making power of the Union Government, the latest and best reading material is Rekha Saxena, "Treaty-Making Power: A Case for "Federalization" and "Parliamentarization," *Economic and Political Weekly,* Vol.XLII, No.1, January 6, 2007.

11) *S.R. Bommai & others v. Union of India,* Supreme Court Cases, *Judgements Today,* 1994.

12) V. Sridhar, "Short-Changing the States," *Frontline,* 8 April 2005, pp.34-35. For more details on fiscal federalism, *see* M. Govinda Rao and Nirvikar Singh, *Political Economy of Federalism in India,* Oxford University Press, New Delhi, 2005.

13) K.N. Kabra, "Federating the Planning Commission," *The Hindu,* 2 July 1996.

14) Rekha Saxena, *Situating Federalism: Mechanisms of Intergovernmental Relations in Canada and India,* Manohar, New Delhi, 2006. Much of this section draws on this first book-length work on intergovernmental relations in India.

15) UPA, *Common Minimum Programme of the United Progressive Alliance,* 27 May, New Delhi, 2004, p.14.

16) Commission on Centre-State Relations, *The Reports,* pts. I and II, Vol.1. Government of India Press, Nasik, 1987-88.

17) The texts of these accords are compiled in P.S. Datta, *Ethnic Peace Accords in India,* Vikas, Delhi, 1995. In a related development, substate regional movements led to the creation of three new States in 2000: Chhattisgarh, Jharkhand and Uttarakhand.

18) For the political situation in Punjab preceding this accord, see Robin Jeffrey, *What's Happening to India? Punjab, Ethnic Conflict, Mrs. Gandhi's Death and the Test for Federalism,* Holmes & Meir, New York, 1986, Chapters 2 and 3.

19) *Asian News Digest,* No.1, 8-14 July 2000, pp.435-436.

20) *Ibid.,* pp.450-451.

21) George Mathew, *Panchayati Raj: From Legislation to Movement,* Concept Publishing Company, New Delhi, 1994 and "From Culture to Constitution," in Manoj Rai *et al.* (Eds.), *The State of Panchayats: A Participatory Perspective,* Sanskriti, New Delhi, 2001.

22) *Ibid.*

23) Bernard Grofman and Arendt Leijphart (Eds.), *Electoral Laws and their Political Consequences,* Agathon Press, New York, 1986.

24) *Hargovind Pant v. Raghukul Tilak, All India Reporter, (AIR)* 1979, Supreme Court.

25) *Keshavananda Bharati v. State of Kerala, AIR,* 1973, Supreme Court.

26) *Minerva Mills Ltd. v. Union of India, AIR,* 1980, Supreme Court.

27) M.P. Singh, "The Impact of Global and Regional Integration on Indian Parliamentary Federal System," B.D. Dua and M.P. Singh (Eds.), *Indian Federalism in the New Millenium,* Manohar, New Delhi, 2003, pp.379-435.

제8장
주 정부와 지역 정치

개요

인도는 28개의 주, 6개의 연방직할지역과 하나의 수도특별구역인 델리로 이루어져 있다. 연방과 주의 헌법과 시민권이 이중인 미국과는 달리, 인도 헌법을 크게 따르는 자체의 헌법을 갖춘 잠무 & 카슈미르를 제외하고 인도 공화국은 단일 헌법과 단일 시민권에 기초해 형성되었다. 정부의 구조와 의회의 승인으로 특정한 상황 아래 제한된 기간 동안 중앙이 주 행정을 맡도록 규정된 헌법의 비상사태 조항뿐만 아니라 잠무 & 카슈미르를 비롯하여 나갈랜드와 미조람 주, 그리고 북동부와 내륙에 부족민이 지배적인 다른 주들과 관련한 비대칭적인 연방의 성격과는 달리, 인도의 연방헌법은 대칭적인 법조항에 기초한다. 대개 연방과 주 정부는 이제 1992~93년 이래 지역수준으로까지, 그리고 주와 연방정부의 대표성과 책임성을 구상하는 균일한 형태의 헌법 아래에서 작동한다.

모든 수준에서의 정부구조는 기본적으로 다양한 수준에서의 정부들 간 관계의 연방적 형태 안에서 정부의 의회원칙에 기초해있다. 마이론 와이너가 적절하게 지적하듯이, 인도의 주들은 일부 유럽의 국민국가들과 비교하기에는 대개 매우 크며, 같은 헌법 조항 아래 다양한 형태로 작동하기 때문에, 이들은 대개 유사-경험적 연구디자인과 같은 정치경제적 수행의 관점에서 비교할 기회를 드물게 제공하기도 한다.[1] 이와 같이, 만약 어떠한 주들이 정치적으로 더욱 안정적이라거나 다른 주들이 불안정하다거나 혹은 중앙의 개입에 약하다거나, 또는 만약 일부 주들이 경제적으로 수행능력이 더 낫다거나 다른 주들은 꽤 나쁘다거나 할 때 이와 같은 차이들은, 법과 헌법의 체제가 다른 것으로 그 탓을 돌릴 수 없다. 이들은 정치사회적 요소들, 혹은 효율적이거나 비효율적인 리더십의 관점에서 설명되어야만 한다.

독립 이후 인도에 대한 사회과학적 연구는, 우선 대개가 국가 혹은 연방정치에 전적으로 초점을 맞추는 경향이었다. 주 정치에 대한 연구는 후기의 연구자들에 의해 시작되었다. 이와 관련해 최초의 두드러진 연구들은 1960년대 후반에 등장했다.[2] 이 같은 연구는 이어 최초의 네루 이후 시기인 1970년대의 인디라 간디 총리의 전성기 동안 과도한 중앙집권화에 의해 감소되는 경향을 보였다. 1964년 자와할랄 네루의 서거 이후 분산화 경향은 확산되었고, 4차 총선거는 1969년 회의당 분열과 1971년 새롭게 선출된 회의당과 정부 내 정치적 지상권(political supremacy)으로부터 인디라 간디의 등장에 의해 방해받게 되었다.[3]

문헌연구는 그 이후 주 정치영역과 연방영역 모두에서 급격한 쇠퇴를 보인다. 전례 없는 정치의 '국유화(nationalization)' 현상이 일어났고, 의회 내에 정치권력이 집중되었다. 이와 더불어 중앙집권적 정치요소들은 전(全) 북부인도지역에서 자야프라카시 나라얀(JP)에 의해, 구자라트에서는 데사이에 의해 선도되는 의회 밖 대중의 저항운동으로 나타났다. 인디라 간디와 나라얀의 인기는 갑자기 주 경계를 초월했고, 이 둘은 새로운 카리스마적 대중 리더로서 두드러지게 되었다. 지역화 경향과 주 정치의 지역화는 이처럼 가지각색이었다. 실질적으로 문제가 되었던 것은, 주 정치라기보다는 전국적 규모의 국가정치였다.

지역분권화가 증가하면서 더욱 자율화된 정치영역은 1977년 의회선거와 비상사태 이후 록 사바에 따라왔다. 각 주에서는 중앙의 회의당 정부에 대항하여 비회의당 정부들이 형성되었다. 이들 중 일부는 예전의 지역정당들에 의해 형성되었으며 텔루구 데삼 정당(TDP), 아솜가나파리샤드(AGP) 등과 같은 새로운 지역정당들에 의해 형성되었다. 그때 이후로 주 정치는 후퇴하지 않았다. 어느 정도는, 1990년대까지 뉴델리에 소수/연합정부들이 형성되고 파편화되었으며, 축소된 전국정당들과 소생된 지역정당들은 델리에 '포획(captured)' 되기도 했다. 어떤 의미에서는, 새로운 정치시나리오와 전례 없는 수준으로의 주 정치의 증가는 중앙이 없는 연방주의(로렌스 사에즈)와 '유사연방주의에서 유사연합연방주의로(더글라스 버니)' 와 같은 제목의 일부 연구에 의해 제안된다.[4)]

지리적 · 문화적 지역

지리학자들은 인도를 크게 네 개의 주요 물리적인 지역 – 히말라야, 북부의 평야지대, 데칸반도, 그리고 대양의 섬들 – 으로 나눈다.[5)] 지리학자의 견해에 따르면, 하부지역들과 주는 '상호의존' 과 헌법적 인식을 기초로 하여 놓여있다. 지방분권적 여세로서 지역적 인식의 증가와 문화부활운동이 존재하는 반면, 철도, 도로, 항공건설, 산업 확장, 관개, 전력, 인구이동운동과 같은 경제적 여세는 중앙집권적 여세를 촉진시킨다. 국가에 대한 이해와 지역규제의 목적을 위해 이 둘 모두에 대해 면밀히 이해하는 자세가 필요하다.[6)]

정치학자 보라(Rajendra Vora)와 인문학자 펠드하우스(Anne Feldhaus)는 세 가지 국면들을 통해 독립 이후 인도의 지역화에 대한 진화과정을 추적한다:[7)] (1)1947년부터 1970년대 초까지, (2)1970년대 초에서 1990년대 초까지, (3)1990년대 초에서 현재까지가 그러하다. 첫 번째 국면에서는, 민족주의와 지역주의자 엘리트들은 국가의 분할에 대해 분노했다. 전자는 인도의 연방헌법 내에서 새로운 지역 주들을 형성하려는 지역의 모든 요구에 저항했고, 후자는 분리주의에 대항했다.

인디라와 라지브 간디의 회의당 레짐과 일치하는 두 번째 국면은, 특히 1970년대 초기에는 총리내각제 내에서 권력의 과도한 중앙집권화에 의해 국가의 단합을 이루려 했다(집합적 내각제와는 구별하여). 이러한 중앙집권적 추진력은 70년대 말과 80년대 초 아삼과 펀자브에서의 지역자율운동을 조장했으며, 지역 언어와 종교에 긴장과 갈등을 일으키게 했다. 1980년대 초반 인디라 간디는 일부 지역정당들에게 중앙의 정치적 지지를 협상으로 하여 주 정치 내에서 자율권을 제공하고, 다른 일부 주들에서는 분리주의에 대항하여 경찰력과 군사력을 사용하게 함으로써 평화를 구축했다. 1980년대 후반에는 라지브 간디가 인종/지역협정을 맺음으로써 온건적 지역정당들의 편의를 도모했다.

1990년대 이래 세 번째 국면에서는, 강력한 지역정당들이 국가적 규모로 직접적인 대표성을 가지게 됨으로써 국가정치는 연방연합정부들의 형성에 의해 상당히 지역분권화 되었다. 그 결과, "지방분권화의 호전성은 점점 수그러졌다."[8] 보라 및 펠드하우스의 연구는, 도시의 아이덴티티와 이익뿐만 아니라 언어·종교·인종적 요소들이 인도의 정치영역에서 지방분권화의 주요 성분이라고 시사한다.

인도의 정치에 관한 많은 문헌들에서 '지역정치' 라는 용어는 종종 주 정치와 동의어로 사용된다. 이는 아마도 대부분의 주들이 1970년대까지 언어적 경계에 따라, 혹은 북동부지역과 같이 일부는 부족적 경계에 따라 재편성되었기 때문일 것이다. 그러나 물리적인 지형도, 언어적 동질성도, 인도의 거시지역에 대한 결정요소는 아니다. 예를 들어, 1950년대 중반 이래로 설치된 조날회의(Zonal Councils)는 지리적인 경계를 한정했지만, 실질적으로는 이 경계가 소멸해왔다. 더욱이, 4개의 남인도 주들이나 10개의 힌디어를 사용하는 주들의 정기적인 정치포럼이 존재하지 않는다는 것이다. 그러므로 정치적인 관점에서, 북동부지역은 7~8개의 모든 연방개체들의 행정수반들이 대표성을 가지고 정기적으로 열리는 북동부회의(North-Eastern Council)를 형성함으로써 인도에서 유일하게 조직화된 지역을 형성한 것으로 보인다. 다른 예로는, 1980년대 남부의 비회의당 주들과 2000년대 회의당 혹은 인도인민당 통치의 주들이 이따금씩 중앙당 리더들에 의해 소집된 비밀회의에서 만났다는 것이다. 그러나 이 회의들은 지역적 아이덴티티라기에 의해서라기보다는 정당에 의해 유도되었다.

1990년대 이후로 정치영역에서 계속적으로 반복되고 있는 현상은 초기 몇십 년간의 중앙집권적 정치에 대항하여 지역분권화 되고 있다는 점이다. '지역화(regionalization)' 또는 다른 이들(이 책의 저자들)에 의해 '연방주의화(혹은 연방화, federalization)' 라고도 불리는 용어의 의미해석에 대한 시도로, 팔시카르(Suhas Palshikar)는 이 개념의 다섯 가지 관계항을 언급하고 있다: (1)지역-특화가 되어가는 정치이슈들, (2)정치적으로 구조화되거나 비준되어가는 리더십, (3)일부 혹은 대부분의 정당에 기반한 주 혹은 지역 특유의 정치적 지지, (4)이전의 전체 인도적인 규모에서부터 주 혹은 지역정치의 규모로 유권자들의 정치적 선택이 한정되어가는 현상이 그러하다. 그는 또한 "지역적인 배치의 폭넓은 정렬: 소재지, 하부지역, 주, 상부국가 등"을 언급할 수 있다고 덧붙인다.[9)]

주 정부의 구조와 작동

입헌적으로, 주 정부의 구조는 크게 연방의 수준과 유사하다. 그러므로 정부의 모든 세 기관—입법부, 행정부, 사법부—은 주 내에서도 반복적으로 형성되어 있다. 기능적인 관점에서 살펴보면, 사법부에 의해 심판되는 정부의 대표성과 책임의 원칙은 헌법에 기초하여 정부의 두 체계 간 연방주의적 연계에 따라 의회에서 작동할 것으로 기대된다. 그러나 몇 가지 차이점 역시 존재한다. 주 수준에서 정부의 의회원칙은 평상시 관찰자로서 중요한 감독의 역할을 수행하며, 헌법적 비상기간에는 중앙에서 임명된 주지사 아래에서 실행된다는 점이 그러하다.

제헌의회의 논쟁은 주의 수반, 즉 주지사의 세 가지 모델—주의 주민들에 의해 직접 선출, 주 입법부에 의해 선출, 연방 정부에 의해 임명—중 하나를 선택하도록 시사했다. 처음 두 모델에서 직접적으로 선출된 주지사는 수석장관에 상대하여 권력의 독립적인 중심이 될 수 있기 때문에, 정부의 의회원칙에 모순된다는 근거로 거절되었다. 입법적으로 선출된 주지사 역시 현직자가 연방과 주 정부 간 실용적인 연계로서 임무를 다할 수 없는 만큼 연방의 원칙에 모순되기 때문에 규정에서 제외되었다.[10] 마지막으로, 제헌의회는 중앙에서 임명된 주지사, 즉 평상시에는 수석장관의 자문의 경계 안에 있으며 그의 내각은 집합적으로 주 의회 내에서 다수당 혹은 연합으로부터 신임을 얻는 것으로 의견을 정리했다.

이와 같이, 수석장관과 내각은 입헌적으로 헌법적 비상사태 기간을 제외하고는 주 정부의 행정수반이 되도록 권한이 위임되었다. 헌법은 이같이 주지사와 수석장관에 대한 양두정치적 행정부를 명시화하고 있는데, 형식적으로는 주의 상황과 유사하다. 평상시에는, 주 정부의 실질적인 행정권이 수석장관과 주지사의 '의향(pleasure)' 아래 작동하기로 되어있지만, 이러한 의향은 원의 신임에 달려있다. 입법의회의 신임이 수석장관과 내각에 의해 실추되었을 때만이 주지사의 의향이 철회될 수 있다. 입헌적으로, 비상사태에만 원의 신임에 제한되지 않는다. 이러한 우발적 경우에는, 주지사가 연방정부에 직접적으로 책임을 가진다. 주지사가 중앙의 대리인으로서, 그리고 주 정부의 대리인으로서 둘 다 임무를 수행하도록 되어 있는 것이다. 주 정부의 이러한 점은 이미 이 책의 연방주의에 관한 장에서 논의되었다(더욱 자세하게는, 두 장을 함께 읽어야만 할 것이다).

주 수준에서 정치적 행정부는 중대한 변화를 겪어왔다. 주 수준에서뿐만 아니라 연방에서 일당우위체제기간이었던 네루와 인디라 간디 시기(1970년대 그녀의 주도권만 해당)에 두 가지의 전형적인 양상을 보였다. 네루 시기에는, 전적으로 연방주의적 성격만 아니라면 정치체제 내 권력의 구조는 최소한 다원적이었다. 자유 투쟁으로부터 출현한 국가와 주의 양쪽 회의당 리더들은 두 가지 이유에서 서로의 자치권을 속속들이 잘 알고 있었다. 첫째, 그들은 민족주의운동기간에 어깨를 나란히 하고 싸워왔으며, 각각의 수준에서 권력의 자치기반뿐만 아니라 서로를 상호존중해 왔기 때문이다. 로이(B.C.Roy), 라자고팔라차리(C.Rajagopalachari), 신하(S.K.Sinha), 사차르(Bhim Sen Sachar), 슈크라(Ravi Shankar Shukla)와 같은 애당심이 강한 수석장관들은 주 정부 내에서 어느 정도의 자치권을 누렸다. 둘째, 이들 자치권의 기초는 정당 내 민주주의의 절차와 모든 수준에서 집권당 내의 정기적인 조직적 선거를 통해 갱생되었다.

이러한 형태는 1969년 회의당 분열 이후 인디라 간디 시기에 중대한 변화를 거치게 되었는데, 인디라 간디에 의해 주도된 회의당 내에서의 내부조직선거는 필요 없게 되었고 과도한 중앙집권화 체제가 되었다. 이는 이어 회의당 입법정당에 의해 승인된 총리인 인디라 간디에 의해 수석장관들이 지명되기 시작했을 때 총리내각 레짐으로 변했다.

중앙과 대부분의 북인도 주들에서의 자나타 당 정부의 짧은 집권기 동안, 상황은 더욱 다원적으로 변했고 연방주의의 정도에까지 미치게 되었다. 집권당인 자나타 당의 주요 구성 요소들—회의당(O), 바라티야 잔 상, 록 달과 사회주의자들—은 특히 자나타 지지자로 하여금 더욱 그들의 영향력을 분산케 했다.

1980년대와 이후 인디라 간디에 의해 주도된 회의당 복구기, 그리고 1984년 그녀의 암살 이후 라지브 간디의 승계기간 동안, 정치적 상황은 혼합된 시나리오를 보였다. 인디라 간디 아래에서 회의당 통치의 주들에서, 중앙의 지배력은 계속되었으나, 헤그데, 라마 라오, 파와르와 같이 효율적인 수행능력을 보이던 수석장관들이 존재한 비회의당 주들에서 연방적 자치권을 다소 얻어가고 있었다. 라지브 간디 통치기에는, 어떠한 정도에 있어서 연방의 자치권이 허락되기도 했다. 심지어는 일부 회의당 통치의 주들에서도 그러했으며, 펀자브의 아칼리 달, 아삼의 아솜가나파리샤드, 미조람의 미조민족전선, 트리푸라의 트리푸라전국지원단이 대표적이다. 또한 총리가 지역협정 혹은 인종협정을 맺은 곳에서와 같이 주의 자치운동이 일어났던 곳에서도 그러했다. 그러나 1989년까지 회의당이 통치하던 힌디어 사용권의 주들에서는, 수석장관들이 뉴델리의 통치권 아래에 계속적으로 놓여있었다.

1980년대 주 정부와 정치적 행정부들의 발전을 고려해 볼 때, 연방주의적 자치권은 널리 분포하게 되었다. 첫째, 중앙에 다당연합정부가 등장했으며 자나타 당/달로부터 기원한 비회의당들이 북부인도의 주요 주들에서 도래했다는 점이 그러하다. 예컨대, 비하르의 라슈트리야 자나타 달(RJD), 우타르프라데시의 사마즈와디 당, 오리사의 비주 자나타 달, 카르나타카의 자나타 달(세속)이 이에 속한다. 둘째, 1991년 이래 신자유주의적 경제정책의 이동은 사적 부문에서뿐만 아니라 주 정부들의 자치권을 확대시켰다. 게다가 자원의 감소로 인해, 주의 예산을 담당하는 중앙의 역할과 능력은 더 이상 예전과 같지 않았다. 주 정부들은 점점 더 가능한 한 그들 스스로 자원을 동원하도록 권고되고 있다. 이러한 모든 발전들이 끼친 영향은, 이전과는 달리 효율적인 수행능력을 보이는 수석장관들이 출현해왔다는 점이다. 그들은 뉴델리로부터 훨씬 커진 자치권으로 그들만의 정부를 운영해야 할 뿐만 아니라 전 세계의 시장과 국가시장으로부터 사적투자를 불러들이는 경제적 여건을 마련해야 한다. 이렇듯 인도연방제 내에서 전례 없던 수석장관직의 상승에 대한 지표는, 『인디아투데이』에 의해 시행된 연례 공공의견 표본조사로부터 국가 내 최고수석장관에 대한 공공평가영역을 보여준다.[11] (〈표 8.1〉을 보라) 여기에서 우리는 공공의견 사이에서, 그리고 매체와 학계의 지식인층에서 현저하게 다양한 의견을 보이고 있다는 점을 첨언해야 할 것이다. 예컨대, 대학과 매체 내 여론주도자들은 일반적으로 나렌드라 모디를 그의 핵심적인 힌두근본주의(Hindutva) 태도 때문에 부정적으로 평가한다. 그러나 지식인층을 포함하여 공공이 평가하는 것은, 인디아투데이가 보고하듯 일반적으로는 꽤 긍정적이다.

주의 입법부는 이원적일 수도 있고 일원적일 수도 있다. 다섯 개의 주—안드라프라데시, 비하르, 마하라슈트라, 카르나타카, 우타르프라데시—

〈표 8.1〉 2006년 대중 평가에 의한 수석장관들의 서열

주(State)	수석장관(Chief Minister)	서열
1. 구자라트	나렌드라 모디(BJP)	1
2. 비하르	니티시 쿠마르(JDU-NDA)	2
3. 카르나타카	H.D.쿠마라스와미(JD 세속-BJP)	3
4. 아삼	타룬 고고리(회의당)	3
5. 마하라슈트라	V.데시무크(회의당)	5
6. 오리사	나빈 파트나익(BJD-NDA)	6
7. 타밀나두	M.카루나니디(DMK-UPA)	7
8. 서벵골	B.바타차리야(CPM-좌파 전선)	8
9. 케랄라	V.S.아추타난단(CPM-LDF)	9
10. 라자스탄	바순다라라제(BJP)	10
11. 하리아나	부펜더 싱 후다(회의당)	10
12. 펀자브	아마린더 싱(회의당)	12
13. 차티스가르	라만 싱(BJP)	13
14. 마디아프라데시	시브라즈 차우한(BJP)	14
15. 우타란찰	N.D.티와리(회의당)	15
16. 우타르프라데시	물라얌 싱 야다브(SP)	16
17. 안드라프라데시	Y.S.R.레디(회의당)	17
18. 자르칸드	마두 코다(BJP)	18

출처: *India Today*, February 12, 2007, p.22. 이 책의 저자들에 의해 정당/연합 제휴가 첨가됨
참고: 표본 투표는 19개의 주, 98개의 의회 선거구에서, 12,386명의 도시, 농촌지역, 남성, 여성, 그리고 다양한 연령 그룹들의 투표자들을 포함한다. 전국적으로 누가 최고의 수석장관이라고 생각하는가에 대한 의견은 별개로 하고, 투표자들은 각각의 주들의 수석장관들에 대한 수행능력에 대해 응답했다. 비록 일부 수석장관들의 인기가 주의 경계를 넘어설지라도, 투표자들 대부분이 그들 주의 수석장관에 대해 긍정적으로 응답한 것은 당연할 뿐이다. 이는 2006년 1월과 8월에 실시된 투표의 집합적인 지표이다.

는 이원제적인 입법부를 갖추고 있는데, 이들의 하원은 주민들에 의해 단일 후보 선거구들 내에서 다수제 혹은 비교다수득표제에 의해 직접적으로 선출된다. 나머지 주들은 대중적으로 선출된 의회만을 갖추는 것을 선호해왔

다. 상원인 입법의회는 기능적인 선상에서 형성된 지역적 선거구들 내에서 간접적으로 선출되며, 투표의 방법을 통해 비례대표제에 의해 선출된다. 헌법은 회의의 구성원들이 다음과 같이 선출되거나 지명되도록 요구하고 있다: (a)시의회, 지역위원회와 주 내의 다른 지역권위체들의 구성원들로 구성된 선거인단에 의해 구성원의 1/3을 선출, (b)대학을 졸업한 학사학위 소지자들로 구성된 선거인단에 의해 1/12을 선출, (c)대학, 단과대학과 중등학교의 교사들로 구성된 선거인단에 의해 1/12을 선출, (d)의회를 구성하지 않는 구성원들로 이루어진 입법의회로부터 1/3을 선출, 그리고 (e) "문학, 과학, 예술, 조합운동과 사회서비스"의 영역에서 "특별한 지식 혹은 풍부한 경험"을 갖춘 사람 중에서 주지사에 의해 지명되는 나머지로 구성된다.

조기에 해산이 이루어지지 않는다면 의회는 매 5년마다 선출되지만, 2년을 만기로 구성원들의 1/3이 퇴임하는 양상을 띤다. 주 입법부의 회기는 입헌적 비상사태, 즉 주지사가 연방정부에 직접적으로 자율재량권을 행사할 수 있는 경우만을 제외하고는 의장과 수석장관의 자문에 따라 주지사에 의해 소집되고 정회되며 해산된다. 한 가지 중요한 입헌적 요구는, 조기해산의 경우가 아니라면 주 입법부의 회기 중에, 그리고 5년의 임기 동안에 6개월 혹은 그 이상의 간격이 있어서는 안 된다는 것이다.

입법부의 원 내에 주재하는 관할 공무원들의 정치적 중립성은 원활한 심의와 입법적 절차를 위해 필수적인 요소이다. 그러나 인도적 전통은 이러한 점에서 영국 하원의 전통으로부터 벗어나는데, 영국은 정당에 속한 의장이 그의 정당으로부터 스스로를 멀리하는 대신에, 다음 선거에서 원으로 틀림없이 복귀할 수 있는 특별대우를 부여받는다. 특히 1985년 이후 헌법에서 10차 스케줄이 된 반(反)탈당법령이 효력을 발생한 이후로, 통치에 있어 당파적인 이해를 연상케 하는 의장의 당파적인 역할은 훨씬 악화되었다. 대부분의 의장들이 법원에 의한 개입을 필요로 하는 정치적인 수단에서 당연히 그와 같이 행동하는 경향이 있었다. 이러한 추세는 입법부의 입헌적 기능을 제고시키기 위해 개선되어야만 할 필요가 있다.

헌법은 입법권과 사법권의 분리를 유지하기 위해 특별한 주의를 기울이고 있다. 입법부는 사법기능의 일반적인 행사 내에서 판사들의 품행을 논의하는 것이 금지되어 있다. 유사하게, 입법절차의 유효성은 진위가 의심스러운 불법행위를 근거로 법원에 의해 심문이 요청될 수 없다(헌법 211조와 212조). 그러나 판례법 아래에서 법원은 주 입법부의 사법적 권한이 논쟁중인 사건을 조사할 수 있는 것은 명백하다.[12] 그러나 최근의 판례법들은 헌법 212조와 이 조항을 지지하고 있는 이전의 판례법 모두에 의문을 제기하기 시작하고 있다.[13] 예컨대 2005년 초 자르칸드 주와 관련한 판례에서, 주지사의 묵인으로 의심스러운 입법적 다수의 불법행위가 법원에 의해 받아들여졌을 뿐만 아니라, 박약한 다수와 공평하지 못한 지사의 인가에 의한 위해행위를 원상태로 돌리기 위해 일정한 날짜까지 정기의회를 소집하도록 의장에게 명령이 내려졌다. 법원의 조치에서 벗어나, 이 사건은 법원의 탄핵을 회피하기 위해 완곡한 방법에서 조정되었다.

고등법원에서부터 지방법원으로 내려오는 주 수준에서의 사법권 구조는, 법원의 재정적이고 하부구조적인 요구들에 따라 주 정부에 의해 결정되고 제공되지만, 판사들의 임명은 주 정부의 정치적 제어로부터 자율적이다. 고등법원의 판사들은 대법원과 고등법원협의회의 선임판사들의 자문을 받아 인도의 대통령에 의해 임명되며, 지방법원의 판사들은 고등법원의 선임판사들의 자문을 얻어 주지사에 의해 임명된다. 주 내에 존재하는 법원들은 고등법원에 귀속된다(헌법 235조). 대법원에 의해서 판결된 수많은 판례에 놓인 판례법 내에서 헌법 235조의 고등법원에 의한 '통제(control)' 라는 용어는 지나친 압력을 행사한다기보다는 주 행정부로부터 종속적인 사법권의 독립을 보장하는 장치로서 작용한다는 것을 의미한다.[14]

인도의 주 정부들의 수행능력은 적어도 대부분 연방정부의 수행능력보다는 상대적으로 덜 성공적이었다. 최소한 일부 주 정부들이 연방정부를 넘어서는 것으로 보이는 정부의 유일한 영역은 바로 연합정부에 대한 운용이다. 이와 관련하여 서벵골과 케랄라 주 정부들은 심지어 연방의 수준보다도 훨씬 일찍이 안정화되고 조직화되었다. 다른 지역에서는, 주 정부 기구의 작동이 일반적으로 덜 발달한 것으로 보이는데, 이는 사회경제적 낙후성 때문이기도 하고 일부 주들에서는 리더들이 중앙의 전국정당으로 옮겨갔기 때문이다. 예컨대 힌디어를 사용하는 주들에 존재했던 성공적인 리더들은, 특히 우타르프라데시의 경우, 국가수준의 정치를 끌어들여왔기 때문이다. 강한 지역정당들이 출현한 이후에도, 펀자브(프라카시 싱 바달과 아마린더 싱), 타밀나두(자야랄리타와 카루나니디), 안드라프라데시(NTR과 찬드라바부 나이두) 등과 같은 비힌디어 사용권의 주변지역에서 정상에 위치한 리더들은 중앙으로 움직이는 대신에 주 정부의 수반이 되는 것을 선호했다.

지금까지 관료적 행정과 관련하여, 일반적으로 주 정부들은 그들의 재량을 많이 빼앗기지 않았다. 이는 전인도서비스가 일차적으로 주의 기간요원들에 속하며, 주 정부들 내에서 고위직을 차지하고, 중앙으로는 교체적으로 파견을 나가기 때문이다.

대부분의 주 정부들은 행정 지배적인데, 전체적인 구조로 볼 때 주의 입법기관들과 지역의 자치정부들은 약한 연계를 가지고 있다. 수석장관들과 그들의 강력한 동료들, 그리고 수석 서기관들과 다른 고령의 민간인들은 정치-행정영역에서 현저하게 취약한 입법적 통제와 단속을 실시하고 있다. 보다 최근에는, 이 같은 행정지배의 절차가 사법부 중심의 정부에 의해 이루어졌다. 이러한 발달과 더불어, 인권보호의 책임과 시민사회기구들의 부활은 연방과 주 수준 모두에서 인권위원회와 정보위원회에 대한 권리를 실행하도록 선도했다. 사법행동주의와 국가인권위원회(주의 인권위원회보다는 더욱 강력한)의 영향은 정치체제의 '연방주의화(지역화의 관점에서, 혹은 연방화)' 보다는 보다 광범위한 '의회화(parliamentarization)' 에 기여해왔다. 오로지 지역적으로 흩어져 있는 소작농들의 삶의 질과 생태보호를 위한 신사회운동과 노동자들의 운동만이 지역분권화를 지향하는 정치권력의 균형마련을 위해 논쟁하고 있을 뿐이다.

역사적으로, 인도 주 정부의 정치과정은 선거적 동원과 정치적 동원의 필요에 의해 영향을 받았다. 보다 최근에는, 두 가지 요소들에 의한 과도한 정치화로 이 같은 절차가 억제되어왔다. 하나는 '정체들의 사법화' 라고 부를 수 있는 것이며, 다른 하나는 경제발전을 지향하며 신자유주의적 경제개혁을 실행하는 데에 있어 경제발전과 주 정부의 보다 나은 수행능력을 강조하도록 이동한 것이다. 새로운 환경에서 관료적인 정부로부터 정부, 단체부문, 그리고 시민사회기구들에 의해 결합적으로 공유되는 거버넌스로 그 중요성이 이동해왔다.

사유화와 세계화에 대한 강조가 증가하면서, 주 정부들을 구제해온 연방정부의 재정능력은 감소해왔다. 주 정부들은 스스로 자원을 동원한다거나 주의 세입을 최적으로 사용한다든지 혹은 행정적이고 재정적인 효율성을 향상시키는 것을 꺼린다. 행정 부패라는 것이 비록 부패와 범죄, 지방의 재정위기 심화보다는 덜 급박한 것일지라도, 이는 사회적이고 합법적인 질서의 붕괴로 인해 더욱 심화되는 것이 사실이다. 연방적(federal) 주에 따른 실패보다는 전반적인 지방적(provincial) 주의 실패 현상이 더욱 빈번하게 발생한다. 우리가 공공조합의 주, 혹은 수송인프라, 사회부문의 산업기반(공공교육과 보건서비스), 정치-관료 지대추구, 법과 질서의 붕괴, 범죄와 불법행위 경감, 극히 드문 예외를 제외하고는 어디에서든지 지방적 주는 연방적 주보다 유감을 자아내는 형상을 하고 있다.

경제적 강요로 인해, 주 정부들은 이제 그들의 경제 내에 국내외 투자를 증진시키기 위해 사법권 이내에서 관심을 끄는 조건들을 마련하고 특허를 제공하려고 노력하고 있다. 그러나 경제적 다윈주의(Dawinism)의 새로운 분위기 내에서, 후진지역과 주들은 발전된 주들과 경제의 공공부문들로부터 뒤쳐진 채 끌려가고 있다.

강력한 지역정당의 증가와 감소 혹은 전국정당의 발전 저해에 의해 발생한 상당한 정도의 정치적 연방화는 두 가지 주요 요소들로 인해 난처한 상황에 이르렀다: (a)지방적 주의 재정적 부양에 대한 한계와, (b)작은 규모의 산업과 세계화 때문에 경제적으로 반응하기 쉬운 주들 내에서 미성숙한 지역의 부르주아지에 의해 직면한 도전들이 그러하다. 이 주장은 지역의 산업화뿐만 아니라 가장 중요한 세금개혁 역시 연방정부에 의해 시작되고 있다는 사실로 예증될 수 있다. 최근 주의 판매세금은 의회에 의해 통과된 특별경제구역(SEZ)법령에 기초해 부가가치세(VAT)와 특별경제구역으로 대체되었는데, 주 정부와 인도의 사설기업가들에 의해 경제발전 내에서 후원함으로써 지역의 산업화를 촉진하는 것은 이에 대한 적절한 예가 될 것이다.

이와 관련해, 강력한 정치권력과 주 수준에서의 정치경제와 정치영역에 지반을 굳힌 경제계급들은 이 같은 움직임에 반대해왔다. 인도인민당이 통치하는 주들과 연계한 상인들, 그리고 서벵골의 트리나물 회의당에 의해 동원된 소작농들은 이러한 개혁을 지체시키거나 혹은 일부 방해가 되기도 했다. 그러나 소작농들은 자본가와 주 정부가 공모하여 그들을 기만하고 그들의 토지로부터 자신들을 추방한 것처럼 느끼지 않을 수 없었다. 이와 관련해 최악의 소작농 저항은 아이러니하게도 공산당 통치의 서벵골에서 발견된다. 이 지역은 난디그람(Nandigram)이 1977년 이래로 계속해서 지반을 굳혀온 CPM 주도의 좌파전선에 의해 소작농 착취가 지독한 상징이 되어온 곳이다. 일련의 사건들은 특별경제구역 법률/규칙에 대한 개정이 주 정부가 토지를 획득하기보다는 기업가들 스스로가 토지를 구입해야만 한다는 취지가 되도록 강요했다. 주 정부는 특별경제구역의 토지 크기에 대한 상한선과 추방된 소작농들을 정착시킬 의무가 있다.

연방정부에 의해 제공된 부가가치세로의 이전비용에 대한 재정적인 경비 부담에도 불구하고, 인도인민당 통치의 주들은 주의 부가가치세를 포섭하는 규정에 가장 잘 따르지 않을 것 같았다. 이는 인도인민당과 제휴한 무역계급들의 반대 압력 때문이었다. 이제는 중앙 부가가치세와 물품과 서비스에 관한 세금(GST)을 도입하는 방법이 명확해졌는데, 이는 주와 연방 모두의 공공재정부문을 상당히 향상시킬 것으로 기대된다. 물론, 궁극적으로, 좌파들의 반대에도 불구하고, 통일진보연합 연방정부가 세계적인 소매기업인 월마트(Wal-Mart)를 인도의 시장으로 진입시킬 준비가 완료되었다고 하는 것은, 일반적인 인도의 상인들이 도심지역에서 거대한 인도 쇼핑몰을 건설하는 사람들로부터, 그리고 결국은 세계적인 기업으로부터 실패하는 것과 같이 보인다.

연방정부는 또한 중앙, 주, 지역의 수준에서 수입세, 부가가치세, 재산등록과 다른 간접세 부문들을 모두 연계하기 위해 앞장서고 있다. 연방의 재정장관인 치담바람(P.Chidambaram)은 주간회의에 의해 형성된 주 재정장관들의 권한 있는 위원회에서 이 세금 — GST — 에 관해 연방-주 협의와 협상을 위한 기초를 마련하기 위해 이미 교섭 중에 있다. 연방의 재정부는 (a)연방의 수준에서 GST를 징수, (b)주의 수준에서 이를 징수, (c)이중 세금구조 확립의 대안을 고려해오고 있다. 연방국인 캐나다와 브라질, 유럽연합의 연합연방 국가들에 널리 퍼진 GST 모델에 대해 조사 중이다. 중앙의 제안은 주에 할당된 33개의 총수입 징세 부서들을 그들의 조직 아래에서 44개로 증설하는 법안의 승인이다.[15]

주 정치의 형태와 경향

인도헌법의 연방구조는 국가와 주의 정치영역 사이에 명확한 경계를 구분한다. 인도의 정치문화에 대한 관점에서, 마이론 와이너는 인도의 엘리트와 대중의 정치문화 사이에 시사적인 구별을 했다. 그는 정치에 대한 엘리트의 관점이 계획과 행정은 의회, 각료회의, 계획위원회 등 뉴델리의 국가 규모의 기관들에서 행해져야한다고 여기는 반면, 대중의 정치문화는 정치적인 기관들, 인도 주와 지역의 정치, 특히 농촌지역의 사회에 보다 가까운 것으로 보인다. 이같이 카스트, 공동체, 종족의 영향은 보다 작은 지역정당, 도당, 주 입법부와 지역회의들 내에서 더욱 명확해진다.[16] 와이너 이후 수십 년이 지나, M.P.싱은 엘리트와 대중의 정치문화가 선거적·정당적·입법적 절차를 통해 상호적이며 변증법적인 관계로 서로 간에 가까워져왔다고 가정했다.[17] 제도적 정치에 더불어 지역적인 농민운동들은 사회적 동원의 절차와 대중의 정치화가 점진적으로 수십 년간 참여민주주의라는 같은 목표로 '광범위함(oceanic circles)' 을 형성해왔다.

최초의 지역운동에 대한 표현은 독립 직후 언어적 주 형성에 대한 동요 속에 발생했다. 일부 동부인도의 지역경계가 이미 영국통치기간 동안 언어적 경계에 따라 재편성된 반면(아삼, 비하르와 벵골 통할 밖의 오리사 지역의 형성), 서부와 남부인도는 독립 이후까지 기다려야 했다. 언어적 동요는 1950년대 초, 마드라스 통할(Madras Presidency) 밖의 안드라프라데시의 분리형성을 위한 대중운동으로 유발되었다. 1950년대와 60년대 말까지, 마드라스 통할은 안드라프라데시, 카르나타카, 케랄라, 타밀나두로 나뉘었다. 그리고 봄베이 통할은 구자라트와 마하라슈트라의 두 갈래로 갈라졌다. 1960년대에는 또 다시 나갈랜드가 아삼에서 새롭게 형성되었고, 펀자브는 1966년에 펀자브, 하리아나, 히마찰프라데시의 세 갈래로 나뉘었다. 1970년대 말까지, 아삼은 여섯 개의 단위로 나뉘었는데, 대부분이 북동부의 작은 부족적 주들이다. 주의 자치운동 역시 1980년대까지 여세를 모았으며, 특히 아삼, 펀자브, 잠무 & 카슈미르에서 그러했다. 이 모든 세 가지 예에서 자치운동 역시 분리주의와 테러리즘 정치의 형태로 퍼졌는데, 이는 종종 국제적 경계를 넘어 지지와 격려를 얻었다.

우타라칸드, 자르칸드, 차티스가르의 새로운 주들은 2000년 11월 우타르프라데시, 비하르, 마디아프라데시로부터 형성되었다. 이렇게 새로이 형성된 주들은 이전에 형성된 주들과는 차이가 있었는데, 바로 언어적 기초보다는 지역적이고 경계적인 낙후성을 고려했다는 점이다. 이 세 지역은 모두 힌디어 사용지역이며, 이러한 점에서 모체가 되는 주들과 다를 것이 없다. 자르칸드와 차티스가르 내에서는 어느 정도로 부족적 요소가 나타났지만, 부족운동은 도시지역의 부족 인구보다 수가 많은 비하르의 초타나그푸르(Chottanagpur) 지역에서 비부족의 이주로써 지역경제가 낙후하는 것에 근거하여 요구하는 형태로 변형되었다. 차티스가르에서 1960년대에는, 바스터(Baster)라는 이전의 부족 주였던 곳에서 부족장이던 반즈데브(Praveen Chandra Bhanjdev)가 폭동을 일으킨 선봉에 섰다가 정치적 혼란 속에서 삶을 마감했던 경우를 제외하고는, 아마 분리적인 주성(statehood)을 위해 부족운동이 일어났던 적은 없을 것이다. 이 세 주들은 광물/삼림자원이 모체가 되는 주들보다 풍부하지만, 사회적·교육적으로 낙후되었고, 세입할당과 발전기금에 있어 형편없는 대우를 받아왔다. 지역부족발전회의(Regional

〈표 8.2〉 지역운동의 유형학

유산/요인	운동	기원/목적
1. 친(親)영국적	드라비다스탄 아자드 펀자브 카시-자인샤 연합	카스트적/분리론적 자치단체적/분리론적 자치단체적/선천론적
2. 약한 내셔널리즘	드라비다란드 아자드 펀자브 펀자비 수바 자르칸드 벵골 케다 독립 나갈랜드 미조 연합	카스트적/분리론적 인종적 인종적/자치단체적 세속적/선천론적 자치단체적/선천론적 부족적/분리론적 인종적/부족 자율성
3. 경제적 이슈	자르칸드 텔렝가나 물키 우타칸드 시브 세나	지방적/인종적 개발 자치단체적/선천론적 세속적/인종적 인종적/선천론적
4. 아이덴티티 펀자비 수바	펀자비 수바 칼리스탄 벵골 케다 반(反)외국인 자르칸드 고르카란드 보도란드	인종적/자치단체적 영역 선천론적/인종적 영역 인종적/문화적 재기 선천론적/인종적 인식 인종적/문화적 인종적/문화적 인종적/문화적
5. 반(反)외부인	텔렝가나 물키 자르칸드 고르카란드 미조람 시브 세나 아삼 운동 오리사 폭동 우타라칸드	경제적/선천론적 경제적/인종적 발전 인종적/선천론적 선천론적/경제적 경제적/인종적 영역 경제적/인종적 영역 인종적/자치단체적 경제적/선천론적
6. 지역 경계 논쟁	언어에 따른 주 요구 경계 재구성에 대한 지역 저항의 접근	문화적/인종적 단결 경제적/인종적, 언어상 민족 언어적/자치단체적
7. 정치와 문화, 즉 약한 직종별 노동조합운동, 약한 폭로, 약한 개혁	모든 지역적, 하부지역적 운동	민족 언어적/자치단체적

출처: Sajal Basu, *Regional Movements: Politics of Language, Ethnicity, Identity,* Manohar, New Delhi, 1992, p.21

Tribal Development Council)는 일시적으로 자르칸드를 비하르 지역으로 삼았으나 이는 자르칸디(자르칸드 지역민: 옮긴이)를 만족시키지 못했다.

인도 지역운동(Regional Movements)의 연구에서 바수(Sajal Basu)는, 영토와 인종적 토대, 일차적 동기 요소, 그리고 형태와 목적을 중심으로 이 운동들을 분류했다(〈표 8.2〉).[18] 바수의 유형학(Typology)은 흥미롭긴 하지만, 모든 종류의 운동을 연대적으로 규명하는 것은 다소 혼동스럽고 상호 배제적이지 않은 단점도 보인다. 예컨대, 드라비디안 운동은 범주 1과 2에서 모두 발견되며, 자르칸드 운동은 범주 2, 3, 4, 5에서도 발견된다. 유사하게, 펀자비 수바는 범주 2와 4에서 일어난다. 범주 7은 특히 일관적이지 않고 혼동스럽다. 그러나 이 유형학은 현실적으로 총체적 방법에서, 다양한 운동들의 접합 형태와 원인을 규명하는 만큼 정보성을 가지고 있다.

마이론 와이너는 '인종(ethnic)' 과 '토착민(nativist)' 운동이라 일컫는 것의 관점에서, 지역운동의 또 다른 분류를 주장했다. 그의 인용을 빌리자면, "선천론(Nativism)이라는 것은 일정 영토 내에서 주재하거나 혹은 일하는 것으로부터 지역적이고 토착적인 인종 그룹이 아닌 구성원들을 그 국가 혹은 지역의 토착민이 아니기 때문에 배척하려 하는 인종적 아이덴티티의 형태이다: 선천론은 반(反)이주적이다." 자르칸드 당과 텔렝가나 프라자 사미티가 토착적으로 칭해지는 반면, DMK, 아칼리 달, 안드라 마하사바, 삼육타 마하라슈트라 사미티는 토착적이라기보다는 반이주적으로 일컬어진다. 시브 세나(Shiv Sena)는 1966년 봄베이에서 타밀 이주자들에게 적대행위를 보였는데, 도시에서 중산계급의 일자리를 갖고 있던 이들을 마라티 언어를 사용하는 사람들로 대체할 것을 요구했다. 이 토착운동은 점점 봄베이 시민조합이 이를 고려하도록 영향을 끼쳤고, 마침내는 주 의회 역시 이를 고려하게 되었다. 이의 목적은 본래 "봄베이를 전 세계적 다인종 중심도시에서 마라티도시로 바꾸기 위한" 것이었다.[19]

인도의 주 정치에 대한 문헌에서, 주 정치의 형태는 대개 정당정치와 카스트정치의 다양한 지형의 관점에서 윤곽이 그려졌다. 쿠마르(Susil Kumar)의 『주 정치학의 전경(Panorama of State Politics)』에 기초하여,[20] 우리는

〈표 8.3〉 주 정당체제, 1950년대에서 1990년대까지

주	일당우위	양당	양당연합	삼당연합	다당연합
1. 안드라 프라데시 (Andhra Pradesh)	1955, 1957, 1962 회의당 1993 회의당+TDP 1998 회의당+TDP	1989 TDP+회의당			
2. 아삼 (Assam)	1957, 1962 회의당 1991 AGP+회의당 1996 AGP+회의당	1985 AGP+회의당 2001 AGP+회의당			
3. 나갈랜드 (Nagaland)	1964 나가 민족주의 정당				
4. 비하르 (Bihar)	1957, 1962 회의당				1990 RJD 주도 연맹 1995 RJD 주도 연맹 2000 RJD 주도 연맹
5. 구자라트 (Gujarat)	1962 회의당	1985 회의당+ 1989 JD+회의당 1995 BJP+회의당 1998 BJP+회의당			
6. 잠무 & 카슈미르 (J&K)	1951, 1957, 1962 회의당	1987 JKNC+회의당 1996 JKNC & 회의당			
7. 오리사 (Orissa)	1957 & 1962	1957 & 1962 회의당+ 간탄트라 파리샤드 1985 회의당+JD			

주	일당우위	양당	양당연합	삼당연합	다당연합
		1989 JD+회의당 1994 회의당+JD 1998 BJD+회의당			
8. 마디아 프라데시 (Madhya Pradesh)	1957, 1962 회의당	1990 BJP+회의당 1993 회의당+BJP 1997 회의당+BJP			
9. 펀자브 (Punjab)	1957, 1962 회의당	1989 SAD+회의당 1992 회의당+SAD 1996 SAD+회의당			
10. 미조람 (Mizoram)					1987 MNF 주도 연맹 1989 회의당주도연맹 1993 회의당주도연맹 1998 MNF 주도 연맹
11. 타밀나두 (Tamil Nadu)	1957, 1962 회의당		1989 DMK주도 전선 1991 AIADMK주도 전선 1996 DMK 주도 전선 2001 AIADMK주도 전선		
12. 마니푸르 (Manipur)	1990 회의당 1995 회의당	2000 연합전선연맹 (MSCP+FPM)			
13. 마하라 슈트라 (Maharashtra)	1962 회의당		1995 BJP-시브 세나, 회의당+		

주	일당우위	양당	양당연합	삼당연합	다당연합
			1999 회의당 주도 연합민주전선		
14. 히마찰 프라데시 (Himachal Pradesh)		1990 BJP+회의당 1993 회의당+BJP 1998 BJP+회의당			
15. 마이소르 (Mysore)	1952, 1962 회의당				
16. 라자스탄 (Rajasthan)	1957, 1962 회의당				
17. 우타르 프라데시 (Uttar Pradesh)	1957, 1962 회의당				1991 BJP 주도 연맹 1993 SP 주도 연맹 1996 BJP 주도 연맹
18. 서벵골 (West Bengal)	1957, 1962 회의당		1987 CPM 주도 전선 1996 CPM 주도 전선		
19. 케랄라 (Kerala)		1957 공산당+회의당	1987 LDF, UDF 1991 UDF, LDF 1996 LDF, UDF 2001 UDF, LDF	1960 회의당, 공산당+ PSP	1965 케랄라 회의당, 회의당, 좌익공산당, 우익공산당, 삼육타 사회당
20. 카르나타카 (Karnataka)		1985 JD+회의당 1990 회의당+ JD 1993 JD+회의당 1998 회의당+JD			
21. 델리 (Delhi)		1993 BJP+회의당 1998 회의당+BJP			

출처: Sushil Kumar, "Panorama of State Politics," in Iqbal Narain (Ed.), *op. cit.,* Chapter 4; Himanshu Roy, "Party Systems and Coalition Politics in Indian States," in Mahendra Prasad Singh and Anil Mishra (Eds.), *Coalition Politics in India: Problems and Prospects,* Manohar, New Delhi, 2004, Chapter 7

다음과 같은 범주로 주 정당체제를 분류할 수 있다: (1)일당우위체제, (2)양당체제, (3)양당연합체제, (4)삼당체제, (5)다당체제가 그러하다(〈표 8.3〉). 이 표는 당시 존재하던 16개의 주들 내에 13개의 주에서 회의당이 반대당의 명의상 혹은 한계적 출현과 함께 집권정당으로 세력을 떨쳤음을 보여준다. 나갈랜드만이 나가민족주의정당(Naga National Party)이 지배적인 정치력을 가진 주였다. 오리사는 당시 양당제(회의당과 간탄트라파리샤드—이전 군주 통치로부터 유래한 정당)를 형성했다. 케랄라 역시 1957년에 양당제(공산당과 회의당)가 존재하던 주였다. 1960년대의 경우를 보면, 1960년에 양당제에서 삼당제로 변화하던 케랄라의 추세와 함께, 1962년에 회의당은 케랄라회의당, 공산당(좌익과 우익)과 삼육타사회정당의 다당제로 변화를 보였다는 것이다. 이 모든 주 정당들이 상당히 카스트, 공동체적 혹은 부족적 구성에서 다양하게 갈라지는 것으로 볼 때, 회의당 지배는 언뜻 보아 상당히 놀라운 것 같지만, 자유 투쟁에 있어 회의당과 수많은 카리스마적 리더들에 의해 전개된 민족주의운동의 계속되는 유산을 지적하는 것으로 충분히 설명될 것이다.

주 정치 내 정당집단의 영역

인도연방의 다양한 주들 내에서 정치형태와 추세는 정연한 분류 혹은 이론적으로 풍부하고 경험적으로도 토대를 이루는 모델들의 유형학에 의해서조차 축소시키기에는 너무 다양하며 복잡한 양상을 띤다. 1989년과 1990년에 출판된 인도 주들을 망라한 정치학의 전반적인 연구 대부분에서, 프란켈(Francine R. Frankel)과 라오(M.S.A.Rao)는 현대 인도에서 사회적 지배와 국가권력 간의 상호작용을 체계적으로 이론화하는 데에 중요한 기여를 했다.[21] "사회 내에서 상위(super-ordinate)와 하위(sub-ordinate)의 전통적인 형태"는, 라오가 말하기를, "식민지 아래에서 중대한 변화를 겪었는데, 이

과정은 독립 이후 가속화되었다. 사회적 지배와 정치권력 간의 관계변화는, 신사회적 조직들이 국가를 통제하고 권력을 움켜쥐려는 시도이다."[22]

프란켈은 현대 인도에서 정치적 변형의 궤도는 세 가지의 광범위한 단계의 관점에서 특징지어진다고 전하는데, 이는 (a)영국통치와 힌두사회의 브라만적 사회질서 내에서 정치권력을 위한 지배적인 경쟁자들 속에서 오래된 엘리트 기반의 정치동맹들, (b)1950년대에서 1970년대까지 회의당 지배기 동안 새롭게 출현한 엘리트 기반의 동맹들, 그리고 (c)1970년대 후반기에 비상사태가 지난 이후로 자나타 당이 정치무대에 출현함으로써 선거민주주의의 심화와 함께 대중수준에서 유권자들의 동맹들이 바로 그러하다.[23] 그녀를 인용하자면, "브라만적 정당성이 약화되면서, 사회 내 갈등의 개연성은 더욱 확대되었다. 동시에, 이러한 갈등이 나타나는 형태 역시 상황적 맥락과 사회기구의 지역적 형태에 따라 더욱 다양해졌다."[24]

북부의 '아리안' 핵심지대에서, 회의당은 선거적으로 브라만 사회질서의 "두 번 태어난(diwija)" 카스트들에게 의지할 수 있었지만, 지역정치의 지배와 정부통제를 위해 상층카스트들끼리 카스트 간 그리고/혹은 다(多)카스트 당파적인 대항 역시 두드러졌다. 이는 소수와 하층카스트들의 '투표기반(vote banks)' 역할을 동원하도록 길을 열어주었다.[25]

서부와 동부로 내려가면, 특히 1956년 이후에 언어적 경계로 형성된 주들이 하부지역 혹은 주의 광범위한 농업종사자 중산계급에 의해 지배적인 양상을 띠었다. 이들은 도시의 상층카스트, 지정카스트부족, 무슬림 중산계급들과 동맹을 맺었는데, 이들 카스트들이 바로 회의당의 지지기반이 되었다. "이같이, 회의당은 안드라프라데시에서 레디(*Reddys*)의 지지로; 카르나타카에서는 링가야트(*Lingayats*)와 보깔리가(*Vokkaligas*)의 지지로; 마하라슈트라에서는 마라타(*Marathas*)의 지지로; 구자라트에서는 파띠다르(*Pattidars*)의 지지로 권력을 강화했다."[26]

남부와 동부지역은 지배적인 경작 카스트들(cultivating castes)과 상응하는 것이 존재하지 않았던 곳이라서 이곳의 상황은 이전과 달랐다. 마드라스, 후기 타밀나두의 마드라스/첸나이 도시의 후배지(hinterland)에서는 회의당이 브라만과 벨라라(*Vellalas*)에게, 그리고 지역화된 경작카스트들의 저명인들에게 의존했다. 서벵골에서는, 도시의 바드라록(Bhadralok) 회의당 리더들이 촌락 수준에서 조테다르(*Jotedars*)와 중개자들을 끌어들였다. 오리사에서는, 회의당이 중산계급 리더십인 브라만-카르나가 부유한 소작농인 칸다야트(*Khandayats*)와 지정카스트/부족들로 선거에서의 연계를 형성했다. 라자스탄에서는, 회의당이 이전의 마하라자(*ex-Maharajas*)와 자기르다르(*Jagirdars*)의 잔여정당성에 대항하여 도시의 교육받은 중산계급과 자트(*Jat*), 라즈푸트(*Rajput*) 소작농들의 도움으로 유권자들을 동원했다. 펀자브에서는, 시크교도가 다수인 펀자비 수바(*Suba*)와 힌두에 기반한 야당들을 위해 아칼리 달의 선동에 대항해 싸웠다.[27]

1980년대 후기부터 그 이래로 정치적 시나리오는 빠르게 변화했고, 인디라 간디와 라지브 간디 아래 후기 네루 회의당의 융성과 쇠퇴, 자나타 당/달 하에 후진계급/카스트의 성장과 파편화, 힌두우익 인도인민당의 출현, 그리고 북서부와 남부에 존재하던 이전 정당들에 더하여 새로운 지역정당들의 다수가 출현한 것으로 특징지을 수 있다. 1990년대 이래 새로운 정치적 은유의 상징으로는, 1977년 이래 케랄라와 트리푸라에서는 간헐적으로, 그리고 서벵골에 요새를 정비한 마르크스주의자들의 현상에 더불어 만달 I과 만달 II, 만디르(Mandir), 시장(Market)이 있다. 이 국면에서 인도의 정치는 이전보다 지방분권화 되고 더욱 주에 기반하게 되었으며, 정당, 카스트, 종족의 관점에서 극심하게 파편화되었다. 지역의 자치기관들과 풀뿌리(일반 민중)정치 역시 이전보다 훨씬 중요성을 갖게 되었고, 특히 73차와 74차 헌법 개정(1993)으로 인해 판차야트/나가르 통치의 입헌적 기반이 확립된 이후로 더욱 그러하다. 주 정당제도가 국가의 정당제도와는 이질화되었기 때문에, 정체된 의회—록 사바에서 일낭다수가 부족하다는 섬과 록 사바와 라쟈 사바에서 다양화된 정당들의 다수, 이 두 측면 모두—는 정치 영역에서 마치 무역의 재고품과 같은 처지가 되었다.

더욱이, 대통령과 총리는 항상 다른 정당으로부터 출현하고, 연합적 동의에 의해 선택되어지며, 종종 정부와 야당을 엇갈리게 하기도 한다. 같은 상황은 의회의 양원에 주재하는 현직 관료들에서도 나타난다. 이에 더하여, 다양한 지형을 이루는 주지사들과 수석장관들의 가지각색의 정치적 체스판이 형성된다. 피할 수 없는 결과로 연합 그리고/혹은 소수정부와 정부의 불안정이라는 공포의 대상이 따른다. 이 같은 정치적 상황에 대한 기능적인 응답은 사법행동주의, 독립적 규제권한에 대해 보다 확대된 역할, 그리고 정부-시민사회 영역과 거버넌스에서의 참여이다. 연방-주 사이에 광범위한 권력분산; 이차적인 것들을 포함하여 이데올로기적이고 사회학적인 요소들은 때때로 정부의 지체와 불안정으로 귀결된다.

주 정치의 신개척영역

젠킨스(Rob Jenkins)에 의해 행해진 인도지역과 주 정치에 관한 최근 연구에서,[28] 기고가들은 방법론적이고 경험적이며 체계적인 중요성에 대한 국내 비교이론의 기반을 깨뜨려버렸다. 이 연구의 개요에서, 젠킨스는 네 가지 면 — 경제정책 결정, 배후지의 정치화, 시민계약, 정치적 리더십 — 에서 민주적 실행능력을 비교했다. 신자유주의 경제정책 결정에 대한 평가는 쌍을 이룬 형태로 비교연구되었는데, 안드라프라데시와 타밀나두는 케네디(Loraine Kennedy)에 의해, 서벵골과 구자라트는 신하(Aseema Sinha)에 의해 행해졌다. 안드라프라데시와 타밀나두 내 집권당 모두 신경제정책의 실행에 있어 상당한 정도의 성공을 보였지만, 두 주에서 신경제정책의 일괄과 이를 향한 정치적 자세는 현저한 차이를 보였다. 텔루구 데삼 정당(TDP)은 개혁의 열성적인 선구자로 스스로를 설계하는 데에 있어 허세가 드러나게 되자 물러나게 되었다.

그러나 AIADMK와 DMK는 개혁으로부터 거리를 둔 공적인 자세로 신경제정책을 실행했다. 왜 이 같은 차이가 있었는가? 케네디는 두 가지 요인을 언급하고 있다: (a)두 주 내 정당제도의 파편화 정도와, (b)달리트와 다른 후진공동체 사이에서 정치적 동원에 영향을 미친 변수들이 그러하다. 이 두 가지 차원에서, 안드라프라데시는 정당제도에 있어 상대적으로 파편화 경향이 적었고, 비교적으로 하층카스트들의 정치화가 두드러지지 않았다. 하층카스트들의 정치화 심화뿐 아니라 정당의 파편화 심화로 인해, 타밀나두 리더들은 신자유주의 정책 개혁을 대대적으로 호소하지는 못하고 있는 실정이다.[29]

구자라트와 서벵골의 비교연구에서, 아시마 신하는 1970년대 후기 이래로 서벵골은 정치적으로 매우 안정적이고 구자라트는 사회적 혼란과 정치적 불안에 영향을 받았을지라도, 후자는 전자보다 열두 번의 투자를 더 받았다고 언급한다. 이러한 설명은, 구자라트에서는 중도 혹은 우익의 정치이데올로기가 우세했던 반면 서벵골에서는 공산주의의 사회민주주의적 이데올로기가 지배적이었다는 관점에서 제공된다. 게다가 서벵골에서 정치적으로 관련된 계급들과 이익은 명확하게 나누어진다는 것인데, 즉 인도맑시스트공산당(CPI-M)의 정치적 리더십은 이제 신자유주의 경제개혁에의 적용으로 움직이는 반면, 그들의 고용인들과 노동자들의 연합은 그러한 정책을 강하게 반대한다는 것이다. 구자라트의 상황은 명백하게 다르다. 더욱이, 서벵골과 콜카타에서의 산업화는 고도로 집중된 것과는 달리 구자라트의 산업화는 널리 퍼져 있다. 이러한 이유로 신자유주의 개혁은 동부보다는 서부의 주에서 보다 넓은 사회적 지지를 받고 있다.[30]

후배지 정치화(subaltern politicization)의 차원에서는, 네 개의 주가 쌍을 이루어 비교연구 대상으로 다시 나타난다. 비하르와 오리사는 쿠마르(Sanjay Kumar)에 의해, 우타르프라데시와 마디아프라데시는 자프레롯(Christophe Jaffrelot)과 제리니니-브로텔(Jasmine Zerinini-Brotel)에 의해 행해졌다. 비하르에서는, 여타후진계급(OBCs)의 정치적 융기로 인해 회의당 우위에서 라슈트리야 자나타 달(RJD) 우위로 정당체제를 변형시켰다. 오리사에서는, 인도인민당(BJP)이 회의당을 대체함으로써 비슷한 상황이 발생했지만 비하르에서만큼 결정적이지는 않았다. 산제이 쿠마르는 RJD와 BJP 두 당 모두 자나타 당/자나타 달의 지역적 후예들이지만, 둘 간의 사회적 기반에 많은 차이가 여전히 존재한다고 지적한다.

조사 자료는 RJD가 대개 야다브(*Yadav*)와 같은 여타후진계급에 의존하는 반면, 인도인민당의 지지 세력은 카르나(*Karnas*)와 브라민(*Brahmins*)과 같은 상층카스트이다. 쿠마르에 따르면, 이는 오리사 주에는 비록 알맞은 크기, 정치화의 결핍과 권력에도 불구하고 지정부족들 내에 지배적인 여타후진계급이 존재하지 않기 때문이라고 한다. 그리고 칸다야트(*Khandayats*)는 상층과 하층카스트 사이에서 양의적이며 모호한 지위를 갖는다.[31] 우타르프라데시와 마디아프라데시에 대한 연구는 후배지의 정치참여가 사마즈와디 당(SP)과 바후잔사마즈 정당(BSP)의 출현으로는 현저한 발달을 보였다는 것을 시사한다. 이 같은 정당들은 회의당 우위기를 끝맺고 인도인민당이 회의당의 공석을 메우지 못하도록 방해했다. 그러나 주의 새로운 정당체제는 상당히 파편화되었고, 특정 지역에 한해서는 불안정한 연합정부들에 의해 난항을 겪기도 한다. 이와는 반대로, 마디아프라데시에서는 여타후진계급도, 지정카스트도, 그들만의 정당을 구상하지 못하고 있다. 인도인민당과 회의당은 '극단의 연합(coalitions of the extremes)' 이라는 선거전략을 따르는데, 이는 곧 상층카스트와 지정카스트의 동맹을 의미한다. 자프레롯과 제리니니-브로텔을 인용하자면, "오늘날의 우타르프라데시는, 강력한 보수주의의 영향을 받아온 군주령의 수많은 유산들이 존재하는 마디아프라데시 내에 명백하게 빠져있는 하층카스트 동원의 오랜 사회적 전통을 많이 물려받았다."[32]

시민계약의 측면에서는, 바르시니(Ashutosh Varshney)에 의한 케랄라와 우타르프라데시의 힌두-무슬림 폭동 연구와 젠킨스에 의한 마하라슈트라에서의 반(反)부패운동에 관한 연구들이 두드러진다. 필자들은 이 같은 차원이 주보다는 낮은 수준에서의 연구에서 잘 관찰된다고 주장하는데, 예컨대 선택된 주들 내의 도시 혹은 지방들이 그러하다. 우타르프라데시의 일부도시들에서 폭동이 일어나기 쉬운 경향은, 케랄라 도시들 내에서 공동체적 조화와 대조할 때 두드러진다. 바르시니는 이러한 차이가 공동체 간 관계와 조정으로 정의되는 시민계약이 존재하는가 부재하는가의 설명 가능한 요소에 의해 발생한다고 언급하고 있다. 그에 따르면, "폭동의 경향이 있는 도시들은 일차적으로 힌두 내 혹은 무슬림 내에서 평화를 침식하고 소문과 긴장 요소들을 폭력과 폭동으로 변화시키는 시민계약을 갖고 있다"라고 한다.[33] 젠킨스는 마하라슈트라의 아메드나가르 내 브라슈타차르 비로디잔 안돌란(BVJA)과 라자스탄 지역의 라즈사만드 내 마즈두르 키산 샥티 상가탄(MKSS)의 활동에 대한 설명을 돕는다.

전자는 인구학적으로 마라타(*Marathas*) 우위 지역이고 후자는 카스트의 관점에서 라와트(*Rawats*) 우위 지역이다. 특이하게도, 이 두 지역은 지역 내 공공업무를 발생시키는 고용의 실행에 목표를 둔 반(反)부패운동이 특징적인 곳이 되어 왔다. 특별히 이 지역들에 이러한 운동이 발생하게 된 가능한 설명은 무엇일까? 젠킨스는 이에 대한 설명으로 하나의 특정 카스트가 정치적 충돌을 카스트 내 갈등으로 변질되도록 놓아두지도 않을뿐더러, 사회규범을 유지하는 유기성 있는 공동체 구조를 이루고 있다는 점을 시사한다. 사회적으로 파편화된 배경에서는, 충돌이라는 것이 다른 카스트에 반하는 성향으로 쉽게 주어질 수 있다.

다른 설명은 마라타와 라와트의 해체적 성격의 관점에서 제공된다. 마라타는 계급에 의해 내부적으로 나뉘었는데, 보다 풍족한 계층들은 크샤트리야 지위를 주장하는 반면, 덜 풍족한 계층들은 쿤비(*Kunbi*) 농민의 일부로 대우받는다. 라와트 역시 유사한 서열 지위에 있어 모호성을 보이는데, 일부는 스스로를 라즈푸트(*Rajputs*)라고 부르고, 일부는 정치경제적인 이유로 여타후진계급 범주에 속한다고 주장한다. 저자는 계속해서 설명하기를, "반부패운동을 형성하고 지속하는 관점에서 이러한 유사성이 중요한 이유는, 혼합적인 성격의 지위를 갖는 공동체 출신의 가난하고 불이익을 받는 사람들 대부분이 일반적으로 열등한 지위로 간주되는 카스트 출신의 사람들보다 정치활동에 관계하는 것을 꺼리지 않는다는 점이다. 그들은 또한 확립된 정치사회적 질서로의 위협으로서 여겨지는 것 같지 않다."[34]

정치적 리더십에 관한 차원에서, 마너(James Manor)는 배너지(Mukulika Banerjee)의 서벵골과 타밀나두를 안드라프라데시, 카르나타카와 대조적인 예증을 보인다. 안드라프라데시에서 정치 리더십은 정당을 유지하고 때로는 주를 통치하는 것이 더욱 어렵다는 것을 보였다. 이는 텔렝가나(Telengana) 지역의 무장폭동과 분리주의운동, 라얄라시마(Rayalaseema) 지역의 사회적 긴장, 그리고 안드라의 해안지역에서 일어나는 살인강도 행위로 나타나는 심각한 수준의 사회적 긴장과 갈등 때문이다. 카르나타카는 긴장과 갈등으로부터 상대적으로 자유로웠다. 이러한 대조적인 모습은 이 두 지역의 두 주요 정당들이 왜 스스로를 "그들의 조직들과 주요 사회그룹 간에 교류적 연계를 확립함으로써 사회 내에 그들 스스로를 끼워 넣으려고" 노력하는 데에 다르게 성공적이었음을 보여온 것에 대해 설명이 가능할 것이다.[35] 이같이, 카르나타카 정당들은 안드라프라데시의 정당들보다 더욱 사회에 개입되어 있었다. 이러한 차이를 고려하여 볼 때, 안드라프라데시는 카르나타카보다 국가 수준의 정당과 리더들에 의한 개입에 보다 열려 있었다. 배너지는 타밀나두의 AIADMK의 자얄랄리타(Jayalaithaa)와 서벵골 내 트리나물 회의당의 마마타 배너지(Mamata Banerjee)에 대한 흥미로운 비교를 보이고 있다.[36]

둘 다 여성적인 스타일의 리더는 대개 아니라고 해도, 자얄랄리타라는 정치인물은 보다 매혹적인 반면, 마마타는 보다 민중에 기반했다. 전자는 엘리트이자 어머니(*the amma*)다운 포퓰리즘의 예로서 간주되었다면, 후자의 포퓰리즘은보다 평범하고 자매(*the didi*)다운 것이었다. 배너지의 인용을 빌리자면, "그 결과, 양쪽 정당들은 그들 리더들의 강력한 개성을 통하여 함께 기구들을 넘어 유권자들에게 직접적으로 닿을 시도가 필요하다는 것을 보였다."[37] 이들의 리더십 스타일 역시, 어떠한 면에서는, 서벵골과 타밀나두의 지역정치문화 내에 근간한다.

결론

주 정치에 관한 연구는 1960년대의 여세를 모아, 지금까지 연구의 한 영역으로 기반을 굳혀왔다. 그러나 여전히 충분하게 연구되지 않은 영역들이 존재하는데, 예컨대 주 수준에서의 신자유주의 경제개혁과 인도의 주 정치에 세계화가 미친 영향, 주 수준에서 정부기구의 작동, 도시와 농촌지역에서의 자치정부(특히 전자의 경우)가 그러하다.

연구의 새로운 영역으로, 주 정당체제와 주 내에서 연합정부의 작동에 관한 집중적인 연구 역시 행해질 수 있다. 지금까지 주 수준에서 선거운동과 사회운동의 정치학에 관한 연구에 학문적 집중을 기울여보았다. 이는 아마도 인도가 민주주의발전국가라는 것에 대한 반영, 특히 주 수준에서 다소 성공적인 선거민주주의를 확립해 온 것이 아닐까한다. 민주적 공고화를 위해 인도가 연방과 주 수준 모두에서 제도적인 의회연방체제가 되고, 선거다수주의가 법치와 사회경제적인 정의에 의해 보상되는 입헌적 민주주의가 되는 것이 대등하게 중요하다 하겠다.

미 주

1) Myron Weiner (Ed.), *State Politics in India,* Princeton University Press, Princeton, 1966, 'Introduction.'
2) Myron Weiner, *ibid.*; and Iqbal Narain (Ed.), *State Politics in India,* Meenakshi Prakashan, Meerut, 1967.
3) M.P. Singh, *Split in a Predominant Party: The Indian National Congress in 1969,* Abhinav Publications, New Delhi, 1981.
4) Lawrence Saez, *Federalism Without a Centre: The Impact of Political and Economic Reform on India's Federal System,* Sage Publications, New Delhi, 2002; and Douglas V. Verney, "From Quasi-Federation to Quasi-Confederacy? The Transformation of India's Party System," *Publius: The Journal of Federalism,* Vol.33, No.4, Fall 2003, pp.153-171.
5) C.D. Deshpande, *India: A Regional Interpretation,* Indian Council of Social Science Research & Northern Book Centre, New Delhi, 1992, Chapter 2.
6) *Ibid.,* p.10.
7) Rajendra Vora and Anne Feldhaus, *Region, Culture, and Politics in India,* Manohar, New Delhi, 2006, 'Introduction,' pp.10-11.
8) *Ibid.,* p.11.
9) Suhas Palshikar, "Caste Politics through the Prism of Region," in Rajendra Vora and Anne Feldhaus (Eds.), *Region, Culture and Politics in India,* Manohar, New Delhi, 2006, p.272.
10) *Constituent Assembly Debates,* Book 3, Vol.8, Lok Sabha Secretariat, New Delhi, 1999, 3rd printing, pp.424-444.
11) "Mood of the Nation Poll: Best Chief Ministers," *India Today,* New Delhi, 12

February 2007, pp.22-23.

12) *MSM Sharma v. Srikrishna Sinha, AIR,* 1960, Supreme Court, 1186, and *State of Kerala v. Sudarsan, AIR,* 1984, Kerala High Court, 1.

13) *Kihota v. Zachilhu, AIR,* 1993, Supreme Court, p.412….

14) P.M. Bakshi, *op. cit.,* 2006, pp.198-199.

15) *The Economic Times,* New Delhi, 5 April 2007, p.14.

16) Myron Weiner, "India's Two Political Cultures," in Lucian Pye and Sidney Verba (Eds.), *Political Culture and Political Development,* Princeton University Press, Princeton, 1965.

17) M.P. Singh, "Interview Responses(s) in India's Political Culture," in R.A. Sharma and Sushma Yadav (Eds.), *Political Culture in Post-Independent India,* Krishi Kunj, New Delhi, 1989, pp.183-209.

18) Sajal Basu, *Regional Movements: Politics of Language, Ethnicity, Identity,* Manohar Publications, New Delhi, 1992, p.21.

19) Myron Weiner, *Sons of the Soil: Migrations and Ethnic Conflict in India,* Oxford University Press, Delhi, 1988, the quotes from p.296 and p.266.

20) Sushil Kumar, "Panorama of State Politics," in Iqbal Narain (Ed.), *State Politics in India, op. cit.*

21) Francine Frankel and M.S.A. Rao (Eds.), *Dominance and State Power in Modern India: Decline of a Social Order,* 2 Volumes, Oxford University Press, New Delhi, 1989 & 1990.

22) M.S.A. Rao, "Some Conceptual Issues in the Study of Caste, Class, Ethnicity and Dominanace," *ibid.,* Vol.I, p.41.

23) Francine Frankel, "Introduction," in Frankel & Rao (Eds.), *op. cit.*

24) *Ibid.,* p.12.

25) Francine Frankel, *ibid.,* "Conclusion," p.503.

26) *Ibid.*

27) *Ibid.,* pp.503-504.

28) Rob Jenkins (Ed.), *Regional Reflections: Comparing Politics Across India's States,* Oxford University Press, New Delhi, 2004.

29) Loraine Kennedy, "The Political Determinants of Reform Packaging: Competing Responses to Economic Liberalization in Andhra Pradesh and Tamil Nadu," in Jenkins (Ed.), *op. cit.,* pp.29-65.

30) Aseema Sinha, "Ideas, Interests and Institutions in Policy Change: A Comparison of West Bengal and Gujarat," Jenkins (Ed.), *op. cit.,* pp.66-108.

31) Sanjay Kumar, "Janata Regionalized: Contrasting Bases of Electoral Support in Bihar and Orissa," Jenkins (Ed.), *op. cit.,* pp.111-138.

32) Christophe Jaffrelot and Jasmine Zerinini-Brotel, "Post-'Mandal' Politics in Uttar Pradesh and Madhya Pradesh," Jenkins (Ed.), *op. cit.,* pp.139-174.

33) Ashutosh Varshney, "States of Cities? Studying Hindu-Muslim Riots," Chapter 6, pp.177-218; and Rob Jenkins, "In Varying States of Decay Anti-Corruption Politics in Maharashtra and Rajasthan," *ibid.,* pp.219-252. Both in Jenkins (Ed.), *op. cit.*

34) Rob Jenkins, *ibid.,* p.237.

35) James Manor, "Explaining Political Trajectories in Andhra Pradesh and Karnataka," Jenkins (Ed.), *op. cit.,* pp.255-284.

36) Mukulika Banerjee, "Populist Leadership in West Bengal and Tamil Nadu: Mamta and Jayalaitha Compared," Jenkins (Ed.), *op. cit.,* pp.285-308.

37) *Ibid.,* p.304.

제9장

관료제:

'영구적인 정부' 인가?

역사

정부 행정기구의 일반적인 속성을 따르는 관료제는 군주제와 함께 주를 형성하는 것과 상관관계가 있는 구(舊)제도 중 하나이다. 이는 또한 현대의 민주국가에서뿐 아니라 권위주의 국가에서도 쉽게 찾아볼 수 있다. 사실, 권위주의 국가들은 일차적으로 철두철미한 관료적 실체이다. 자유민주국가들은 전형적으로 다소 제한적인 관료주의로 시작되었는데, 2차 세계대전 이후 경제에 개입할 복지국가의 책임성이 증가하면서 수많은 관료기구들이 발전했다. 1970년대 후기 이후로, 케인즈주의자와 사회주의 정책 틀을 자유주의적 경제정책이 대체하면서, 국가의 탈관료화(debureaucratization)와 국가규모의 축소는 전 세계적으로 경제와 정치개혁의 안건 중 최우선적인 것이 되어왔다.

비교정치 이론가들은 종종 관료제에 대해 양면적인 입장을 취해왔다. 관료제를 국가 혹은 자본주의 체제의 확립에 본질적인 조건으로 제시하는 학자들이 있다.[1)] 반면, 민주주의의 초기 단계에서 만약 관료제가 정당과의 관계에 있어 너무 강력하다면, 민주주의의 전망에 손상을 입힐 수 있다고 주장하는 학자들도 있다.[2)] 게다가 관료제의 점진적 축소 혹은 폐지를 옹호하며 최근 몇 년간 신자유주의 개혁과 과거 개혁운동이 혼재하기도 했다. 그러나 술레이만(Ezra Suleiman)은 관료제의 쇠망을 성급하게 진단하는 견해에 대해 경고하면서, 관료제는 민주정치제도를 형성하고 보존하는 데에 있어 중요한 역할을 하며, 이의 부재는 민주주의의 생존 자체에 위협이 되는 것이라고 주장한다. 그의 인용을 빌리자면, "미국, 영국, 프랑스, 일본, 프러시아, 그리고 최근의 한국, 대만, 인도의 역사적 발전은 관료주의적 권한의 발전이 국가발전과 동행하고 이를 촉진했으며, 계속해서 민주주의의 발전을 가져왔다. 그렇다면, 왜, 공고화된 민주주의가 결과로서 일어나지 않은 민주주의의 출현을 향해 발전경로를 제안하는가?"[3)]

비슷한 관점에서, 게이(Paul Du Gay)가 편집한 관료제에 관한 책의 필자들은 만약 권한의 관료적 형태가 '공공관리' 와 시민사회의 성장을 강조하는 것에 적응된다면, 특이하게도 기구의 관료적 형태는 효과적 거버넌스의 가치에 계속해서 이바지한다는 논지를 강조한다. 그들은 '관료제의 소멸' 이라고는 하지만, 많은 경우 현대의 정치사회적 이론에서 관료제가 우리의 정치적·경제적·사회적 그리고 문화적 생활양식을 규제하는 데에 계속해서 관련성을 가질 것이라고 주장한다.[4)]

인도는 마가드(Magadh)의 마우리안 국가의 보호하에서 기원적 3~4세기에 일찍이 방대한 관료제를 발전시켜왔던 초기의 국가들 중 하나였다. 찬드라굽타(Chandragupta)에 의해 설립되어 아쇼카(Ashoka)에 의해 전성기를 맞을 때까지, 이 국가의 성격에 대해 확립된 역사적 해석은, 국가의 임금대장에 관해 거대한 관료주의로 막대하게 중앙집권화된 관료군주제였다는 것이다. 마우리아 왕조가 초기 서력기원 시기에 쇠퇴할 때, 후기-마우리안 국가들에 의해 시행된 국가 관료와 브라만에 대한 토지 수여의 관습은, 이후에 사만타(*samantas*)라고 불리는, 그리고 중세인도에서는 익타다르(*iqtadars*)와 자기르다르(*jagirdars*)라고 불리는 토지 수령자들에 의해 공헌된 봉건국가들로 군주제의 관료적 성격이 변형되었다. 무굴제국, 특히 아크바(Akbar)에서 자기르다르를 만삽다르(*mansabdars*: 봉급을 받는 국가 공무원)로 변형하려 했지만 이 움직임은 성공적이지 못했다.[5)] 봉건군주제뿐 아니라 관료적 군주제하에서 이 같은 농업관료제는 막스 베버가 전통적 혹은 세습적 관료제라 불렀던 것인데, 이는 왕가 혹은 왕의 세습제가 확장한 것으로 여겨졌기 때문이다.

인도에서 현대 베버리안(Weberian) 관료제의 시작은, 신입과 제도적 자율성에 기초한 성취의 관점 — 귀속이라기보다는 — 에서 볼 때, 이는 영국 통치의 업적일지 모른다. 그러나 이러한 추정은 두 가지 사실의 관점에서 수정되어야만 할 것이다: (a)19세기 중엽 인도시민서비스의 설치는 동인도회사의 타락한 관료제의 출현보다 앞섰다. 그리고 (b)1858년 왕권에 의해 회사가 대체된 후조차, 의회와 영국왕조하에 영국령 인도 지방들이 직접적으로 행정 관리되는 것과는 구별하여, 영국은 영국의 지상권(paramountcy)하에 인도 군주령의 주들 내 봉건구조를 손대지 않은 채 두었다는 점이 그러하다. 더욱이, 영국은 자기르다르 수령자들을 폐지했지만, 인도에서 영국 집권의 최초 무대였던 벵골 통할에서는 자민다르 계급의 형성을 보유했다. 이 체제는 국가와 토지의 실제 경작자 사이에 봉건적 중개자 계급이 존재하는 것을 허락했다. 중개자가 존재하지 않았던 인도의 나머지 지역에서는 료트바리(*ryotbari*)와 마할바리(*mahalbari*) 제도 아래 이러한 영역들이 계속해서 발생했다.

전통

인도의 후기 식민국가의 최고 등급의 관료직들은 인도정부에 의해 설계되었는데, 각각 인도의 총리와 내무부의 장관이자 부수상이었던 네루와 파텔이 제헌의회(지방의회도 겸하는)의 대표제도와 연방내무부에 의해 주관되는 지방 최고회의를 활성화시킴으로써 장악하게 되었다. '인도혁명의 어린 이들(Children of the Indian revolution)' 중 하나로 자신을 칭했던 네루는, 초기에 제국주의적 영국식 인도시민서비스(ISC)와 인도경찰에 대해 비판적이었다. 이후 파텔은 인도를 발전국가로 만들기 위한 필요성으로 인해 이러한 관료구조를 적용하도록 하는 제헌의회의 의견에 배서하도록 네루를 설득했다.[6)]

제헌의회는 마침내 전인도서비스(AISs)라는 중앙의 서비스 기관을 헌법적 기반과 보호 아래 설치하기로 결심했다. 전인도서비스는 헌법에 기반해 설치된 독립적인 연방공공서비스위원회(UPSC)에 의해 채용되고, 주 정부들 아래에서 서비스 영역 훈련이 제공된 연방 연수기관에서 양성되며, 가능한 한 신입사원들의 선호에 따라 특정한 주로 배치가 된다는 관점에서 특이한 성격을 지닌다.

인도행정서비스(IAS)는 인도정부들의 다양한 질서 속에서 복잡하게 얽힌 관료직의 피라미드 중 최고의 시민서비스라고 할 수 있다. "오늘날 인도행정서비스는 수많은 전인도, 중앙, 주 서비스들과 업무를 공유하고 국가를 위해 강력한 행정적 연계를 이룸으로써, 국가 행정구조의 핵심 역할을 한다."[7)]

인도 헌법의 관료제 부분에서 사용된 '공공서비스'라는 용어에 대해 1971년, 한 연구자는 다음과 같이 날카롭게 지적했다.

> "인도에 존재하는 관료제는 백년 이상 계속되는 역사를 갖고 있다. 이같이 수백 년 동안 국가의 사회, 경제, 정치적 삶은 혁명적이었던 반면, 기본이 되는 관료제의 조직과 전제는 변화하지 않고 심지어는 의문이 제기되지도 않은 채 남아있다. 유산은 그대로 수용되어온 것이다."[8)]

이와 관련하여 영국의 한 연구자가 1990년대 초반의 연구에서 '인도 정치 행정가(India's political administrators)'라고 일컬었던 것을 살펴볼 수 있다. "광범위하게 말하자면, 나는 이 책을 통해 인도시민서비스(ICS) 행정의 전통적 성격을 기술하고 시대를 통한 지속성을 설명하려 노력했다."[9] 이 같은 관료적 통치의 유산은, 대개 카스트와 같이 위계적이며 그 안에 조화를 이룬 관료적 구조와 가치, 행동양식들에 우선권을 둔다. 통치에 있어서 정치 관리자는 구역의 수세관(collector: 인도의 징세원 겸 지방장관)으로서 "그들의 지지를 염두에 두고 희소자원을 분배"해 왔으며, 서기관으로서 "중앙과 지역에서 정책의 형성에 집중적으로 연관"되었다.[10] "사회의 특정 지역에서 공유된 집합적 아이덴티티, 그리고 사고와 가치의 특정 양식을 가진 사람들은 그 지역에 배속된다. 이는 오가는 사람들이 아닌, 인도시민서비스(ICS) 전통으로서 수행되는 지역과 바로 그 양식인 것이다."[11]

영국통치로부터의 관료적 잔존물은 독립 인도의 헌법에 중심적인 특성으로 편안히 안착하지 못했는데, 의회의 통제와 연방자치권을 강조하는 정부의 연방원칙, 시민의 기본권, 주 정책에 대한 지침, 그리고 계획경제발전의 전략과 같은 것들이 그러하다.[12]

일부 앞서 언급한 입헌적 가치와 인도시민서비스(ICS)/인도행정서비스(IAS) 전통 사이의 모순, 그리고 일부 부패의 위협과 정치의 범죄화 증가로 인해 이전의 관료제적 전통으로는 21세기를 살아갈 수 없을지 모른다. 이러한 맥락에서 포터(Potter)의 세심한 관찰에 대해 인용을 하자면,

> "21세기 말 관료제 내에서 인도행정서비스(IAS)와 경쟁적 서비스들 간 현재에도 계속되는 투쟁의 강화 속에서, 누구든 IAS와 그것의 전통이 점차 고립되어간다는 것뿐만 아니라, 이보다 더욱 강경한 세력이 포진해가고 있다는 것을 알아챈다. 한번 IAS의 각 개인이 특정 양식을 선택하도록 요구된다면, 1993년에 심각하게 고려된 제안같이(심지어는 IAS 내에서), 수세관, 서기관, 토지보유제(tenure system), 그리고 모든 나머지 체제가 약화된다."[13]

계급 편견

원칙상 능력에 따라 개방되어 있음에도 불구하고, 어디에서든지 인도의 최고 관료제는 그만의 내적 층화에 더불어 뚜렷한 계급편견을 가진다. 듀브(S.C.Dube)가 말하기를, “대체로 관료제는 귀속이라기보다는 성취를 상징했다. 시간이 지나면서 이는 뚜렷한 기득권을 갖게 되었고, 그 어떤 영역으로부터의 침해에 대항해 그러한 기득권을 손상시키지 않으려는 경계로 지위와 우선권에 대한 모든 위협에 민감했다.”[14] 1966~67년과 1968~69년 인도행정서비스(IAS) 채용의 사회경제적 배경에 관한 한 연구는, 첫 번째 그룹 126명의 공무원 중 27명이, 그리고 두 번째 그룹 111명 공무원 중 26명이 농촌지역 출신임을 보였다. 두 그룹에서 도시 출신의 합계는 양쪽 모두 85명이었다. 공무원들의 아버지 직업에 대한 자료가 〈표 9.1〉에서 나타난다. 이는 엘리트 관료 기간요원의 채용에서 강력한 중산계급 혹은 상층계급이 존재했다는 증거이다. 실질적인 목적에서, 서비스는 오직 도시와 농촌지역의 중산계급과 상층계급에게만 개방된 것이다. 노동계급 출신은 아무도 없었다. 이 같은 상황이 변화했으리라는 믿음에는 확실한 이유

〈표 9.1〉 1966~67년과 1968~69년 IAS 신규임용공무원들의 아버지 직업

아버지 직업	1966~67	1968~69
농업	21	29
중산계급 자유직업	31	20
상업	9	13
IAS & 그 밖의 정부공무원	53	43
그외 혹은 머천다이저	12	6

출처: C.P. Bhambhri, *Bureaucracy and Politics in India* (Vikas Publications, Delhi, 1971, p.65)에서 발췌

〈표 9.2〉 1979년 중앙정부의 서비스에서 OBCs/SCs/STs의 대표성, 부류 I & II(백분율)

부류 I (전체 N = 174021)		부류 II (전체 N = 912925)	
SCs/STs	OBCs	SCs/STs	OBCs
18.33	12.27	50.56	25.63

출처: *Report of the Backward Classes Commission* (Government of India, New Delhi, 1980, Part I, p.88)에서 발췌

가 없으나, 매우 근소하게나마 주로 SC/ST 할당제를 통한 것일 뿐이다. 1979년 중앙정부 서비스 내 OBC/SC/ST의 할당제에 관한 자료는 앞의 추측에 대한 개연성에 대한 증거를 제공한다(〈표 9.2〉).

행정과 정치에서 다소 한 계급이 총체적으로 형성되던 초기의 후기 독립 몇십 년간은 관료엘리트와 정치엘리트 양쪽 구성 모두에 있어 상층계급/카스트 편견이 점차 계속해서 변화되어 왔다. 그러나 관료와 정치인 채용이 할당제도를 조건으로 해온 이래로, 사회경제적으로 큰 지위의 역전이 있었으며, 관료계급과 정치계급 간 날카로운 계급 충돌은 간신히 피해갈 수 있었다.

관료제의 통제

민주주의 내에서 관료적 책임성의 문제는 복잡하다. "관료제를 비관료제도 즉 '정치적' 으로 확립된 정책을 실행하기 위한 도구적인 장치로 간주한다."[15] 정치적 행정부는 입헌적 승인으로 정책을 입안하고 관료적 행정이 이를 집행한다. 물론, 관료들은 행정의 실행과정이 그들의 각료와는 다

를 수 있어도 자유롭고 솔직한 자문을 제공할 수 있지만, 정책이 헌법의 틀 내에서 한번 결정되면 공무원들은 그것을 성실하게 집행해야 한다.

신생민주주의에서는 특히, 인도와 필리핀같이 상대적으로 발달된 의회제도를 갖춘 나라들이라 할지라도, "정치기구들의 상대적 취약성으로 인해 상당 부분의 영역에서 관료에 의해 지출승인이 이루어지는 경향이 있다. 관료제 내부의 투쟁은 주요 정치형태가 된다."[16] 이러한 이유로, 릭스(Riggs)는 프리드리히(Carl J. Friedrich)의 민주주의와 입헌주의에 관한 기념비적인 연구에서의 의견과는 달리한다. 후자는 서양의 입헌주의 출현은 국가의 관료적 권력의 실질적인 발달보다 늦었으나, 이후 이를 통제하에 두었다고 주장한다. 그러나 전자는, 제3세계의 신생민주주의 내에서 "정치체제가 뒤처져 있을 때, 성숙하지 못하거나 너무 급진적인 팽창을 하는 관료제는 효율적인 정치발전을 저해하는 경향이 있다"라고 주장한다. 릭스는 계속해서 "분리적인 정치기구는 관료제가 약할 때 더욱 성장할 기회를 갖는다"라고 추론한다.[17]

각료와 공무원 사이의 관계에 관한 영국의 이론과 실제에 대해, 파이페(David Maxwell Fyfe, 이후 Kilmuir) 경은 1954년 6월 20일 하원에서 다음과 같이 개괄했다. "공무원의 지위는 전체적으로 그리고 직접적으로 그의 각료에게 책임이 있다. 이는 한편 각료의 뜻대로 언제든 해임될 수 있다는 것을 의미한다. 그럼에도 불구하고 공무원의 권력은 실질적인데 이 같은 상황이 좀처럼 일어나지 않기 때문이다. 유일한 예외라면, 적은 수의 연장직들, 즉 사무차관, 대리서기관, 그리고 재정 관료의 장이 그러한데, 1920년 이래로 각료가 총리와 의논하여 임명하는 것이 필수가 되었다."[18]

데이비드 경은 다른 원칙들이 작동하는 상황에 대해 네 가지 범주로 상세한 설명을 붙였다. 첫째, 각료의 뚜렷한 명령은 입안된 정책에 따라 공무원에 의해 실행되어왔으며, 전자는 후자를 정치적으로 옹호해야만 한다. 둘째, 공무원은 입안된 정책의 한계 내에서 엄격하게 행동하며, 공무원은 내각보호의 권한이 주어진다. 셋째, "공무원이 실수를 행함에, 혹은 지체를 일으킬 경우, 그러나 정책적으로는 중요한 이슈가 아니며 개인의 권리가 심각하게 연루되지 않은 일일 경우에는, 비록 각료가 개인적으로 연루되지 않았다 하더라도 실수를 용인하고 책임을 수락한다. 그는 부서 내에서 잘못된 행동을 수정하도록 진술한다… 그는 이러한 상황에서 공공 비판의 공무원에게 노출하지 않을 것이다." 그러나 네 번째 우발적 경우에 "공무원의 비난받을 만한 행동이 '사전지식(prior knowledge)' 없이 취해지고, 각료가 '불인정' 할 경우에는 각료가 잘못되었다고 믿는 것을 승인할 의무, 혹은 뚜렷하게 드러나는 직원들의 잘못에 대해 옹호할 의무는 없다." 데이비드 경은 "효율성을 보장하고 부서 내의 임무에 적절한 책임을 다하는 필수적인 행동을 취하는 것이 의회에 대한 각료의 책임성의 일부"라고 언급함으로써 개괄하고 있다.[19)]

네루 시기 연방의 재정장관인 크리슈나마차리(T.T.Krishnamachari)와 재정수석 서기관인 파텔(H.M.Patel) 간의 관계에 관한 고전적인 사건은, 이전과 관련해 인도에서의 입헌적 실제의 진화에 대한 일변을 제공한다. 사건은 1956년 문드라(H.D.Mundhra)에 의해 관리되는 사립회사에 정부 관리의 생명보험회사가 약 천2백6십8만6천 루피를 투자하라는 결정에서 야기되었다. 이 일화는 각료의 공무원 관계, 의회와 언론, 정당기능 등의 안건에 대해 생각할 기회를 던졌다. 신문상에 표면화된 이슈는 의회 내에 격정을 일으켰다. 봄베이 고등법원의 차글라(M.C.Chagla) 판사가 의장을 맡은 일인 판사조사위원회에 의해 조사가 요구되었다. 차후의 조사들은 1955년 전인도서비스(원칙과 간청) 규칙하에 조사위원회(Board of Inquiry)와 연방공공서비스위원회(Union Public Service Commission)에 의해 실시되었다. 위원회 앞에서 재정장관과 재정서기관의 중대한 증언은 서로 모순되었다. 차글라 위원회가 언급하기를,

> "장관은 파텔 씨가 6월 24일에 무슨 행동을 했는지에 대해 알건 그렇지 않건 간에, 이 업무처리에 대해 알게 되었을 때, 장관은 파텔 씨의 행동을 거부하지 않았다. 그러므로 명백하게, 6월 24일의 업무 처리에 관해 야기된 파텔 씨의 행동에 장관은 부분적으로 암묵적 동의를 한 것이다."[20)]

일반적인 관점에서, 차글라위원회는 경험에서 얻은 것을 입안했는데,

> "장관의 책임성 교리는 두 가지의 측면이 있다. 장관은 그만의 권한 영역에서 완전한 자율성을 갖는다. 당연한 결과로써 그는 부하의 행동에 대한 모든 책임을 떠맡아야 한다. 이는 우리가 진화시켜온 행정체제에 대해, 장관이 부하들에 의한 모든 행동을 어떻게든 알아야하고 그들에게 승인을 해야 하는 고도로 복잡한 체제를 기대하는 것이 불가능하기 때문에 장관에게 막대한 부담이 될 수 있다는 것은 사실이다. 그러나 상관에 의해 한 번 입안된 정책은, 부하들이 충실하게 집행해야 함을 반영한다. 만약 이에 실패한다면, 그는 처벌받거나 해임될 수 있지만, 대신, 그의 행동에 대한 모든 책임은 장관이 떠맡게 된다…"[21]

공교롭게도, 사건은 장관과 재정수석서기관 양쪽의 사임으로 대단원의 막을 내렸다. 이 일화에서 중요한 또 다른 면은 정치학자 밤브리(C.P. Bhambhri)에 의해 강조되는데, "추진력은 정당(회의당)기금을 향한 문드라의 재정적 기여로 보인다. 정부는 그가 재정적 어려움에 처했을 때 '계속적인 수입원(milch cow)' 인 생명보험회사(LIC)를 이용함으로써 그를 도왔다. 기업인의 정당 기금에 대한 기여는 정부의 보답으로 투자를 구성한다."[22]

행정 역할의 변화: 1947년 이래 도전과 1990년대

독립 인도의 관료제는 두 가지의 역사적 유산에서 벗어나기 위해 요청되었는데, 이는 즉 식민지 인도에서 법과 질서/세입에 근간한 역할이었으며, 군주령 주들을 인도연방으로 통합시키기 위한 봉건적이고 세습적인 역할이었다. 독립 이후 인도정치체제의 목표들은 국가 주도의 산업화 전략의 관점에서, 그리고 도시와 농촌지역의 시민공동체를 발전시킬 관점에서 개념화되었다. 이는 바로 인도의 공공행정이 '행동 중심적(action-oriented)이고 목표 중심적(goal-oriented)인 행정체제' 로서 와이드너(Edward Weidner)가

개념화한 행정의 새로운 구조형성 목표를 실행하려 노력해왔다는 맥락에서였다.[23] 행정발전에 관한 이 같은 논의의 대부분은, 비록 독립 이후 초기 몇십 년간의 동반적인 발전 역시 공공부문 설계영역의 확장을 통제하기 위한 관료기구의 설립이었지만, 새로운 사회경제적 변화와 국가통합에 대한 임무의 맥락에서 이루어졌다. 그러나 공공기업을 따라 주의 낮은 행정수준에 새롭게 형성된 500명의 블록 발전 관료들이 임명되었고, 선거대표제로 판차야트 통치 역시 설립되었다.

몇십 년이 지나, 설계에 대한 새로운 도전들과 대중빈곤의 증가는 1960년대 중반 이후 녹색혁명(Green Revolution)과 1970년대 이래 빈곤완화프로그램(Poverty Alleviation Programme)과 같은 추가적인 발전전략을 촉진했다. 안티오다야(Antyodaya), 농촌지역통합발전프로그램(IRDP), 낙농혁명(White Revolution) 등과 같은 빈곤완화 장치들은 국영화된 은행으로부터 원조를 받아 시작되었다. 이와 같이 네루와 인디라 간디 시기에 국가의 목표는 '사회주의적' 발전(주로 지배적인 공공부문으로 국가개입이 고안되는), 한편으로는 대중적인 '가리비 하타오(*garibi hatao*: 빈곤선 이하의 인구를 줄이기 위한 국가의 전략이라는 관점으로 대개 이해된다)' 가 활발하게 실행되었다.

1980년대 말까지 행정 발전에 있어 공공부문은 심각한 위기에 빠졌다. 책임을 맡은 공공부문은 필요 이상의 직원을 두고 자원의 비합리적인 사용에 희생되어 막대한 손실을 입은 반면, 사적부문은 부패에 인접하여 과도하고 빈번한 약탈적 규제에도 불구하고 수행능력에서 훨씬 나았다. 게다가 사적인 가계 경작 역시 국가의 부적절한 투자에도 불구하고 유망한 결과를 보였다. 심각한 지불 균형의 위기 — 수입과 수출의 불균형 — 와 결합한 이 같은 요인들은 특별한 조치를 필요로 하게 되었다. 관료제규제철폐, 사유화와 세계화에 대한 강조로 신자유주의 경제정책은 1991년 이래로 도입되었다. 이와 관련하여 마투르(Kupdeep Mathur)는 다음과 같이 언급한다.

"이 같은 패러다임적 이동은 이제 공공의 행정에 신선한 도전을 일으킨다. 그것은 개입의 영역을 감소시키는 경향이 있지만, 동시에, 선택된 부문들에서는

> 개입의 질을 변화하도록 기대한다. 협동전략 혹은 조직에 기반한 공동체와 같은 시민사회 내 대안체들은 자원의 관리와 사용에 있어 그들만의 능력을 발전시킬 수 있다… 국가의 철수는 자발적 부문을 위해 길을 열어준다. 실제로, 8차 계획은 시장의 압력뿐만 아니라 보다 큰 자발부문을 위해 답변서를 마련한다. 이같이 새로운 통치 내에서, 그렇다면, 소란스러운 소리들은 바로 관료적 책임성, 지방분권, 참여, 그리고 공동체에 기반한 기구들 혹은 비정부기구들(NGOs)이 될 것이다."[24]

새로운 분위기는 신행정관리(NPM), 대안적 발전, 지속가능한 발전, 효율적 거버넌스 등과 같은 수많은 새로운 아이디어들을 양산해왔다. 신행정관리는 인습적인 공공정책에서, 비용효율성의 관점에서 사적관리의 규범으로 이동하는 전조가 되고 있다. 이는 또한 구조적 뼈대에 있어 조직의 피라미드보다는 집단의 효과를 믿는다. 게다가, 이는 경직된 계획과 인습적인 관료적 위계보다는 융통성 있고 적응력 있는 작동체제를 강조한다.[25]

정부는 기업처럼 경영되어야만 한다는 정치계급과 시민들로부터의 요구 증가와 관련해, 행정 관리자들과 공공행정영역의 학자들은, 국가경영을 전통적인 수단과는 다른 방법으로 이론화하고 실제화하려는 압력에 놓여있다. 비효율성, 그리고 민주적 압력과 단속으로부터의 자율성이 그러하다. 박스(Richard C. Box)를 인용하자면,

> "신행정관리는 관리자로 하여금 '나날의 민주적 단속'으로부터는 대개 멀어져, 경제적 비용과 편익의 합리성에 따라 관리하도록 허락(혹은 만들어줌)함으로써 행정으로부터 분리된 정치(국민 혹은 그들의 대표성에 의한 정책 결정이라는 관점에서)를 추구한다. 이는 예전의 정치-행정 분리와 유사한 것이며, 사이먼(Herbert Simon, 1945~1997)이 대부분 '사실에 입각한' 행정결정을 묘사한 것과 같다. 이같이 개혁된 관리체제에서, 공중-사적 구별은 '본질적으로 퇴화한' 것이며 관리는 부문들을 넘어서 포괄적인 성격을 띤다…"[26]

그러나 이 같은 국가개혁의 필요성과 수지가 맞지 않는 공공경제부문의 개혁을 위한 시도를 부정하지는 않겠지만, 이는 국가를 사회부문(예컨대 교

육, 보건, 공공인프라 등)에서 역할을 증대시키는 것이 아니라 이전 상태의 국가로 되돌리려는 어리석은 전략이 될 것이다. 이 나라에서 '기업 내 정부(Government in business)' 는 크게 실패해왔다. 사적부문과 공적부문이 사회/국가통합을 이루어야 한다는 관점에서 볼 때, 이는 완전한 재해가 될지 모른다. 이 부문들에 대한 정부의 투자는 GDP의 1~2%정도밖에 되지 않을 정도로 충격적이고 수치스럽다. 이 영역에 개입한 사적부문은 과도한 부의 필요성에만 영합한다. 이는 정치사회적 융기를 폭발적으로 형성하고 사회의 조화와 국가통합을 파괴할 것이다.

대안적인 발전과 지속가능한 발전 패러다임은 평등, 삶의 질, 인간계발, 젠더와 유아정의, 환경과 생태적 균형보호 등과 같은 새로운 발전적 관심사들에서 중요성을 강조한다.[27)]

제3세계 국가들 내 발전과 관련해 세계은행은 최근 '거버넌스' 혹은 '효과적 거버넌스(good governance)' 라고 불리는 것들에 대해 보다 풍부한 연구를 제공해왔다. 정부는 관습적인 구조인 반면, 거버넌스는 정부가 매여 있는 것과는 다른 작동들의 절차이다. 최근의 세계은행 간행물은 거버넌스 지표에 대해 다음과 같이 정의한다: (1)책임성, (2)정치적 안정성, (3)정부의 효율성, (4)규제의 질, (5)법치, (6)부패의 통제가 그러하다. 처음 두 지표는 "권한이 선택적이고 대체되는 자들에 의한 절차" 를 기능화한다. 다음 두 지표는 정치적 압력으로부터 시민 서비스의 질, 경쟁성, 독립성, 그리고 정책을 향한 정부 실행의 신뢰성을 기능화한다. 마지막 두 지표는 "시민과 국가의 상호작용을 통치하는 제도에 관한 이들의 존중" 을 요약한다.[28)]

1990년대는 인도의 정치경제영역에서 패러다임의 이동을 보이는데, 이는 (a)사유화와 세계화를 강조하는 신자유주의 경제정책, 그리고 (b)중앙에서 주로, 주에서 지방정치체제로, 권력과 자원을 분산하는 정치적 연방주의화라는 두 가지 주요 차원에서 그러하다.

복지자유주의에서 기업자유주의를 강조하는 변환은 행정의 일부분에 조정을 필요로 하는데, 이전에 행정국가의 필요에 맞추어진 체제가 국가적으로, 지역적으로, 그리고 세계적으로 출현하고 있는 시장에 대항해 조정되어야 할 필요가 있기 때문이다. 부서에 의한 직접적인 관료적 통제는 국가와 지방경제의 다양한 부문 내 규제기관들에서 독립적이고 때로는 반(半)사법적으로 용이한 규제에 의해 대체되어야만 하는데, 예컨대 중앙 혹은 주의 전기규제당국, 통신규제당국, 안보와 교환인도위원회(SEBI), 경쟁위원회, 중앙보험규제당국(CIRA) 등과 같은 기관들이 그러하며, 이 기관 모두는 1991년 이후 의회기관 혹은 주 입법기관 아래에서 형성된 것들이다.[29)]

더욱이, 시장화의 변화된 맥락에서 공공행정은 기업처럼 경영되어야만 한다는 필요성이 강조되고 있다. "공공행정에서 시장개념의 확장에 대한 증가는 현재 신행정관리로 설계되고 있는 사적부문으로부터의 비용 삭감과 생산관리 개념들에 대한 배열을 강조하는 것에서 공공행정의 연구와 실제 영역에서 발견된다. 이 같은 개념들은, 그 중에서도 특히 사유화, 규모의 축소, 규모의 적정화, 기업주의, 개혁, 기업 작동, 품질관리, 그리고 고객서비스이다." 신행정관리는 국민들 혹은 그들의 대표성에 의해 정책결정을 하는 것에 대항해 경제적 합리성에 보다 자유로운 경쟁을 부여한다. 또한 정치적 합리성과 각 부문들을 넘어 관리의 표준을 만들기 위해 공공-사적부문의 구분을 시대에 뒤떨어진 것으로 여긴다.[30)] 더욱이 세계적 자본주의로 인한 인도경제의 통합에 대한 증가는 국제정치경제법 내에서, 그리고 WTO, 지역무역블록 등과 같은 국제경제포럼들에서 새로운 기술에 우선권을 부여하고 있다.

인도 정치의 연방주의적 추세는 또한 전인도서비스에 필요성을 가지는데, 특히 주의 공공서비스, 일반적으로 주와 지역구성체들로 정치권력이 분산하는 측면에서 그러하다. 전인도서비스는 중립적 사고방식과 기간요원 할당제를 갖추고 있다. 전인도서비스의 폐지를 놓고 중앙-주 관계에 있어 사카리아위원회에 요구가 있었을 때, 위원회는 이를 인정하지 않았다.[31)] 이는 그러한 요구가 더 이상은 수락되지 않는 정치체제의 연방주의화와 민주화의 심화에 대한 일종의 측정이었다. 사실, 정부의 두 질서간 조화를 위해 작동해온 전인도서비스는 주와 연방 각각의 필요성과 문제에 대해 견문이 넓은 조정자들로 구성되었다. 정부의 두 질서 간 오해와 갈등의 증가로 정치적 전망이 분산될 때, 그들은 중앙-주 관계를 원활하게 만드는 주요 인물들인 것으로 드러났다. 전인도서비스와 주 서비스들은 아직까지, 판차야트 통치와 나가르팔리카 통치(Nagarpalika Raj)와 관련해 73차와 74차 헌법 개정(1993)에 의해 선도된 풀뿌리민주주의의 전망과 완전한 조화를 이루진 않았다.

행정 부패와 개혁

다양한 위원회와 위원단으로부터 표현된 대로, 독립 후 인도에서 개혁주의자들의 관심은 행정적 문제에서 정치, 경제, 관료적 부패로 이동했다. 예컨대 1950~1960년대 초기 폴애플바이보고서(Paul Appleby Report)와 고르왈라(Gorwala)보고서는 행정개혁에 집중적으로 초점을 맞추었다. 1990년대 초 보흐라위원회보고서(Vohra Committee Report)는 정치, 경제, 그리고 범죄연합(syndicates) 간의 연계가 증가하는 것에 대해 경계의 신호를 보냈다.

중앙에서뿐만 아니라 비하르에서 1951년부터 1982년까지 인도행정서비스 내에 근무했던 압푸(P.S.Appu)의 인식에 따르면, 독립 후 약 20년간 두 장치에서 모두 전인도서비스는 잘 작동했다고 한다. '쇠퇴' 와 '가치저하' 의 현상은 비하르에서는 1960년대 후반에, 그리고 연방에서는 1973~74년 즈음부터 시작되었다.[32] 여기에서 관료적 퇴화는 정당 간 경쟁의 심화가 증가하고 의회 밖 대중운동이 증가했던 현상들과도 일치한다. 우리는 여기에서 행정적 위기가 가장 심각했던 시기가 1975~1977년 인디라 간디 수상에 의해 부여된 국가 비상사태 기간이었음을 첨언할 수 있는데, 그녀는 '헌신적인 관료제(committed bureaucracy)' 를 요청했다—관료적 중립과 입헌적 가치를 침식하는 것으로 보이던 환경 속에서 집권당의 이데올로기에 대하여, 이 문제에 대한 보다 깊은 측면은 1990년대 후기에 덧붙여지는데, 정치-관료적 부패와 정치과정의 범죄화가 걱정스러운 정도에까지 미치게

되었다. 압푸를 인용하자면,

> "전국의 수석장관들은 정당과 정치그룹들의 손에 맡겨져 포로가 되었다. 장관직을 부활시키기 위해 그들은 마음이 좁은 정치인들을 달랠 의무가 있다. 새로운 유형의 장관들도 짧은 임기로 인해 유연한 관료들을 경계해왔다. 관료제 내에서 부패의 여지는 충분했다. 머지않아 대다수의 공무원들은 스스로가 특정한 장관과 제휴하여 불행한 결과로 이끄는 협력이 활발했다."[33]

그럼에도 불구하고, 압푸는 전인도서비스의 보존과 회복을 위해 세 가지의 이유를 제시했다. 첫째, "약화된 국가에서라도 전인도서비스는 냉소적인 정치인들의 전횡적인 행동들에 대하여 저항해야 한다." 둘째, 2002년의 구자라트 폭동의 경험을 언급하며, "주 전체에 걸쳐, 경찰은 커치(Kutch)의 경찰서장인 상 파리바(Sangh Parivar), 바브나가르(Bhavnagar), 바나스칸다(Banaskantha), 바루치(Bharuch)가 힌두 열광자들과 악한들에 대항해 확고한 조처를 취했던 범죄행위에 묵인했다. 셋째, 헌법을 따르는 별개의 권위체로서 대통령과 대법원, 시민과 경찰행정은 수백만 시민이 헌법 아래 권리를 보장받을 수 있게 할 것이다."[34]

부패문제는 지금까지 빠르게 확산되어왔으며 행정적 감시와 입법제정의 실패는 명백하게 완고해서 오로지 사법행동주의만이 이 영역에서 효과가 조금 나타나고 있을 뿐이다. 1993년 7월, 인도정부는 당시 내무부장관이던 보호라(N.N.Vohra)가 위원장을 맡는 행정수준에서의 위원회를, "정부 관리와 정치적 인물들에 의해 보호받고 있고, 또 이들과 발전적 연계를 맺고 있는 범죄 집단/마피아 조직들에 대해 모든 가능한 정보조사를 실시할 목적으로" 설립했다. 1993년 10월에 제출된 보고서는, 다음과 같은 결론에 이르고 있다.

> CBI는 전체 인도에서 범죄 집단들이 관례를 무시해왔다고 보고했다. 심지어 작은 마을과 농촌지역 내에서, 폭력단원들은 당시의 질서가 되어왔다. 고용된 암살단들은 이 조직의 일부가 되었다. 범죄 집단, 경찰, 관료와 정치인들 사이

의 연계는 뚜렷하게 전국의 다양한 지역에 출현해왔다. 현존하는 범죄정의 체제는, 즉 본질적으로 개인적 처벌/범죄를 다루도록 설계된 체제로는 마피아 행동을 다룰 수 없다. 경제적으로 관련한 법 조항 처벌은 빈약하다. 마피아 활동을 통해 획득된 재산을 압류/몰수하는 데에 넘을 수 없는 법적 어려움이 존재한다.[35]

베를린의 국제투명성기구에 의한 2002년의 부패인식지수에서 인도는 102개의 국가들 중 73위를 차지했으며, 핀란드는 가장 부패가 없는 나라로, 그리고 방글라데시가 가장 부패한 나라로 나타났다.[36] 이전의 중앙감시위원회 위원이었던 비딸(N.Vittal)은 부패퇴치의 어려움을 다음과 같이 지적하고 있다.

"관료제, 정치적 리더십, 시민, 기업공동체와 심지어는 범죄자들 간에도 밀접한 관계가 있다… 관료제 한 부문에서만 부패를 제거하려는 시도는 효과가 없다. 결국, 부패와 맞서는 것은 전염병과 맞서는 것 같다. 한 부문만을 격리시키는 것은 불가능하다."[37]

그러나 여전히 개혁의 절차는 정치적이고 관료적인 권력의 중앙으로부터 시작해야 한다. 1970년대 전반기에 반(反)권위주의적인 의회 밖 대중운동을 이끌었던, 사회주의자로 전향한 간디안인 자야프라카시 나라얀은 인도에서 부패의 강고트리(*gangotri*)로서 정치를 묘사했다. 아우지안의 외양간을 하루만에 청소한 헤르큘리안의 청소처럼 수원지가 발생해야만 한다. 신분상승과 지위를 향한 인도의 신봉건적 정치행정계급은 여전히 분열을 일으키는데, 보다 광범위하게는, 새천년의 전환기에 허가제쿼터통치(Permit-Licence-Quota Raj)가 그러하다. 이는 없어져야만 하는 시대착오의 산물이다.

관료제의 공공이미지는 바닥으로 실추했다. 1996년 개발도상사회연구센터에 의해 실시된 전국선거연구(NES)는 시민 관료제와 경찰 관료제가 제도들 가운데 대중의 신뢰지수에서 가장 낮은 두 부분에 올랐다는 것을 보여주었다. 100점 만점에 관료제는 27점을, 경찰은 28점을 획득하며 인도선거관

리위원회와 사법부를 멀리에서 뒤쫓고 있었다.[38]

헌법작동검토위원회는 2002년 보고서에서 행정개혁을 위해 여러 제안을 했다. 첫째, 발달된 경력관리정책과 기술에 일치하도록 채용, 승진, 이전, 그리고 신속한 진보와 관련하여 자문하는 헌법 309조에 기초한 의회의 입법권 내에서 자율적인 개인위원단을 권고한다.

둘째, 총리가 이끄는 "정책결정, 계획, 승진, 고등과학·기술적 연구에의 투자를 위해 많은 하부단체를 갖춘 상부기구로서" 국가과학기술위원회의 설치를 제안한다.

셋째, 이는 업무태만과 청탁과 같은 불성실한 행위와 그들의 지불 손상의 가능성을 위해 공무원의 책임성을 합법적으로 제도화하는 것을 권고한다.

넷째, 1988년의 베나미 거래(금지) 법령, 그리고 부패방지법령과 같은 반부패법률을 만들도록 제안한다.

다섯째, 헌법과 주 입법기관 아래 각각 록 달/로카육타(*Lokayuktas*)를 설치하도록 제안한다.

여섯째, 연방과 주 정부들에 의해 취해진 1952년의 조사위원회 법령의 틀 내에서 조사와 시정조치의 실시를 촉진하는 절차를 제안한다.

일곱째, 행정의 투명성 가치제고를 위해, 정보권리법령(Right to Information Act)의 통과를 권고한다. 이 법 아래에서, 정부는 "주요 책임성을 떠맡고 시민들의 정보흐름을 보장하기 위해 기술을 동원해야만 한다."[39] 한편, 정보권리법령은 이미 2007년에 통과되었다.

미 주

1) Max Weber, *From Max Weber: Essays in Sociology,* translated & edited with an Introduction by H.H. Gerth and C. Wright Mills, Oxford University Press, New York, 1946.
2) Fred Riggs, "Bureaucracy and Political Development: A Paradoxical View," in Joseph Lapalombara (Ed.), *Bureaucracy and Political Development,* Princeton University Press, Princeton, 1963.
3) Ezra Suleiman, *Dismantling Democratic States,* Princeton University Press, Princeton and Oxford, 2003, p.316.
4) Paul Du Gay (Ed.), *The Values of Bureaucracy,* Oxford University Press, 2005, p.2.
5) M.P. Singh, "Indian State: Historical Context and Change," *The Indian Historical Review,* Vol.XXI, Nos.1-2, July 1994 & January 1995, is a critical review of works of historians R.S. Sharma, Romila Thapar, I.H. Qureshi, Doglas Strusand, etc.
6) Bidyut Chakrabarty and Mohit Bhattacharya (Eds.), *Public Administration: A Reader,* Oxford University Press, New Delhi, 2003, pp.31-33.
7) O.P. Dwivedi and R.B. Jain, *India's Administrative State,* Gitanjali Publishing House, New Delhi, 1985, p.35.
8) C.P. Bhambhri, *Bureaucracy and Politics in India,* Vikas, New Delhi, 1971, p.57.
9) David C. Potter, *India's Political Administrators: From ICS to IAS,* Oxford University Press, Delhi, 1996, p.257.
10) *Ibid.,* p.80.

11) *Ibid.,* p.81.

12) Granville Austin, *The Indian Constitution: Cornerstone of a Nation,* Oxford University Press, Delhi, 1966, Chs.2, 3, 4, 8, and 9; and Potter, *op. cit.,* Ch.1.

13) Potter, *ibid.,* p.263.

14) S.C. Dube, "Bureaucracy and Nation Building in Transitional Societies," Jason L. Finkle and Richard W. Gable (Eds.), *Political Development & Social Change,* 2nd ed, John Wiley & Sons, INC., New York, 1971, p.327.

15) Fred W. Riggs, "Bureaucrats and Political Development: A Paradoxical View," in Finkle and Gable (Eds.), *op. cit.,* p.331.

16) *Ibid.,* p.331.

17) FWR, *ibid.,* pp.331-335.

18) Quoted in C.P. Bhambhri, *op. cit.,* p.80.

19) C.P. Bhambhri, *ibid.,* pp.80-81.

20) Quoted in *ibid.,* p.134.

21) Quoted in *ibid.,* p.135.

22) *Ibid.,* p.171.

23) Edward Weidner quoted in Mohit Bhattacharya, *Social Theory and Development Administration,* 3rd Edition, Jawahar Publisher & Distributors, New Delhi, 2002, p.4.

24) Kuldeep Mathur, "Introduction: The Emerging Concerns in Public Administration," in Kuldeep Mathur (Ed.), *Development Policy and Administration,* Sage, New Delhi, 1998, p.18.

25) Mohit Bhattacharya, *op. cit.,* pp.129-130.

26) Richard C. Box, "Running Government Like a Business: Implications for Public Administration Theory and Practice," in Bidyut Chakrabarty & Mohit Bhattacharya (Eds.), *Public Administration: A Reader,* Oxford University Press, New Delhi, 2003, p.234.

27) See Ashish Kothari, "Environment, Equity, Sustainability: The Essential Links," in M.P. Singh and Rekha Saxena (Ed.), *Ideologies and Institutions in Indian Politics,* Deep & Deep, Delhi, 1998, Ch.14.

28) World Bank, "World Bank Policy Research Working Paper 3630," by Daniel Kaufmann, Aart Kraay & Massimo Mastruzzi, *Government Matters IV: Governance Indicators for 1996-2004,* Washington World Bank, June 2005.

29) M.P. Singh, "Economic Liberalization and Political Federalization in India: Mutually Reinforcing Responses to Global Integration," in Harvey Lazar, Hamish Telford and Ronald L. Watts (Eds.), *The Impact of Global and Regional*

Integration on Federal Systems: A Comparative Analysis, McGill-Queens University Press, Montreal, 2003.

30) Richard C. Box, *op. cit.,* 2003, p.234.

31) India, Republic, *Commission on Centre-State Relations Report,* Part-I (chair: Justice R.S. Sarkaria), Ch.8.

32) P.S. Appu, "The All-India Services: Deline, Debasement and Destruction," *Economic and Political Weekly,* Vol.XL, No.9, 26 February-4 March 4, 2005, pp.826-832.

33) *Ibid.,* p.829.

34) *Ibid.,* p.831.

35) India, Republic, Ministry of Home Affairs, *Vohra Committee Report,* 1993, p.1.

36) N. Vittal, *Corruption in India,* Academic Foundation, New Delhi, 2003, p.33.

37) *Ibid.,* pp.155-156.

38) P.K. Aggarwal, "A Survey of bureaucracy in India," in P.K. Aggarwal and N. Vittal (Eds.), *I am Sorry: Indian Bureaucracy at Crossroads,* Manas, Delhi, 2005, p.15.

39) National Commission to Review the Working of the Constitution, *NCRWC Report,* Vol.1, Ch.6, 2002. Chair: Justice M.N. Venkatachaliah.

제10장

선거:
마지못해 하는 불확실한 판단인가?

입헌적이고 합법적인 선거의 틀

자유롭고 공정한 선거는 민주주의의 성공을 위해 필수적이다. 헌법에 구상된 주권재민의 원칙은 의회와 입법부의 선거에 의해 운용될 수 있다. 헌법 326조는 의회와 주(州)의회에 대한 선거가 보편적인 성인의 참정권에 기초해 이루어지도록 하고 있다. 선거제는 헌법 15장과 헌법 327조에 의거해 의회에 의해 1900년과 1951년 통과된 국민대표법령(RPA)에 윤곽이 나타난다. 헌법 325조는 인도 전체의 국민들이 종교, 인종, 카스트, 성별의 차이와는 상관없이 공통적인 선거명부를 작성하도록 하고 있다.

헌법 324조는 의회에 대한 선거의 "감독, 지휘, 통제," 인도선거관리위원회의 대통령과 부통령직에 관한 주 입법권의 권한을 부여하고 있다. 처음에는 한 명의 구성원으로 시작한 위원회는 현재 선거위원장을 포함하여 세 명이 되었다. 위원회는 만장일치의 합의를 통해 작동한다. 연방의 행정부에 의해 임명되는 위원회 구성원들은 법적으로 대법원의 판사들과 똑같이 안전보장에 대한 서비스를 보장받는다. 이는 그들이 대통령의 요구에 의해 의회 전체 의원의 다수 혹은 의회의원 2/3 이상의 출석과 투표에 의해 지지된 각 원에서의 결의가 아니고서는 해임될 수 없다.

1950년 국민대표법령은 의석수 배분, 그리고 투표자들의 자질과 선거명부 준비를 포함하여 주 입법부와 하원에 대한 선거를 목적으로 유권자들의 결정에 대해 규정하고 있다. 1951년 국민대표법령은 실질적인 선거의 실시, 의회와 주 입법부의 구성원들의 자격요건, 이 같은 원들의 구성원이 될 자격, 선거위법행위와 위반, 선거분쟁의 결정사안에 대해 규정한다. 이 같은 입헌적·합법적 제도 아래, 인도의 선거관리위원회는 두 질서를 갖춘 인도정부의 자율성을 보장해왔다. 선거관리위원회는 뉴델리에 고유의 사무국을 갖추고 있다. 선거 관리자들과 주의 지역선거관리의 장은 주 정부와의 협의 끝에 선거관리위원회에 의해 임명되거나 지명된다. 그들은 선거관리위원회의 통제, 단속과 규율 아래 대리자들로 간주된다.

제헌의회의 토의에 따라 '독립적인' 선거관리위원회를 제도화하기 위해 상당한 노력을 기울였다. 최근 몇십 년간 실질적인 선거의 실시, 입법부로부터 선거관리위원회의 자율성의 정도는 선거 날짜, 행정적 준비와 완결의 절차를 결정하는 두 기관 사이의 논제를 조건으로 하는 것 같다. '선거관리위원회 vs. 인도연합과 다수(1993)' 사건은 심지어 대법원으로까지 가게 되었는데, 이 사건이 판결되기를, "…한 가지는 명백해 보인다. 법원의 사법권은 위원회가 편리성과 선거절차의 청렴성을 보장하기 위해 필요로 할지 모르는 것들과 실질적으로 일치한다는 독립적인 인식으로, 특정한 날짜에 특정한 선거를 실시한다고 선거관리위원회에 지시를 내리는 것으로 확장되지 않는다."[1)]

모든 정당은 1951년 국민대표법령의 29A조항 아래 선거관리위원회에 명부를 기재하도록 요구된다. 이 같은 절차는 선거구획정위원회와 선거관리위원회에 의해 행해진다. 선거구 획정은 매 10년마다 인구조사 후에 행해진다. 이는 2003년 이후로 2025년까지 동결되었다. 이는 다양한 주들 내에서 인구증가에 대한 가지각색의 비율을 고려하기 때문에 대표제의 왜곡을 초래해왔다. 선거구획정에 대한 유예는, 인구증가를 통제함으로써 가족복지프로그램을 성공적으로 실행해온 주들이 불리한 위치에 놓여서는 안 된다는 관점에서 합리화되었다. 한 평가에 의하면, 남부의 주들은 록 사바에서 십여 의석을 양도하도록 요구된다. 이는 2025년까지 주들 간 대표제의 불균형 증가로 격렬한 연방적 논쟁을 일으킬 수 있다.

선거법, 정당제와 정부 형성의 정치적 결과

상이한 선거제와 정부제도들은 일반적으로 정당의 수, 그리고 특정하게는 정당제도의 관점에서 상이한 정치적 결과를 갖게 된다. 다수선거제는 양당제를 이루는 반면, 비례대표제는 다당제를 형성한다고 가정된다. 이는 다수제가 작은 정당들에게는 과도하게 응징하고 큰 정당들에게는 보상하는 경향이 있기 때문이다. 그물효과(net effect)는 정부와 야당 간 양측의 제휴를 조장한다고 여겨지는 것이다. 뒤베르제(Maurice Duverger)와 라이커(William Riker)는 대부분, 앵글로 아메리칸과 영연방의 민주주의에 대한 연구를 기초로 일부 증거를 독자적으로 산출해냈다. 그들이 발견한 증거는 매우 흥미를 돋우는 것이어서, 그들은 이를 '철칙(iron law)'으로서 제안하는 경향이 있다.[2] 그러나 인도의 경험은, 이 같은 철칙에 부합하지 않는다. 왜냐하면, 1952년에서 1984년까지 록 사바 선거는 다수제가 일당우위체제를 발생하게 했고, 반면 1989년에서 지금까지는 선거제의 변화 없이 다당제를 형성해왔기 때문이다.

어떻게 우리는 인도의 이같이 '표준에서 벗어난(deviant)' 패턴을 설명할 수 있을 것인가? 인도에서 초기 몇십 년간의 일당우위체제는 반(反)식민 민족주의운동과 독립 이후의 여파효과가 균질화 되었다는 측면에서 설명할 수 있다. 이 요소가 정치적 경쟁의 증가로 감소될 때, 인도는 다당제로 이동했다. 이와 같은 사회적·지역적 다양성의 증가는 양당제 패턴으로 축소될 수 없었다. 그러므로 다수선거제의 정치적 결과는 사회적 균질성 혹은 다양성의 개입변인에 의해 중개되는 것으로 보인다. 균질적인 국가에서는 양당제를 형성할 수 있지만, 이질적인 배경에서는 다당제로 귀결될 수 있다.

앞서 언급했듯이, 정부의 형태 역시 국가에 출현하는 정당제의 성격에 다소 영향을 끼친다. 인도는 의회연방적 정부의 형태를 채택해왔다. 헌법은 정부의 연방원칙으로 의회원칙을 재조정하려 한다. 의회의 지상권(supremacy) 원칙에 동의함으로써 의회는 정당들로 하여금 정부와 야당으로 구분되도록 조장함으로써 정당의 수를 줄이는 경향이 있다. 한편, 주들에게 권력을 분산하는 것을 강조함으로써 연방제는 정당의 수를 증가시키는 환경을 조성하는 경향이 있는데, 특히 지역적 다양성 때문에 그러하다. 이와 같이, 인도에서 정부(의회주의)의 일면은 정당지형이 두 블록으로 형성되도록 장려하는 반면, 다른 정부의 구성요소(연방주의)는 정당의 증가를 위한 환경을 조성한다. 한 가지 요소는 이같이 다른 것에 의해 무효화되며, 시종일관 일치하는 인과관계는 없다.

그럼에도 불구하고, 1989년 이래 다당제 안에서 국가적 수준에 양당연합 패턴을 향한 경향이 존재한다는 사실을 지적하는 것은 가치가 있다. 이 국면의 초기 몇 년간은 회의당과 인도인민당 사이에 '제3의' 세력을 포함시킨 연합전선이 삼당연합의 패턴을 이룬 증거가 될 것이다. 그러나 1990년 후기 이래로, 두 개의 주요 연합블록—통일진보연합과 전국민주연합—이 형성되고 제3의 전선은 붕괴해왔다.

다당제의 증가에 대한 연방주의의 효과는 거의 모든 전국정당들의 파편화 추세에서 입증되는데, 특히 자나타 달이 그러하다. 국민회의, 아칼리 달과 같은 오랜 지역정당들과 존속하고 있는 타밀 정당들뿐만 아니라 수많은 신생 지역정당들이 번성해왔다. 예컨대 잠무&카슈미르의 국민민주당, 안드라 프라데시의 텔루구 데삼당, 타밀나두의 MDMK 및 PMK, 아삼의 아솜가나파리샤드, 비하르의 아슈트리아 자나타 달, 오리사의 비주 자나타 달, 카르나타카의 자나타 달(세속), 우타르프라데시의 사마즈와디 당 등이 그러하다.

선거동원 양상 / 모델

어떠한 선거라도 규모가 커지면—인도의 총선거는 항상 참된 마하바라타(*Mahabharata*)—풍부한 이슈가 있다. 1947년 이래 열린 선거들에 대한 분석에 기초해 선거의 일부 모델들, 예컨대 총리내각 스타일, 정당제의 패턴을 그려볼 수 있는지 살펴보도록 하자. 이와 관련한 이론화는 유권자 재편성과 정당제도 형성의 단계에서, 중대한 역사적 경험과 사회분열의 영향력을 강조한다.[3] 서양과 제3세계 내 정치동원화의 이론들 역시 일부 정치적 고비들의 연속적인 발생에 대한 윤곽을 그리려 하며—주로 '합법성', '아이덴티티', '참여' 그리고 '분배'—전통에서 현대를 망라하는 정치체제를 통하여 식별할 수 있는 양상들을 설계한다.[4]

그러나 이 같은 이론들이 간과하기 쉬운 사실은, 인도에는 영국식민지의 개입으로 정당제의 역사적 진화와 정치적 고비들이 독특하게 포개어진다는 것이다. 서양에서는 수백 년간에 걸쳐 있던 것이, 인도에서는 불과 백 년도 안 되는 경험으로 행해졌는데, 실로 그 중 대부분은 후기 식민 존재의 중요한 60년 동안에 일어났다. 그러므로 우리는 여기에서 다양한 사회적·문화적 분열의 동시적인 정치화, 이 중 일부는 축적적이고 그들의 구조적 지형에서 상호 보장적이고 다소 동시적인 것을 발견한다. 이러한 경험은 독립 이후 민주정치의 50년으로 제한적이지만, 영국령에서와 심지어는 영국령 인도 이전의 역사가 인도 국가와 정당제 형성의 진화에 유기적으로 연계되었다는 사실을 인정하더라도 가치를 지니고 있음은 분명하다.

헌법(1950)과 독립 인도의 법률로 일반화가 된 한정된 참정권 위에서 시작한 영국령 인도에서의 민주선거 실시 이후에, 국가 내에서의 선거정치의 일부 패턴과 추세에 대해 살펴보기로 한다. 우선, 전체적인 정치화의 양상을 살펴본 후, 지금까지 개최된 열네 번의 록 사바 선거에서 세 가지의 선거정치모델의 윤곽을 그려보고, 비록 이와 관련하여 인과성을 갖는 것은 아니지만 이들과 함께 지형을 이루는 총리내각 리더십 스타일과 정당제의 특정한 패턴에 대해 규명하기로 한다.

정치화의 양상

인도에서 정치화 과정은 지금까지 최소한 크게 네 가지의 특징적인 국면을 지나온 것 같다:[5] (a)19세기 마지막 사분기와 20세기 처음 20년간의 기간을 광범위하게 망라하는 전조적 양상, (b)1920년 이후 초기 독립이후의 시기까지 대중 민족주의운동의 양상, (c)1960년대 '선거 농촌화(ruralizing elections)' 국면(헌팅턴 1968, ch.7),[6] (d)1970년대와 80년대 아래로부터의 대중 참여 압력 아래 정치 과정의 '비제도화' 양상과 이들을 억제하기 위한 지배엘리트들의 권위적이고 강압적인 수단이 그러하다.[7] 그러나 마지막 두 국면들은 뚜렷하게 구분하기 어렵다. 어떠한 면에서 이들은 공존하여 움직이고 있다.

전조적 양상

인도의 현대 정치와 정당제도는 전통 식민사회의 근대화과정에서 초기 단계에 기원을 두고 있다. 사회적·종교적 활동들은 정치적 지각에 선행한다. 초창기에는 정치적 배출구의 상대적 봉쇄로 인해, 부활정신은 스스로를 사회적이고 종교적인 개혁, 문학과 예술, 과학과 기술, 교육과 행정, 그리고 상업과 무역의 영역에서 표현되었다. 이 모든 발전은 간디안(Gandhian)의 대중선동 캠페인에 의해 압도되기 이전에, 인도내셔널리즘의 온건하고 단명적인 극단주의적 조류의 출현을 위해 기초를 마련했다. 이같이 개화기 뒤에 사회적 세력을 형성한 집단은 영어교육을 받은 도시계층과 도시화된 중산계급, 그리고 상층카스트 집단이었다. 이들은 상이한 해안지역들에서 다양한 정치연합단체를 형성하는 데에 선구자적 역할을 했으며, 계속해서 1885년 인도국민회의당으로 연합하게 되었다.[8]

이 국면 동안의 정치적 층화체제는 사회적 층화체제와 거의 흡사한 형상을 띠었다. 다시 말해서, 1861년과 1892년 인도의회법령에 기초해 도입된 입법회의들에 지명된 구성원들과 정치적 기구들의 리더십은, 전적으로 서양화된 상층사회의 대표 ― 계급적으로는 도시 혹은 도시-농촌지역의 중산계급, 그리고 카스트적으로는 상층 혹은 '지반을 굳힌(entrenched)' [9] 카스트 ― 였던 것이다. 사회적이고 정치적인 층화체제에 가까운 수렴이라는 의미는 이 국면 동안의 정치가 사회에서 자연 발생한 리더들이라 부를 수 있는 것이었고, 근대화 과정에 의해 개방된 사회동원의 기회와 영어교육으로의 접근에 대한 이점으로 정치와 결합하게 되었다는 것이다. 사회구조의 상층영역으로부터 정치로의 측면 동원의 과정 역시 사회적 층화체제와 정치적 층화체제 간 광범위한 합치의 연속, 그리고 이탈을 보장했다(그랑빌 오스틴의 제헌의회의 구성원들뿐만 아니라 고팔 크리슈나의 초기 회의당 리더십의 데이터는 이 같은 점을 예증한다).[10]

이 같은 현상은 선거동원의 후기 국면 동안 점점 긴장을 더하게 되었다. 지난 19세기의 마지막 사분기 동안 인도의 정치적 경쟁과 협력에 초점을 맞추어, 역사학자 실(Anil Seal)은 이 기간의 정치연합과 인도국민회의당에 대하여 "계급보다는 엘리트에 기초한 것으로 보였다"라고 언급한다.[11]

내셔널리즘(민족주의)운동과 초기 독립이후 국면

민족주의운동의 다양한 갈래들(극단주의, 스와데시, 자국 통치와 간디안)과 영국통치자들에 의한 제한적인 입헌개혁들(1909, 1919, 그리고 1935)[12]은 두 번째 국면에서 크게 두 갈래의 정치화를 대표하는데, 1950년의 헌법은 이에 세 번째 ― 보편적인 성인의 참정권에 기초한 선거 ― 로 덧붙여질 수 있다. 식민지 기간에는, 대중선동의 정치가 민족주의적 인식과 전략에서 보다 크게 평가되고 가치가 인정되었던 반면, 제한적인 참정권에 기반한 선거정치와 유약한 입법권은 대리적인 역할을 불식시켰다. 물론, 의회적 구조와 대중 운동 간 헤게모니적 불균형은 후기 식민기간 내에 역전되었다. 역사학자 찬드라(Bipan Chandra)의 언급에 따르면,[13]

> 인도 민족주의운동은 사회적 처지의 투쟁에 대해 대체로 그람시적 이론이 성공적으로 실행된 유일한 운동이다. 주의 권력은 혁명의 단일 역사적 순간에 포착되지 않았으나, 윤리적·정치적·이데올로기적 수준에서 장기적인 대중의 투쟁을 통해 성취되는 곳에 있다. 수년간 진보적인 무대를 통해 형성된 반(反) 헤게모니의 조건들이 있는 곳에 있다. '비활성'의 양상으로 교체되는 투쟁의 양상이 있는 곳에 있다.

민족주의운동이 전개되는 오랜 기간 동안 정당체제는 견고하게 형성되었는데, 구조적 측면에서뿐 아니라 이데올로기적 측면에서 식민지적 정당제와 독립이후의 정당제 간의 연속성은 인상적이다. 연속성의 맥락에서 일어난 몇 가지 변화들은 철저한 체제의 재편성이라기보다는, 이미 형성된 구조적 바탕에서 성장하여 이데올로기적 스펙트럼의 연장선상에 놓여있는 것으로 보인다. 회의당 아래에서 합쳐진 민족주의연합과 이후 민족주의운동에서 정당으로 변형하는 과정에서 그와 동맹했던 정치기구들이 해산한 것은 이 같은 점을 증명한다.

그러나 회의당은 대체로 그들의 헤게모니를 수용하지 않고 전체 인도국민의 공동체, 카스트, 지역을 대변하기를 주장하는, 예컨대 무슬림연맹, 정의당/드라비다 카자감(Dravida Kazhagam)과 같은 공동체적이고 카스트에 기반한 기구들과 경쟁해야만 했다. 그러나 전반적으로, 공동체적이고 지역적인 그룹들 사이에서 발생한 갈등의 수평적 접합은 민족주의에 의해 누그러진 반면, 다양한 인종적, 지역적 공동체 간 계급갈등의 수직적 접합은 봉건적 유산 혹은 반(半)봉건주의, 공동체주의, 지역주의, 그리고 민족주의를 압도하는 모든 요소들에 의해 수그러졌다.[14)]

독립 이후에는 보편적인 성인의 참정권에 기반한 경쟁적 선거가 시작되었고, 정치화는 진척되었다. 촌락의 상류층을 형성하는 자민다르 계급은 지금까지도 일반적으로 회의당의 접근을 막으며 영국에 대해 충성을 다하는 것으로 보였다.[15)] 그들은 이제 선거에서의 성공을 위해 서둘러 집권당의 시류에 영합하려 하고 있다. 농촌지역에 뿌리는 두고 있지만 도시의 방침에 적응한 농촌사회의 이 같은 상류층은 종종 촌락에서 집(*ghar*)과 마을에서 거주지(*dera*)를 보유하고 있는데, 이들의 회의당 진입은 전반적으로 정당리더십 내에서 초기의 도시적 요소들로부터 뚜렷하게 불연속성을 나타내지는 않았다.

농촌화 선거 국면

농촌화 선거(ruralizing election)의 영향 아래, 주의 수석장관들의 사회경제적 배경이 변화한 것에서 단서를 얻어, 이 같은 국면이 남부와 서부의 주에서는 1950년대 중반부터, 그리고 북부에서는 1960년대 중반부터 시작되었음을 대략적으로 추정할 수 있다.[16] 독립 이후 자민다리(*zamindari*) 제도의 폐지는 농촌지역의 층화체제로부터 상층카스트 지주들을 현저하게 제거시키는 결과를 가져왔다. 이 같은 구조의 변화는 중산층과 소농민, 상층농민의 신분상승을 가져왔다. 사회적 세력으로서 이 같은 소유권 경작자들은 상층과 중간카스트로 구성된 그야말로 진정한 태피스트리(tapestry, 다양하게 섞인 것: 옮긴이)인 것이다. 중간계급농민의 구성은 수적으로 볼 때 중요한 요소이며, 이들은 공식적으로 여타후진계급(OBCs)으로서 여겨진다. 그러나 명백한 것은, 이 범주는 다양한 카스트와 지역의 이익을 수렴하는 경제적인 관점에서만 계급을 만들어낸다는 점이다.

이 범주의 구성원들은 공통적인 계급의식을 가지지만, 심리적으로는 카스트에 대한 구분과 지역적으로 분산된 성격에 의해 혼란을 겪고 있다. 펀자브의 아칼리 달, 우타르프라데시와 하리아나, 그리고 비하르의 록 달 구성요소 혹은 자나타 달, 그리고 마하라슈트라에서 조시(Sharad Joshi)에 의해 이끌어지는 셋카리상가탄(Shetkari Sangathan), 우타르프라데시의 서부에서는 티카잇(Mahendra Singh Tikait)이 이끄는 바라티야키산연합, 카르나타카와 타밀나두에서 난준다스와미(M.D. Nanjundaswamy)에 의해 주도된 라쟈리엣상(Rajya Ryet Sangh)과 같은 다른 농민조직들이 이 같은 점을 예증하다. 델리에서 1978년 차란 싱(Charan Singh)의 탄생 기념일에 거대한 농민

(*kisan*)집회가 열린 후 찬디가르에서 파트나에 이르기까지 선거 폭동이 야기된 것 역시 같은 맥락에서 이해할 수 있다.

사실, 후진카스트 농민에 대한 정치적 동원은 전형적으로 상층카스트와 도시의 정당엘리트들의 후견 아래에서 이미 독립운동의 시기에 시작되었다. 농촌화 선거 국면 동안 선거정치의 맥락에서 이들의 정치화는 가속화되고 심화되었으며, 자율적 참여의 여세를 획득하게 되었다.

정치적 영역에서뿐 아니라 경제적 영역에서 이 계급의 점진적인 증가는 명백하다. 첫째, 이들 계급은 비록 토지소유의 규모로 인해 효과적인 출발을 보였지만, 현저하게 작고 파편적이었으며 인도의 기준에서 볼 때 실재적 농사에서 잉여적 농사로 천천히 이동하기 위한 토대를 제공하기에는 빈약했다. 둘째, 이 같은 추세는 정부주도의 농업개발계획들, 이를테면 발전적인 농업자본의 투입, 제도적 신용, 정부보조금과 같은 것과 연관해 도움을 받았다. 농업의 근대화를 적용시키기 위해 농민들에게 동기를 부여하던 발전행정가들과 확장노동자들로 하여금 초기에 직면한 문제들은 곧 제한적인 자원으로, 이 같은 농업자본투입의 요구증가 문제로 곧 변화했다는 점이다. 셋째, 이 계급의 경제적 증가에 기여한 하부 문화적 요소가 존재한다. 누구든지 이 계급 내에서 상층카스트 촌락 부재지주의 뚜렷한 소비전형과 낭비하는 생활양식에 반대해 열심히 일하고 절제하는 역할을 강조하는 신교도의 윤리 전통을 발견할 수 있다. 이에 대한 적용은 이 계급의 중간카스트 구성원들뿐 아니라 상층카스트에게도 할 수 있다. 거대한 규모의 중간카스트 구성원은, 특히 우타르프라데시와 하리아나가 예가 될 수 있는데, 일반적으로 남성 구성원들에 의해 심지어는 여성들에게서조차도 가내에서 신분에 입각한 육체노동에 대한 회피가 훨씬 적게 영향을 미친다는 것이다.

이같이 이 계급 내에서의 절제와 노동은 본래 경제적 상황에 입각한 것으로 아리야 사마즈(Arya Samaj)와 같은 사회개혁운동에 의해서도 역시 강화되었다. 비록 아리야 사마즈가 순수하게 후진카스트와 농민에 기반한 사회개혁운동으로부터 멀어져 있는 것일지라도, 이는 브라모 사마즈(Brahmo Samaj)와 같은 사회처럼, 대중의 깊숙이 심지어는 농촌지역까지 뿌리를 둔 전통적인 운동과 비길만하다. 보다 최근에는, 이 같은 부문에서 전통적인 천 년 기원설을 강조하는 운동이 출현했다. 그와 같은 한 가지 운동은 훨씬 전통적이고 사회적으로는 아리야 사마즈보다 낮은 층에 기원한 것으로 1964년에 마투라(Mathura)에 자이 구루데브 다르마 프라차락 산스타(Jai Gurudev Dharma Pracharak Sanstha)가 있는데, 이는 이후에 거의 모든 힌디어 사용 지역으로 퍼지게 되었다.[17]

소유 경작자들의 경제적 향상은 일반적으로 상층과 중간카스트 구성원들로 특징지어지나, 코타리(Kothari)의 카스트정치화 모델인 '우위 카스트(ascendant castes)' 개념에서는 이들의 정치적 향상 측면에서 후자가 더욱 특징적이다.[18] 사실, 모든 주와 지역의 정치단계에서 이들 권력을 선점한 상층카스트들은 이제 중간카스트들에 의해 크게 교체되었다. 세 개의 카스트 집단—상층, 중간, 지정(혹은 하리잔)—들 중에서 중간층은 수적으로 압도적이었다. 농업에 기반을 두고 경제적인 부(富)가 향상한 것은 그들이 정치적 주도권을 획득하는 데에 크게 기여했다. 이들의 상승은 교육, 행정, 도시의 경제영역보다는 정치영역에서 더욱 급진적이었다. 그러나 이들은 특히 남부의 주들에서 정치적으로 지배적인 사회세력으로서 출현했기 때문에, 선방에 의해 끌려가는 후방지역의 전면으로 뛰어들어 공격적인 전위를 형성했다. 이는 이전에는 오직 지정카스트(SCs)와 지정부족(STs)에게만 가능했던 것이 중간계급이 지배적인 주 정부의 고용지정 할당정책의 확장을 통해 행해졌는데, 비하르와 우타르프라데시를 포함한 일부 주에서는 1970년대와 그 이후에 중간카스트들을 여타후진계급 목록에 올리기도 했다. 이들은 또한 작은 규모의 산업을 설계하는 데에 있어 국민들의 공공제도와 인센티브에 대한 신용을 궁지로 몰아넣고 있다.

민족주의운동은 초기의 독립이후 시기에 지배권으로 남아있던 상층카스트 집단에 의해 주도되었다. 자연스럽게 회의당에 편승하는 경향이었던 떠오르는 중간카스트들은 대개 정당 내에서 지반을 굳힌 카스트들에 의해 그들의 진로가 차단되었음을 발견했다. 그들은 오직 상층카스트 정치엘리트들의 도제 혹은 부관으로서만 정당진출이 가능했다. 이는 정치영역에서 중간카스트의 세력의 출현을 도당화(factionalizing)시키고 약화시키는 영향을 끼쳤다. 이같이 상대적인 봉쇄는 상승기류의 중간카스트들로 하여금 이들을 더욱 잘 받아들이던 다양한 야당으로 전향하게 했으며, 일부는 심지어 그들에 의해 설립되기도 했다.[19)]

후진 중간카스트들은 정치적인 상승기류를 타고 수적으로 우세를 차지했을 뿐만 아니라 경작 가능한 토지의 주요 소유권을 가지게 되었다는 측면에서 '지배적인 카스트(a la Srinivas)'[20)]가 되었다. 정치화의 증가를 통해 지반을 굳힌 상층카스트들의 정치적 우위현상은 주 정치 내 지배적인 중간카스트들에 의해 점차 약화되었다. 이들 상승 카스트들의 영향은 회의당을 포함한 국가 수준의 다양한 정당들에서 나타났지만, 뉴델리에서 잠시 동안 통치를 맡고 1970년대 후기 주요 북부 주들에서 지배적이던 자나타 당, 그리고 1989년에 주요 중도정당 중 하나로 출현했던 자나타 달 역시 부분적으로 이 변화의 정치적 표현이었다. 그러나 국가 수준의 정치는 일반적으로 더욱 복합적이고 지반을 굳힌 농촌지역의 상층카스트들에게 종종 은신처를 제공했는데, 특히 주 정치 내 통치권 밖으로 물러난 브라민에게 그러했다.

이 도전에 대한 응답은 기본적으로 네 가지 형태를 취했다: (a)광범위하고 침착한 카리스마적 대중호소를 지닌 국가적 리더의 힘을 빌리는 것, (b)힌두카스트 제도의 두터운 중간층에 대항해 상층과 하층의 연합 형성과 소수—종교적, 언어적, 부족적—역시 묶는 것, (c)하층의 후진 중간카스트로부터 정치인들을 선출하고 권력을 증대시켜 후진중간카스트 대형을 도당화하려는 것, 그리고 (d)국가 내에 현존하는 배반자가 존재하는 것에 다수공동체의 민감성과, 펀자브에서 분리주의와 테러리즘에 대한 공공의 반응으로부터 밑천을 만들기 위해 국가적 통일성과/혹은 힌두 전략을 사용하는 것이 그러하다. 이는 회의당에 의해 취해진 동원화와 연합의 전략들 내에서 야당들이 타격을 받게 된 노력들이다.

'비제도화'와 엘리트, 계급과 대중압력

인도 정치에서, 1969년 회의당의 분열을 시작으로 비(非)제도화의 일반적 추세가 존재했다는 분석에 거의 보편적인 동의가 형성되는 것 같다. 이 같은 연구의 가장 급진적인 진술은 코타리에게서 찾아볼 수 있다.[21] 비제도화에 대한 증상은 회의당과 다른 정당들의 쇠퇴, 의회적이고 연방적인 회의당과 다른 정당들의 쇠퇴, 그리고 공화국의 의회제도와 연방제도들의 쇠퇴 전반에 걸쳐 나타난다. 비제도화에 대한 다른 증상들은 인종그룹 간 폭력에 의해, 그리고 공화국의 정치제도와 정당제도가 이들의 제도화된 수행을 통해 이들을 포함하거나 혹은 수용하거나 길을 열어주는 것이 불가능해 온 것에 대항하여 후퇴된 요구가 증가하는 수준에서 발견된다.[22] 자유다원주의 혹은 신보수주의 패러다임을 고수하여, 이 같은 연구들은 신속한 사회적 동원화와 변화, 그리고 공화국의 정치제도를 착복한 이기적인 정치엘리트의 출현에 대한 동반적인 과정의 관점에서 비제도화를 설명하려 한다. 계급기반으로부터 인도 국가의 상대적 자율성에 대한 이론을 지닌 신마르크스주의는, 대체로 후기 네루 시대에 인도 국가의 자율성과 능력 쇠퇴에 대해 자유 다원적(liberal-pluralist) 진단을 내린 것과 일치한다.

그러나 이들은 점진적인 경제적·정치적 개혁에 대한 희망들을 차단하고, 이들의 자유주의적인 상응물 보다는 산업자본과 농업자본의 획책에 대해 더욱 우려를 표명하는 것으로 보인다.[23] 인도에서 정치제도의 위기에 관한 다원주의적-마르크스주의적 분석은 카비라즈(Kaviraj)에 의해 제공된다. 카비라즈의 견해에 따르면,[24] 정치제도 위기의 심화는 국가가 지휘하는 자본주의와 인디라 간디에 의해 시도된 정치적 중앙집권화가 정치사회적 위기의 집중에 기여했는데, 이는 실제로 '중앙집권화의 어려움'을 의미했다. 그가 간과한 것으로 보이는 것은 1970년대 후기 분산적이었던 자나타 양상은 훨씬 비참한 것이었다는 사실이다. 게다가 그는 정치제도의 위기가 경제의 공공부문 혹은 사적부문에서 국가에 의해 가속화 되었는가 혹은 아닌가를 명확하게 상술하고 있지 않다.

'혁명의 두 단계 이론'을 고수하는 고전 마르크스주의 학문은 '사회주의적'인 것과 '민주주의적'인 것 사이에 양면성을 가지며, 단지 '종속적' 일 뿐만 아니라 '저개발된(underdeveloped)' 형식의 자유화된 국가들의 유지를 위해 신자본주의적 장치들을 추구하는 제국주의적 발전국가들에 의해 지배적이던 봉건적, 반(半)봉건적, 매판적 요소들의 존재와 무게에 주의를 기울여왔다.[25)]

풀뿌리정치의 관점에서 가장 현저한 특징은, 하리잔(harijan) 정치의식의 고조라고 할 수 있는데, 예컨대 하리잔에서 달리트(dalits)로의 변형 — 가능하다면 정당정치의 과정을 통한, 필요하다면 폭력과 제도 밖의 수단을 통해 — 이 그러하다. 이 같은 혜택을 받지 못한 그룹들 — 계급적으로는 토지가 없는 농업노동자들과 카스트 측면에서는 지배적인 지정카스트들(SCs) — 은 결코 새로운 현상이 아니었다. 그러나 이들 그룹이 경제적으로 지배적인 상층과 중간카스트의 후원자들에 의해 통제되는 위계적 '후원인-가신(patron-client system)'의 정치적 네트워크를 일찍이 형성하고 있던 반면, 이제 이 가신들은 자율적인 모습을 띠는 경향이 있다. 이는 이전의 자즈마니 제도의 구조와 겹치는 영역들을 해체해온 경향을 띤다. 이전에는, 촌락에서의 전체적인 후원인-가신 조직이 후원인들 사이에서 도당주의에 의해 발생했다. 통치를 향한 심각한 도전은 이제 아래로부터 출현하고 있다는 점이다. 사실, 이같이 정치 갈등 영역에서 '수직적' 접합에 대한 증가는 후원인들 사이에 '수평적' 단결을 다소 촉진하는 경향이 있었다.[26)]

개략적으로, 하리잔은 그들의 정치적 동원에 있어 세 단계를 거쳐온 듯 보인다. 첫째, 그들은 '후원인-가신' 조직을 수용하는 범위에서 시작되었다. 둘째, 지역에서 지배적인 카스트들의 정치적 보호에서 나와 그들은 대중적인 국가지도자들에 의해 정치적 동원이 가능하게 되었다는 점이다. 셋째, 좌파정당들을 포함하여 모든 리더와 정당들의 점진적인 각성과 그들이 단지 의례적인 선거정치의 운행을 지나왔다는 깨달음으로, 하리잔과 아디바시(*Adivasis*)는 적개심을 품게 되었다 — 이를테면, 달리트 판터스와 인도인민전선의 리더십 아래 발생한 폭력적인 계급갈등, 그리고 낙살라이트 조직들 혹은 시부소렌(Shibu Soren)과 같은 군사조직들, 전(全)보도(Bodo)학생연합 등에 의한 선동과 동맹파업 같은 것들이 그러하다.[27]

이같이 하리잔을 위한 제도적 정치의 부적절성은 놀라운 것이 아니다. 경제적 관점에서 내부적으로 꽤 균일하지 않았던 다른 카스트 집단들과 비교했을 때, 하리잔들은 카스트 측면이든 계급측면이든 정의된 사회층화의 저변구성이 구조적으로 다소 유일했다. 다시 말하면, 그들의 경우 카스트와 계급이 겹치는 경향이 있다. 이는 그들과 다른 카스트 집단 간 부조화를 심화시킨다. 이는 태고적부터 하리잔은 일정한 역할을 한다는 고정관념과, 그들보다 상위에 있는 사람들에게 구조적으로, 그리고 심리적으로 의존성이 일어나는 공통적인 요소를 부추겨왔다.

최근, 교육, 공공고용, 농촌지역과 작은 규모의 산업과 기업, 그리고 무엇보다도 정치 — 일반적으로 정부로부터의 인센티브 — 는 하리잔들을 정치·사회적 층화체제에서 향상시키기 위해 다양한 정도의 가능성으로 기회를 열어왔다. 그러나 이는 거의 대부분 도시의 현상이며, 더욱이 새롭게 출현하는 하리잔 엘리트와 하리잔 대중 사이를 이간시키는 경향을 띠어왔다.[28]

종교적 부활과 부흥운동, 근대 정치적 이데올로기, 비교정당정치, 그리고 낙살라이트 조직들에 박차를 가해, 하리잔들은 지역의 촌락공동체에서 스스로를 늦게나마 단언하기 시작했다. 미묘한 차별에서부터 잔혹한 보복에 이르는 전략에 의한 하리잔들의 기동력 선동과 노력들에 충동적으로 대항하는 상층과 중간카스트 집단들과 의식적인 부조화를 형성한다. 하리잔에 대항한 잔학행위 사례들은 다수가 되었고, 특히 1970년대 후반 이후 그러했다. 이 같은 사례들의 일부에 대한 자명한 조사는, (a)상층과 하층 간보다는 후진중간카스트와 하리잔 간의 격심하고 빈번한 갈등, (b)일찍이 선거정치의 영역과 시대에 제한적이며, 갈등은 이제 전체적인 사회영역과 시간을 주기로 퍼지는 경향을 보였다. 그리고 (c)혹은 국가적 수준에서보다는 지역의 정치체제 수준에서, 도시보다는 농촌의 배경에서, 현대보다는 전통적 직업구조를 갖춘 특정 지방에서 보다 많은 갈등이 발생했다는 점을 보여준다.[29]

1980년대 후반기와 1990년대 초에는 두 가지 공격적인 전략의 정치적 동원이 이루어졌는데, 하나는 인도인민당과 상 파리바의 아요디야 람 만디르 선동이며, 다른 하나는 자나타 달 주도의 국민전선정부와 자나타 파리바 정당들에 의한 여타후진계급 투표 블록의 만달화(*Mandalization*)이다. 전자는 1992년 12월 6일 카르세박(*Kar sevaks*)이라는 힌두폭도에 의해 아요디야 내 바브리 마스지드가 폭파된 사건이다. 1990년 우기에 싱(V.P.Singh)의 소수연합정부에 의해 여타후진계급들을 위한 27%의 할당제가 만달위원회 보고서에 권고되어 이를 시행할 만달 캠페인이 전개되었다. 이는 북부인도 전역과 도시의 중심들에서 반(反)만달 학생들에 의해 즉각적으로 폭력적인 반응을 이끌었다. 대법원에서 이는 신청되었고, 여타후진계급 지정할당제는 할당제도의 이익으로부터 제외된 'OBC상층부(creamy layer)' 에 대한 대법원의 규정이 통합되는 수정된 형태로 나라심하 라오에 의한 후임 회의당(I)에 의해 계속해서 재실행되었다.

그러나 여타후진계급들의 OBC 상층부에 대한 정치, 경제적인 타격으로 공정하고 형평성 있는 OBC 할당정책이 실행되는 것은 어려웠다. 예컨대 1995년 중엽 케랄라에서는, 회의당 주도의 통일민주전선(UDF) 정부가 OBC 상층부 규정에 대한 실행을 망설이고 있었다. 정부의 계속적인 지체 방책에 맞서, 대법원은 법정모욕죄로 수석서기관과 내각을 위협했다. 법원에 항변된 바에 의하면, 수석서기관은 내각에 제안서를 계속해서 제출했으나 헛수고였다고 전한다. 법원은 2개월의 집행유예를 선고했다. 정부의 딜레마는, 주의 3천만 인구 중 절반을 차지하는 에자바(*Ezhavas*)의 OBC 카스트들과 이들이 속한 무슬림과 라틴 천주교 공동체들에게, OBC 상층부 규정의 실행에 대항하여 경계를 내렸다는 것이다. 그러나 인도인민당과 자나타 달은 만디르와 만달 선동으로 단지 단기적이고 미덥지 않은 선거 결과를 거두어들일 수 있었다.

1992년 12월, 인도인민당은 우타르프라데시, 마디아프라데시, 히마찰프라데시, 그리고 라자스탄에서 통치권을 갖게 되었다. 바브리 마스지드의 파괴 결과, 우타르프라데시의 인도인민당 정부는 사임했고 다른 세 개의 인도인민당 정부들은 중앙에 의해 해임되었다. 뒤이은 선거에서, 1995년에는 일부 다른 주들(마하라슈트라와 구자라트)에서 집권하게 되었지만, 정당은 델리를 포함하여 라자스탄에서만 정부를 형성하게 되었다. 1993년과 1995년 의회선거에서, 자나타 달은 카르나타카와 비하르에서 면목을 세우는 성공에도 불구하고, 북부에서의 실패로 난항을 겪었다. 우타르프라데시에서는 비록 1995년 여름까지 이들 정부가 마야와티(Mayawati)에 의해 지휘되는 BSP 정부에게 인도인민당의 입법적 지지와 중앙의 회의당 정부에 대한 무언의 승인으로 길을 양보했지만 사마즈와디 정당(SP)-바후잔 사마즈 정당(BSP)의 연맹은 선거에서 만달화로부터 이익을 취했다.

게다가 1980년대는 펀자브와 잠무 & 카슈미르에서 인종적 근본주의로부터 국가통합의 위협이 되살아났다. 앞서 지적했듯이, 1980년대 후기와 90년대 초기에 연관되는 발전은 북부인도의 많은 지역에서 힌두와 무슬림 공동체의 향상이 있었다. 심지어는 독립의 초창기에 세속주의 국가로서의 인도를 설계했던 회의당조차 힌두부활주의를 방조함으로써 공동체주의를 암암리에 의지하는 세속적인 자격 증명들과 심각하게 타협했으며, 뒤늦게서야 공동체적 정치의 유혹으로부터 빠져나오려는 노력을 했지만, 오직 1989년 선거에서 인도인민당에 의해서 길이 열리게 되었다. 1970년대 연구에서, 코타리는 인도가 국가통합에 관련해서는 위기를 넘겼다고 주장했다.[30] M.P.싱 역시 힌두전통주의와 공화국의 초기에 혁명적인 공산주의와 분리주의적 지역주의의 깊은 이데올로기적 분할에 의해 파편화된 정당제와 비교하여, 1980년대 초기까지 인도정치체제는 상당한 정도의 '정당제 통합' 에 의해 특색이 나타났다고 긍정적으로 언급했다.[31] 이들은 자나 상과 아칼리 달의 명백한 세속화 속에서, DMK와 국민전선의 '국가화(nationalization)' , 그리고 모반과 군사적 행동의 수십 년 이후 수많은 북동부 주들에서 정당이 부활한 배경에서 유효한 결과물들이었다.

그러나 초기 몇십 년간의 이같이 긍정적인 추세는 1980년대에 심각한 타격을 입었다. 비록 역사적으로 서양 정치적 경험에서 국가통합이라는 것이 압제정치의 사용으로부터 전적으로 자유로웠던 것은 아니지만, 이 같은 부정적 발전은 정치적 권위주의를 통해 역전될 수 없다. 국가를 분열에서

구할 수 있는 것은 정치권력과 경제자원의 분산화라는 포괄적인 것이다. 정치와 경제발전의 협력은 반(半)봉건적, 반(半)자본주의적 인도사회를 발전적이고 21세기에 보다 적합한 산업사회로 변형시킬 추진력을 제공할 수 있다. 경제발전목표를 지향하면서, 목표달성을 위해 정치적 선결조건을 마련해야만 한다. 정치발전을 위한 두 갈래의 전략은 이 임무를 달성하는 데에 도움이 될 것이다. 예컨대 (a)철저한 선거개혁과 정당개혁, 그리고 (b)의회제도의 연방화가 그러하다.

선거운동의 모델과 공존하는 정당제도와 총리내각 양식

상이한 형태의 선거운동과 정당제도, 그리고 총리내각 양식에 대해 시기적 국면에서 구분할 수 있다. 세 가지 그와 같은 모델들은, (a)지역소재에 기반한 다원주의적 조직 모델, (b)국가 수준에 기반한 개인화된 대중호소 모델, (c)지역적으로, 어떠한 면에서는 인종적으로 분열된 모델, 즉 지역소재나 민족보다는 지역이 정치와 선거활동영역에서 가장 적절성을 가지는 모델이 있다.[32]

지역소재에 기반한 다원주의적 조직 모델은 촌락과 지방의 카스트, 공동체, 도당적 노선을 따라 지역적으로 집합한다. 또한 정당엘리트들은 주 수준에서 집합되었기 때문에 복잡하고 다양한 층이 모여 도당적이고 정당정치적인 구조를 형성한 것으로 보인다. 이 같은 중간 권력구조는 자와할랄 네루에 의해 행해진 '다원주의적 총리직(Pluralistic Premiership)' 기간의 영향으로 국가적 리더십의 성격을 가진다.[33] 이것은 의회와 거의 모든 주의 입법기관들 내에서 압도적인 다수로 군림한 회의당에 의해 '제휴적인(consociational)' 통치를 보인 기간이었다. 회의당 집권구조에서의 절정은, 네루로 하여금 지배적 공공경제부문과 혼합한 새로운 구조를 독창적으로 재설계하고, 토지개혁과 농촌지역의 개발을 통해 반(半)봉건사회의 원동력을 공격하게 한 것이었다.

권력의 낮은 수단은 주의 입법부가 행정을 집행함에 있어, 개혁의 급진화를 포기시키고 대중을 동원하는 것에 정통한 보수적인 성향의 도시와 농촌지역의 중간계급 리더십에 의해 좌우되었다. 이 국면 동안의 선거캠페인에서, 네루는 마치 거인과 같은 모습으로 토지를 짓밟았으며, 이따금씩 혹은 부분적으로 촌락과 구역의 다층으로 형성된 도당적 연맹에 주의를 기울였을 뿐이다. 한편 1964년 네루의 승계와 1966년 랄 바하두르 샤스트리의 승계에 중대한 역할로 영향을 미쳤던 주와 지역의 강력한 리더들의 연합(신디케이트)은 정당 내에서 발전하고 있었다.[34] 1952, 1957, 1962년에 치러진 세 번의 총선거—모두 '유지하는(maintaining)' 선거—와 어떠한 면에서는 네루가 서거한 후 최초의 선거(이자 '중대한' 선거[35])인 1967년의 선거까지, 널리 이 모델에 따른다.

두 번째 모델은 우리가 국가에 기반한 개인화된 대중호소 모델이다. 이는 이전 모델의 국가적 취지가 보다 널리 퍼져있는 것이다. 더욱이 이 두 모델의 중요한 특징은—자율적인 회의당 리더십과 유권자의 지역소재 방침—권력의 중간구조를 무시하고 '국가적인(nationalize)' 정치이슈를 추구한다는 것이며, 개인화된 대중호소 모델에서는 이것이 국가리더에 의해 심각하게 훼손되었다는 점이다. 이 당시는, 새로운 양식의 행정 리더십, 더 나은 용어가 없으므로, 세습적[36] 총리직이라고 불릴 수 있는 리더십을 전개했던 인디라 간디 아래에서 회의당에 의해 지배된 중앙집권화 시기였다. 인디라 간디는 시민서비스와 사법권에 '헌신적일' 것을 요청했고, 그녀의 정당에는 내부민주주의를, 그리고 주 정부들의 연방주의적 자치권을 배분하며, 중간수준의 엘리트 개입 없이 유권자에게 직접 대중호소를 했다. 사당화된 권력을 향한 그녀의 추진력은 대기업, 군주, 토지를 소유한 이익계급과 잉여농산물을 생산하고 판매하는 상인들을 장기적인 대결양상으로 몰아넣게 했다.

그러나 그녀의 정당이 의회와 주의 입법체 내에서 대중적 다수를 차지하고 있었을지라도, 나라안에 의해 정당 밖에서 일어나던 대중운동의 압력에 놓이게 되었다. 1977년과 1978년 뉴델리와 대부분의 북부인도지역 주들에서 자나타 당이 출현한 것은, 인디라 간디로 하여금 내부 비상사태를 선포하게 했고, 정당제도의 대대적인 재편성을 초래했다. 자나타 당의 도당주의(factionalism)와 1979년 뉴델리에서 정부의 실각은 다시 한 번 1980년 의회선거에서 주요 유권자들의 재편성을 가져왔고, 인디라 간디는 보다 누그러진 채 돌아왔다. 이번에는 번갈아 그녀의 암살로 인해 1984년 의회선거에서 인디라 간디의 큰 아들에게 이익이 되도록 유권자들이 재편성되었다. 이 모든 선거들은 일부 압도적인 국가 이슈들에 지역의 이슈들이 묻힌 채, 즉 1971년의 가리비하타오, 1977년의 민주주의 vs. 권위주의, 1980년의 자나타 정부의 비(非)기능, 그리고 국가통합의 위협과 어버이가 없는 자식을 향한 1984년의 동정투표 안에서의 '기복의 선거(wave elections)' 혹은 '국민투표(plebiscitary eletions)' 였던 것이다.37)

선거동원의 세 번째 모델은 압도적인 국가적 이슈들이 우세하지 않은 지역적·인종적으로 단편화된 모델이다. 대신에, 주요 정치적 중요성의 개체 혹은 그와 같은 수준이 되는 것은 지역과 지역소재이다. 1980년대를 시작으로, 이 모델은 예상치 못한 규모로 널리 퍼지게 되었다. 타밀나두, 잠무&카슈미르 등의 일부 주들에 일찍이 제한적이던 것이 주마다 배로 증가하기 시작했다. 이 국면은 지역정당들의 전성기를 보였다[TDP, AGP, PDP, TRS, BJD, RJD, MDMK, PMK, JD(S), JD(U)와 같은 새로운 지역정당들을 포함한다]. 지역 혹은 규범적으로 전국정당들의 규모 확대는 특정한 일당을 위한 정체된 의회를 형성했다.

입법적 측면에서 뿐만 아니라 선거의 측면에서도, 이는 연합정치의 시작에 시위를 당겼다. 초기 몇 년간은 대개 선거가 끝난 이후에 연합이 형성되었다. 선거정치에 있어 이 영역은, 상호경쟁과 투표의 분열을 피하기 위해 같은 목적을 지닌 정당들 사이에서 일시적인 선거 조정에 의해 지배적이었다. 점차, 이전투표(pre-poll) 연합의 결정화가 생겨났다. 머지않아, 두 개의 그와 같은 광범위한 연합들이 현장에 남게 되었다 — 회의당 주도의 통일진보연합과 인도인민당 주도의 전국민주연합. 자나타 달 주도의 연합전선은

1990년대 말까지 실질적으로 사라졌다. 두 개의 경쟁적인 연합은 전국정당의 모임이었고, 주로 지역정당들의 각종 집합이었다. 1998년 이래 6년간 집권한 전국민주연합은 이전의 18개의 정당에 이어 24개 정당들이 모인 것이었다. 2004년에 형성된 통일진보연합은 15개의 정당을 포함한다. 각각의 연합에서 그와 같이 많은 수의 정당들은, 주와 지방에 소재해 정치동원화에 있어 자율적인 개체의 핵심으로서 출현했다.

투표 행위의 결정 요소

대체로, 인도 내에서 투표행위에 영향을 미치는 요소들을 3가지 유형으로 가정해볼 수 있다. 첫째, 후견인-가신 네트워크, 카스트와 계급, 부족, 언어, 그리고 종교 등과 같은 사회적 요소들이 그러하다. 둘째, 정당 아이덴티티, 리더십 이미지, 이슈, 정부의 수행능력, 정당 간 연맹과 의석수 조정, 후보자 등과 같은 정치적 요소들도 존재한다. 그리고 셋째, 3M — 매체(Media), 자금(Money), 그리고 강제력(Muscle Power) — 도 존재한다. 이 같은 요소들이 보다 결정적이라고 판단하는 것은 어렵다. 이들의 영향력은 상호 복합적이다. 아마도 이러한 영향력은 역시 지역마다, 그리고 선거마다 다양하게 나타날 것이다. 후견인-가신 네트워크, 카스트, 부족과 같은 일부 귀속적인 요소들은 대개 지역적으로 투표에 영향을 끼치는 반면, 계급집단, 언어, 종교와 같은 광범위한 아이덴티티들은 넓은 지역에 걸쳐 투표에 영향을 미친다고 가정하는 것이 타당할 것으로 보인다.

또한 종교공동체와 언어공동체는 카스트와 계급의 경계를 따라 나누어지는 것이 가능하다. 더욱이, 전문직업인, 농민, 산업노동자, 농업종사자와 같은 경제계급들은 좀처럼 전국적으로 획일적인 정당에 투표하지 않는다. 대부분의 다른 사회적 요소들처럼 계급요소들은 투표행위에 영향을 미침에 있어 지역적 밀집과 종종 섞이곤 한다.

투표결정은 그룹과 개인 모두의 선택이다. 이 두 가지 측면은 서로 복잡하게 얽혀있어서 이들을 분리해내는 것은 선거학자들에게 커다란 방법론적 도전이 될 것이다. 투표행위는 법률상으로 개인적인 것이다. 그러나 개인이 갖고 있는 사회적, 정치적 뉘앙스와 주장들은 그룹에 영향력으로 작용하게 될 것이다. 정당, 개인적 성품, 이슈, 정당 간 연맹은 모두 인도에서 선거정치와 투표행위를 형성하는 데에 있어 기본적인 요소들이다. 정당요소는 중요하지만 이는 카스트와 다른 요소들과도 결합할 수 있다. 더욱이, 정당요인은 리더십 이미지와도 종종 결부된다. 총리직 후보의 경우, 리더십 이미지는 대개 정당의 이미지보다 크게 작용한다. 두 가지 차원의 정당요인들은 현직효과(집권당의 수행능력에 대한 중대한 평가)와 정당 간 연맹 혹은 의석 조정이다.

독립이후 초기의 몇십 년간, 매체, 자금, 그리고 강제력의 역할은 최근 몇십 년간보다 우세했던 것이 아니다. 선거는 정당과 후보자로 하여금 막

〈표 10.1〉 1952년~1991년 비하르 국회의원의 선거비용 지출

1952: 의회 선거구	1900루피 지출	선출
1957: 의회 선거구	2700루피 지출	선출
1962: 의회 선거구	5200루피 지출	선출
1977: 록 사바 선거구	75만 루피 지출	패배
1980: 록 사바 선거구	7만~8만 루피 지출	선출
1984: 록 사바 선거구	7만 루피 지출	선출
1989: 록 사바 선거구	8만 루피 지출	선출
1991: 의회 선거구	3만~4만 루피 지출	선출

출처: A Surya Prakash, *What Ails Indian Parliament? An Exhaustive Diagnosis,* Indus, New Delhi, 1995, p.280

〈표 10.2〉 범죄 혐의가 있는 국회의원

(백분율)

BJP	19%(16/138)	NCP	56%(5/9)
회의당	10%(15/145)	RJD	40%(10/25)
BSP	37%(7/19)	DMK	13%(2/15)
CPI(M)	12%(5/43)	SS	33%(4/12)

출처: *Outlook,* New Delhi, 21 June 2004, p.35

대한 양의 자금으로 연루된 거대기업이 되었다. 비하르의 의회에서 한 의원은 다음과 같은 인쇄물을 제시했다. (〈표 10.1〉)

정치의 범죄화는 우려할 정도이다. 2004년 록 사바 선거에서 후보자들에 의해 기입된 범죄 진술과 관련한 선서진술서에서 발췌된 정보는, 범죄의 오명을 가진 리더들을 숨기지 않은 정당이 거의 없다는 것을 보여준다(〈표 10.2〉). 국민회의당(NCP)은 그와 같은 후보자가 56%로 가장 많은 정당이었으며, RJD(40%), BSP(37%), 시브세나(33%), BJP(19%), DMK(13%), CPI(M)(12%), 회의당(10%)이 그 뒤를 따른다.

지금까지의 논의를 요약하면, 투표행위에 영향을 미치는 다양한 결정요소들을 정연하게 묘사하는 것이 거의 불가능하다는 것이다. 그러나 인도의 선거학자인 야다브(Yogendra Yadav)는 이 같은 맥락에서 중요한 점을 언급한다. 2004년 록 사바 선거를 해석하면서, 야다브가 시사하기를, "발견되기를 기다리며 어딘가에 숨겨진 본래의 의도란 없지만, 해석의 행위는 구문을 분석하는 것이되, 그 안에 놓인 문제들에 의존하기 때문에 원문의 의미로부터 결코 자유로울 수는 없다."[38]

예컨대 2004년 록 사바 선거 결과를 놓고 카스트와 공동체 요인의 영향을 검토해보도록 하자. 조사 자료는 카스트가 투표에 영향을 끼친 다른 많은 요소들 중 하나라는 것을 보여준다.[39] 우리는 세 개의 주요 카스트/공동체집단의 투표성향—달리트, 아디바시(*Adivasis*), 무슬림—에 대해 살펴보자. 달리트는 서벵골, 아삼, 우타르프라데시를 제외한 거의 모든 주에서 인도인민당(BJP)과 그의 연맹보다는 회의당에 투표한 것으로 보였다. 물론, 그들의 회의당 지지성향은 각각 하리아나에서 57%, 구자라트에서 44%, 마디아프라데시와 자르칸드에서 8%를 보였다. 서벵골, 아삼, 우타르프라데시에서 달리트의 비회의당 성향은, 서벵골의 좌파전선, 아삼의 아솜가나파리샤드, 우타르프라데시의 BSP의 지역적 세력을 고려하면 납득할 만한 것이다. 아디바시 유권자들은 불균형적으로 회의당 지지를 보였는데, 마하라슈트라(34%), 자르칸드(28%), 안드라프라데시(19%), 오리사(18%), 차티스가르(13%), 메갈라야(13%), 라자스탄(12%), 그리고 마디아프라데시(8%)의 지지율을 보였다.

그러나 마디아프라데시, 아삼, 서벵골과 구자라트에서 회의당보다는 BJP와 그의 연맹에 대한 아디바시의 선호적인 선택이 있었다. 1990년대 이후로, 회의당으로부터 이탈했던 무슬림들은 회의당 층으로 되돌아가는 성향을 보였다. 47%의 무슬림이 회의당을 지지하는 성향을 보인 반면, BJP와 그의 연맹에는 11%의 지지를 보였다. 42%의 무슬림들은 전국 규모의 주요 정당들과 다른 구성체들, 아마도 지역정당들에 투표를 한 것으로 보인다. 주의 수준에서, 회의당을 지지한 무슬림의 정도는 델리에서 94%, 그리고 우타르프라데시에서 15%를 차지했다. BJP와 그의 연맹은 안드라프라데시(34%), 카르나타카(21%), 구자라트와 서벵골(20%), 마하라슈트라와 타밀나두(14%), 그리고 라자스탄(13%)에서 보다 선호적인 지지를 받았다. 보다 확고한 무슬림의 지지는 우타르프라데시(82%)와 잠무 & 카슈미르(75%)에서 보였다. 회의당과 BJP 주도의 연맹보다는 다른 정당들에 지지를 보낸 무슬림은 서벵골(54%), 케랄라(40%), 아삼(28%), 카르나타카(25%), 비하르(17%), 구자라트와 마하라슈트라(14%), 타밀나두(11%)에서 나타났다.

한편, 열한 개 주에서 카스트/공동체와 정당선택의 관계에 관해 살펴보도록 하자. 안드라프라데시에서는, 여타후진계급(OBCs)이 회의당과 TDP-BJP 연맹을 놓고 후자보다는 전자에 약간의 우세를 가지고 다소 나누어지는 경향을 보였다. 45%의 OBCs 농민과 47%의 하층 OBCs가 회의당을 선호한 반면, 48%의 OBCs 농민과 45%의 하층 OBCs가 TDP-BJP 연맹에 투표한 것으로 나타났다. YDP-BJP 연맹은 회의당(41%)보다는 농민들(49%) 사이에서 불균형적으로 큰 지지를 얻었다. 농업종사자 간의 관계 패턴은 이와 반대이다. 그들 중 51%가 회의당을 지지한 반면 41%가 TDP-BJP 연맹을 선호했다.

케랄라에서는, 힌두상층카스트, 나이르, 에자바, OBCs와 달리트는 반 이상 CPM 주도의 LDF에 투표한 반면, 무슬림과 기독교인들은 대부분, 회의당 주도의 통일민주전선(UDF)에 지지를 보였다. 케랄라에서 BJP에 대한 지지는 모든 힌두카스트에 퍼져 있는 반면, 소수들은 오직 한계적으로 이들에게 투표한 경향을 보였다.

카르나타카에서는 회의당 지지가 중간카스트인 복칼리가(*Vokkaligas*), OBCs, 링가야트(*Lingayats*) 사이에 다소 고르게 퍼져있음을 보였다. 회의당은 달리트와 무슬림에 의해 보다 크게 선호되었다. BJP와 그의 연맹은 상층카스트와 링가야트 사이에서 가장 많은 지지를 획득했다. 아디바시 역시 회의당보다는 이 같은 정당들을 더욱 지지한 것으로 보였다. 자나타 달(세속)은 지배적으로 복칼리가와 링가야트의 정당이었다.

타밀나두에서는 AIADMK 주도의 연맹을 크게 지지하던 상층카스트들을 저지하며 다른 모든 카스트들이 회의당을 포함해 DMK 주도의 연맹에 영합하는 경향을 보였다. 후자의 지지는 남성과 극빈 유권자들 사이에서 다소 감소되었다.

북부의 우타르프라데시에서는 BJP가 지배적으로 상층카스트의 정당이었음을 나타냈다. 예상할 수 있듯이, BSP는 달리트 지배적인 정치적 형세를 이끈 반면, 사마드와디 정당과 라슈트리야 록 달은 대개 야다브와 다른 경작카스트, 그리고 무슬림의 정당이었다.

비하르에서 정당 선호의 패턴은 회의당을 포함한 RJD 주도 연맹이 야다브, 무슬림, 달리트의 지지를 대거 받은 반면, BJP의 주요 지지층은 상층카스트인 쿠르미(*Kurmis*), 코에리(*Koeris*)였다.

자르칸드에서는 회의당이 불균형적으로 아디바시와 OBCs 사이에서 큰 지지를 얻었다. BJP가 상층카스트들에 크게 의존한 반면 달리트는 두 주요 전국정당들에 의해 지휘되는 두 연맹에 고르게 표를 분배했다.

아삼에서는 회의당이 무슬림 사이에서 가장 강력한 지지를 얻은 반면, BJP의 지지는 달리트, 아디바시, OBCs와 상층카스트들 사이에서 다소 고르게 분배되었다. 지역적 정당인 AGP는 상층카스트와 OBCs의 주요 지지를 다시 한 번 획득했다.

하리아나는 그동안 주의 집권당이던 INLD가 자트(*Jats*)를 제외한 모든 주요 카스트와 공동체 사이에서 회의당으로의 지지로 양보했음을 증명했다. 하리아나에서 BJP의 지지는 시크교도 사이에서 불균형적으로 크게 나타났다.

서부지역인 구자라트에서는 상층카스트인 파티나(*Patinas*)와 아디바시 사이에서 BJP가 더욱 많은 표를 획득한 반면, 회의당은 달리트, 무슬림과 OBCs 사이에서 높은 지지를 얻었다. 마하라슈트라에서는 회의당이 무슬림, 달리트, 아디바시 간에 지지를 더욱 얻은 것으로 보인다. BJP는 상층카스트, 시브세나는 마라타-쿤비(*Maratha-Kunbis*)에서 지지를 보였다. NCP의 지지는 시브세나 보다는 적지만, 마라타-쿤비 사이에서 가장 높은 지지를 받은 것으로 볼 때, 회의당 지지와 다소 비슷한 것으로 보인다.

선거 개혁

1990년대 이래로, 선거관리위원회는 예상치 못한 행동주의를 전개해왔다. 선거관리위원회와 다른 구성체들에 의해 권고된 의회의 개혁 법규가 부재한 상황에서도, 선거관리위원회는 현존하는 법률의 보다 엄격한 시행과 정당의 법률에 의해, 그리고 정당과의 협의에 의해 형성된 윤리적 집행 법전에 의해 선거에서의 큰 변화를 일으켰다.

최근 선거관리위원회가 맞닥뜨린 가장 심각한 문제는, 범죄를 정의하고 또 범죄자의 정치 진입을 막는 일이다. 위원회는 법률적으로, 인간은 유죄가 증명되지 않는 한 무죄라고 가정된다는 사실을 인식하고 있다. 위원회의 의견으로는, 심각한 위법행위라 해도 재판에 맞서고 있는 사람이 혐의에서 벗어날 때까지 선거논쟁에 노출되지 않는다면, 선거경쟁에 대한 권리를 제한하는 것은, 국가의 최고 법률형성 기관인 상하 양원에 존엄성을 가져다주기 위하여 합법적인 불평을 가져서는 안 된다는 것이다.[40] 이 효력에 대해 미결인 채로 남아 있는 의회의 법규에 관해, 선거관리위원회는 2003년과 2004년 개최된 선거에서 대법원의 명령 하에 절차를 밟았으며, 후보자의 무간섭에 관하여 선서진술서를 기록하거나, 그렇지 않은 경우에는 추천서와 함께 간주되는 책임문서와 함께 범죄행위에 대해 기록할 것을 요구했다.

1998년, 레디(B.P.Jeevan Reddy)와 굽타(Indirajit Gupta)가 각각 의장을 맡은 두 개의 위원회(CPI 국회의원과 연방장관)는 선거개혁을 위해 다소 모순적인 권고를 제안했다. 전자는 국가의 선거기금에 반대했고, 후자는 이를 지지했다. 법률위원회에 의해 임명된 레디위원회는, 국가의 선거기금에 바탕이 된 개념은 기금과 부정자금의 결합이 과도한 영향력을 끼치는 것을 막기 위한 것이라고 주장했다. 국가기금은 내부의 조직적인 민주주의와 선거관리위원회에 의한 회계보고서가 보장되는 전제조건 없이는 분별없는 것이 될 것이다.[41]

법률위원회

선거관련 법률에 대한 전반적인 검토에서, 법률위원회가 1999년에 록 사바와 비단 사바의 의석을 26% 증원하도록 권고한 점을 상기해볼 수 있다. 새로운 록 사바의 의석수(138석)는 정당에 의해서 선거관리위원회에 갖추어진 가능성 있는 입법자들의 심사원들을 명부식을 통해 채우도록 했다.

이 의석들을 충당함에 있어, 5% 미만의 득표율을 얻는 정당들은 제외되어야만 한다. 오래된 지역선거구는 유지되어야 하지만, 이들의 수는 2025년까지 550으로 고정되어야만 한다. 만약 이 의석수가 재편성된다면, 록 사바는 전체 688석이 될 것이다. 법률위원회의 관점에서, 이 같은 개혁은 1971년의 인구조사 이래 록 사바의 의석수를 동결시켜온 것에서 변칙적으로 발생하는 것을 개정할 필요가 있다. 더욱이, 법률위원회는 또한 정당들이 1951년의 국민대표법령의 개정을 통해 법률의 범위에서 형성되도록 권고하고 있다. 이는 정당으로 하여금 정책결정에 있어 지역정당의 특정한 권력으로 비밀투표에 의해 매 3년마다 행정위원회를 구성하도록 하며, 보고서를 제출하도록 하고 있다.[42)]

2002년의 헌법작동검토위원회(NCRWC)의 보고서는 일정한 한도에서 선거개혁의 이슈에 대해 고려해왔다. 위원회는 다음과 같은 주요 문제들을 특별히 밝히고 있는데, (a)선거비용, 부패, 정치의 범죄화의 증가, (b)비교다수득표제와 다당제로부터 기인하는 정당들 간 득표율과 의석배분의 부조화, (c)탈당의 정치, (d)정밀하지 못한 선거명부, (e)투표기입소 포획과 위조투표, (f)강제력의 사용과 유권자 위협, (g)공무원과 지역행정에 의한 선거절차의 파괴, (h)득표계산의 착오, (i)범죄경력을 지닌 후보자들의 증가, (j)선거에서의 지역과 카스트의 오용, (k)선거분쟁 처리에 있어 사법부의 지체, (l)후보자의 허위와 진지하지 못한 태도, (m)선거구 획정에 있어 불일치로 생겨나는 대표제의 왜곡, 그리고 (n) "정치적 윤리성의 기준에서 부패로 인한 체계적 합법성의 손실과 공적 생활에서 서비스와 희생정신의 쇠퇴"가 그러하다.[43)]

헌법작동검토위원회에 의해 마련된 주요 권고들은, (a)수상, 록 사바와 라자 사바의 야당 지도자들, 록 사바의 의장과 라자 사바의 부의장으로 구성된 위원회의 권고들에 대해 선거관리위원회가 승인하도록 한다. 비슷한 절차로 주의 선거관리위원회들의 승인이 제안된다. (b)모든 성인유권자들의 확실한 신분증/시민증에 의해 보충된 판차야트 수준에서의 선거명부 준비의 안전한 방법, (c)거대한 규모의 설비를 막기 위해 전국적인 전자투표제의 사용, (d)투표기입소 포획의 경우 선거관리관, 감시자 혹은 시민단체의 보고로 판단하는 1951년 국민대표법령(RPA)의 58A조항에 기초한 선거관리위원회의 합법적 권위, (e)카스트, 공동체, 종교, 인종 혹은 언어에 근거하여 갈등을 악화시키는 캠페인에 대항한 법률의 보다 효과적인 시행, (f)최대 5년 혹은 그 이상 수용된 범죄경력을 가진 후보자를 금지시키는 RPA법령의 개정, (g)부패행위에 근거해 1951년 RPA의 8A조항 아래 자격박탈의 기간 결정, (h)후보자와 정당, 동료들에 의해 사용되는 지출을 감안하여 때때로 선거관리위원회에 의해 선거 비용의 최고선 확정, (i)추천서와 함께 후보자와 친인척의 자산과 채무에 대한 신고서 제출, (j)캠페인 기간의 상당부분을 축소, (k)오직 한 선거구에서만 후보자를 추천, (l)위반에 대한 인식 가능한 형벌조치로 법전에 대한 실행으로의 합법적 지위, (m)다수득표제(plurality system)를 단순다수제(majority electoral system)로 대치, (n)의장 혹은 관련된 원의 의장을 대신하여 선거관리위원회의 자문으로 탈당을 한 의원의 합법적인 자격박탈이 있다.[44]

지금까지 의회는 반(反)탈당법령만을 실행해왔다. 앞서 언급했듯이, 선거관리위원회는 최근의 선거들에서 대법원의 지시에 따라 후보자들로 하여금 그들의 자산과 채무, 범죄행위에 대한 유죄 판결 여부에 대해 신고하도록 의무를 부여했다.

미 주

1) *Election Commission of India v. Union of India & others* (1993), *Landmark Judgements on Election Law,* Vol.III, Election Commission of India, New Delhi, 2000, p.39.

2) Maurice Duverger, *Political Parties: Their Organization and Activity in the Modern State,* John Wiley, New York, 1963; William Riker, "The Two-Party System and Duverger's Law: An Essay in the History of Political Science," *American Political Science Review,* Vol.76, pp.753-766; "Duverger's Law Revisited," in Bernard Gofman and Arendt Leijphart (Eds.), *Electoral Laws and Their Political Consequences,* Agathon Press, New York, 1986.

3) S.M. Lipset, and Stein Rokkan (Eds.), *Party Systems and Voter Alignments: Cross-National Perspectives,* Free Press, New York, 1967.

4) Leonard Binder *et al., Crisis and Sequences in Political Development,* Princeton University Press, Princeton, 1971.

5) For an earlier version of this argument, *see* M.P. Singh, "Electoral Politics and Phases of Politicization in India," *Trends in Social Science Research,* Vol.3, No.2, December 1996.

6) Samuel Huntington, *Political Order in Changing Societies* (1968: Ch.7), uses the term "ruralizing elections" in the specific sense of the process through which the party system in a modernizing country adapts itself with the largely rural society by accommodating mass rural participation and political recruitment of rural voters and elites.

7) Rudolph Lloyd and Susanne Rudolph, *In Pursuit of Lakshmi: The Political Economy of the Indian State,* Orient Longman, Delhi, 1987, obviously use the term "deinstitutionalization" in the reverse sense of Huntington's (1968, p.12)

celebrated concept of "institutionalization" defined as "the process by which organizations and procedures acquire value and stability."

8) The best historical studies on these aspects of the Indian development are Amiya p. Sen (2003), *Social and Religious Reform: The Hindus of British India,* OUP, New York; and B.B. Misra (1961), *The Indian Middle Classes: Their Growth in Modern Times,* OUP., London, and B.B. Misra (1976), *The Indian Political Parties: An Historial Analysis of Political Behaviour up to 1947,* OUP, Delhi.

9) The term is Kothari's, used in his "Introduction" to his edited book. *Caste in Indian Politics,* Orient Longman, New Delhi, 1970 and occurs in his abstracted, indeed ahistorical, but extremely imaginative and plausible model of inter-actional politicization of caste in modern Indian democratic politics. For an elitist Indological perspective on Brahman-Kshatriya polarity of power in Indian tradition, see K.C. Heesterman, *The Inner Conflict of Tradition,* OUP, 1985.

10) Gopal Krishna, "The Development of the Indian National Congress as a Mass Organization," *Journal of Asian Studies,* Vol.25, No.3, May 1966; and Granville Austin, *The Indian Constitution: The Cornerstone of a Nation,* New Delhi: OUP, 1966.

11) Anil Seal, *The Emergence of Indian Nationalism: Competition and Collaboration in the Later Nineteenth Century,* Cambridge University Press, Indian reprint (1982), S. Chand & Co., New Delhi, p.341.

12) The historiography of the national movement has immensely burgeoned and got differentiated in terms of the nationalist, colonial/imperialist, Marxist, Gramscian Subaltern perspectives. For major, but less than comprehensively exhaustive, discussions, *see* Bipan Chandra *et al., India's Freedom Struggle for Independence,* Penguin Books, New Delhi, 1989; and *Subaltern Studies,* Foreword by E.W. Said, New York, OUP, etc. For the evolution of legislative institutions, *see* Sneh Mahajan (1983), *Imperialist Strategy and Moderate Politics: Indian Legislature at Work, 1909-1920,* Chanakya Publications, Delhi.

13) Bipan Chandra *et al., India's Struggle for Independence,* Penguin Books, New Delhi, 1989, p.13.

14) M.P. Singh (1981b), *Split in a Predominant Party: The Indian National Congress in 1969,* Abhinav Publications, New Delhi.

15) Bipan Chandra, *Nationalism and Colonism in India,* Orient Longman, New Delhi, 1979, p.331, has noted "a sharp differentiation within the class of zamindars and landlords" in the colonial period; he goes on to say that a "majority of rent receivers were in their incomes and even lifestyles not

distinguishable from the rich or even middle peasants. They were impoverished and even getting further impoverished. They were becoming quite hostile to colonialism and as men born to education and status and used to political and administrative leadership they could and did begin to play an active role in the anti-imperialist struggle and to provide the latter with elements of mass support, especially in elections under a restricted franchise after 1919. They played an important role in the 'massization' of the national movement." As one born in a medium size *zamindar* family in Gaya district of Bihar and familiar with their "upward" and "downward" class relationships, M.P. Singh is inclined to question Chandra's strong, but flat, assertion of the lower *zamindars*' numerically large and active role in the national movement. Singh's father, two of his maternal uncles, and a cousin's father-in-law were the only armchair Congressmen in his extended family and large number of relations spread over several districts of central and north and south Bihar.

16) Information on these Chief Ministerial successions may be gleaned from the following volumes of studies in State politics in India: M. Weiner (Eds.) (1968), *State Politics in India,* Princeton University Press, Princeton; I. Narain (Eds.) (1967), *State Politics in India,* Meenakshi Prakashan, Meerut; I Narain (1976), *State Politics in India,* Meenakshi Prakashan, Meerut; and B.L. Fadia (1984), *State Politics in India,* 2 Vols. Radiant Publishers, New Delhi.

17) The founder of the *Jai Gurdev* movement is a sadhu of unknown but controversial antecedents who commands considerable following in Uttar Pradesh, Delhi and neighbouring States, especially among the backward castes. Arrested under the Maintenance of Internal Security Act (MISA) during the Emergency, the Gurudev actively campaigned against Indira Gandhi and in favour of the Lok Dal and Janata Party during the 1980 Lok Sabha elections. His electoral blessings and his followers' support were later solicited for their parties by various political leaders, including Mrs. Gandhi, Jagjivan Ram, Atal Behari Vajpayee and others by paying him personal visits. This sect seems to have especially appealed to the ascendant lower castes and classes. In view of the non-millenarian character of Hinduism, a notable feature of the religious ideology of *Jai Gurdev* is the transposition of the *satayuga* from the past into the future. This millenarian faith promises that when the *satayuga* comes, India would become the greatest nation of the world ruled by a religiously oriented king, agricultural production would leap to a maund per *bigha* of land, women who have so far remained deprived of comforts and good clothing would wear expensive jewelry, a rich treasure trove would be discovered at the foothills of Himalayas, Hinduism would spread throughout the world, vegetarianism and abstention from alcoholic drinks would become universal, and there would be an amazing change in the educational system following which boys educated

only up to class X would be employed on highest ranking jobs. *India Today* (New Delhi), January 16-31, 1980, p.116.

18) Rajni Kothari, "Voting in India-1: The political change of 1967," *Economic and Political Weekly,* January 1971.

19) For illustrations of these processes at work in some States, *see* M. Weiner (1967), *Party Building in a New Nation: The Indian National Congress,* University of Chicago Press, Chicago; Angela Burger, *Opposition in a Dominant Party System: A Study of the Jan Sangh, the Praja Socialist Party, and the Socialist Party in Uttar Pradesh, India* (1969), University of California Press, Berkeley & Los Angeles; and M.P. Singh (1975), *Cohesion in a Predominant Party: The Pradesh Congress and Party Politics in Bihar,* S. Chand & Co. New Delhi, p.6.

20) M.N. Srinivas (1966) *Social Change in Modern India,* University of California Press, Barkeley & Los Angeles.

21) Rajni Kothari (1988a), *State against Democracy: In Search of Humane Governance,* Ajanta Publications, Delhi, Rajni Kothari (1988b); "Integration and Exclusion in Indian Politics," *Economic and Political Weekly,* 23(43), 22 October.

22) James Manor (1988), "Collective Conflict in India, Conflict Studies," 212, The Centre for Security and Conflict Studies, London: M.P. Singh (1980a); "[Violence] At the village," *Seminar,* 25 June: M.P. Singh (1990a); "From predominance to polarized pluralism: the Indian Party System," *Think India,* 2(2), April-June.

23) Pranab Bardhan (1984), *The Political Economy of Development in India,* OUP, Delhi, Anupam Sen (1982), *The State, Industrialization, and Class Formations in India,* Routledge & Keegan Paul, London.

24) Sudipta Kaviraj (1988), "On the crisis of political institutions in India," *Contributions to Indian Sociology,* New Series, 18(2).

25) A.R. Desai (1984), *India's Path of Development: A Marxist Approach,* Popular Prakashan, Bombay.

26) O. Lynch, (1969), *The Politics of Untouchability: Social Change in a City of India,* Columbia University Press, New York; Janet Benson (1978), "Political activity in a parliamentary constituency of Andhra Pradesh in the 1977 General Election: Why Congress won," *Asian Survey,* 18(8), August; Chanshyam Shah (1972), "Voting behavior of Adivasi and Harijan leaders: A study of the 1971 elections," *Indian Journal of Political Science,* 33(4), October-December.

27) National and regional newspapers in the 1980s have published copious accounts of these agitations and incidents of violent conflicts. Gail Omvedt (Ed.) (1983),

Land, Caste and Politics in India, South Asia Books, "Introduction," pp.30-31, in an interesting theoretical and strategic formulation, observes: "Among the rural poor toilers, the continued existence of caste divisions and the continued, if carrying, forms of the special oppression of dalit labourers means that a struggle against social cultural oppression and an anti-caste struggle is a crucial part of their general battle for liberation. But this it no longer a simple anti-feudal struggle as before. For one thing, the main enemies now are the rich farmers, including capitalist farmers, and the bourgeois State as such; for another, the dalits can no longer find their allies as the ex-sudra peasantry fighting against the "twice-born." Now the question has become one of uniting the dalits — and breaking the false, cross-class "caste unity" of the middle castes in order to bring the middle caste toilers into alliance with dalits; it is now a question of a dalit liberation movement along with the formation of a broader militant class unity among the rural poor under the slogan of 'dalit-shramik unity'(emphasis in the original)."

28) Sachhidananda (1977), *The Harijan Elite,* Thomas Press, Faridabad.

29) M.P. Singh (1980a), "[Violence] At the village," *Seminar,* No.250, June; M.P. Singh (1980b), "Social Structure, Electoral Processes & Party System in India," *Indian Political Science Review,* 14(2) July.

30) Rajni Kothari, "The Congress System Revisited," *Asian Survey,* Vol.12, No.12, 1974.

31) M.P. Singh (1986), "Whither Indian Party System? A crisis in Indian pluralism, in Urmila Phadnis *et al.* (Eds.), *Domestic Conflicts in South Asia,* Vol.I, South Asian Publishers, New Delhi.

32) For an earlier version of this idea, see M.P. Singh and Rajesh K. Singh (1992), "Three Models of Electoral Mobilization," in M.P. Singh (Ed.), *Lok Sabha Elections 1989: Indian Politics in 1990s,* Kalinga Publications.

33) In our opinion, Nehru's premiership style was in substance more pluralist and parliamentary than federal. This was, of course, facilitated by the towering personality of the first Prime Minister, predominance of the Congress Party at the national as well as State level, the quasi-federal nature of the Constitution and relatively limited extent of politicization if regional and ethnic identities in the early decades of Independence. It is revealing that two authoritative studies in the first decade of the Nehru Premiership, one by a British and the other by a Canadian political scientist, are both couched in the Parliamentary discourse, with little recourse to the federal idom. See Morris-Jones, W.H., *Parliament the India,* Longmans, Green & Co., London, 1957, and Brecher, Michael, *Nehru: A Political Biography,* Oxford University Press, London, 1959 (An abridged edition issued by Jaico of Bombay). It may have been, at least

in part, a conceptual artifact of a paramount Parliament in constitutional design and actuality and the towering national presence of Nehru. One wishes these authors had given more attention to the question of Nehru's relationship with his Chief Ministers: one is surprised by the fact that even in discussing the patently federal issues like the reorganization of States and official languages of the Union. It is the Cabinet colleagues of Nehru that often figure in Brecher's account. The Chief Ministers of the affected States and their roles in resolving conflicts remain out of bounds in the narrative. Perhaps a new look and exploration of hitherto unexplored data with a widened conceptual aperture is called for. Some fresh light is shed on this theme by G. Pathasarathi's edited volumes of *Nehru's letter to the Chief Ministers, 1947-1954,* Oxford University Press, Delhi, 1987.

34) For an authoritative study of the 1964 and 1966 Prime Minister successions, *see* Brecher, Michael, *Political Succession in India,* Oxford University Press, Delhi, 1966.

35) *See* Campwell, Angus *et al.* (Eds.), *Elections and Political Order,* John Wiley, New York, 1966.

36) The concept of 'Patrimonialism' is borrowed from Max Weber who used it to refer to any form of Government which is organized on the assumption that the Government is more or less an extension of the ruler's household with officials remaining as the personal dependents of the ruler (*see* Bendix, Reinhard, Max Weber: *An Intellectual Portrait* (with a new Introduction by Guenther Roth), University of California Press, Berkely, 1977, pp.100-103. Weber apparently wished to contrast patrimonialism with feudalism, on the one hand, and democracy, on the other. Democracy is, of course, associated with the rational-legal system of bureaucracy is, of course, associated with the rational-legal system of bureaucracy, while the Government under feudalism is organized on fealty relation between the ruler and his vassal, the latter maintain their own armies and exercising more or less autonomous power within the land granted to them by the State on a hereditary basis. The use of the adjective in our composite term 'Patrimonial Premiership' to designate the zenith of Indira Gandhi's power is thus rather figurative. For, she asserted or exercised patrimonial power demanding absolute personal loyalty within her party and Government (even 'appointing' Chief Ministers who were subsequently ritualistically elected by Congress legislature parties in States) within the frameworks of a bureaucracy recruited on legal-rational basis and legislatures democratically elected by the people. So here was essentially a version of political authoritarianism in a modern context and reflected a lag between structural modernization and cultural backwardness.

37) *See* articles or reports on these elections close on the heels of the events in the *Asian Survey, Seminar, and Economic & Political Weekly.*

38) Yogendra Yadav, "The Elusive Mandate of 2004," *Economic and Political Weekly,* Vol.XXXIX, No.51, 18-24 December 2004, pp.5383-5397. Yadav modestly concluded that the mandate's elusiveness is better seen as [its] constitutive feature" and that "A mandate is often earned, and learnt, retro-spectively." (*Ibid.,* 5398).

39) "How India Voted: Verdict 2004," Supplement to *The Hindu,* New Delhi, 20 May 2004. For a more detailed analysis of 2004 Lok Sabha elections, see M.P. Singh and Rekha Saxena, "Lok Sabha Elections 2004: Change with Continuity," *Think India,* Vol.8, No.1, January-March 2005 and Lawrence Saez and Rekha Saxena, "Mandate 2004," *Mainstream,* Annual No., January 2005.
For an account of preceding three Lok Sabha elections in 1996, 1998 and 1999, *see* M.P. Singh and Rekha Saxena, *India at the Polls: Parliamentary Elections in the Federal Phase,* Orient Longman, New Delhi, 2003.

40) Election Commission of India, n.d. but apparently 1998, *Electoral Reforms: Views and Proposals,* ECI, Nirvachan Sadan, New Delhi.

41) Report of both these committees excepted in M.P. Singh and Ravi Bhatia, *Evolution of the Indian Constitution Since 1950: An Anthology of Documentary Sources,* 2006, Typescript. *See* also Ujjwal Kumar Singh (2004), *Institutions and Democratic Governance: A Study of the Election Commissioin and Electoral Governance in India,* Nehru MM Library Monograph No.9.

42) *IIPA Newsletter,* Indian Institute of Public Administration, New Delhi, Vol. XLIII, No.9, September 1992, p.6.

43) *Report of the National Commission to Review the Working of the Constitution (NCRWC).* 2002.

44) *Ibid.*

제11장

정당 체계:

체제 없는 지형?

개요

라 팔롬바라(Joseph La Palombara)와 와이너(Myron Weiner)가 적절하게 언급하듯이, 정당은 "근대 사회와 근대화하는 사회"의 특징을 가진다.[1] 정당은 대의민주주의에 필수불가결한 요소이다. 직접민주주의의 지역정당제도는 아마도 정당 없이 작동할 수 있을지도 모른다. 그러나 보다 큰 집합체에서 민주주의가 실행되는 어느 곳이든, 그리고 언제든, 그것은 선거 관리자들을 통한 대표적인 장치에 의존해야만 한다. 이러한 점에서 정당도 예외일 수는 없다. 최소한 그것은 현대 세계에서 근대 민주주의의 경험이 되어왔다. 좌파진영을 포함해서 서양의 자유민주주의는 정당의 기능과 역할이 쇠퇴하고 있지만, 그것이 정당의 수명에 있어 종말의 국면에 접어들었다는 것으로 진단하는 비교정치학 영역에서의 연구는 없었다.[2]

보수주의자와 자유주의자, 그리고 건국 혹은 대중운동의 창설자들은 반(反)정당 감정을 곧잘 표현한다. 예를 들어, 워싱턴(George Washington), 볼링브로크 경(Lord Bolingbroke), 마하트마 간디(Mahatma Gandhi), 간디를 동조한 나라얀(Jayaprakash Narayan), 그리고 급진적인 인본주의자인 로이(M.N.Roy) 등이 그러했다.[3] 이는 정당이 국가공동체의 유기적인 연합을 본질적으로 분열시킬 것이라고 생각되었기 때문이다. 그러나 정당에 대한 이러한 초기의 제한들이 관료주의와 함께 국가의 두 주춧돌로서 발전하지는 않았다. 이것은 정당이 시민사회와 국가 사이에 절대적으로 필요한 연계가 되기 때문이다. 정당은 시민사회와 국가에 대하여 동등하게 이중적인 성격을 갖는 기구이다.

정당의 중요성은 전형적으로 서양의 자유민주주의에서 일어났듯이 관할권이 확장하면서 비례적으로 확대되어왔다. 정치적 투표권은 점점 보편적이 되어갔으며, 정당은 의회적 파벌들이 그들로 하여금 대중의 선거지지를 필요로 하는 것을 통해 대리인으로서 출현했다.[4]

인도에서 초기의 정당들은 1883년 이후 자유당 출신 총독인 리폰 경(Liberal Viceroy Lord Ripon)에 의해서 영국령 인도에 소개된 지역자치기구에서 출현했다. 그 후 계속해서 정당은 1861년 이후의 다양한 의회법과, 1909, 1919, 1935년의 다양한 인도정부법 아래에서 지방의회와 의회에서 좀 더 구체적인 형태와 기능을 갖추게 되었다.[5]

그러나 인도에서 대중운동과 정당출현에 대해 보다 더 중요한 맥락은 영국식민통치에 대한 자유 투쟁이었으며, 특히 20세기에서부터 시작한다. 사실, 민족주의적 지도자들은 제한된 관할권과 권력으로 완전한 독립과 민주주의를 성취하려는 목표를 향해 증가하는 민족주의적 리더십을 만족시키지 않았다는 명백한 이유로, 제도적인 정치보다는 선동적인 정치에 더욱 중요성을 부여했다.

인도의 '운명과의 밀회(tryst with destiny)' ― 민주적이고 발전적인 ― 는 분리되었을지도 모른다. 이와 관련한 현재의 논쟁은 민주주의의 상이성과 발전에 대한 것보다는 정당의 발전에 좀 더 초점이 맞추어지고 있다. 여기에서 제안하는 정당발전의 다섯 가지 국면은, (a)정당체계의 운동(1920~1947), (b)라즈니 코타리의 '회의당 체계(1952~1969)',[6] (c)인디라 간디 회의당과 J.P.운동 사이의 대결 국면(1971~1977),[7] (d)전국정당과 주 정당 사이의 차이점의 증가가 목격되는 국면(1980년대),[8] 그리고 (e)연방적인 연합/소수정부와 함께 지방분권화 된 다수정당체계를 향한 심화(1989년부터 현재까지)이다.[9]

정당체계의 첫 번째 국면에서의 중요성은 거의 모든 정당들이 인도의 자유 운동에서 비롯되었다는 점이다. 인도국민회의당(INC)은 1885년에 설립되었다. 이는 처음에 영국령 인도 행정체계와 거버넌스에서 인도인들의 참여를 위한 원외활동 지지를 위해 압력단체로서 형성되었다. 1905년 벵골에서의 분할과 그것을 무효화하기 위한 스와데시 운동을 시작으로 대중운동의 역할이 점점 확대되어갔다. 이러한 대중운동은 1920년대 암릿사르의 잘리안왈라 바그(Jalianwala Bagh) 대량학살을 좇아 인도의 민족적 현장에서 간디의 출현 이래 특히 절정에 달했다. 실제로 회의당은 당시의 다른 정치적 기구들과 협조적이거나 혹은 갈등의 관계에 놓여 있었던 민족적 플랫폼과 같았다. 공산당원, 사회당원, 자유 투쟁의 기간 동안 갈등적이라기보다는 회의당과 좀 더 협조적이었던 힌두 마하사바(Hindu Mahasabha)와 아칼리 달은 물론이거니와 심지어는 무슬림연맹과 지정카스트연합(Scheduled Caste Federation)조차 영국령 인도의 중심조직이었던 회의당과 계약을 맺고 화해의 기간을 갖는다. 이것은 인도정당체계의 발전국면이 '운동 정당체계(movement party system)' 로서의 성격을 상당부분 갖는 이유가 될 것이다.[10]

코타리(Rajni Kothari)에 의해 개념화된 '회의당 체계(Congress system)' 는 그가 '합의의 정당(즉, 인도국민회의당)' 과 '압력의 정당(예를 들어 체계의 주변에 위치한 비(非)회의당들)' 이라고 일컫는 것을 포함한다. 회의당은 인도독립의 정당으로서 제도적인 카리스마와 당 지도자들의 개인적인 카리스마에 의해 지지되었고 분열된 반대당들을 결합했다. 비회의당들은 가까운 미래에 정부를 형성할 기회를 가질 것 같지 않았다. 회의당은 반대당뿐만 아니라 당의 층 내에서 정부의 역할을 결합시켰다. 좀 더 효율적인 반대는 외형상 반대당보다는 회의당 내에서 의견을 달리하는 사람들로부터 나왔다. 비회의당 정당들은 회의당의 파벌과 같은 마음으로 연계를 이루었고 더 가깝게 이해했다. 그것은 '의견을 달리하는' 회의당원들이 '여당의원들'을 퇴거시키고 권력을 획득하는 장치를 통해서였다.[11]

세 번째 국면은 1967년 회의당이 와해되고 1969년 정당의 대분열이 일어난 이후, 인디라 간디의 회의당 소수정부에 의해 요청된 1971년의 급작스러운 선거와 함께 시작되었다. 1960년대 후반에 정당의 쇠퇴를 전복하면서, 인디라 간디는 그녀의 우파진영 연장자 동료들을 정당 밖으로 나가도록 강요했으며 '가리비하타오(*garibi hatao*)'에 헌신적이며 보다 진보적인 정당으로 개편했다. 이 전략은 대부분의 국가에서뿐만 아니라 뉴델리에서 회의당이 권력을 회복하는 데에 있어 큰 도움이 되었다. 인디라 간디는 회의당과 주 정부에서 권력의 중간구조를 우회하면서 사람들과의 직접적인 대중 접촉을 시작했지만 네루 시기의 민주적으로 제도화된 정당기구는 이미 없어진 상태였다. 회의당은 한 무리의 개인적인 왕조의 충신들과 추종자들로 채워졌을 뿐이었다.

정치에 있어 이러한 포퓰리스트(populist) 전환은 또한 네루 시기에 시작된 경제발전계획을 위한 합리적인 정책결정에 대해 대중의 지지를 동원함에 있어 난항을 겪게 했다.[12] 1970년대 인디라 간디 아래 회의당 레짐은 상층부에서의 극단적인 권력의 집중화, 민주적으로 건설된 포퓰리스트, 연방적인 회의당보다는 개인적이고 왕조적인 정치적 카리스마를 통해 유권자의 포퓰리스트 대중동원으로 특징지어지는 정치적인 피라미드로 변했다. 어떻게 간디는 이것이 상당히 제도화된 회의당 레짐보다 우선함에도 불구하고 이에 성공할 수 있었는가? 코차넥(Stanley A. Kochanek)은 설득력 있는 설명을 하고 있다. "인도의 헌법과 회의당의 조직에 그려진 권력의 형식상의 구조는 강력한 단일적 중앙집권제의 성격을 가진 연방제였고, 이러한 새로운 절차의 착수는 중대한 구조적 변화를 요구하지 않았다."[13]

이러한 중앙집권화 된 정치적 피라미드는 강력한 특별-의회적 대중운동을 형성하도록 유발했는데, 데사이에 의해 구자라트에서 최초로 표면화된 나바니르만(Navanirman) 운동을 시작으로 계속해서 비하르와 북부인도 전역을 지나 전인도적 리더십을 제공하기 위해, 정치적 은퇴 이후 사회주의로 전향한 간디안인 나라얀(Jayaprakash Narayan: J.P.)을 마침내 끌어들인 카르나타카로 퍼져나갔다. 점차적으로, 의회 내의 육중한 회의당 다수와 주의 입법자들은 J.P.운동에 의해 직면하게 되었으며 전인도철도노동자들은 1974년에 전 세계의 가장 큰 철도네트워크를 마비시킨 파업을 하기에 이른다.[14] 이 모든 발전은 러크나우의 알라하바드 고등지방법원이 인디라 간디를 1971년 선거에서의 위법행위로 의석을 빼앗은 이후 1975년 6월 국내 비상계엄을 선포하면서 극에 달하게 되었다. 회의당의 반대자들을 포함해서 이 운동과 반대당의 전체적인 리더십은 법정 뒤에 놓여 있었으며, 언론 검열이 이루어졌다. 비상계엄의 초과와 초 입법적인 권력을 향한 산제이 간디(Sanjay Gandhi)의 부상은, 수년간 계속되는 정치적 동요 때문에 국가 내 정상적인 시민생활을 혼란케 했던 법과 질서를 복원함으로써 대중을 안정시켰지만, 회의당 레짐의 평판을 극단적으로 나쁘게 만들었다.[15]

1977년 록 사바 선거는 비회의당과 비공산당원을 합병함으로써 선거 전날에 자나타 당에 힘을 실어줌으로써 J.P.운동과 인디라 간디 정당 간의 대결의 정치로부터 임시적 탈출구를 제공했다. 그러나 새롭게 나타난 중립적 성격의 자나타 당은 5년 동안 권력의 위임을 완성할 수 없었고 국제적인 분쟁으로 인해 1979년 중반에 무너지고 말았다.[16] 1980년 보궐선거에서 인디라 간디의 회의당은 '일하는 정부(Government that works)' 라는 슬로건으로 선거에서 권력을 되찾을 수 있었다.

정당체계 진화의 관점에서 보면, 이러한 국면에서 두 가지 주목할 만한 발전은 자나타 당의 성장과 쇠퇴이며 회의당의 복구였다. 자나타 당의 우세를 형성했던 1977년 선거는 인도가 양당제 모델 — 자나타 당과 회의당이 록사바 의석과 투표의 3/4 가까이를 차지했다 — 에 가까웠던 짧은 기간이었다. 최근에 출현한 정당은(선거 전날 자나타 당을 형성하기 위해) J.P.운동 기간과 비상계엄 선포 이후 그들의 지도자들이 감옥에 있는 기간 동안 합병된 정당의 공유된 경험의 산물이었다. 이는 즉 회의당(기구), 바라티야 록 달(BLD), 바라티야 자나 상(BJS), 그리고 공공의 도전에 직면해 합병을 촉진했던 공공강령을 다급하게 형성한 사회주의자들로 이루어진 것이었다. 자그지반 람(Jagjivan Ram)에 의해 이끌어진 민주회의당(Congress for Democracy)은 늦은 감은 있었지만 선거 전에 밴드왜건의 대열에 합류했다.

그러나 자나타 당의 부상은 5년간의 위임을 통해 시기상조에 중도로 전락한 만큼 장엄했다. 조직으로서 자나타 당은 큰 규모의 유권자들로부터 지지를 받았음에도 불구하고, 운동을 정당으로 발전시키지 못했던 이유가 있었다. 첫째, 자나타 당의 '빅 쓰리' 리더들 — 회의당(O)의 모라르지 데사이, BLD의 차란 싱, 그리고 선거 이후 자나타 당과 합병한 민주회의당의 자그지반 람 — 은 단합될 수 없는 그들만의 자아충돌을 겪었기 때문이다. 셋 모두 정부에서 최고의 위치를 점하기를 원했으며, 데사이의 편을 들어 이 이슈를 고정시킬 수 있었던 것은 오직 나라얀과 크리팔라니(J.B. Kripalani)의 중재와 설득뿐이었다.

둘째, 자나타 당의 다섯 개의 구성 요소는, 형식상 그것들이 하나의 정당으로 합병되어 있을지라도 사실상으로는 분리된 개체로서 계속해서 기능했기 때문이다. 형식상의 연합은 실제 하나로 통합되는 수준에 결코 이를 수 없었다. 자나타 당은 특별협력기구에도 불구하고, 대중회원의 명부를 완성시키거나 민중에게 있어 제 몫을 할 수 있는 조직적인 선거를 결코 치를 수 없었다.

셋째, 자나타 당의 막대한 농촌적 리더십과 대중의 지지는 대중운동에 동원될 수 있었고, 그것은 1977년 선거에서 승리를 할 수 있게 했다. 그러나 정당의 응집력과 정강은 공고화될 수 없었다. 농촌지역사회의 다른 카스트들은 갈등을 유발하는 아이덴티티와 이익을 추구했으며, 정당은 인도 농촌사회의 특징이라 할 수 있는 분파주의와 반목의 희생자가 되었기 때문이다. 지도자들 사이의 자아분열과 자나타 당과 합병한 선거정당들과 이전 정당의 유산들은 치명적인 분파주의를 향해 치닫고 있었다. 이러한 맥락에서, 왜 자나타 당이 심지어는 첫 번째 위임통치를 완성하지 못하고 1979년과 1980년 사이에 붕괴되었는지를 설명하고 이해하는 것은 가능하다. 당 붕괴의 과정은 BLD 구성분자에 의해 밝혀진 라슈트리야 스와얌세박 상

(RSS) 내의 BJS 지지자의 '이중' 회원자격 문제에서 시작되었다.

BJS 지지자들은 RSS가 정치적 기구라기보다는 문화적 기구라는 것에 대한 의견을 바꾸는 것을 거절했다. 자나타 당은 이 문제를 밀고했다. 십 년 동안은, 모든 주요 정당들이 모체인 당의 신념을 버리고 이전의 정당노선을 따라 새로운 정치적 틀을 형성했다. 예를 들면, BLD는 록 달로, BJS는 BJP로 새 단장을 했다. 사실, 파당의 경향은 1980년대 말까지 계속되었으며 1987년 라지브 간디 정부를 떠난 V.P.싱에 의해 이끌어지는 회의당 그룹으로 합병되면서 1988년 자나타 달로 변형된 자나타 당은 라슈트리야 자나타 달과 비하르의 사마타 당, 오리사의 비주 자나타 달, 우타르프라데시의 사마즈와디 당, 카르나타카의 자나타 달(세속)으로 분리되었다.

인도 정당체계의 네 번째 진화의 국면은 인디라 간디의 리더십 아래 1980년에 회의당이 복구된 것과 1984년 그녀의 암살 이후 라지브 간디에 의해 이어진 리더십으로 특징지을 수 있다. 그러나 이 소생의 기회는 민주적으로 구성된 다원주의와 연방주의적 회의당을 재건설하는 데에 허비된 것이었다. 1969년 이후 쇠퇴로 난항을 겪던 정당조직은 결국 분리되고 인디라 간디의 사당화로 변형되었는데, 이는 결코 네루 시기에 존재하던 것과 비교해서 민주적 기구로 재건설될 수 없었다. 내부의 조직적 선거들은, 사실상 라오가 인디라 간디 왕조의 통치로부터 정당을 자유롭게 하는 데에 관심을 가지고 정당에서 그의 자율성을 획득하던 1971년에서부터 1992년 사이에는 필요가 없게 되었다.

이러한 이유들로 인해, 인도정치의 커다란 두 주요 중도정당들인 회의당과 자나타 당 중 어느 당도 네루 시기에 분명했던 정당체계의 제도적인 성격을 복구할 수 없었다. 이러한 중도 당들이 체계를 지배했기 때문에, 그들의 조직적인 특색(예를 들면, 민주적으로 구성된 조직의 부족)은 전체 정당체계의 지배적인 특징을 결정했다.

1980년대 네 번째 국면은 연합정부 정당체계와 주 정부 정당체계 간의 이질감과 거리감의 증가에서 발생했다. 1983년 안드라프라데시와 카르나타카의 의회선거를 시작으로, 아삼, 펀자브, 카슈미르, 그리고 나머지 십 년의 기간 동안 북동부까지 이어졌다. 비록 인디라 간디와 그녀의 암살 이후 라지브 간디 아래 1989년까지 뉴델리의 통치가 계속되었지만, 회의당은 또 하나의 주를 잃고 말았다. 이러한 선거의 변화와 더불어 분리주의에 인접한 대중운동들은 아삼, 펀자브, 카슈미르에서 표면화되었다.

이러한 발전으로부터의 압력 아래, 아솜가나파리샤드와 텔루구 데삼(Telugu Desam)과 같은 새로운 지역정당들이 출현하게 되었으며, 잠무 & 카슈미르(내셔널 컨퍼런스) 내의 오래된 정당들, 펀자브(아칼리 달), 그리고 타밀나두(DMK, AIADMK 등)에 더하여 인디라 간디는 1983년 중앙-주 관계에 있어 사카리아위원회(the Sakaria Commission)를 약속했고, 이 기관의 보고서는 1987~88년에 제출되었다. 십 년 동안 중앙에서는 명백하게 회의당 집권이 이어졌음에도 불구하고, 이러한 구조적 이동은 정치적 지형을 변화시켰다. 인디라 간디의 서거 이후에, 라지브 간디는 아삼, 펀자브, 미조람과 트리푸라의 주요 지역정당들과 일련의 평화협정을 맺었다. 십 년을 거치는 동안 회의당은 연방 전체의 주 중 절반에서 세력을 잃었고, 1989년까지는 중앙에서조차 통제력을 잃게 되었다.

인도정당체계의 발전에 있어 다섯 번째 국면은 1989년에 시작했다. 그것은 여전히 계속되고 있는 연방수준에서 연방적 연합/소수정부와 함께 다당제를 초래했다. 1990년대까지 강력한 지역정당들에게 대대적인 권력분담을 했으며, 여기에는 통일전선(UF), 전국민주연합(NDA), 그리고 통일진보연합(UPA)의 선두에 서서 통치하는 세 개의 주요 전국정당들 — 자나타 달(JD), 인도인민당(BJP), 그리고 인도국민회의당(INC) — 이 속했다.

정당체계 발전의 이러한 국면은 BJP가 전국정당들 가운데 회의당과 자나타 달 다음으로 세 번째의 위치를 차지했던 것에서 큰 발전을 이룬 것으로 특징지어진다. BJP의 전국민주연합을 향한 권력의 증가는 선거적 동원에 의해 지지된 람 만디르 운동을 통한 힌두아이덴티티의 주장과 연관된다. 히스(Oliver Heath)는 '제1의', '제2의', 그리고 '제3의' 주(州)라는 용어로 BJP가 가진 소위 표밭으로서의 주들을 분류했다. 제1의 주는 자나 상이 1950년대와 60년대에 뚜렷한 반대당으로서 출현했던 곳(예를 들면, 라자스탄, 구자라트, 마디아프라데시, 델리, 우타르프라데시, 히마찰프라데시)이다. 제2의 주는 자나 상과 BJP가 1989년 이전에 그들의 집결지를 형성했던 곳(예를 들면 카르나타카, 비하르, 고아, 마하라슈트라, 안드라프라데시, 오리사, 아삼, 펀자브, 하리아나)이다. 제3의 주에서는 BJP가 1989년 이후의 기간에 세력을 팽창시킨 곳(예를 들면 케랄라, 타밀나두, 서벵골, 북동부 주)이다. 히스에 의하면,

> "BJP가 제1의 주들에서부터 멀어져 성공을 거둔 각각의 단계들에서, 가장 팽창한 그룹들 역시 정당의 전통적인 지지기반을 거꾸로 향해왔다. 이와 같이 제1의 주는 정당사상의 중심을 대표하는데, 그것의 사회적 기반의 핵심이었던 상위카스트들은 꼼짝하지 않은 채로 남아있었다. 이 지역에서 오직 눈에 띄게 동원된 다른 공동체는 지정부족(Scheduled Tribes)이다."[17]

2004년의 록 사바 선거는 중앙의 연합에 새로운 권력을 형성케 했다. 이러한 연합의 핵심이 인도국민회의당이었을 때, 의회의 의석으로부터 가장 큰 지지를 기반으로 했던 파트너는 CPI(M)에 의해 이끌어진 좌파정당들이었다. 이러한 중도좌파연합은, 좌파정당들과 회의당 사이에 다소 가망성 없는 연합을 반영했다. 경제적 이슈에 대해, 회의당은 라오 회의당 정부가 1991년 신경제개혁에 박차를 가한 이래로 우파로 전향해왔다. 전국민주연합 레짐 전체 때문에 좌파정당들은 회의당과 교류를 하려고 시도했으며, 회의당은 미온적인 태도로 남아있었다.

전국민주연합의 붕괴에 이어 회의당은 록 사바의 63석에 달하는 좌파 국회의원들과 손을 잡았다. 유권자들은 회의당 쪽으로 우세하도록 재편성되었으며, 예비선거동맹은 이전 선거들에서 회의당 지지로부터 멀어져있던 농촌지역, 무슬림, 지정카스트들이 회의당에게 지지를 보내도록 하는 전략적 선거양상을 보였다.[18] 회의당이 이끄는 통일진보연합의 예비선거 이후 공동최소프로그램(The postelection Common Minimum Programme)은 "세속적이고 진보적인 세력, 농부의 복지와 융합한 정당, 농업노동자, 직공, 노동자, 사회취약부문, 전국가적으로 일반인의 복지를 결정적으로 위임받은 정당"을 위한 사람들의 투표행위의 관점에서 해석이 가능했다.[19]

2004년 록 사바 투표의 전국적 확률표본조사를 보고하면서 야다브(Yogendra Yadav)는 다음과 같이 분석했다.

> 카스트와 공동체 지지에 있어 일부 구별되는 양상들은 다양한 연합과 정당에 대한 증거이다. 예를 들면, 전국민주연합(NDA)은 상층힌두카스트 사이에서 통일진보연합(UPA)보다 20% 이상을 앞서는 결과를 기록했다. 하층카스트 집단에서는 UPA를 넘어 계속해서 우세를 점했음에도 불구하고 NDA에 대한 지지가 점차 줄어들었다. 반면 UPA는 달리트, 아디바시, 무슬림과 기독교도들 사이에서 NDA보다 우세했다. UPA의 선두는 무슬림과 기독교도들 사이에서 40% 이상의 지지율을, 뒤로는 달리트에 의해 15%, 아디바시 사이에서는 10%보다 약간 적은 지지율을 보였다. 좌파 지지는 대부분의 다른 주에서보다는 일부 주 내에서 더욱 집중되었다. 무슬림 투표의 1/6 가량을 확보한 사마즈와디 당과 비교했을 때, BSP는 전국 달리트의 1/5을 획득했다. 사마즈와디 당은 또한 야다브 사이에서 강력한 지지를 확보했다.[20]

정당과 정당 계보

독립 이후 인도에서 최초의 총선거가 치러진 1951~52년 이래로 선거의 측면에서 민주주의가 심화과정에 있던 기간, 정당들이 확산되고 있었음에도 불구하고 '정당계보'의 윤곽을 그리는 일은 가능한 것으로 보인다. 만약 우리가 특정한 정당계보에 속한 정당과 기구를 '하나'로 간주한다면, 정당의 수는 상당히 감소될 것이다. 더욱이 그들 가운데 내부적인 차이와 이따금씩 발생하는 갈등에도 불구하고, 같은 정당계보에 속한 정당들은 같은 목표를 지향하며 또한 다른 정당계보에 속한 기구들보다는 서로 간에 쉽게 유합하는 것으로 보인다. 오늘날 인도의 정당정치에서 작동하는 주요 정당계보를 살펴보도록 하자.

회의당 계보

인도국민회의당은 정당계보, 말하자면 인도의 정당들 중 가장(patriarch)과 같은 존재이다. 이는 민족주의운동의 표준이었고, 갈등 혹은 협조관계에서 다양한 계층이 형성한 모든 정당들을 실제적으로 지탱하는 강령과도 같은 역할을 했다. 대부분 계보 밖에 남아있던 정당들은 대개가 정의정당(Justice Party)/드라비다 카자감(Dravida Kazhagam)이었다.

회의당은 전간기(inter-war period) 동안 교육받은 영국 중산층의 압력단체로서 시작되었고, 독립 이후에 정치적 정당으로 변형하는 과정을 겪어야만 했다. 회의당사회주의자, 프라자(Praja)사회주의자, 사회주의자, 간디안 등은 포괄적인 회의당의 강령으로부터 하나씩 멀어져야만 했다. 이 같은 이데올로기적인 이탈은 회의당을 좀 더 실용적이고 선거에 성공지향적인 정당으로 만들었다.

네루 이후 시기에는, 회의당이 한동안 네루-인디라 간디 왕조 아래 놓여 있었다. 왕조는 불화를 일으킬 요소가 존재했으나 다른 한편으로는 단결, 충성, 충절의 상징이기도 했다. 정당은 네루비안 '사회주의(socialism)'의 목격자가 되어왔으며, 인디라 간디의 포퓰리즘(populism), 산제이의 편파주의(cronyism), 라지브의 둔 스쿨(Doon School) 소년들의 기술-관리적 기질, 그리고 소니아의 정치수습기간의 만료, 이해와 적응, 권력과 체념 간의 유동적인 단계들을 목격했다.

회의당은 계보적 유사성에서 멀어진 예들을 몇 년 동안 목격해왔다: 잔 회의당, 방글라회의당, 케랄라회의당, 록탄트릭회의당, 인도국민회의당(R/O), 민주회의당, 회의당(S/U), 회의당(P), 잔 모르카, 전인도인디라회의당(T/A), 트리나물회의당, 타밀마닐라회의당, 민족주의회의당 등. 이러한 분할은 이데올로기적 차이라기보다는 야망과 권력—개인적이고 지역적인—의 정치 때문에 발생한 것으로 보인다. 여기에서, 일부의 전인도 혹은 지역의 리더들만이 생존 혹은 효율성의 기회를 가졌다. 대부분은 회의당 혹은 일부 반대당과 연합의 경향을 보였다.

새로운 조직적인 경향은 최근의 인도국민회의당에서 명백해졌다. 우리는 1990년대와 그 이후 특히 소니아 간디 아래에서 주 단위의 개체들이 보다 확대된 자율성을 갖는 것을 목격했다. 그 예로는 마디아프라데시(디지비제이 싱), 라자스탄(아쇼크 게흘롯), 펀자브(암린더 싱), 델리(쉬일라 딕싯), 마니푸르(이보비 싱)이 있는데, 이들은 중앙 당 리더십에 의해 주 정치 내에 긴 통치기가 가능하도록 허락하게 했다. 수십 년 전에는, 회의당 출신의 총리들이 그들만의 독립적인 인사 혹은 지역적인 추종이 발생하는 것을 경계하기위해 종종 중간에 교체되었다.

회의당은 1990년대 초기 이래 신자유주의와 선거강제(회의당 ka hathaam admi ke sath, 2004)에 유동적이었다. 또한, 라오 통치기(1991~96)의 마지막 절반기간 동안에는 경제개혁의 속도가 다소 완만했으며, 만모한 싱 정부와 좌파정당 사이의 협력과 갈등은 현재의 국면과 비슷하다. 회의당과 공산주의자는 연방수준에서 연합을 형성하지만 서벵골, 케랄라, 트리푸라에서는 주요 대항자들이다.

상 파리바(Sangh Parivar)

이 정당 계보에 대해서는 다섯 개의 큰 흐름으로 나누어볼 수 있다: (a)RSS: 상가탄 핵심, 마하라슈트라 브라만들이 설립자들이었으며 1990년대 라젠드라 싱(라주 바이야) 전까지는 사르상하카락스, 현재는 타밀나두의 K.수다르샨이 그러했다. 일대의 헌신적인 프라차락(pracharaks)이 잔 상과 BJP를 위해 힌디어 사용 지역에서, 배후지에서는 부족지내, 그리고 그 밖의 지역에서 존재해왔다. 프라차락은 RSS의 최초의 본거지를 넘어선 외부 영역에서부터 이식되었다. (b)이 후 의회에서 BJP의 원동력을 제공하는 역할로 존재했다. (c)비슈와 힌두 파리샤드는 거주민들 혹은 힌두유대인거주지(diaspora)의 인도인들에 의해 1980년대에 늦게 설립되었다. (d)새롭게 정치에 입문한 신인들이 선거에서 우세를 보이던 기간에, 계급의식이 빈약한 폭동적인 요소와 바즈랑 달에서 모인 선거노동자들을 따라 형성되었다. (e)1960년대 이래로 마하라슈트라의 시브세나(Shiv Sena), 봄베이/뭄바이/마하라슈트라에서 그 밖의 지역으로 그 촉수를 퍼뜨리고 있다. 시브세나-BJP 동맹은 1990년대 후반에 마하라슈트라에서 정부를 형성했다.

BJP는 힌디어를 사용하는 주를 초월한 지역에서까지 발전하는 경향을 보였다. 또한 그 지역들의 브라민(Brahmin)-바니아(Bania) 신드롬은 '진실된 믿음(true believes)' 의 기치 아래 OBCs/달리트/무슬림을 포섭했다. 더욱이 이 지역들은, BJP의 직접적인 영향력으로 인해 바즈파이(Atal Behari Vajpayee, 1998~99 & 1999~2004)가 이끄는 전국민주연합(NDA) 레짐 기간 동안 지역연맹을 다루는 일을 가까스로 해냈던 곳이었다. BJP가 연합을 형성했던 정당 혹은 기구들로는, 비하르의 사마타 당/자나타 달(연합), 오리사의 비주 자나타 달, 서벵골의 트리나물회의당, 타밀나두의 DMK와 AIADMK, 안드라프라데시의 텔루구 데삼 정당, 우타르프라데시의 록탄트릭회의당, 잠무 & 카슈미르의 내셔널컨퍼런스가 있다. 펀자브의 시크교도아칼리달(The Sikh Right Akali Dal) 역시 이 연합의 일부였다.

상 파리바는 자나 상이 1977년 자나타 당과 합병한 이후부터 시작된 BJP 내의(크리스토프 자프레롯식의) 근대성과 호전성 사이에서 갈등을 겪었다고 전해진다.[21] 상 파리바는 역사적으로 이슬람과 기독교도들로부터 지지기반을 형성했지만, '반(半)힌두교유대화(semitization)' 의 전략을 따랐다. 한편, 전국민주연합의 레짐 기간에는 쇼우리(Arun Shourie)가 이끄는 투자중지부(the Ministry of Disinvestment)에 의해 시행된 사유화를 통해 상업계급/산업가들의 지지를 모으려는 시도가 있었다. 연합전선 레짐 이전에 형성된 투자중지위원회는 전국민주연합 통치 기간에 해산되었다. 이후 회의당 주도의 통일진보연합 레짐 기간에는 다시 부활되지 않았다.

자나타 파리바(Janata Parivar)

자나타 당 계보의 역사는, J.P.운동과 비상 감옥으로 거슬러 올라간다. 1977년 록 사바 선거 전 날, 정당들의 4/5가 급하게 연합을 이루어 형성된 자나타 당은, J.P.운동에서 비회의당과 비공산주의 당에 의해 부상되었다. 1977년의 선거재편성은 데사이(1977~79)가 주도하는 자나타 당 정부, 자나타 달이 이끄는 국민전선/연합전선 정부(1989~91 & 1996~98)에 의해 급속한 계승을 이었다. 자나타 당 내에서 합병의 과정—V.P.싱의 잔 모르카와의 합병과 함께 록 사바 선거에서 지위를 확보하기 위한 1988년 이래 자나타 달—은 결코 이데올로기적으로 일치를 형성할 수 없었다. 자나타 당을 이룬 다양한 정당들은 분리된 요소로서, 강력한 지역의 개체들로 실질적으로 기능을 계속할 뿐이었다. 이 같은 연합정당이, 비하르의 라슈트리야 자나타 달, 우타르프라데시의 사마즈와디 당, 오리사의 비주 자나타 달, 데베고우다가 이끈 카르나타카의 자나타 달(세속), 헤그데의 록 샥티와 같은 지역정당들로 분리된 것은 시간문제였을 뿐이다. 치만바이 파텔의 구자라트 자나타 달은 이미 훨씬 이전에 모계 정당과의 회합을 끊은 상태였다.

사회학적으로, 자나타 달은 중간카스트/OBCs/불럭(Bullock)자본가의 정당이었다. 조직적인 측면에서는 이미 앞서 언급했지만, 중앙의 감독과 규제를 받는 연합정당이었다. 구성원들의 불일치와 소작농 반목문화는, 당의 연합적 조직 스타일을 극단적인 압력/긴장 속에 놓았으며, 이는 결국 1977년 자나타 당/자나타 달로의 파편으로 남게 되었다.

바후잔 사마즈 당(BSP)

바후잔 사마즈 당(BSP)은, 지정카스트들의 '할당제 귀족정치' 라는 문화적/이데올로기적 조류를 그리게 한다. 일부 박티 사인츠(Bhakti Saints), 조티바 풀레(Jotiba Phule), 아드다람(Ad Dharam), 암베드카리즘(Ambedkarism)

등의 조직적인 발생은 칸시 람(Kanshi Ram)에 의해 설립된 소수공동체고용자 연합(Backward and Minority Communities Employees' Federation: BAMCEF)으로 거슬러 올라간다. 달리트의 정치권력을 이루는 두 개의 주요 집단으로서, 하나는 마하라슈트라의 문화(풀레)/이데올로기(암베드카르)를 주입하는 달리트 집단이 존재했고, 우타르프라데시의 선거에서 승리한 달리트 집단이 존재했다.

또한 BSP 내에서 후견주의(Clientalism)가 자치적인 기능으로 전환한 점 역시 이와 관련이 있다. 하리잔 아이덴티티에서 달리트 아이덴티티로까지의 긴 여정을 거쳤기 때문이다. 그러나 이 정당의 지지자들은 새로운 중간계급과, 토지가 없고 가난한 추종자들일 뿐이었다. 또한 BSP와 동맹을 맺은 당으로는, 사마즈와디 당, 회의당, BJP가 있었으나 이들은 좌파정당이 아니었다. 사마즈와디 당 혹은 라슈트리야 자나타 달과는 극단적으로 짧은 기간의 동맹을 맺기도 했다. 이러한 동맹은 농촌지역의 달리트와 여타후진계급들(OBCs) 간에 근본적인 갈등을 일으켜 난항을 겪게 하기도 했다. 권력과 금전을 위한 정치 역시 BSP에게 심각한 타격을 주었다. 특히 BSP가 쇠약하게 되었던 계기는, 2000년대 초기에 우타르프라데시의 물라얌 싱 야다브 정부를 형성하기 위해 사마즈와디 당과 손을 잡은 후, 40여 하원의석이 손실을 입었기 때문이었다. 그러나 BSP는 당의 리더인 마야와티(Mayawati) 아래에서 세력을 구축하기 시작했다.

2007년 우타르프라데시의 하원선거에서는 BSP가 달리트, 브라만, 상층카스트, 무슬림의 사회적 연합을 이루면서 15년 만에 처음으로 일당다수의 자리를 획득함으로써 기적을 만들어냈다.

좌파 / 밤파크샤(Vampaksha)

인도의 공산주의는 코뮤니스트 인터내셔널(Communist International)에서부터 1920년대 초반 CPI의 전국적 조직이 형성되고, 서벵골, 케랄라, 트리푸라에까지 지역 CPI(M)가 형성된 것을 망라한다. 서벵골의 CPI(M)은 벵골 바드라록(Bhadralok)의 계급과 문화를 혼합한다.

인도의 공산주의는 네루 시기에 의회주의적 공산주의로 변형하는 경향을 보였다. 1958년까지 CPI의 암릿사회의당은 의회주의적 공산주의를 향한 이념을 채택했다. 놋시터(T.J.Nossiter)는 이후에 인도의 공산주의는 점차 '민주화되어가는' 것이라고 언급했다.[22] 그러나 그는 그것을 진정한 이데올로기적 전환이라기보다는 보다 전략적인 변화라고 여겼다. 왜냐하면 유럽의 공산주의 정당과는 달리 인도의 공산주의는 결코 형식상 혁명적 전환의 강령과, 공산주의로의 전환적 서막으로서 프롤레타리아의 독재를 단념한 적이 없기 때문이다. 이러한 이유로 하여금, 놋시터에 따르면, 인도의 공산주의는 이론(theory)이 아니라 오직 민주주의의 실행(practice)을 거쳤을 뿐이다.

CPI(M)을 탄생시킨 1964년 CPI의 분리는 세계 공산주의 운동의 분할 결과였으며 형태상 인도공산주의 운동, 계급 급진화, 지역 차별화와 같은 국내적 요소를 포함했다.

1967~69년 이래 극단적 좌파 혹은 낙살라이트의 분할은 인도 국내에서 좌익 급진주의로서 공산주의 운동을 특징짓는다. 오늘날 30여개의 그러한 조직들은 주로 후배지 혹은 오지의 부족지대, 인도-네팔 국경에서부터 비하르를 포함하여 자르칸드, 오리사, 서벵골, 마디아프라데시, 차티스가르, 안드라프라데시의 주에 걸쳐 뻗어있다. 산업화와 건설로 인해 육지와 삼림, 거주민을 통제하면서 초래된 불평등은 낙살라이트의 발생 원인으로 축약된다.

지역정당

지방분권주의에 대해 세 개의 지리적인 지역으로 구분을 하자면: (a)강력한 지역문화와 아이덴티티의 지역, 예를 들어 깊은 남쪽, 북서부, 북동부, (b)중간정도의 지방분권지역, 예를 들어 벵골, 안드라프라데시, 아삼, 마하라슈트라, (c)아대륙의 중심 혹은 아대륙 주 가까이에 있는 온건적 지방분권 지역이 그러하다. 이 지역들은 현재 지방분권적이라기보다는 더욱 국가적이다. 예를 들어, 힌디를 사용하는 주, 구자라트, 오리사, 마하라슈트라, 카르나타카 등이 그러하다. 오래된 지역정당들은 강력한 지역아이덴티티의 지역(예를 들어, J & K NC, 시로마니 아칼리 달, 드라비다정당, 일부 북동부의 정당)으로부터 이어져왔다. 더욱 최근의 지역정당 형성(예를 들어, TDP, AGP, PDP 등)은 중간정도의 지방분권 지역에서 목격되어왔다. 온건적 지방분권 지역은 이전 전국정당들의 파편화가 된 소재지이다.

정당체계의 이데올로기적 스펙트럼

인도정치학에 대한 냉소적인 관점은 그 안에 이데올로기가 없다는 것이다. 그것은 대개 쟁점이 없는 분파주의와 기회주의에 의해 자극된다고 여겨진다. 인도 정치학은 아마도 완전하게 교조주의적인 것도 아니며 그렇다고 실용적인 것도 아닐 것이다.

특정 선거와 이슈에 대해 자세히 고찰해보면, 선거이슈들은 1951~1952년 최초의 선거 이래 지속되어오고 있다는 점이다. 이렇게 지속적인 정책이슈와 문화적 균열현상은 개관상 내셔널리즘과 지역주의, 국가와 시장, 세속주의와 공동체주의, 카스트와 계급 등의 이원체제에 의해 포섭될 것이다. 그러나 인도의 정당들은 이 같은 선거이슈들에 있어 다른 관점을 취해왔다. 오늘날 두 개의 전국정당인 인도국민회의당(INC)과 인도인민당(BJP)은 이러한 이슈들에 대해 각각의 입장을 취하고 있다.

전자인 인도국민회의당은 관습적으로 내셔널리즘, 국가통제주의, 세속주의와 다(多)계급적, 다(多)카스트적, 다(多)문화적, 다(多)지역적 방침과 관계하고 있다. 후자인 BJP는 '문화적 내셔널리즘(힌두 라슈트라바드)' 이라고 선호적으로 언급되는 힌두공동체주의와 연관되는 경향이 있다. BJP는 또한 '통합적 휴머니즘(Integral Humanism)' 이라고 불리는 것, 즉 집합체와 사회의 일부분과 개인을 향한 예속의 경향에 좀 더 치우쳐 있다.[23] 또한 경제, 즉 시장은 국가의 간섭으로부터 충분히 자유롭다고 옹호해왔다. 최근 BJP가 도시와 농촌지역에서 좀 더 광범위한 지지기반을 확보하기 위해 노력하고 있을지라도 정당은 상층카스트/중간계급의 브라민(Brahmin)-바니아(Bania) 엘리트들에 의해 크게 지배되어왔다.

게다가 오늘날과 같이 경제정책영역에서 중대한 전환으로 인해 이러한 경계들이 종종 모호해짐에도 불구하고, 중도파, 우파, 좌파적 방침의 관점에서 인도정당들을 특징짓는 것은 가능하다. 주요 중도정당들로는 INC와 자나타 달이 존재해왔고, 현재는 비하르의 라슈트리야 자나타 달(RJD), 우타르프라데시의 사마즈와디 당(SP), 오리사의 비주 자나타 달(BJD), 카르나타카의 자나타 달(S)과 자나타 달(U)과 같이 일부 분파로 나뉘어졌다. 전반적으로, 자나타파리바 당들은 1977년 형성된 자나타 당(이어 1988년 V.P.싱즈 잔 모르카와의 합병으로 자나타 달이 됨) 혹은 INC에 뿌리를 두고 있다.

자나타 당은 데사이에 의해 지도되는 회의당(O), 차란 싱의 바라티야 록달(BLD), 바즈파이와 아드바니의 바라티야 자나 상(BJS), 라즈 나라인, 조지 페르난데스, 마두 리마예 등의 사회당, 자그지반 람, 바후구나 등의 민주회의당(Congress for Democracy)의 합병을 대표한다. 이는 농민과 상민에 의해 크게 지지되는 광범위한 반(反)회의당 지형의 사회주의자들뿐만 아니라 경제와 농업에 있어서 자유 기업체에 대한 동의를 의미하는 것이었다. 전국정당으로서 자나타 당은, 회의당을 탈당한 이익단체와 지도자들에 의해 지지되는 회의당의 대리기관으로 보였다. 또한 힌두공동체주의의 아이덴티티 때문에 그때까지도 '정치적 불가촉천민' 을 남겼던 바라티야 자나 상(BJS)에 의해 합류되었다. 이러한 이유들로 인해 회의당, 자나타 당/자나타 달만이 인도정치학에서 중도정당으로 여겨질 수 있다.

과거의 회의당은 네루비안 '사회주의' 와 인디라 간디의 친(親)빈곤층을 향한 '포퓰리즘' 의 유산으로 인해 중도좌파로 여겨졌다. 신자유주의 경제개혁의 종합적인 패키지를 도입한 라오가 이끄는 소수정부는, 1991년 이래로 최소한 경제적인 이슈에서만큼은 우익으로 이동해왔다. 그러나 경제개혁과 함께 발생한 선거에서의 반전은, 우익적 이동을 확인하는 계기가 되었다. 회의당은 십 년간의 정치적 방황 이후 2004년에 권력을 회복했을 때, 자의식적으로 "회의당 Ka Haath Aam Ke Saath(일반인과 함께하는 회의당의 작동)"이라는 선거슬로건에 의해 대중들과 정당을 일치시키려 노력했다. 자나타 달은 경제적 이슈에 있어 항상 중도좌파적인 방침을 고수했다. 또한 친(親)농업적인 성향을 고수해오기도 했다.

인도정치학에서 주요 중도우파적인 정당은 BJP와 아칼리 달인데, 전자는 전국정당인 반면 후자는 지역정당이다. 이러한 정당들은 아칼리 달의 시크 잣/농부, 농노적 리더십과 BJP의 상층카스트/중간계급 리더십의 사회, 경제적 이슈들에 대해서는 대개가 현상 유지론자들이다. 신자유주의적 경제정책으로의 이동은 이 정당들에게 변화를 일으켰다. NDA 연합정부가 중앙에서 권력을 제한하는 동안, BJP는 스와데시와 호의적 글로벌리제이션에 대해 약간의 타협을 해왔다. 농업인들의 정당으로서, 아칼리 달은 또한 농업과 글로벌리제이션의 자본주의적 발전으로부터 지지자들이 이익을 취할 수 있기를 희망했다.

BJP는 문화적 이슈에 있어 다소 입장을 달리해왔는데, 이에 대해 바라티야 자나 상이던 시기에는 '힌두(Hindu)-힌디(Hindi)-힌두스탄(Hindustan)'을 의미했다. BJP는 1977년 자나타 당과 연합하면서 인도정치학의 이데올로기적 주류에 합류했다. 라즈니 코타리는 이러한 경험이 네루 시기의 회의당에 합류했던 공산주의자들이 같은 방식으로 자유화되었던 것과 같이, 힌두공동체주의자들을 자유화할 것이라고 주장했다.[24] 1979년 자나타 당 정부의 붕괴 이후, 조직에 있던 자나 상 구성원들은 BJP를 설립하기 위해 1980년 당을 떠났다. BJP는 호전적인 힌두근본주의를 주장했고, 세속적인 동맹들과 연합을 형성했던 경험으로부터 보다 더 세속화된 방침을 채택해왔다. 전국민주연합(NDA)의 일부로서, BJP는 람 만디르에 대한 논쟁적인 이슈, 획일적인 민법전, 공통최소화프로그램의 370조항을 제거했다. 전국민주연합(NDA) 정부의 선도적인 정당으로서, BJP는 RSS, VHP와 바즈랑 달과 같은 좀 더 힌두근본주의적 상 파리바 선거조직들로부터 또한 거리를 두었다. 2004년 선거에서 집권에 실패한 후, 정당은 아이덴티티의 위기를 겪게 된다. BJP는 상 파리바에 더욱 가까워지거나 혹은 세속적이며 발전지향적인 주류의 일부로 계속 남아있어야 하는 선택을 함으로써 이 위기를 극복해야만 했다.

지정카스트들의 '할당제 귀족정치(reservation aristocracy)' 정당인 BSP는 우파와 좌파의 관점에서 분류하는 것이 다소 어렵다. 왜냐하면, BSP는 사회적 이슈들에 있어서는 좌파적 입장을 취하고 있지만(예를 들어, '마누와디(Manuwadi)' 정당들의 비판), 경제적 이슈에 대해서는 명백하게 좌파정당들에 반대하는 입장이다. BSP는 한 번도 좌파정당들과 연합을 형성한 적이 없다. 지금까지 동맹을 맺었던 정당들은 회의당, 사마즈와디 당, BSP였다. 사마즈와디 당과의 결합이 가장 단기적이었다. BSP의 이러한 모순된 특성들은 지정카스트(SC)중간계급의 리더십과 도시·농촌지역의 빈곤한 지정카스트들로부터 지지기반이 형성되었다는 관점에서 설명될 수 있다. BSP가 비록 선거관리위원회의 기준에 따른 전국정당이기는 하지만, 모든 실용적인 목적에서 크게 우타르프라데시에 기반을 둔 지역적 정치체제라고 지적할 수도 있다.

그러나 BSP의 성공이 우타르프라데시에서 두드러진다 할지라도 이는 설명을 필요로 한다. 세 개의 다른 주—서벵골, 펀자브, 히마찰프라데시—는 우타르프라데시보다도 지정카스트인구가 더욱 집중적인 곳이다. 그렇다면, 왜 우타르프라데시에서 BSP가 중대한 정치적 진보를 만들어낼 수 있었는가? 한 가지 가능한 설명으로는, 인도의 지정카스트 인구가 꽤 큰 규모로 자리한 우타르프라데시에서는 상당히 다양한 카스트와 공동체들이 모여있기도 하다는 점이다. 또 다른 가능한 설명은, 서벵골의 정치적 공간은 이데올로기적으로 마르크스주의 혹은 사회민주주의에 의해, 펀자브는 아칼리 달의 종교적 동원에 의해 통치되고 있으며, 이들 공통적으로 카스트 분파가 교량의 역할을 한다는 것이다. 히마찰프라데시는 상대적으로 정치화의 정도가 약한데, 최근 회의당에 의한 세속적인 동원과 BJP에 의한 힌두근본주의적 동원이 반대파를 형성해왔다. BSP와 일부 다른 인종적 정당에 대해 이론적이고 경험적인 한 연구는 '후원 민주주의(patronage democracy)'로 분류될 수 있는 선거민주주의의 형태라는 설이 있으며, 투표행위가 집권을 위한 정당의 발전적인 수행능력이나 정책보다는 인종을 앞세운 캠페인으로 정당 간의 경쟁에서 결정된다. 인종적 공동체 간의 이러한 선거경쟁은, 인종적 대결과 극단주의보다는 민주적인 경쟁을 이끄는 까닭에 민주주의를 위해 기능적인 역할을 한다고 볼 수 있다.[25)]

오늘날 인도정치에서 좌익은 CPI(M), CPI, 혁명사회당(RSP), 전방블록(Forward Bloc), CPI(ML)을 포함한다. 모체인 CPI가 1964년에 분할된 것은 모스크바와 베이징 사이의 공산주의운동의 분할과 관련되었다. CPI(M)는 자신을 중국공산당과 일체화시켰다. CPI(ML)은 종종 낙살라이트라고 불리는 급진적인 계급폭력에 인접한 마르크스-레닌주의-마오쩌둥사상(Maoism)을 고수할 것을 선언했다. 지난 몇 번의 선거에서 CPI(M)이 일부 주의 투표에 많은 수의 후보자를 출마시켰음에도 불구하고, 좌파정당들 사이에서 CPI(M)가 선거세력으로서 힘을 가진 것은 아니었다. 그것은 부르주아화 되어온 공산주의정당에 대항하는 항의정당의 성격을 띠었다. CPI(M) 주도의 좌파전선은 1977년 이래 계속 서벵골을 통치하고 있다. 선거에서 이러한 경이로운 성공은 벵골의 문화적 지방분권주의에 마르크스주의를 결합하는 데에 기여했다. 케랄라의 CPI(M)가 주도하는 좌파민주전선(Left Democratic Front)은 회의당 주도의 통일진보연합과 정기적으로 번갈아 집권해왔다.

CPI와 CPI(M)은 중앙에서 자나타 달 주도의 연합전선과 회의당 주도의 UPA 연합정부와 권력을 공유해왔다. CPM이 의회의 층에 지지기반을 확대했던 반면, CPI는 연합전선내각의 일부였다. UPA 연합에서 두 정당 모두 정부의 지지 이상으로 확대되고 있다. 이러한 정부 내에서, 좌파는 부분적으로 신자유적 경제개혁을 수용하고 사유화와 경제의 글로벌리제이션의 속도를 늦추기 위해 정권 내에서 그들의 영향력을 부분적으로 발휘하며 실용주의적인 역할을 수행해왔다. 2004년 록 사바 선거에서는 좌파정당들이 62개의 하원의석을 차지하면서 역사상 가장 큰 규모로 의회에 출현하게 되었다.

정당영역에서 또 다른 중요한 범주는 지역정당이다. 인도의 지역정당들은 다음과 같은 특징을 지닌다. 첫째, 인도사회의 깊은 문화적 분절에 기원을 두고 오랫동안 지속되어온 지역정당들이 있는데, 예컨대 제1차 세계대전 즈음으로 거슬러 올라가 기원을 찾을 수 있는 타밀의 정당들, 1920년대의 시크교도 구루드와라(Gurudwara)운동에 기원을 둔 아칼리 달, 1930년대 말 무슬림컨퍼런스(Muslim Conference)가 설립한 내셔널컨퍼런스(National Conference)가 있다. 이러한 오래된 정당들은 분파주의를 향한 모호적인 성격이 확산되어가는 와중에도, 강한 종교 혹은 언어적 지역아이덴티티의 지역적 특성을 가지고 있다. 둘째, 과거에 회의당 혹은 자나타 당/자나타 달 편향의 주에서 상대적으로 새로운 지역정당들이 출현했다는 점이다. 이러한 지역정당들은 1980년대와 1990년대에 대중의 정치화 증가와 지역적 혹은 인종적 아이덴티티에 대한 요구와 함께 출현했다. 텔루구 데삼, 아솜가나파리샤드, 많은 주에 분포한 자나타 달과 회의당의 다양한 분파들은 이 같은 지역정당들에 대한 적절한 예이다. 이러한 신생정당들의 공통점은 경제적인 관점에서 중도적인 방침을 채택한다는 것이다. 그들이 지역정당이 아니었더라면, 회의당이나 JD와 순조롭게 연합이 형성될 수 있었을 것이다. 이러한 정당들의 발전에 기여한 요소로는 지역정치 내에서 카스트, 공동체, 지역적 요소들이 있다. 전국정당의 쇠퇴와 연방수준에서 연합정부가 도래한 것은 지역정당의 역할이 증대되고, 보다 적절성을 가지며, 이의 세력이 증가되었음을 의미한다. 이들은 연합을 형성함에 있어 균형적인 역할을 담당했고, 때로는 연합정권의 가능성을 만들어내기도 하고 혹은 손상시키기도 했다.

일반적으로 지역정당의 궤도는 인도연방 내에서 분리된 주의 요구와도 관련성을 갖는다. 독립 이후 이 같은 주의 자율성 요구들은, 연속하여 여섯 개의 다른 주로 나뉘어진 아삼의 일부 지역정당들에서 극심했다. 이 지역정당들의 대부분은 종족적인 지역아이덴티티에 기반을 두고 있다. 그러나 이들은 휘발성, 분절성, 합병이라는 특징도 가진다. 미조국가전선(MNF)과 같은 일부 종족적인 성향의 정치연합을 제외하고, 대개는 전국정당 혹은 뉴델리에서의 집권을 위해 정당들과 연합을 보이는 경향을 띠었다.

최근 몇 십 년 동안 지역정당이 확산된 것은, 정치영역에서 회의당이 쇠퇴했다는 사실, BJP와 같은 비(非)회의당 전국정당의 무능력, 우산정당으로서 예전의 회의당에 대한 정치적 방식을 따랐던 공산주의정당들과 자나타달 등에서 기인한다.

이데올로기적인 측면에서, 지역정당들과 관계한 이슈들은 언어, 종교, 카스트, 공동체, 지역경제의 낙후성 등에 관한 요구들을 포함한다. 이러한 요구들 중 일부는 정치적 지역주의와 특정한 사례에 얽혀 정치영역에 복합적으로 투입되기도 한다. 팔시카르(Suhas Palshikar)는 다음과 같이 통찰력 있게 관찰한다.

> 지역정당들은 비(非)지역주의자의 이데올로기적 배경 역시 망라한다. 아칼리스(Akalis)가 종교적 측면에서 지역아이덴티티를 정의내리는 경향이 있는 반면, 시브세나(Shiv Sena)는 선거정치학의 중요성에 따라 지역주의의 이데올로기와 종교적인 공동체주의라는 두 가지 이데올로기를 사용한다. 지역정당들은 또한 이데올로기의 형성에 있어 카스트에 의존한다. 이와 같이, DMK는 본래 비(非)브라만주의로 드라비다인과 결합했다. 반(反)카스트 이데올로기의 수단을 도입함으로써, DMK는 아리아인과 상대해서 분리된 드라비다 아이덴티티에 적합한 주장을 강화시켰다. 보다 더 최근에는, 타밀나두의 PMK가 OBCs의 행동에 대한 반(反)카스트 사회적 지위로 지역적 요구를 결합해왔다. 이러한 이데올로기적 형성은 정략적인 결혼과 같이 냉소적으로만 보이면 안 될 것이다.[26)]

그럼에도 불구하고, 어떤 범위에서 지역정당들은 정치의 이데올로기적 혹은 교조주의적 경향을 순화시킨다고 할 수 있다. 예를 들면, 지역정당은 전국정당보다는 좀 더 자유롭게 중도우파의 연합정부 뿐만 아니라 중도좌파와도 기꺼이 연합을 형성해왔다는 사실이 이를 뒷받침한다. TDP는 BJP 주도의 NDA에서뿐만 아니라 JD 주도의 연합전선에서도 중추적인 역할을 한다.

특정한 지역에 국한된 권력기반을 가진 지역정당의 융기가 정치적으로 함축하는 것은, 오늘날 인도의 연방정치가 지닌 역동성 속에서 이 같은 현상이 여러 가지 측면의 증거가 된다는 점이다. 예컨대, 지역정당은 "회의당에 대한 국가적 대안체가 되기 위해 정치적 공간을 제한하는 경향이 있다. BJP는 지역정당들이 약하거나 혹은 존재하지 않는 곳인 주 의회에서 경쟁적 경향을 띠었다." 27)

다음으로, 서벵골, 케랄라, 트리푸라를 초월해 선거적 지지기반을 확대하는 데에 실패한 공산당은, 그들의 영향권에 있는 지역 밖에서의 지역아이덴티티들이 그들의 리더십 안에서 국가적인 틀로 쉽게 모아질 수 없다는 것을 의미했다. 현재의 지역분권화에 대한 영향력은 오늘날 인도의 전국정당 내에서 '전국적인(nationalized)' 것 같지 않게 나타난다. 이것은 주 정치와 연방연합에서 지역정당이 지속적인 중요성을 나타낸다는 지표이기도 하다.

그러나 두 주요 정당 — INC과 BJP — 사이에 생명력 있는 제3전선을 형성하는 것에 있어 지역정당들이 실패한 것은 명백한 사실이다. 제3전선의 세 가지 주요 구성원으로는 자나타 달, 지역정당, 공산당을 들 수 있다. 자나타 달(U)은 이름에 걸맞지 않게 분열된 집과 같았다. 공산당은 현재 중앙에서 회의당 주도의 통일진보연합(UPA)과 합류해있다. 만약 UPA가 지속된다면, 그것은 미래보다는 과거가 지역정당들에 있어 보다 더욱 밝은 날이었음을 알리는 전조가 될지도 모른다. 공산주의운동의 절정은 선거관리위원회에 의해 '전국(national)' 정당으로 분류된 것이었다. 인도에 공산주의가 지역적으로 존재한다 하더라도, 이들 구성원들은 오늘날의 민족주의자들이기 때문이다.

선거민주주의는 분리주의(separatism)를 포함하는 데에 있어 크게 성공해왔다. 오늘날 모든 다양화된 지역정당들은 연방 내에서 주의 자율성에 관심을 기울이고 있다. 일부 주요 지역정당들에 의한 다양한 연방연합의 참여는 온건적이거나 '입헌적(constitutionalized)' 이거나 '전국적(nationalized)' 이었다.

인도 정당의 퇴보

모든 민주적 정체(polity) 내에서의 정당은 국가와 시민사회 사이에서 긴요한 연계가 되어야 한다고 여겨진다. 인도의 정당들은 여러 가지 이유로 정부의 기본적인 기능과는 반대의 역할을 수행하는 데에 실패해왔다. 앞서 이미 지적했듯이, 아주 극소수의 정당들만이 그들만의 강령을 보유하고 있다. 이러한 이유로 인해, 대부분의 정당들은 사당화 되거나 왕조적인 지배 아래 놓여왔다.

인도정당들의 역사적 특징은 쇼우리(H.D.Shourie)에 의해 등록된 사회단체인 커먼코즈(Common Cause)에 의해 대법원에 보내진 청원서(Writ petition No.24 of 1995)를 보면 더욱 분명해질 것이다. 공익사례는 정당의 수입과 지출에 관련해 회사법의 293A조항과 수입관세법의 13A조항에 위반이라며 문제를 제기했다. 커먼코즈 측에서는 이러한 법률들이 "명백하게 입헌적인 계획을 가리키며, 정당의 기금 출처에 관해 투명성과 자금이 쓰인 방법을 보증하기 위한 목적이다"라고 주장한다.[28] 법률은 "모든 정당들은… 규정된 제한을 넘어서 자발적인 기부에 대한 영수증 발행을 청구하는 것을 지속하기 위해 의무적인 강제 아래에 놓여있고 연례 회계감사를 받아야할 것"이라고 덧붙인다.[29] 인가를 위해 교섭한 15개의 정당들 중에서, 그 어느 정당(수브라마니암 스와미의 소형조직이며 옛적 명분의 잔당이었던 자나타 당을 제외하고)도 합법적인 요구를 따랐다고 주장할 수 없었다. 관련된 정부 부서로부터의 응답은 커먼코즈의 논쟁이 옳다는 것을 증명했다(1995, 13; 인도정부, 재정부, 세입부서의 응답, 탄원서에 첨부).[30] 이 탄원서에 대한 대법원의 판결은, "만약 어떤 정당이 강제적인 법조항을 교묘히 회피하거나 위반하고, 청구되지 않은 불법자금의 도움을 받아 선거를 치른다면, 대개의 정당은 국민대표법(파라 19)의 77조항에 따라 후보자의 선거와 연관된 합법적인 혹은 손해를 입은 지출이었다고 말할 수 없다."[31]

인도의 정치과정에서 정당의 퇴보에 관한 또 다른 면은 일반적으로 정치의 범죄화로서 알려진 것이다. 1990년대에는 경제적 편취와 정치스캔들이

끝없이 범람하는 정도에까지 미치게 되었다. 기업-정치-행정-범죄 연계에 의한 정치·경제적인 문어발식 장악은 공동의회위원회(Joint Parliamentary Committee)의 조사조차 비효율적이고 무효하며 터무니없는 실행이라고 여기는 단계에까지 도달하게 되었다.

1993년 7월, 인도정부는 내무부장관인 보흐라(N.N.Vohra)를 주축으로 "정부 관리와 정치적 인물들에 의해 보호되거나 연계되어 발전하는 범죄-신디케이트/마피아 조직들의 활동에 대한 정보를 모두 입수하기 위하여" 행정 수준에서 위원회를 설치했다.[32] 1993년 10월에 제출된 보고서는 다음과 같이 지적하고 있다. "중앙조사국(Central Bureau of Investigation)은 전인도의 범죄 신디케이트가 그들 스스로에까지 원칙이 되어왔다… 범죄폭력단, 경찰, 관료, 정치가들은 국가의 다양한 부분에서 명백하게 출현해왔다. 현존하는 범죄정의체계는 본질적으로 개인적인 위법행위/범죄를 다루도록 고안되었기 때문에 마피아의 행동들을 다루기에는 불가능하다…"[33] 정부를 향한 대법원의 지령이 권고사안들을 실행하기 위해 거쳐 온 단계들이 무엇인지를 알리고 있음에도 불구하고, 보고서에는 추후방침들이 뚜렷하게 나와 있지 않다.

정치부패에 있어 지적할 다른 사항은 소위 변절의 정치라고 불리는 것에서 찾아볼 수 있다. 1967년 이후로 입법기관과 정부 각 부서들은 정치적 기회주의자와 배반자들을 위한 카지노처럼 변해왔다. 같은 맥락에서, 1998년 대법원에 의해 판결된 JMM 뇌물사례는 전국적인 수준에서 가시화되기도 했다. 대법원은 이 사례에 대해 다음과 같이 판결했다.

(1) 국회의원은 1988년 부패방지법의 조항에 의해 공공관리의 자격을 갖는다. 국회의원을 해임할 적합한 권한이 법 조항 아래에 존재하지 않기 때문에, 법원은 다른 어떤 권한으로부터도 법적 제재를 추구하지 않고 그의 위반행위를 인식할 수 있다.

(2) 그러나 수행기관은 록 사바 혹은 라쟈 사바의 의장으로부터 책임의 틀을 고안하는 과정을 진행시키기 위해 법적 제재를 추구할 필요가 있다.

(3) 투표에서 뇌물수수 혐의를 지닌 국회의원은 불신임 명령에 대항하여 국

회의원의 특권과 관련한 헌법 105조항 아래에서 법원으로부터 면책을 누린다.

(4) 뇌물증여자는 어떠한 면책 기회도 누릴 수 없다.

(5) 이것은 법을 위반하는 국회의원들에 대항해 적절한 방침을 취할 적합한 국회의 권한을 위한 것이다.[34)]

1985년 도입된 제10차 헌법스케줄과 최근의 개정(91차 헌법 개정) 아래, 원의 정당구성원은 최소한 1/3의 입법정당의 구성원 없이도 새로운 정당을 형성하거나 혹은 다른 정당과 연합하기 위해 탈당하지 않고도 의회적 구성체로부터 면직당하는 것이 쉬워졌다. 탈당을 줄이기 위해, 각료회의(Council of Ministers)의 크기는 하원의회(Popular Chamber) 전체 구성원의 15%로 고정되었다.

전망

1990년대의 눈부신 발전은, 활동적인 연방적 매개체로서 인도의 선거관리위원회가 출현한 것이다. 선거관리위원회는 선거실행과 관련하여 큰 변화를 가져왔기 때문이다. 1990년대와 그 이후의 선거에서는, 지배당과 반대당에 의한 선거남용을 제지하는 데에 있어 위원회의 가시적인 성과가 있었다. 그러나 한편으로는, 선거관리위원회가 정부에게 선거와 정당개혁을 위해 포괄적이고 대담한 제안서를 제출하고 있는 것처럼 보이지만 이의 입법과 행정적 작용은 부족했다.

선거관리위원회의 정부에 대한 최근 제안은 유권자의 범위 확정, 선거의 시행과 관리, 정당과 후보자와 관련한 광범위한 이슈들을 포함하고 있다. 정당의 부패와 정치의 범죄화에 대한 이슈들은 보다 최근 들어 더욱 중요성을 띠었기 때문에, 이러한 문제들과 관련한 제안을 주로 검토하기로 한다. 위원회에 정당등록을 하는 것을 시작으로, 인도의 선거관리위원회는 소멸한 정당들을 말소시키거나 하찮은 정당들의 형성을 저지하는 수단을 갖고 있다. 현재의 정당들은 1951년 국민대표법 29A조항에 따라 위원회에 기재되어있다. 인도에는 선거에서 경쟁하는 정당의 수가 1980년 36개에서 1996년 209, 1998년에는 176, 1999년에는 169개로 다양화되었다.[35] 인도 선거관리위원회는 2000년 12월에 정당들을 '전국' 혹은 '주' 정당, 이에 더불어 '등록된(등록되지 않은)' 정당으로 분류를 개정했다. 마지막 범주에는 가장 많은 수의 정당들이 포함되었는데, 이는 단지 등록은 되어 있지만 전국 정당 혹은 주 정당으로 인식되지 않은 정당들(461개)이다.

전국정당은, (1)이전의 록 사바 혹은 비단 사바(Vidhan Sabha) 선거에서 네 개 혹은 그 이상의 주에서 전체 유효득표의 최소 6% 이상 득표하고, (2)마지막 총선거에서 최소한 4명의 국회의원을 송환(어떤 주에서 다른 주로)하거나, (1)록 사바 의석의 최소 2%를 획득하고, (2)3개 이상의 주에서 국회의원들이 선출된 정당이다. 2004년에는 전국정당에 인도국민회의당, BJP, CPI, CPI(M), NCP, BSP가 포함되었다. 주 정당은 (1)정당이 인식된 주에서 전체 유효득표의 6% 이상 득표하고, (2)이전의 의회 선거에서 비단 사바로 최소 2명의 의원들을 송환하거나, 혹은 비단 사바에서 전체 의석의 최소 3%를 획득하거나, 혹은 최소 3개의 의석 이상을 획득한 정당이다.[36] 2004년 주요 주 정당으로는 TDP(안드라프라데시), AGP(아삼), RJD(비하르), INLD(하리아나), JKNC, JKNPP와 JKPDP(잠무 & 카슈미르), JD(U)와 JMM(자르칸드), JD(S)와 JD(U)(카르나타카), 시브 세나(마하라슈트라), BJD(오리사), SAD와 SAD(M)(펀자브), AIADMK, DMK, MDMK와 PMK(타밀나두), SP와 RLD(우타르프라데시), AITC(서벵골)가 포함되었다.

다른 개혁의 방법을 찾기 위해, 선거관리위원회는 그들의 조직적인 구소와 연관헤 고인해보았다. 이와 관련해, 실제로 선거관리위원회는 정당들로 하여금 정강사본과 선거진술서를 제출하도록 요구하고 있다. 선거관리위원장이던 세스한(T.N.Seshan)의 임기까지는 이 같은 요구가 비교적 잘 지켜졌다. 그러나 이후로 정당들은 정당 조직에 있어 그들만의 정강을 고수하고, 정기적인 조직선거를 실시한다고 주장하기 시작했다. 이후 사단(Nirvachan

Sadan)에 의하여, 선거관리위원회 역시 정강의 선언문에 대해 독자적인 선언서를 지지할 것과, 연합 혹은 소수정부 내에서 조정을 조건으로 하여 최소한 선언서에 기반해 경쟁하는 선거가 치러질 수 있도록 했다. 이러한 규칙과 규제의 시행은, 정당이 스스로 민주적으로 구조화되고 민중과 유권조직을 발전시키며 이데올로기적 관점에서 스스로를 정의하도록 압력을 가할 것이다.

또 다른 중요한 이슈로서 정당에 대한 기업의 기부와 관련해 선거를 살펴볼 수 있다. 현존하는 기업이 어떻게 3년 동안 평균 순이익의 5%를 초과하지 않는 정당기금을 기부할 수 있는지에 대해 선거관리위원회는 현재의 법을 따르는 경향이 있다. 선거관리위원회는 정당이 합법적인 정치활동을 위해, 일정한 채널을 통해 들어오는 기금을 꼭 필요로 하는 현장에서 기업의 기부에 대해 전면적으로 금지할 것에 반대하고 있다. 게다가 노동조합과 다른 기구들은 정당에 기부할 수 있는 법이 적용되기 때문에, 위원회의 시각에서는 기업에 대한 기부의 금지는 불공평해보일 수 있다. 위원회가 요구하는 것은 "그러한 기부는 합리적인 수준에서 제한되어야 하며, 이러한 관점에서 모든 거래는 완전하게 투명한 방식으로 이루어져야 한다"라는 것뿐이다.[37] 더욱이 위원회 역시 정부에게 정당은 그들의 신용거래를 지속하도록 요구되어야만 하고, 특정한 기관에 의해 회계감사를 받도록 권고한다.

나아가, 선거관리위원회는 스스로가 모든 총선거 이전의 선거지출에 대한 상한선을 고정시키기 위한 권한을 가져야 하고, 정당과 다른 기구에 의해 초래된 지출은 선거지출의 상한선을 위해 후보자의 선거지출에 포함되어야 한다고 주장하고 있다. 게다가 선거관리위원회는 일정한 범위에서 선거에 관한 일정한 국가보조기금을 선호하기도 한다. 선거관리위원회는 실제로, 정당들로 하여금 선거매스미디어를 사용하는 것에 대해 자유시간 할당계획(a scheme of allocation of free-time)을 시행해왔다. 그러나 그것은 오히려 관련지출의 작은 부분만을 충당할 뿐이다.

최근 위원회가 지닌 또 다른 심각한 문제는 범죄자에 대해 정의를 내려야 하는 어려움과 범죄자가 정치권 내에 진입하는 것을 막는 일이다.

> "위원회는 법의 관점에서 어떤 사람의 유죄가 입증되지 않으면 무죄라고 가정하는 사실을 의식하고 있다… 위원회의 신중한 의견으로는, 심각한 위법행위로 재판을 앞둔 사람이 만약 혐의를 벗어날 때까지 선거논쟁을 피한다면 합법적인 불만을 가지면 안 된다. 예를 들어 선거에서 경쟁할 권리를 제한하는 것은 더 큰 공공의 이익을 위하고 국가의 헌법 기초인 상하 양원에 대한 신성함을 위해 합리적인 제한이 될 것이기 때문이다."[38]

이 제안에 대한 미정의 정부방침으로 인해, 선거관리위원회는 이미 이러한 방향으로 나아가는 몇 단계를 추진하기 시작했다. 1997년 8월, 선거관리위원회는 모든 후보자들에게 헌법 324조항에 대해 호소하고, 1951년의 국민대표법 8조항에 따라 부적격한 사람이 특정한 위법행위로 혐의를 지게 될 경우를 대비해 그들의 임명권과 함께 선거진술서를 제출하도록 호소했다. 선거관리위원회는 정치적으로 도전에 직면하면서도 대법원으로부터 합법적인 후원을 얻었다.

정당개혁에 관한 이슈 역시 헌법작동검토위원회(NCRWC)의 2002년 보고서에서 주목을 받았다. 헌법작동검토위원회는 정당들로 하여금 "모든 정당 혹은 예비투표 동맹을 위한 강제적인 등록"을 하도록 권고했다. 이와 관련한 등록규칙은, (a)기본적인 헌법적 가치에 충성하고, (b)그 어떤 카스트나 공동체의 구별과 상관없이 모든 시민에게 열려 있으며, (c)여성을 위한 조직적 위치와 입헌적 의석의 최소 30%를 할당제/대표제로 시행하며, (d)신용거래의 강제적인 유지와 기금에 대한 회계감사를 추진하며, (e)의회/주입법기관에 선거위원으로 지명될 당시 자산과 부담금에 대한 의무적인 선언을 요구해야만 한다.[39] 이러한 합법화는 인도 민주주의의 생존을 위해 절대적으로 필요한 전제조건인 것이다.

선거개혁의 당면과제

인도의 선거관리위원회, 많은 시민들, 나라얀과 같은 법학자들, 아이어(V.R.Krishna Iyer)와 같은 재판관들은 수년간 선거와 정당개혁을 옹호해오고 있다.[40] 최소 두 개의 의회 위원회가 이 영역에 있어 개혁에 대해 점검하기로 결정되었다. 이와 관련해, 중앙-주 관계에 있어 사카리아 패널과 같은 전면적인 선거위원회에 포괄적인 선거와 정당개혁의 업무를 맡기는 것은 피할 수 없는 것으로 보인다. 1989년 11월 캐나다의 정부에 의해 정해진 선거개혁심의회(Royal Commission on Electoral Reform)와 정당재정(Party Financing)에 의해 성공적으로 수행된 일에 대해 여기에서 검토해보는 것도 흥미로울 것이다. 이 위원회는 전국적인 공청회를 개최하고 1991~93년에 네 권의 권고서를 제출했을 뿐만 아니라 문제에 대한 학문적인 연구들을 후원했다.[41]

이러한 점에서, 금세기 초반 이래 성행하게 된 캐나다의 일부 실례뿐만 아니라 이 위원회의 일부 권고사안들이 인도에 적용하기 위해 간주될 수 있다. 보고서의 3권은 입법모델의 형태 내에서 제안되었는데, 정당, 선거구연합, 정당설립에 관한 흥미로운 생각들이 담겨져 있다. 제안된 입법은 정당의 등록, 정당의 선거구연합, 의회법에 기초한 정당설립을 위해 자세한 법적 요구사안들을 규정하고 있다. 이러한 기구들 각각은 모형법(model Act) 24조항에 의해 다음과 같은 조건의 규약을 갖추어야만 기재되기로 되어있다.

(a) 권리와 자유의 캐나다 헌장의 취지와 정신에 부합하는 진전된 민주적 가치와 실행
(b) 후보자, 지도자, 대표위원, 공무원 선발에 있어 깨끗하고 안정적인 규칙의 제공
(c) 정당후보자 선택, 지도자대표회의에 참석할 대표위원의 선택 혹은 정당의 지도자를 선택하는 정당의 의원 제공[42]

제안된 입법은 이러한 기구들이 유연한 작동을 갖추게 하고, 논쟁성립을 위한 토대를 마련하기 위해 법적인 요구사안을 계속해서 제공한다.

정당의 설립은 "명확하고 영구적인 기관"으로서 인식된 정당에 의해 이러한 법 아래에서 기재될지도 모른다.

(1) 공공정책 의견을 발전시키고 촉진시키기 위해
(2) 공공정책에 관한 업무에 있어 정당원을 교육시키기 위해
(3) 정책에 관한 제언과 연구를 하는 정당을 제공하기 위해[43)]

캐나다심의회(Canadian Royal Commission)는 막대한 양의 기부에 의해 선출된 공무원에 미치는 과도한 영향력을 기선제압하기 위해 정당과 후보자에게 기부되는 기부금의 크기와 출처를 전면적으로 밝혀야 한다고 제안하고 있다. 위원회는 등록된 정당과 부수적인 기구들에게 일 년 중 6개월 동안 모든 기부금의 중간 미회계감사(unaudited) 보고서와 "1년 전체 동안의 재정활동에 대한 정규회계감사 보고서"를 제출하도록 권고한다.[44)]

캐나다선거법은 개인, 기업, 혹은 노동조합이 연방정당이나 후보자에게 기부하는 데에 제한이나 금지를 두고 있지 않다. 그러나 100달러 이상의 모든 기부는 신고되어야만 하며, 최초로 신고된 100달러에만 75%의 면세가 주어진다. 더욱이 1999년 6월에는, 연방정부가 연방정부협회가 정당에 기부하는 행위를 금지시켰다. C-2 법안은 '가장 중요한 것들 중 일부는 무시' 되었을지라도 '정당과 후보자의 재정에 대한 규제로 일부 잘 알려진 문제'에 대해 교정하기 위하여, 1974년 이래 캐나다선거법에 대한 가장 포괄적인 개정을 제안했다.

캐나다정부의 의회주의적 체제와 연방주의적 체제의 혼합은, 캐나다 국민들로 하여금 의회주의적 기구(선출된 국회의원)에 의해 정당의 지도자를 선출하는 관행으로부터 멀어지게 하도록 압력을 가해왔다. 캐나다의 정당은 4년마다 대통령후보 추천을 조직하는 미국의 정당 관행처럼, 국가의 대표위원들을 총괄하기보다는 개인으로서 지역정당의 대표위원에 의해 구성

된 국가적 리더십 관행을 좇아 20세기 초에 의회의 간부회의에 의해 정당 지도자를 선출하는 관행을 포기했다. 미국과 캐나다에서 정당의 지도자를 선출하는 장치는 주/지역에 기반을 둔 전국정당을 넘어 국가적인 요소를 접합시킬 교량을 도입한다. 캐나다에서의 정당관습체계에 대한 적용은 보다 큰 대표성을 띠고 연방적인 리더십을 형성하기 위해 행해졌다.

인도정당체계의 파편화 증가에 대한 관점에서, 캐나다정당의 리더십 관행체계를 적용시키는 것은 국가의 정치적 세력에 연방주의적 요인들을 도입시킬 것이다. 이 같은 정당개혁은, 인도정당들의 지역분권화가 증가하고 있으며 이로 인해 중앙에서는 안정적인 의회 정권이 형성되고 유지되어야만 하기 때문에, 특히 현 시점에서 필요하다.

미주

1) Joseph La Palombara and Myron Weiner (Eds.), *Political Parties and Political Development,* Princeton University Press, Princeton, 1966, p.3.
2) Seymour Martin Lipset, "The Indispensability of Political Parties," *Journal of Democracy,* Vol.II, No.1, January 2000.
3) M.P. Singh and Rekha Saxena, *India at the Polls: Parliamentary Elections in the Federal Phase,* Orient Longman, New Delhi, 2003, p.268, backnote 1.
4) *See* specially the chapters on Great Britain and the old Commonwealth in Segmund Neumann (Ed.), *Modern Political Parties: Approaches to Comparative Politics,* University of Chicago Press, Chicago and London, 1956.
5) This pre-history of modern Indian parties is yet to come under the scan of historians and social scientists.
6) Rajni Kothari, *Politics in India,* Orient Longman, New Delhi, 1970, Ch.5.
7) Bipan Chandra, *In the Name of Democracy: JP Movement and the Emergency,* Penguin Books, New Delhi, 2003; and Sherlock Stephen, *Indian Railways Strike of 1974: A Study of Power and Organized Labour,* Rupa, New Delhi, 2002.
8) Himanshu Roy, "Party Systems and Coalition Politics in Indian States," in M.P. Singh and Anil Mishra (Eds.), *Coalition Politics in India: Problems and Prospects,* Manohar, New Delhi, 2004.
9) Rekha Saxena, *Indian Politics in Transition: From Dominance to Chaos,* Deep & Deep Publications, Delhi, 1994; and "Party System Transition and Electoral Turning Points in India," *Trends in Social Science Research,* Vol.5, No.1, 1998, pp.7-47; M.P. Singh and Rekha Saxena "India Independent: The First Half

Century of Political Development and Political Decay," *The Indian Historical Review,* Vol.XXVI, July 1999; M.P. Singh and Rekha Saxena, *India at the Polls: Parliamentary Elections in the Federal Phase,* Orient Longman, New Delhi, 2003, Ch.1 and 9; Douglas V. Verney, "From Quasi-Federation to Quasi-Confederacy? The Transformation of India's Party System," *Publius: The Journal of Federalism,* Vol.33, No.4, Fall 2003.

10) M.P. Singh, "Political Mobilization and Integration in British India," *Political Science Review,* Vol.XX, No.1, January-March 1981.

11) Rajni Kothari, "The Congress System in India," *Asian Survey,* Vol.12, No.12, December 1964; "Congress System in India," *Asian Survey,* Vol.12, No.12, December 1964; December 1974; "Opposition in a Consensual Polity," in Robert A. Dahl (Ed.), *Regimes and Oppositions,* Yale University Press, New Haven, 1973.

12) M.P. Singh, *Split in a Predominant Party: The Indian National Congress in 1969,* Abhinav, New Delhi, 1981.

13) Stanley A. Kochanek, "Mrs. Gandhi's Pyramid: The New Congress," in Zoya Hasan (Ed.), *Parties And Party Politics in India,* Oxford University Press, New Delhi, 2002, p.78.

14) Bipan Chandra, *In the Name of Democracy, op. cit.*; and Sherlock Stephen, *Indian Railways Strike of 1974, op. cit.*

15) For a detailed historical study, *see* Bipan Chandra, *In the Name of Democracy, op. cit.* Chandra concludes that while the Emergency "was out of step with the Indian people's interests and traditions," the JP movement too "was not the answer to the problems that the Indian people were facing during 1974-85" due to "its undefined goal, inadequate forms of struggle, gross ideological confusion, absence of an autonomous organization and dependence on the RSS cadres for mass mobilization" (p.294).

16) C.P. Bhambhri, *The Janata Party: A Profile, National Publishing House,* New Delhi, 1980; Also Kumar Rajesh, *The Two Janata Experiments and Beyond* (Delhi: Manak, 2008).

17) Oliver Heath, "Anatomy of BJP's Rise to Power: Social, Regional and Political Expansion in 1990s," *Economic and Political Weekly,* Vol.XXXIV, Nos.34 and 35, August 21-27/28, 3 September 1999. The quote is from page 2516.

18) M.P. Singh and Rekha Saxena, "Lok Sabha Elections 2004: Change with Continuity," *Think India,* Vol.8, No.1, January-March, 2005. Also see Lawrence Saez and Rekha Saxena, "Mandate 2004," *Mainstrem,* Annual No., January 2005.

19) United Progressive Alliance, *Common Minimum Programme of the United*

Progressive Alliance, New Delhi, 2004, p.2.

20) Yogendra Yadav, "The Elusive Mandate of 2004," *Economic and Political Weekly,* Vol.XXXIX, No.51, 18-24 December 2004, pp.5393-5394.

21) Christophe Jaffrelot, *The Hindu Nationalist Movement in India,* Part I & II, Penguin India, New Delhi, 1996. *See* also Pralay Kanungo, *RSS' Tryst with Politics: From Hedgewar to Sudarshan,* Manohar, New Delhi, 2002.

22) T.J. Nossiter, *Marxist State Governments in India: Politics, Economics and Society,* Printer Publishers, London and New York, 1988, Chs. 1 and 2.

23) The term is attributed to Deen Dayal Upadhyaya, a former President of Bharatiya Jan Sangh, who discourse on this theme is published as a booklet by the BJP office, New Delhi.

24) Rajni Kothari, "The Call of the Eighties," *Seminar,* No.25, January 1980.

25) Kanchan Chandra, *Why Ethnic Parties Succeed?: Patronages and Ethnic Head Counts in India,* Cambridge University Press, Cambridge, 2004.

26) Suhas Palshikar, "The Regional Parties and Democracy: Romantic Rendezvous or Localized Legitimation?" in Ajay K. Mehra, D.D. Khanna, and Gert W. Kueck (Eds.), *Political Parties and Party Systems* (New Delhi: Sage, 2003).

27) Lawrence Saez. *Federalism Without A Centre: The Impact of Political And Economic Reform on India's Federal System,* Sage, New Delhi, 2002, p.58.

28) Common Cause, *In the Supreme Court of India, Civil Extra-Ordinary Jurisdiction, Writ Petition No.24 of 1995,* p.12. H.D. Shourie, Director, Common Cause.

29) *Ibid.,* p.13.

30) *Ibid.*

31) *Common Cause (A registered Society)* v. *Union of India and Others,* Supreme Court, 1996.

32) Government of India, *Vohra Committee Report,* Ministry of Home Affairs (Chair N.N. Vohra, Home Secretary), p.1.

33) *Ibid.*

34) *P.V. Narasimha Rao v. the State (CPI/SPE)* (JMM Bribery case), Supreme Court, 1998.

35) Douglas V. Verney, "From Quasi-Federation to Quasi-Confederacy? The Transformation of India's Party System," *Publius: The Journal of Federalism,* Vol.33, No.4, Fall 2003, p.157.

36) Ascertained from the Election Commission of India by Professor Douglas V. Verney, New Delhi, Spring 2005.

37) Election Commission of India, *Electoral Reforms (Views and Proposals),* New Delhi, Nirvachan Sadan, n.d. but apparently 1998, p.7.

38) *Ibid.,* pp.24-25.

39) *NCRWC Report,* 2002, para 4.30.1 to 4.30.6.

40) M.P. Singh, "Electoral Politics and Phases of Politicization in India," *Trends in Social Science Research,* Vol.3, No.2, December 1996 and "The Party Factor in 'Dirty' Economy," *Denouement,* Special No. on Democracy, Development and 'Dirty' Economy: A Retrospect of India's Fifty years of Independence, April 1998; Rekha Saxena, "Need for Reforms," *The Pioneer,* New Delhi, 18 September 1998; and her "Political Reforms," *The Pioneer,* New Delhi, 28 October 1998.

41) Government of Canada, *Royal Commission on Electoral Reform and Party Financing, Report,* 4 vols, Minister of Supply and Services, Ottawa, Canada, 1991-1993.

42) *Ibid.,* 1991.

43) *Ibid.*

44) *Ibid.*

제12장

시민사회:
시민화 과정을 겪는가?

개요

'사회' 와 '시민사회' 라는 용어는 일반적으로 상호 교환적으로 사용되지만 이 둘은 어느 정도 개념적 차이가 있다.[1] 이 같은 특성은 분석적으로 유용할 수 있지만, 정치와 역사에 있어서 난해하고 복잡한 삶의 현실을 종합적이고 경험적으로 분석한다는 것은 종종 도움이 되지 않는다. 이러한 사실은 인도와 같이 다양하고 복합적인 특징을 지니는 사회에서는 더욱 그러하다. 사회과학에서 새롭게 출현하고 있는 개념으로서 시민사회는 종종 활동으로 이해되며, 대개는 연합으로 여겨진다. 즉 그 연합은, (a)상호유기적인 개인과 가족일 수 있고, (b)국가와 가정 사이에서 불분명한 위치를 점하기도 하며, (c)국가로부터 자율적이다. 또한 (d)구성원들의 문화, 사회, 경제, 정치적인 필요에 영합하여 조직되고 연합이 이루어지며, (e)전통적이고 귀속적(ascriptive)이라기보다는 근대적이고 자발적이다. 실제로는 앞에서 언급한 규정적 특징을 모두 만족하는 기구는 극히 드물다.[2] 대개의 기구들이 종종 공식적으로는 아니더라도 최소한 비공식적으로 앞의 항목들을 빠뜨린다. 반면 같은 신도들에게만 열려 있거나 정치의 장에서 근대 보편주의자들에게 작동하는 일부 단체나 정당들은 이러한 항목들을 공식적으로 생략하기도 한다. 그러한 기구들은 앞서 언급한 (d)항목이 부족한 경우이다.

일찍이 서양의 근대 정치사상에서 시민사회에 대한 생각은, 19세기 헤겔과 마르크스의 봉건사회에서 부르주아 혹은 시민사회로의 전환이라는 맥락에서 발생한다. 봉건주의가 개인을 완고하고 조합주의적인 성격의 제한된 지역에 에워싸는 반면, 자본주의는 중세적인 틀을 부수고 개인의 자유와 이동을 허용했다. 그러나 이렇듯 새롭게 형성된 개인주의는 추상적이고 공허하다. 헤겔은 후기에 그의 개인적 관념을 국가에 이양했고, 마르크스는 특히 프롤레타리아나 산업적 노동계급에 이양했다. 베버가 새로운 전환에 그의 분석적 초점을 돌릴 때에, 그는 신조합주의적 자본주의와 관료제 구조(과거봉건제의 세습적인 성격이라기보다는 합법적이고 합리적인 것)의 출현을 강조했다. 민주적 입헌이론에서 자유개인주의의 기원은 — 전자는 법치를, 후자는 보편주의적 다수주의를 전제로 하는 — 로크와 루소로부터 영감을 얻었다. 로크와 루소는 그들의 정치계약설 혹은 입헌기술의 기본이 되는 개념으로서 '시민사회' 혹은 시민정부를 자연 상태의 국가 혹은 사회와 구별해서 개념화했다.

혹자는 그람시로부터 국가와 시민사회, 그리고 그들의 그물망 같은 관계에 대해 보다 혼합되고 적당하게 복잡한 이해를 발견한다. 그람시에서 비록 '국가(State)' 라는 용어의 협소한 이해가 종종 정부와 동의어로 사용될지라도 넓은 의미에서는 시민사회의 요소를 포함한다. 그람시와 알튀세르의 신마르크스주의적 견해로는 국가의 헤게모니가 시민사회 내에서 설득력 있게 조직되지만, 지배계급의 헤게모니는 이념적인 국가장치보다 위압적으로 강화된다. 이러한 형식화는 국가의 민주적 혹은 입헌적 차원을 부르주아 민주주의 내의 자본주의의 발전적인 차원에서보다 상대적으로 더욱 윤리적으로 만든다.

시민사회에 대한 관심의 최근 부활은 다섯 가지 상호 연관된 맥락에서부

터 출현한다: (a)동유럽과 소비에트연합의 국가 공산주의의 붕괴와 중국의 '시장사회주의(market socialism)' 라고 불리는 선택으로의 이동, (b)서양 선진 자본민주주의 내에서 경영자유주의를 지지하는 복지국가의 정치적 자유주의의 방종, (c)가족의 붕괴, 개인의 세분화, 그리고 서양 공산주의 기조의 쇠퇴, (d)민주국가의 왜곡에 대한 각성과 특히 1970년대 인도의 발전국가에 대한 환멸, (e)권위주의의 만연과 제2차 대전 이후 제3세계의 부패가 그러하다.

시민사회에 대한 학문적이고 정책적인 관심은, 이론적인 공헌과 전략적인 정책 통합의 관점에서 여전히 부족한 실정이다. 그러나 정치 분석과 정책 패러다임 내에서 시민사회의 중요성에 대한 증가는 자발적인 연합, 비정부기구(NGOs), 신사회운동, 그리고 정치경제적 발전에 있어서 사회문화자본의 보충적이고 중대한 역할의 강조에 대한 증거이다.

통칙

일찍이 인도민주국가의 합법성과 사회변형의 전략, 경제발전의 측정과 그것의 실패뿐만 아니라 성공 역시 대조적이긴 하지만 시민사회의 성격이라고 하는, 같은 자원의 탓으로 돌아갔다. 식민통치로부터 민족 자유운동의 승리는 시민사회의 기운과 생명력으로 인한 것이라고 여겨졌다. 인도의 독립 이후 부흥과 정치적인 안정 또한 상대적으로 발전된 시민사회, 매스미디어, 압력단체와 정당체계에 대한 신뢰가 바탕이 되었기 때문이었다. 그러나 이 같은 민주적이고 발전적인 신뢰는 흔들리기 시작했고, 분석가들은 시민사회의 약화에 대해 약한 국가론과 국가의 비민주적이고 불평등한 기질을 비난하기 시작했다. 1970년대 이후, 인도정치학의 문헌에서 국가의 물가안정책은 시민사회가 형성될 길을 조금씩 열어왔다. 시민사회는 일찍이 국가에 의해 관료적으로 규제된 지배적인 공공영역에 의해 저지된 사적부문의 후원뿐만 아니라 국가 내에서 권위주의적 경향과 정치적 범죄화의 부패에 대한 방어물의 역할을 했다.

앞서 언급한 시민사회에 대한 억측은 명확하게 개념상으로 불안정하며 부정확한 것이다. 이러한 문제는 차터지(Partha Chatterjee)에 의한 연합적 시민사회와 '인구학적 사회(demographic society) 혹은 개체사회(population society)' 간의 시사적인 구별에 의해 적절하면서도 간략하게 파악될 수 있다.[3] 이 두 사회는 식민국가와 민족주의자 엘리트들에 의해 차례로 피지배자와 시민들로서 정치적 작용과 정책의 표적이 되었다.

이와 같이 인구의 경쟁적인 동원은, 민족주의적 정치에 의해서뿐만 아니라 식민국가의 행정에 의해서도 행해졌다. 국가는 사람들을 자원으로서 어디에서 어떻게 추출하고 관리할 것인지 인구조사를 통해 일일이 파악했다. 식민국가와 민족주의자들은 도시의 중심이라는 지역에 활동범위가 크게 제한되어있다. 그러나 둘 다 주변부로의 확산적 침투를 위해 강력한 유인책을 가졌다. 식민지적이고 민족주의적 논리는 식민주의자와 민족주의자들이 근대와 전통 사이에서 선택을 함에 있어 여지를 거의 남기지 않았다. 차터지에 의하면, '민족주의적 정치(Nationalist politics)' 는, "도시엘리트의 '적절하게 조직된' 시민사회의 경계 안에서 고정표가 남아있지 않다면 적절한 전략적 응답을 찾아야만 한다."[4] 공교롭게도 이는 시민민족주의와 문화민족주의 사이에서 선택을 해야 하는 딜레마를 이끌었다. 올바른 선택은 1947년 영국의 철수전야에 인도의 분할을 막을 수 있었다는 것이다. 딜레마는 아직 끝나지 않았다. 그러므로 인도의 정치관계 형성의 유산들은 "잘 정비되고 원칙적이며 국가와 시민사회의 개인적 조직원 사이에서 입헌적으로 인가된 관계와는 매우 다르다."[5] 차터지는 이와 같은 맥락에서 다음과 같은 세 가시 쟁점들을 제시하고 있다.

(1) 식민지 시기에 변형의 가장 중요한 지점은 시민사회이다. 가장 중요한 변형은 후기 식민지 시대에 정치사회 내에서의 발생이다.
(2) 식민지 시대에 사회적인 변형에 대한 토론을 형성한 쟁점은 근대화의 문

제이다. 후기 식민지 시기의 정치적 사회에서 쟁점의 형성은 민주주의의 근대화이다.

(3) 자본의 세계화의 마지막 국면에서, 우리는 근대화와 민주주의 사이에 출현하는 반대성향을 목격하게 될 것이다. 예를 들면, 시민사회와 정치사회 사이에서 그러하다.[6]

비록 직관적으로 이해가 가능한 것이지만, 앞서 언급한 세 가지의 쟁점들은 상당히 모호하고 편향적이다. 왜냐하면, 후기 식민지 시기는 정치사회에서 선거민주주의의 대대적인 팽창을 실제로 지켜봐왔기 때문이다. 인도의 식민지에서 시민사회와 근대성의 보다 큰 개화를 본다는 주장은 오리엔탈리스트들의 편견일 수 있다. 식민지적 근대성과 이에 상응하는 시민사회는 영국통치 내에서 스스로를 정당화했지만, 장애물과 왜곡에도 불구하고 둘 다 독립 이후에 큰 진전을 보였다. 유사한 맥락에서 세계화의 중심적 갈등은, 근대성과 민주주의 사이에서 혹은 시민사회와 정치사회 사이에서의 갈등보다는 노동과 자본 간에 내셔널리즘, 세계통합주의, 그리고 지방분권주의일지 모른다.

'시민사회'와 '정치사회', '근대성'과 '민주주의' 간의 명확한 대비는, 이들에 대한 경험적 취지가 부족하다는 측면에서 볼 때 학문적인 성격을 띤다. 가장 최근 인도에서의 시민사회에 대한 토론은, 특히 그람시안(Gramscian)에 의해 과도한 영향을 받았다. 예를 들어, 1996년 찬독(Neera Chandhoke)으로부터 시작한 국가 밖의 정치적 헤게모니를 위한 계급세력 투쟁 간 경쟁의 영역으로서 시민사회의 규범이 그러하다.[7] 이것은 인도의 맥락에서, 자유 투쟁과 독립 이후의 시기에 선거와 대중운동의 경쟁에 있어 문젯거리가 되었다. 다양성 속에서도 중복적인 아이덴티티, 카스트, 계급, 부족, 종교, 언어, 그리고 지역에 기반을 둔 이익에 기초한 사회, 정치적 세력의 복잡한 정렬 사이에서, 인도는 유럽의 전형적인 계급과 같은 근본적인 쌍극성(bipolarities)을 지니지는 않는다.

코타리와 베테일의 연구는 모두 카스트의 민주적 잠재성을 인지한 것에서 공통점을 찾을 수 있다. 그러나 시민사회에 대한 영역에서, 베테일은 이를 시민권과 연관시킨 반면, 코타리의 시민사회는 모호하게 남겨진 통칙과도 같다. 그러나 결국 권리의 자유적 개인적인 관점보다는 공동체주의자 쪽으로 기울며, 코타리는 베테일보다 그 정도가 심하다. 시민사회는 둔감하고 권위주의적인 국가의 방어벽으로 보인다.[8)]

인도의 '전통'에 대한 '근대성(modernity)'의 해석에서 루돌프 부부(Rudolphs)[9)]는 외국인으로서는 최초로, 인도정치학에서 사회적인 요소로부터 카스트를 정치적 요소의 민주적 구체화로 구별해냈다. 보다 최근의 연구에서, 그들은 인도에서 새롭게 출현하는 공공영역에서의 시민사회의 강력한 도구로서의 간디적인 '아시람(ashram)'과 '커피하우스'라는 은유의 표현을 통해 통찰력 있는 분석을 하고 있다. 이 둘은 모두 보다 총괄적이고 보편적인 성격을 가지며, 신분제, 분할과 분열, 그리고 초세속적인 방침에 의해 특징지어지는 전통적인 사회영역을 표현했다.[10)] 1948년 암살을 당하기 하루 전, 간디는 독립달성을 구실삼아 자신에 의해 양성된 대중정치의 도구인 인도국민회의당의 해산을 요청했고, 이는 록 세박 상(Lok Sevak Sangh)으로 변형되어야 했다. 명백히 충고로 끝난 이 일에 관해, 루돌프 부부는 다음과 같이 해석하고 있다.

> 정당은 관련 영역에서 이중적인 성격을 갖는 개체이다. 반대당은 당대의 정부와 긴장관계를 유지하는 시민사회와 닮아있다. 동시에, '야당내각(shadow Cabinet)'의 역할과 의회에서 공식적으로 인지된 참여로서 그들은 국가와 제휴하는 양상을 보이기도 한다. 지배당으로서, 그들은 의회의 지출을 승인하고 국가를 경영한다. 시민사회의 일원으로서, 간디는 정당의 민족주의적인 면을 과녁으로 삼았다.[11)]

이와 같이, 간디는 비록 대중운동이 사회적으로 권위주의자와 민족주의자에 의해 이용될 수 있었던 양날을 가진 검일지라도, 그는 시민사회의 도구로서의 대중운동을 무용지물로 간주했던 것 같다. 그러한 그의 생각은 사티아그라히스(satyagrahis)와 인종적으로 추진된 정치적 행동의 공공영역으로서의 간디안 아시람(the Gandhian ashram)—비폭력적 기초를 위한 훈

련기관과 구상된 사회의 모범으로서 — 에 잘 나타난다. 루돌프 부부는 "학식 있고 교육받은 중산층의 정치적인 사람들"로서 커피하우스를 설명하고 있다. 반면 아시람은 "도시와 지방의 교육받지 못한 노동자와 농민들을 대중정치의 맥락에서 공공영역으로 끌어들이려는 시도를 했다."[12)]

사실, 인도는 영국, 캐나다, 호주에서처럼 부르주아 민주주의로의 다소 점진적이거나 혹은 혁명적인 전환과는 대조적으로, 1777년 미국, 1789년 프랑스, 1848년 스위스에서처럼 정치적 문화 내에서 전쟁 혹은 부르주아 혁명에 기초해 세워진 반(半)혁명적 포퓰리즘적 경향을 민주주의와 함께 공유한다. 왜냐하면 1947년 영국으로부터 인도로의 권력이양이 1947년 인도 독립법에 의해, 그리고 영국의회에 의해 통과된 합법적 성격을 띨지라도, 이것은 오래되고 확산된 국가자유주의의 대중운동의 선두에 서게 되었으며, 인도인들에 의해 대개 보편적으로 '자유 투쟁(freedom struggle)'으로 언급되었기 때문이다.

영국령 인도에서 인도국민회의당의 작동에는 분명 관료적이고 부분적으로 대의적인 제도적 영역이 존재하지만, 출현하고 있는 혼합적 성격의 인도 내셔널리즘의 지배적인 구성은 선동과 직접적인 행동이 규범으로 여겨진 대중운동 이상의 것이었다. 제헌의회의 최종 연설에서, 기초위원회의 의장이었던 암베드카르(B.R.Ambedkar) 박사는 '혁명에 대한 잔인한 방법(the bloody method of revolution)'과 '시민 불복종, 비협조와 사티아그라하의 방법'의 유기를 수반하는 인도 국가에 의한 헌법의 적용에 대해 권고했다. 이에 더불어, (a)입헌적 정치가 또한 존 스튜어트 밀의 "자유를 성인(a great man)의 발 앞에조차 놓지 않을 것과 그가 제도를 파괴할 권력을 갖고 있다는 것을 믿지 않을 것"에 대한 경고를 받아들이는 것을 의미한다는 것, (b) "우리는 정치적 민주주의와 더불어 사 회적 민주주의를 형성해야만 할 것"을 촉구했다.[13)]

인도정치문화의 포퓰리즘적 대중운동의 시련은 구자라트와 비하르에서 독립 이후 두 번째 기록한 성명서에 있었다. 이것은 1970년대에(이른바 사회주의자적 변형의 간디안인 나라얀 이후) 확산된 J.P.운동으로 수렴된 것이었다. 운동이 전개된 기간 동안, 정당체계의 발전은 반대정당적 요소뿐만 아니라 비정당적 요소까지 포함했으며, 나라얀은 대중의 요구에 의해 선출된 대표자/입법자(국회의원)의 소환(철회, 공직자의 해임권)방침을 제의했다. 1977년 후기 비상사태의 록 사바 선거에서 자나타 당은 권위주의적인 1976년 42번째 헌법 개정을 1978년 44번째 헌법 개정에 의해 비상 레짐을 둠으로써 서서히 폐지해 나갔지만 공직자의 해임권을 제정하지는 않았다. 그러나 후기에 개정된 헌법의 서문은 "헌법의 일정한 변화, 즉 세속적이거나 민주적 특성을 손상시킬 영향이 있거나 기본권의 침해나 단축, 자유, 성인의 참정권에 기초한 공정한 선거, 사법권의 독립에 대한 용인에 있어서의 속단과 침해와 같은 영향력이 예상되는 헌법의 변화는, 최소 51%의 유권자가 참여한 국민투표에 의한 다수의 인도 국민들에 의해 승인될 때에만 이루어질 수 있다."[14] 인도 선거집회에서 심의의 민주적 담론의 흔적 내에서 인도 공화국의 설립 당시 인도의 헌법, 역사적 헌법의 위임은 일시적인 선거에의 위임보다는 보다 나은 유효성을 위해 사법적으로 결정된다.[15]

비시민(non-civil) 혹은 대중운동에 있어 근대의 권위주의적 요소가 용해된 것은 1990년대 이후 힌두부흥운동에 의해 예증된다. 로빈슨(Mark Robinson)은 그것을 "오늘날 인도의 공공영역에서 힌두 중심 이데올로기를 다루는 이데올로기적 논쟁에서 틀림없이 가장 중요한 영역이며, 이는 전체 힌두의 주체성과 국민성 증진을 위한 이슈의 중심에 놓여있다.[16] 이 문제에 대한 로빈슨의 개념화는 다음과 같은 가정에 기인한다. 그 가정은, (a)근대 시민사회와(전통과 근대의) 혼합된 정치사회 간의 대조가 너무 격렬하게 도입되면 안 된다. (b)종교와 인종과 같은 정치/선거적 동원의 비판적인 지시대상물은 근본적이며 근대 시민사회의 바깥 영역으로서 해산되어야만 한다.[17] 그러나 이러한 중대한 이론화의 수단은 로빈슨에 의해 적절하게 조사되지 않았으며, 그는 인위적인 고정관념과 논쟁의 성격묘사에 있어 곤경에 빠졌다.

국가권력의 포착에 의한 힌두국가성에 대한 진위가 의심스러운 연구는 힌두단언의 정치가 실질적이기보다는 상징적이라는 점을 놓치고 있다. 이는 마치 라슈트리야 스와얌세박 상 파리바(Rashtriya Swayamsevak Sangh parivar)의 전략적인 정치 리더십과 같다. 정치적 혹은 의회의 진영인 BJP 역시 조직적으로 구성된 이데올로기적 청사진을 가진 것도 아니며, 그렇다고 연방국가의 시민 공화주의적인 민족주의에 기초한 입헌적인 레짐을 가진 것도 아니다. 이들이 지향한 것은 그들 스스로가 '소수주의(minorityism)' 혹은 의회의 '모조(假)세속주의' 라고 부르는 것을 오랫동안의 집권기에 실천하는 것이었다. BJP 지지자들은 그들이 '긍정적인 세속주의(positive secularism)' 로 일컫는 방침에 대한 주장을 반복했다.18)

말하자면, '상 파리바(Sangh parivar)' 라는 합성어에서 상(*sangh*)이라는 단어는 글자 그대로 '연방적 계보(federal family)' 를 일컫는다. 1970년대와 1998~2004년 뉴델리에서 연방주의적 권력 내에서 상 파리바의 두 가지 제한은, 사실상으로 혹은 법률상으로도 연합정부를 취해왔다. 그들은 연합에 있어서 국가 내에서 독점적인 권력이 되어 왔으며 규칙적으로 혹은 빈번하게 선거의 재편성을 겪어왔다. 이 모든 경험은 힌두지상주의의 세력으로 하여금 상대적으로 좀 더 자유롭고 근대적이며 현실적으로 인도와 같이 복잡한 다문화국가를 통치하는 문제를 인식하게 만들었다. 아직까지 실험되지 않고 알려지지 않은 것은, 선거영역과 일당다수를 형성한 정부 내에서 이들의 정치적 결과이다.

빈번한 공공의 폭동, 카스트와 부족의 갈등은 시민사회가 몰락한다거나 혹은 약해진다는 지표이다. 국가의 궁극적일 뿐만 아니라 근본적인 원리는, 국가내부의 무질서 혹은 외부의 공격으로부터 시민의 삶, 자유, 재산을 보호해야할 의무이다. 정치적 자유주의는 또한 사회의 안녕과 개인과 단체가 가진 잠재성을 현실화할 조건의 형성을 국가에 강요한다. 그러나 그 어떤 국가도 시민사회의 활발한 협조 없이 이 임무에 성공할 수 없다. 알리가르(Aligarh)와 캘리컷(Calicut), 하이데라바드와 러크나우의 종교공동체적인 갈등, 그 안에서 시민사회와 국가의 역할에 대한 비교연구에서, 바르시니는 그의 가설에 대한 확실한 증거로서 시민의 계약이 내부 인종적 관계에 의해 크게 제한적인 도시 내에서 외생적인 충격, 긴장, 세평은 심각한 인종적 폭력을 일으키게 하는 반면, 내부 인종적 시민계약이 존재하는 곳에서는 인종적 평화가 좀 더 쉽게 유지되거나 혹은 복구될 수 있다는 것을 발견한다. 바르시니는 다음과 같이 언급하며 다른 도시에서의 '비슷한 과정'을 보고했다.

> "두 도시의 시민의 삶은 완전히 동떨어져 있다. 캘리컷의 많은 무슬림과 힌두는 연합을 이루게 맞물려있으며 근접성의 관계를 가지며, 긴장이 형성되는 동안 평화위원회는 단순히 이전에 존재하는 지역 네트워크의 연장일 뿐이다. 사회신뢰도의 상당한 축적은 연합의 밖에서 형성되고 무슬림과 힌두 간에는 매일 상호작용이 형성된다. 두 그룹 간에 일상적인 친근성은 대화를 촉진한다. 세평은 더 나은 의사소통을 통해 수그러들게 된다. 그리고 이 모든 구제수단은 지역의 행정관리를 평화롭게 유지시킨다. 그러나 알리가르에서는 힌두와 무슬림이 상호 신뢰를 형성할 수 있는 시민적 환경 — 경제적, 사회적, 교육적 — 을 만나지 않는다. 그러한 네트워크의 부족은 심지어 유능한 경찰과 도시의 행정관리자들로 하여금 그들의 무력함으로 인해 폭동이 일어난 것으로 본다."[19]

시민사회의 개념과 가깝게 연관된 것은 '시민자본'이며,[20] 이것은 정치문화 개념의 새로운 구체화이고 특히 '시민문화' 혹은 '참여적' 정치문화(종속적이고 교구적인 정치문화와 구별하여)이다. 사회의 자본은 민주주의를 지지하거나 민주주의에 공헌하는 사회 내의 개인과 그룹 간에 공식적인 측면과 비공식적인 측면에서 정의된다.[21] 인도의 다섯 개 주 안에서 사회자본과 민주주의의 정도에 대한 연구에서 블롬크비스트(Blomkvist)는, (a)공식적으로, (b)비공식적으로 측정된 자발적 연합의 네트워크와, (c)사람들 간에 상호개인적인 신뢰의 규범의 측면에서, 케랄라와 구자라트는 사회자본이 높은 반면, 서벵골, 오리사, 우타르프라데시는 낮다는 것을 발견했다. 사람들에 의해 주관적으로 인지되는 정부의 책임성(수입, 기대수명, 예방접종, 의료설비, 지방의 수자원과 전기에 대한 객관적인 데이터로 나타나는), 정부의 정책수행에 대한 그의 측정은 케랄라, 구자라트, 그리고 서벵골이 오리사와 우타르프라데시를 상당히 앞서는 것을 보여주었다.[22]

매스미디어

1930년 인도에서는 라디오방송, 1965년에는 텔레비전방송이 설치되었지만 인도는 1960년대에 비로소 라디오의 시대가 열리고 1980년대에 텔레비전의 시대가 도약하게 되었다. 1991년까지 두르다샨(*Doordarshan*) 텔레비

〈표 12.1〉 1989년 신문과 잡지의 수

언어	일간	기타 정기간행	합계	총합에 대한 백분율(%)
1. 힌디어	1,013	7,911	8,924	33.0
2. 영어	197	3,430	4,627	17.0
3. 아삼어	8	111	119	0.4
4. 벵골어	63	1,822	1,885	7.0
5. 구자라트어	53	807	860	3.2
6. 카나다어	148	784	932	3.4
7. 카슈미리어	0	1	1	0
8. 말라얄람어	159	978	1,037	4.0
9. 마라티어	172	1,165	1,337	5.0
10. 오리아어	30	375	405	1.5
11. 펀자브어	60	532	592	2.2
12. 산스크리트	2	33	35	0.1
13. 신디	8	73	81	0.3
14. 타밀어	192	919	1,111	4.1
15. 텔루구	65	634	699	2.6
16. 우르두	269	1,526	1,795	6.6
17. 양(bi) 언어 사용	37	1,836	1,875	7.0
18. 다(multi) 언어 사용	9	380	389	1.4
19. 기타	53	297	350	1.3

참고: 자료에 나타난 모든 정기 간행물들은 일괄된 것이며 마지막 열은 백분율로 전환된 수치임
출처: Government of India, I & B Ministry(1992, p.320)

전의 사용인구가 75%였던 반면, 라디오는 전 인구의 95%를 차지하게 되었다. 방송프로그램에 사용되는 언어는 공식적으로 힌디어와 영어의 두 가지이며, 다양한 주의 공식적인 매체에서는 지역의 언어를 사용한다.

인도의 언어적 다양성은 인쇄매체를 포함하여 〈표 12.1〉에서와 같이 측정된다. 금세기 인도의 언어적 인식에 따르면, 언어적 지역공동체는 인도 국가의 연방주의적 틀을 형성하는 가장 일반적인 척도가 되어왔다. 언어의 경계는 영국령 인도에서 대부분의 지역경계가 지역의 언어와 부합하지 않던 1920년대 초기에 인도국민회의당의 조직적인 개체형성을 위해 받아들여졌다.

매스미디어의 기술은 그 자체가 영향력에 있어서 본질적으로 중앙집권적이지 않다. 그것은 오로지 소유권의 구조와 메시지의 내용에 달려 있다. 연방정부의 선거매스미디어에 대한 전면적인 통제는 국가와 지역의 주요 신문사와 잡지사의 사적소유권에 의해 상쇄되었다. 라디오와 텔레비전을 자율적인 협회로 재편성하려는 중앙정부의 오랜 약속은 아직까지 실현되지 않고 있다. 중앙에서 제정된 프라사르 바라티 법령(Prasar Bharati Act, 프라사르 바라티는 인도의 라디오 채널 중 하나이다: 옮긴이) 역시 미정인 채로 남아있다.

정치와 대중의 순환에 관한 영화는 일부 주에서 근접한 연계를 가지고 만들어졌다. 이것은 특히 마티니 우상(matinee idols, 영화 속 인기 있는 스타들: 옮긴이)과 영화와의 제휴가 타밀나두와 텔루구의 영화산업에서 사용되어왔으며, 이는 영화와 정치를 혼합시키기에 좋은 방법이다. 그들은 DMK, AIADMK, 텔루구 데삼과 같은 성공적인 지역정당을 위해 정치적 동원의 영역에서 대중적인 영화를 이용해왔다.

영화감상과 더불어 정당의 정치적 일과 관련된 스타들의 팬클럽이 지역에 퍼졌다. 라호르에 앞서는 뿌리로서 뭄바이, 마드라스, 캘커타에 기반을 둔 거대한 규모의 힌디어 영화산업은 더욱 도회적이며 세속적이고 사회적 연대성이 없는 성격을 띤다. 그러한 이유가 바로 스타들을 끌어들임에도 불구하고 힌디어 영화산업이 정치적으로 성공을 거두지 못하는 상황에 대한 설명이 될 수 있을 것이다. 벵골의 영화산업은 지역문화에 깊은 뿌리를 두고 있으나, 예술적이고 도회적인 성향 때문인지 선거정치에 대한 기치는 내걸지 않아왔다. 영국 지배령의 최초의 전초지로서 벵골은 인도의 다른 지역보다 철저한 근대화를 경험했다.

실제 국가의 의식 속에 신(新)인도는 벵골에서 태어났다고 볼 수 있다. 벵골, 뭄바이, 마드라스의 해안지역으로부터 국가의식은 점점 그 배역으로 침투되어갔다. 영국통치와 봉건적 통치에 대항하는 대중 국가운동의 간디-네루 시기에, 정치적 무게의 중심은 보다 인구 수가 많은 힌디어를 사용하는 주와 그 일대의 비(非)힌디어 사용권역으로 옮겨갔다. 이러한 양상은 1970년대까지 계속된다. 결과적으로, 정치적 지형은 집권당과 그 반대당의 분파 모두에서 보다 광범위하게 연합적이고 발산적인 성격을 띠어왔다.

선거매스미디어에 있어 연방정부의 독점을 끝내고 인도의 커뮤니케이션의 장으로 새롭게 진입한 것으로는 CNN과 홍콩에 기반을 둔 Star TV, Hindi Zee TV를 포함하는 CNN-IBN 등이 있다. 그러나 이 같은 선택사항들은 케이블에 대한 추가요금을 더 낼 때에만 시청이 가능하다. 비하르 주의 자나타 정부에 의해 제안된 케이블 TV의 흥행세(entertainment tax)는 여전히 비싼 것으로 보인다.

1990년대는 정부의 통제 아래에서 사적소유의 TV채널들이 막대한 팽창을 겪었다. 사적소유의 라디오와 TV 채널들의 경쟁은 전체 인도의 공식적인 라디오와 두르다샨을 그들의 대역너비, 채널, 프로그램을 다양화하도록 만들어왔다. 그들을 자율적인 공공협회로 만들겠다는 정부의 약속은 아직까지 이행되지 않고 있다.

21개의 사적 TV 채널은 델리와 일부 지역의 주에서도 시청이 가능하다. 또한 최소한 6개 이상의 사적 채널들이 준비 중이다. 가장 대중적인 사적 TV채널로는 NDTV, Star News, Zee TV, Aaj Tak, Sahara, Jain, Channel 7과 그 외 다수가 있다. 이러한 뉴스 채널들은 74%의 국내지분과 26%의 외국인 소유로 사기업에 의해 경영된다.

소작농 / 농민운동과 달리트운동

인도에서 소작농과 농민운동은 자연스럽게 그리고 구조적으로 근대의 계급형성과 인종적 주체성에 의해 상당한 영향을 받았다. 인도의 근대 계급 형성의 크기와 다양성은, 지역적 요인들과 전(前)자본주의의 잔여물에 기인한다. 자본가, 중간계급, 그리고 산업노동자들은 농민이나 소작농, 농업노동자들보다 국가적 연맹을 형성하는 것이 보다 수월했다. 그러나 이 모든 계급조직은 지역과 정당의 연줄을 따라 파벌주의의 형태로 형성되었다. 이의 결과로, 인종적인 주체성은 계급의 이익과 조직에 붙어 떨어지지 않는 특성을 지닌다. 이로 인해 발생한 현상들은, 반식민지 민족주의적 동원과 후기 식민지적 '사회주의'의 재건(인도정치학에서 계급요소는 약하다) 뿐만이 아니었다. 이러한 경향은 인도정치학의 최근 국면에서조차 계속되고 있기 때문이다.

한편, 이와 같은 현상들은 민족주의와 네루비안 사회주의의 견인력 보다는 지역주의화의 증가와 카스트, 공동체, 부족을 강조한 아이덴티티 정치학의 증가에 더욱 기인한다. 독립 전야에 인도지방의 사회는 지주(자민다르와 쿠드카스차르), 농민(소작인과 공동경작자), 토지가 없는 농민(케티하르 마즈두르)으로 분화된다. 독립 이후 가장 중요한 변화는, 1960년대 중반에 번영하는 농민들을 중심으로 '여타후진계급(Other Backward Classes/Castes)'의 형성이 이루어졌다는 점이다. 이들은 경제적으로, 농지개혁법의 주요 수혜자였고(자민다리 제도의 폐지, 토지상한과 토지소유의 강화 폐지), 녹색혁명이라 불리는 기술경제농업의 근대화에 대한 수혜자이기도 했다. 정치적인 힘과 경제력의 성장은 1970년대 후반 비하르 주의 문게릴랄위원회(Mungerilal Commission)의 시행과 1990년대 초기 여타후진계급(OBC)을 위한 중앙정부의 만달위원회보고서의 시행에 기초한 새로운 제한정책에 자극을 주었다. 중간계급/카스트가 선호하는 그러한 정책들은 이미 1950~60년대, 혹은 훨씬 그 이전에 남인도의 주에서 이미 시행되어왔던 것이다.

농민정책은 농민에 기반을 둔 사회운동 안에서 뿐만 아니라 정당정치 내에서 표현방식을 찾아왔다. 사실상 이 모든 운동들은 전략적이기는 하지만, 루돌프 부부에 의해 '황소같은 자본가들(bullock capitalists)'이라고 일컬어진 농민들에 의해 주도되었다.[23] 이 농민들은 독립 이전에 키산사바(Kisan Sabha)운동 기간 동안에는 보잘것없는 사람들이었지만, 정치경제적으로 1947년 독립 이후에야 농지개혁을 달성시킨 사람들이었다. 아마도 1946~47년 벵골의 테바가(Tebhaga)운동과 1946~51년 텔랑가나(Telangana)운동 역시 이러한 성격일 것이다. 안드라프라데시는 앞서 언급한 농민리더십의 유형으로 크게 분류되지는 않았다.[24] 이 운동들은 토지의 실제 경작자에 기반을 둔 프로그램과 개혁에 바탕을 두었다. 그러나 이러한 운동들은 토지가 없는 농업노동자들을 이 같은 개혁 안으로 끌어들일 수 없었다.

시간이 지나면서 번영한 농민들은 새로운 농민계급으로 변화했고, 농민(farmer)이라고 일컬어졌다. 인도의 농민운동은 1970년대 이래 부분적으로 발생해서 1980년대 주를 형성했다. 농민운동의 새로운 현상에 대한 연구는 다음과 같은 사실을 지적하고 있다.

> 운동은 농업혁명과 농업의 상업화로 인해 크게 이익을 얻은 지역에서 발달했다. 마하라슈트라의 셰카리 상가타나(Shetkari Sangathana), 펀자브-하리아나와 우타르프라데시의 바라티야 키산(Bharatiya Kisan)연합, 이와 제휴한 타밀나두의 비바샬 상감(Vivasyal Sangam), 그리고 카르나타카의 라쟈 리요타 상하(Rajya Ryota Sangha)는 농민운동에 있어 지도적인 일부 조직이라고 할 수 있다.[25]

이러한 운동들은 농업보조금, 국가보조금, 낮은 세금/전기/수도요금, 대출과 부채의 경감 등에 대한 관심을 환기시켰다. 농민운동은 또한 도시-산업적인 부문과 지방 부문 간의 모순들에 대해 강조했다. 이러한 고정관념들에 의해, 농민운동은 도시부문과는 상대적으로 내부적인 분열과 불평등을 숨기면서 지방부문의 연합을 형성하려고 노력했다.

그러나 이것이 지주와 토지가 없는 농민, 여타후진계급과 하리잔/달리트 간의 격차를 줄일 수는 없었다. 이러한 현상은 1970년대에서 90년대까지의 시기에, 특히 북부인도에서, 농촌의 달리트에 대항한 폭력과 특정한 민족에 대한 잔학행위에서 드러났다. 또한 OBC와 달리트에 의해 점유된 정당 사이에서 거리감이 증가하기도 했다. 록 잔샥티 당(Lok Janshakti Party)과 바후잔 사마즈 당(Bahujan Samaj Party)과 같은 달리트 당은 브라만, 즉 소위 상층카스트 출신의 장관, 정당후보자, 입법자들을 회원으로 함으로써 점점 상층카스트를 유권자로 겨냥하고 있다. 조티바 풀레와 암베드카르의 달리트 조직과 운동에 대한 유산 역시 산스크리트화(sanskritization)와 입헌주의(constitutionalism)에 대해 각각 가치를 두게 한다.

달리트 정치학의 두 가지 유형은 뒤늦게 출현했다. 첫째, 힌디어를 사용하는 주의 달리트운동과 달리트정당의 지배적인 형태는 '지정카스트(SC) 할당제 귀족정치' 와 도시와 지방의 달리트 대중들에 의해 신봉되었다. 둘째, 마하라슈트라의 문화 흡수적인 달리트운동(달리트 Sahitya의 저자들인 풀레와 암베드카르의 유산)과 펀자브(아드다람, 아리야 사마즈, 시크 구루스의 유산)은 좀 더 독자적이다. 이 두 가지 유형은 이제 그 범위에 있어 혼합적인 성격을 띠어가고 있다. 달리트운동은 OBC운동보다 더욱 반(反)카스트적인 성향을 보이는 것 같다. 그러나 우리는 오늘날의 인도에서 그 어떤 사회적 혹은 정치적 운동이라도 근본적으로 분파적인 인종적 주체성 그 자체에 기반을 둘 수 없음을 알아야 한다.

낙살라이트운동

의회적 공산주의와 합법적 선거정치를 방침으로 공언한 CPI-M과 CPI의 두 주요 공산주의 정당을 포함하여 여러 정당들과 함께 한 낙살라이트운동 ─ 1960년대 후반 그들이 최초로 표면화 되었던 북부벵골의 낙살바리 지역의 이름을 따서 ─ 은 지방에서 폭력적 계급쇄신을 방침으로 삼았던 급진적인 계급의 조직이다. 그들은 심지어 공산주의 주 정부가 더 이상의 재분배 토지개혁이 가능하지 않을 것이라는 사실을 받아들일 때조차 토지재분배와 토지의 강력한 압류에 대해 요구를 하지 않았다. 왜냐하면 법률에 의한 토지소유의 파편화가 경작의 정치경제를 위해 더 이상 발전할 수 없는 상태였기 때문이었거나 혹은 상대적으로 부유한 농부들이 정당조직을 장악해왔을 두 가지 이유 때문이었다. 1980년대까지, 서벵골의 좌파정부조차도 재분배 법률을 묵살하고 조테다르(jotedars, 경작자)에 의한 퇴거를 막기 위해 오로지 바르가 토지개혁(Operation Barga — bargadas(공동경작자)로 등록)에만 집중했다.

낙살라이트운동은 서벵골 지역에서 대체로 처음 그 모습을 드러냈다. 또한 주의 진압과 정치신인의 선출은 이 운동으로 하여금 선거정치에 좀 더 성공적으로 순응하도록 강요했다. 서벵골에서는 낙살라이트운동이 영속적(1977년 이래로 중단 없이)으로 나타났지만, 케랄라와 트리푸라에서는 인도의 다른 어떤 지역에서보다도 선거와 거버넌스에 있어서 경쟁력 있는 강점을 지니고 있었다. 비하르에서는 낙살라이트 조직이 1989년 이후에 국민전선이 상원과 하원에서 일부 의석을 점유함으로써 선거와 합법적 정치에 합류하게 되었다. 이 경험은 짧았다. 1967~69년 이래로 좌파정당으로부터 분리된 극좌파는 유동적인 그룹들을 통해 작동해왔다. 들리는 바에 의하면, 30여 조직들이 현존하고 있고, 그들 중 더욱 잘 알려진 CPI-Marxist 혹은 레닌주의자 혹은 마오쩌둥사상주의자, 마르크스공산주의센터(Marxist Communist Centre), 인민전쟁그룹(People' s War Group) 같은 조직들이 다양화되고 있다. 이들은 주로 인도-네팔의 국경에서부터 데칸 아래쪽에 걸친 자르칸드 주까지, 오리사, 서벵골, 마디아프라데시, 차티스가르, 안드라프라데시, 비하르의 일부 등의 부족적인 후배지 벨트에서 활동적이다. 그러나 낙살라이트운동은 카스트에 기반을 둔 토지소유자들의 의용군에 의해 반발에 직면해왔다. 이는 모든 카스트와 지역공동체에서 살인, 대량학살, 납치행위에 탐닉한 범죄자 집단을 발생시켜왔다. 급진계급과 범죄의 폭력성은 법률실행의 약화, 부패, 산업화와 큰 댐의 건설 때문에 발생하는 토지와 숲에 대한 제어권의 쟁탈로 인해 나타나는 불평등에 기인한다. 사적인 '카스트 조직체' 혹은 의용군의 현상 속에서는 해결할 수 없는 카스트-계급의 연대가 존재한다.

카스트해석에 심하게 의존하는 한 연구에 의하면, 총괄적인 시민사회의 구조가 사회정의의 고려와 인간 공동체의 역사적 인식에 전제되어 있는 폭력적인 갈등에 의해 종종 훼손된다고 전한다.26) 데사이(A.R.Desai), 다나가르(D.N.Dhanagare), 프라사드(Pradhan H.Prasad), 파트나익(Utsa Patnaik) 등 현상의 계급적 해석을 고려하지 않은 연구들은 다음과 같이 언급하고 있다. "이러한 설명은 일부분 적절한 것 같다. 지주계급을 하나의 완전한 통일체로 보는 이러한 논리는, 국가권력의 영역 안에서 상층카스트와 하층카스트 간의 격렬한 권력투쟁을 고려한 것도 아니며, 비하르에서 카스트의 이데올로기적 탄성력을 고려한 것도 아니다." 그러나 "이러한 카스트전쟁은 정치적이고 경제적인 영역에서 권력투쟁으로부터 고립되기가 어렵다"라고 교묘한 설명을 덧붙이고 있다.27)

낙살라이트 조직들이 달리트와 부족의 농민들, 그리고 노동자들을 동원함에 있어 크게 성공해왔다. 특정 부족들은 국가, 산업, 계약자에 의해서뿐만 아니라 사회로부터 고립됨으로써 더욱 착취당하기가 쉽다. 데시판드(Rajeshwari Deshpande)는 다음과 같이 적절하게 언급한다.

> "부족사회가 더욱 동질적이 되어간다고 가정한다면, 시민사회 내의 대결은 역시 부족을 동원함으로써 피할 수 있다. 착취관계는 부족과 비(非)부족 간의 관계로 단순화된다. 폭력의 전략을 효과적으로 사용할 적절한 장소를 제공하는 것으로부터 멀어져, 부족지역은 상징적인 수준에서 혁명적인 꿈을 채울 가능성을 제공한다. 그러나 부족지역에서 그것의 계약은 운동으로 하여금 '주류' 시민사회 내에서의 착취관계의 복잡한 표현을 애써서 나아가게 허락하지는 않는다. 심지어 같은 부족 내에서조차 운동의 성공은 제한적이다."28)

인도와 네팔의 낙살리즘이나 마오쩌둥사상은 앞의 제안들보다 더욱 복잡하고 사회학적이며 정치적인 현상이다. 그것의 내부와 외부의 연계는 다(多)국면적일 뿐만 아니라 보다 깊이 있고 보다 광범위하다. 라만나(P.V. Ramanna)를 인용하자면,

"인도의 다양한 주에서는 낙살라이트가 다양한 주류 정당에 속한 정치적 지도자들과 좋은 연계를 형성해왔다. 그것은 상호 간에 이익이 되는 협력이며 민중의 수준에서 특히 가시적이다. 낙살라이트는 선거기간 동안 정치적 라이벌을 숙청하거나 협박하는 세력자의 역할을 할 뿐만 아니라 정치적 지도자들을 돕는다. 그들의 편에서, 정치적 지도자들은 병참술을 조정하고, 구속된 낙살라이트 동조자를 '지원' 하며 심지어는 낙살라이트를 향한 정부의 정책에 영향을 끼치는 방법으로 그들을 돕는다. 더욱이, 이는 정치적 수단으로도 중요한 요소가 되는데, 낙살라이트로부터의 폭력적인 보복에 대한 '두려움' 은 일부 정치지도자들을 낙살라이트와 '제휴' 하도록 '설득' 하는 중요한 역할을 행한다."[29]

인도의 2004~05년 내무부 연례보고서에 따르면, 6,500개의 무기와 국가 제조의 '쿠타(cuttas, 총의 일종: 옮긴이)' 를 소지한 강경파 기간요원 9,300명을 투입했다고 한다.[30] 2004년에는 1,533건의 폭력적인 사고와 566명의 사망자가 보고되었고, 가장 폭력적인 사건들은 자르칸드, 차티스가르, 비하르, 안드라프라데시에서 발생했다고 한다.[31]

노동조합운동

근대 인도에서 노동계급의 부상은 봉건주의의 쇠퇴와 자본주의의 부상으로 인한 산물이다. 이 두 사회-경제적인 변형은 모두 인도에서 영국식민체제의 설립과도 밀접한 관련을 가졌다. 캘커타, 뭄바이, 첸나이와 같은 항구도시들은 이의 중심이 되었고, 이들 지역에 인도의 부르주아뿐만 아니라 식민지, 노동계급들이 모여들었다. "봄베이(뭄바이의 이전 명칭: 옮긴이)가 인도자본의 중심지로서 성장한 반면, 캘커타는 영국투자의 주요 지역으로 변화했다."[32]

반(反)식민지 민족주의운동이 진행되는 동안 노동조합운동은 인도국민회의와 기본적인 노동계급 인식의 리더십 아래 민족주의적 기반을 모으지 못한 상황에서 기세가 약화되었다. 국가와 공동체는 명백하게 계급보다 중요하다. 독립 후기 정치적 환경은 정당/연합과 계급에 훨씬 열려 있었지만, 뒤처진 경제에 대한 압박과 국가재건설의 이데올로기는 상당할 정도로 계급의식과 급진주의를 약하게 했다. 조직적인 부문에서의 '노동계급 귀족정치'의 출현과 계급공고화의 부족, 비조직적인 부문에서의 기구들 또한 같은 경향과 추세를 강화시켰다.

1970년대 초반까지, 집권당이었던 회의당은 신디케이트(Syndicate)라 불리는 보수파 리더십에 의한 파벌로 인해 분열에 직면했다. 인도에는 세 개의 주요 노동조합연맹이 존재했다. 회의당 제휴의 인도전국노동조합회의당(INTUC), 공산당 제휴의 전인도노동조합회의당(AITUC), 그리고 사회당 제휴의 힌드마즈두르사바(HMS)가 그러하다. 비슷한 시기에, 인도공산당(마르크스주의자)에 의해 인도노동조합중앙회(CITU)라는 네 번째 연맹이 형성되었다. INTUC는 공산주의자와 사회주의자들이 지지하고 이끄는 가장 큰 노동조합운동이었다. 1980년대 중반, 바라티야 마즈두르 상(BMS)은 BJP와 제휴하여 다섯 번째 연맹을 형성했는데, 이는 INTUC를 능가하고 가장 큰 노동조합운동이 되었으며 여전히 선두를 유지하고 있다.[33] 노동조합운동이 서벵골과 케랄라에서 더욱 효율적으로 작동하고 있다. 최근 일부 법률이 노동조합과 근로자연합에 의한 파업에 항거해왔다는 사실 또한 주목할 만하다.

1960년대 후반 이래로, DMK, AIADMK, 시브세나와 같은 지역정당들과 결합하는 노동조합이 출현하기 시작했다. 이와 같이, 연맹의 정당지배의 경향은 특히 타밀나두와 마하라슈트라의 주 혹은 지역수준에서 뚜렷해졌다.

1970년대 후반 이래 회의당 지배의 쇠퇴는 또한 정당과의 제휴/지배 없이 독립적인 노동조합이 출현했음을 보였다. 이러한 노동조합 연맹들은 좌파 배경뿐만 아니라 회의당과 함께 잘 알려진 노동조합의 리더들을 중심으로 했다. 전직 의사이며 회의당 입법자였던 사만타(Datta Samanta)는 봄베이-푸네 산업지대 안에 기술노동자연합(Association of Engineering Workers), 뭄바이 제너럴캄가르연맹(Mumbai General Kamgar Union), 마하라슈트라 기르니 캄가르연맹(Maharashtra Girni Kamgar Union) 등 많은 연맹을 조직했다.[34] 1980년대 초반, 사만타는 오랫동안 계속되는 봄베이의 직물공장 노동자들을 조직했다. 또 다른 독립적인 노동조합의 예는 차티스가르의 빌라이 근처의 달리 라즈하라의 철광석 광산의 계약노동자들을 포함한다. 이들은 샨카르구하니요기(Shankar Guha Niyogi)에 의해 조직되었으며, 로이(A.K.Roy)와 아메다바드에 있는 엘라 바트의 자영업여성연합(Self-Employed Women' s Association: SEWA)의 비조직적인 부문에 의해 세워진 자르칸드 내의 단바드 자리아(Dhanbad-Jharia) 지대 안에 있는 계약직과 임시직의 광산노동자들이었다.[35]

독립적인 노동조합주의 현상들은 두 가지의 모순적인 특징을 가진다. 첫째, 그러한 연맹들은 대개가 비조직적인 부문에서 출현했는데, 이전에 설립된 정당 제휴적인 이 연맹들은 그들의 요구에 응함에 있어 미온적인 태도를 취했다는 점이다. 둘째, 직물과 황마 같은 전통적인 산업, 그리고 재배지 연맹은 산업에 기초하고 있는 반면, 새로운 산업 부문 — 기술공학, 정보기술(IT)과 고학력·고기술의 노동자를 유치하는 다른 서비스 — 연맹들은 일반적으로 산업을 대신해 기업에 기초한다. 이러한 새로운 부문들은 또한 독립적인 노동조합주의의 위치를 차지하는 것 같다.[36] 노동조합의 실정에 대한 주요 전환점은 경제적으로 1990년대 초반에 의해 여세를 몰아온 신자유주의 구조개혁에 기인함에 틀림없다.

"구조조정정책은 장기적인 결과가 무엇이든 간에 단기적인 관점에서 실업에 기인한다고 인식된다. 더욱이, 실업이 동부와 북부에서 더욱 빈번하게 일어난다는 점이 중요하다. 새로운 직종들이 대부분 서부, 남부와 북부에서 형성될 것이다. 이는 사회적 긴장을 증가시킬 수 있다. 사회보험과 실업연금의 부재로 인해 두텁지 않게 조직된 부문의 부산물이 더욱더 얇아져가는 것에 대해 염려가 만연한다. 정부는 세금할당을 통한 기부금, 세계은행 보조금, 공공부문의 투자회수 수익으로 전국재활기금(National Renewal Fund: NRF)을 설립했다. 비록 NRF의 공공연한 목적이 재훈련과 재개발을 제공하고 자발적인 퇴직자들에게 보상을 하는 것이라지만, 지금까지 기금의 대부분은 자발적인 퇴직에 대해 자

금을 조달하는 데에 사용되어왔다." [37]

정당제휴와 관계없이 모든 노동조합들은 반(反)노동계급으로서 신자유주의 경제개혁에 강하게 반대해왔다. 지난 몇 년간 집권당과 제휴한 조합들을 포함하여 거의 모든 노동조합들은 계급연대의 희박한 전시 내에 있는 세 개의 전국적인 반드(bandhs)와 결합해왔다.[38] 그러나 이러한 현상은 전반적으로, 조합으로 조직화된 부문들에 제한되었다. 그러나 인도의 조직화된 노동세력은 전체인구의 10% 미만이며, 더군다나 조합형성은 노동자들의 30%밖에 미치지 못한다.[39] 조합의 다양성과 정부-고용주-노동자라는 삼자의 합법적 틀과 교묘한 인식 절차와 실행은 노동계급을 계속해서 분리되고 취약하게 만들고 있다. 이러한 맥락에서, 국가의 노동계급과 노동조합에 관한 한 실증적인 연구는, 노동조합개혁이 인도 내 민주주의가 생존한다면 정당제와 선거 개혁만큼이나 시급하게 요청되는 것이다.

신사회운동

1970년대까지 다양한 부문에서 엘리트 계층의 분화와 확대뿐만 아니라 중간계급의 막대한 증가는 신사회운동, 중간계급과 학생들의 행동주의, 여성 혹은 페미니스트운동, 그리고 풀뿌리(민중)운동으로 다양하게 묘사되는 새로운 사회현상을 야기했다. 이러한 새로운 현상들은 수많은 측면에서 이전의 정치-사회적인 운동의 형태와는 차이가 있다. 새로운 운동에 활기를 넣어주는 논쟁들은 부패와 권위주의의 제거, 생태주의와 환경의 보호, 도시 공익사업의 설비, 젠더평등과 아동권리, 고용, 고지대와 삼림지역에 사는 주민들, 댐 지역과 도시에서 큰 댐을 건설함으로써 발생하는 희생자들과 건설노동자들과 같은 인구부문의 가장 취약한 권리와, 재분배 등의 이슈들과 연관된다. 효과적인 거버넌스와 인권 역시 일반적으로 중간계급 행동주의가 초점을 맞추는 또 다른 영역이다.

신사회운동의 또 다른 특징은, 그들이 점점 거대한 사회주의의 실화인 '삼푸르나 크란티(Sampoorna Kranti, a la Jayaprakash Narayan),' 민족주의로부터 벗어나 큰 규모의 객관적인 이익보다는 작은 규모의 아이덴티티를 향해 기운 단일한 이슈, 일시적인 문제, 지역적인 이슈, 심지어는 부분적이고 분파적인 이슈들로 관심이 이동했다는 점이다. 이러한 이유로 하여금, 이들은 종종 '미시적인 운동(micro movements)' 이라 불린다. 이러한 운동들은 인도의 불안정한 정치경제적 체계 내에서의 권력을 빼앗긴 민중들과 지역의 오랜 필요성을 기반으로 하기 때문에, 또한 '대중적인(popular)' 운동이라고도 일컬어진다.

신사회운동의 세 번째 특징은 기득권을 가진 정당들로부터 자율성과 독립을 추구하는 성향이 증가한다는 점이다. 이러한 경향은 제휴, 리더십의 연동, 통치를 통해 압력단체를 '식민화한(colonized)' 정당들의 기존 형태들로부터 출현하는 시민사회단체, 기구, 운동의 분열을 증가시켜왔다. 이러한 새로운 경향에 대한 최초의 증거는 로이와 샨카르구하니요기에 의한 단바드와 차티스가르, 사만타가 주도한 봄베이 직물공장의 남성 문예가들과 지식계급의 새로운 중간계급 내에서 각각 분명하게 나타났다. 사만타와 니요기는 우연하게도 원인불명의 환경에서 살해당했다. 그러나 자율성을 지향하던 이익/압력단체의 목표는 종종 정당과의 제휴가 이루어졌음에도 불구하고 사라지지 않았다.

신사회운동의 네 번째 특징은 국가-지배적인 경제적 사유화와 세계화의 현상과 연관된다는 점이다. 포스트모더니스트/포스트구조주의의 지식의 '해체(deconstruction, 허무주의와 인접한)' 와 이익을 넘어서 아이덴티티(종종 모조아이덴티티)에 우선권을 부여하는 성향은 근본주의와 사회주의 재건설의 거대한 실체, 그리고 사회주의적 전통에서의 변형의 가치를 폄하해왔다.

전 세계적일 뿐만 아니라 국가적으로 비정부기구와 신사회운동은 이전의 그 어느 때보다도 번성하고 있다. 신사회운동은 종종 국가와 산업에 대항하는 반대의 자세를 취한다. 그러나 정부, 산업과 전 세계적 기금협회로부터의 기금에 크게 의존하는 비정부기구들은 반대적이거나 혹은 대결의 역할을 함으로써 종종 구속당하기도 한다. 실제로, 비정부기구와 사회운동 간의 연계는 종종 후자를 비정치화하고 행동주의자들을 경영자로 선출함으로써 사회운동을 약화시킨다. 그럼에도 불구하고, 단체와 운동의 복수성은 재정적인 관점에서뿐만 아니라 사회학적인 지지의 근원에서도 운동과 비정부기구의 기동성을 확실히 증가시킨다. 그리고 그들은 경영에 있어 때때로 창조적이고 비판적이며 건설적인 역할을 한다. 그러나 사유화와 세계화는 다양한 종류의 왜곡으로 인해 국가가 실패한 위치에 있으며, 경영자유화에 의한 복지자유화의 대체는 경제와 지역불균형의 새로운 문제들을 증가시킨다. 이러한 문제들은 이미 사회적 긴장을 조성하고 갈등과 범죄를 증가시키고 있다.

페미니즘과 생태주의

오늘날 인도에서 여성과 이콜로지운동(ecological movements)은 급속도로 성장해가는 관심사이며, 이들의 이데올로기는 이전에는 없었던 발전담론을 널리 보급해오고 있다. 둘 다 상대적으로 상당히 최근의 발전양상이며, 그 기원은 19세기 후반과 20세기 초반의 인도 르네상스의 근대시기로 거슬러 올라간다. 두 운동 모두 1970년대에 모습을 드러냈으며 나아가 1980년대까지는 그 절정을 이루었다. 외부의 영향, 특히 서양의 영향 아래에서 근대화는, 이 두 가지 이슈를 고조시키는 기폭제가 되었다. 그러나 인도에서의 페미니즘과 생태주의운동의 가장 큰 영향은 전통에 급진적으로 도전적이지 않았으며 점진적인 변화를 추구했다는 것이다. 이상적으로 훨씬 빠른 변화율은 남성과 남성지배적인 사회로부터 여성의 해방을 요구하며, 산업과 사회학적인 공격으로부터 자연을 자유롭게 하는 것은 또 다른 문제이다. 이러한 목적들이 성취될 때까지 동등하고 지속가능한 발전은 공허한 수사로 남아있게 될 것이다.

역사의 문맥 속에서 인도의 모든 주요한 종교적 전통은 대체로 남성과 외견상 평등의 일치를 이루는 것이지만, 실제사회에서는 적어도 중세 이후로, 여성은 남성과 사회적 지배에 종속되어왔다. 심지어는 전통적인 무슬림 개인법과 개정된 힌두개인법(자이나교도, 불교도, 시크교도에게 적용가능함)에서 동등한 유산상속의 권리와 여성들이 누리는 이혼(이슬람교에서 일방적인 즉결이혼)시 별거수당은 시행력 부족 혹은 문서상의 권리 상태로만 남아있을 뿐이다. 교육과 개인적인 고용 혹은 자영업은 중산층 여성들이 권한강화를 이루기 위한 주요 수단이며 노동계급 여성들을 위한 수공업의 가능성이다.

모든 종교단체의 균일한 민법전은 헌법 내에서 국가정책의 직접적인 원칙으로 그려지지만, 이러한 입헌적 목표는 깨달아지지 않은 채 남아있다. 심지어 이 방면에 있어서 긍정적인 점진적 사법발전(예를 들면, 샤흐바노 사건에서 대법원의 판결)은 무슬림 사이에서조차 자유주의자들의 유감에 투표하여 무슬림단체를 화해시키는 것으로부터 벗어났다.

남성과 여성에게 이익을 주는 발전과정은 농업사회와 산업사회에서 각기 다르다. 노동인구는 어느 곳에서나 남성의 수가 여성의 수를 능가하며, 산업부문에 있어서는 훨씬 압도적이다. 일반적으로 여성은 같은 일을 해도 보수를 적게 받으며, 융통성이 적고, 물리적인 자산, 교육, 직업, 승진을 위한 수단과 기술을 통제하는 데에 있어 부족하다고 여겨진다. 자본주의적 근대화는, 가정의 일과 더불어 직장에서의 새로운 책임감을 여성노동자들에게 더하게 되어 이들은 두 배의 짐을 지게 되었다. 어떤 곳에서든 일반적으로 여성은 남성보다 길게 일하고, 종종 가장 고된 부분을 담당하기도 하며, 근로기간에는 부재자와 책임회피자라는 오명을 쓰기도 한다. 이러한 일에 있어 편견의 범위를 바꾸어놓을 문화적 혁명이 필요하다. 생물학적 성과는 달리 젠더는 사회의 건설에 있어 불평등을 야기할 수 있으므로 바꿀 수 있을 뿐만 아니라 그렇게 하는 것이 바람직하다는 사실을 인식하는 것은 중요하다. 카푸르(Kapur)와 크로스맨(Crossman)을 인용하자면,[40)]

> 비록 인도의 여성들이 가족규범의 다양함 속에 살고 있을지라도, 여성의 법적인 규제에 대한 정보를 제공하는 가족의 지배적인 이데올로기[아마도 그것은 가부장제 그 이상을 의미할 것이다]를 동일시하는 것은 가능하다고 믿는다. 가족의 이데올로기는 가족을 사회 내에서 기본적이고 신성한 개체로 만들며, 아내와 어머니로서의 여성의 역할은 자연스럽고 불변한 것이다. 이러한 가족의 비전과 그 속에서 여성의 역할은 법률을 통하여 자명하고도 틀림없이 나타난다. [그것은]… 여성의 평등에 대한 약속을 전달하는 법률의 능력을 제한하도록 계속하고 있다.

민족주의운동의 간디-네루 국면에서 자유 투쟁에 대한 여성의 눈에 띄는 참여에도 불구하고, 정치구조와 과정에서 그들의 대표성은 1990년대조차도 명목상의 시책을 넘어섰다고 말하기가 어려울 정도이다. 1974년에, 여성지위위원회(the Committee on the Status of Women)는『평등을 향하여(*Toward Equality*)』라는 보고서에서 다음과 같이 언급하고 있다.

> 여성이 적절한 대표성을 성취함에 있어 겪는 어려움과 이러한 체제 내에서 그들의 대의를 대변하는 사람들이 경험하는 어려움, 그리고 여성입법자들의 수가 줄어드는 추세는 정당이 여성후보자에 대한 지원을 꺼려하는 현상의 결과이다. 정당은 남성지배적인 사회에 설립된 가치를 반영하는데, 이는 정치사회적인 환경에서 일정한 구조적 변화가 없이는 변화되기가 어렵다. 정당은 여성발전의 명분을 위해 입에 발린 말을 하며, 여성의 권리와 기회를 위한 대변인으로서 그들이 활동하는 것에 소수와 종속인의 지위가 심각한 장애로 작용하는 정부의 행정적인 진영과 입법기관에 일부 여성을 둠으로써 '명목상의 시책'을 계속하여 집행할 것이다.[41]

그러나 위원회는 다음과 같은 이유로 의회와 주의 입법기관에 여성을 위한 할당제를 추천하지 않았다: (a)여성의 대의는 항상 '여성뿐만 아니라 남성들에 있어서 모든 진보적인 요소'에 의해 지지되어 왔기 때문이며, (b) '여성을 위한 분리된 연속성은 그들의 조망을 협소화할 것이며,' (c)그들의 '이익은 정치, 경제, 사회적 이익단체와 사회의 계층, 계급과 고립될 수 없다.' (d) '특별한 대표성의 체제는 다양한 이익단체와 공동체의 비슷한 요구를 촉진시켜 국가통합에 위협을 가할 수 있으며,' (e) '한 번 부여된 할당제의 우선권은 철회되기가 어렵다.' (f)1952년 이래 여성은 남성과 동등해지기 위해 경쟁을 해야만 하며, (g)소수의 주장은 그들이 '공동체가 아니고 범주가 아니기 때문에' 여성에게 적용하기가 어렵다.[42] 그러나 위의 위원회는 '정치적 과정에서 여성에 의한 (출처 강조) 더 많은 참여를 보증하기 위해 마을 수준에서 여성의 법정 판차야트 설립' 을 천거하지 않았고, '그람 판차야트로의 수평적인 기구' 가 아닌 '여성과 어린이들을 위한 발전프로그램, 그리고 경영과 복지행정을 위한 그들만의 자율성과 재원을 가진 판차야트 통치구조의 통합적인 부분이었다.[43]

여성할당제의 이슈에 대한 정치적인 의견은 중대한 변화를 겪어왔다. 1990년대는 판차야트 통치제도에 있어 여성은 33%의 할당제를 차지하며, 정당을 초월하여 여성기구들과 정치적 리더들은 의회와 주의 입법기관에 비슷한 할당제를 마련하기 위해 노력하고 있다.

이러한 목적을 가진 최근의 개정 법안은 대개가 여성운동에 의해 지지되었지만 운동의 분열은 또한, (a) "할당량이 최소 상한선을 형성할 수 있었다" 라는 점과, (b) "여성후보자들은 정당의 남성지도자들에게 의존하기 때문에 순응적인 성격일 수 있다" 라는 점, 그리고 (c) "그러한 할당법안은 여타후진계급(OBCs)의 종속할당량을 제공하지 않기 때문에 교육받은 상층계급, 상층카스트의 '비위 여단(biwi brigade)' 과 같은 단체를 증가시킴으로써 균질적인 단체에 속한 여성들을 위협할 것이다" 라는 점 또한 염려스럽다.[44]

『인도발전보고서(*India Development Report*)』는, 1997년이 여성의 발전에 어떠한 것도 기여하지 못한 해임을 증명하고 있다. 1970년에는 초등학교의 남학생 100명당 여학생은 겨우 60명이었으며, 이는 중등학교에서 39명으로 그 비율이 떨어진다. 1995년에는 62%의 여성들이 35%인 남성들에 비해 문맹률을 차지했다. 1985~95년의 여성사망률은 10만 명 출생시 437명으로 높았다. 같은 기간 피임용구의 보급률은 겨우 43%에 그쳤다.

6차 발전계획(1980~85)의 시작으로, 여성발전을 위한 보건, 교육, 고용에 대한 강조와 관심을 계획서에 따로 장을 분리해서 정리했다. 8차 발전계획(1992~97)은 여성의 권력이양 개념을 언급했고, 10차 발전계획은 인간으로서 누려야할 기본적인 서비스, 경제적 자립, 젠더정의라는 이슈에 대해 평등의 관점에서 전략을 다듬기도 했다.[45)]

전통적인 인도의 맥락과 신화에서 생태학은 인간과 사회의 통합된 일부로 그려진다. 그러나 오늘날 인도는 환경과 생태의 오염으로 이 영역은 웃음거리가 되었다. 1970년대 중반(예를 들어, 1972년 스톡홀름회의)을 기원으로 조직된 운동으로서 환경주의(environmentalism)는 인도에서 스스로의 존재를 느끼게 만들고 1992년 리우데자네이루의 정상회담까지 가게 되었다. 1984년 12월 보팔(Bhopal)의 가스참사는 대중들의 의식을 불러일으키는 역할을 했다. 매체, 비정부기구, 그리고 커다란 댐 건설과 산림훼손에 대항하는 운동들은 정부와 공공 의식의 전면을 향해 생태학적 보호의 이슈를 형성하는 산업을 앞질러왔다. 1980년에는 연방정부가 처음으로 환경부(Department of Environment)를 설립했고, 이는 1985년에 환경삼림부(Ministry of Environment and Forests)로 확장되었다. 1997년의 「인도발전보고서」는 다음과 같이 경고한다.[46)]

> 환경문제는 국토의 많은 부분에서 심각해져 왔다. 인도의 주요 환경문제는 공기오염과 수질오염과 관련 있으며, 특히 수도권과 산업지구에서 심각한 상태이다. 이들의 생명유지체계의 퇴보로 인해 역으로 나쁜 영향을 받는 공유재산자원의 격하 역시 주요 문제이며, 폐기처분의 부적절한 체계와 결과적으로 건강에 해로운 영향을 끼치는 위생, 영아사망률과 출생률 등도 그러하다.

1993~94년 인도 인구의 18%가 세계 전체의 2% 뿐인 농지에서 15%의 가축을 소유하고 있었고, 그 중 1%만이 산림지역이었다. 국가 내에서 인도의 산림지역은 전체 국토의 19.5%뿐인 64만m²였다. 1987년 3월 12개 수도권 도시의 교통오염은 전부 2998t(일일 당)이었고, 델리는 872t으로 최고에

올랐으며, 뭄바이가 549t 으로 그 뒤를 이었으며, 벵갈로르는 254t, 캘커타 245t, 아메다바드 244t, 푸네 213t, 첸나이 188t, 하이데라바드 169t, 자이푸르 75t, 칸푸르 72t, 러크나우 70t, 나그푸르 48t 순서였다. 하리드와르 내의 갠지스 강은 심각하게 오염된 것처럼 보였고, 평원아래 지역의 개울들은 말할 것도 없었다.

인도처럼 가난한 국가에서는, 환경보호와 이에 대한 필요성은 보다 급박한 경제적 당면 문제들로 인하여 우선권을 가지지는 못한다. 전 세계적으로, 가시적인 오염으로 환경의 질에 미치는 위협은 저개발국가에서 경제적으로 훨씬 심각한 수준에 이른다. 국제환경정상회담은 부유한 국가나 빈곤한 국가 어떤 누구도 오존층의 파괴, 지구온난화, 산성비 등의 지역 혹은 국가의 환경이슈에 대해 생태학적인 대가를 치르거나 의지를 보이려고 하지 않음을 보여준다.

인도에서의 환경주의는 야생을 보호하고, 일부 특정한 개발에 대항하며, 지속가능한 발전에 대한 포괄적인 토론을 하는 방어프로젝트의 형식으로 대안적인 생활방식을 다루는 단계로 벌써 나아가고 있다. 크리슈나(Krishna)는 다음과 같이 지적하고 있다.[47)]

> 칩코(Chipko)[48)]와 같은 대중의 환경투쟁에 대한 성공은 국가의 패권을 거스르기 위한 사회운동의 힘을 반영한다. 나는 이러한 '성공' 은 대중 환경이 본질적으로 보수적인 정치적 조망을 가지기 때문에 가능하다고 제안해왔다. 엘리트가 그들의 계획안에서 새로운 정치적 공간을 수용하는 것을 가능하게 하는 것이 이러한 보수주의이다. 이 같은 수용은 일반적으로 두 가지의 방향으로 진행되는데, 이것은 상징화를 위한 환경주의자들의 역성과 수사적인 설득의 기술에 의해 원조된다.

그녀는 나르마다 바차오 안돌란(Narmada Bachao Andolan)의 투쟁 역시 이 같은 맥락을 따른다고 믿는다. 나르마다 밸리 프로젝트(Narmada Valley Project)는 1950년대 중반에 마디아프라데시, 구자라트, 마하라슈트라에 펴져 있는 31개의 주요 댐과 135개의 중간규모의 댐, 3,000개의 작은 댐들을 포함했다. 전 세계적으로 가장 큰 규모의 프로젝트들 가운데, 이는 1970년대 대중시위를 선도했던 케랄라의 사일런트 리버밸리 프로젝트(Silent River Valley Project) 이래 인도에서 생태학적이고 사회학적인 손상에 대항하는 가장 지속적이고 논쟁적인 운동으로 융기되어왔다. 말하자면, 네루 시기에 펀자브와 오리사의 바카라 낭갈(Bhakara Nangal)과 히라 쿠드(Heera Kud) 댐은 독립 후기 인도 국가에 의해 계획된 '새로운 발전의 전당' 에 이익이 되는 최초의 근대적 열의의 활기로 인해, 아마도 그러한 사회적 시위로부터 멀어져왔을 것이다. 대중적 시위는 또한 2005년에 테리(Tehri)마을의 완전한 침수를 포함해서 수천 명이 이동을 해야만 했던 우타란찰의 테리 댐 완공에 주목해왔다.

이콜로지운동은 사람들이 주거지역의 침수 때문에 인근지역으로 이사를 가야하거나 혹은 커다란 댐과 저수지의 건설로 인해 농장이 침수되는 상황처럼 위협적일 때에 좀 더 효과적이었다. 이외에 생태학적인 인식과 비전은 부족했다. 또한 인도에서의 환경주의에 대한 보수적인 편견으로는, "환경적인 옹호는 운동에 대해 신중해야 한다. 권리에 대한 투쟁이 격심하게 불안정화 되어가는 아딜라바드의 곤즈(Gonds of Adilabad)지역과 같은 곳에서는, 심지어 칩코와 같은 덜 위협적인 농노운동이 찬양되었다." 49)

생산과 분배의 측면에서 볼 때, 인도는 자원, 과학적 전문기술, 제도화된 구조가 부족한 실정이다. 그러나 1990년대에 발생한 생태학과 환경에 있어서 사법행동주의는 긍정적이다. 캘커타의 고등법원은 따로 분리된 환경법원을 최근에 설치했다. 이는 시민사회와 보완적인 관계를 형성해야만 한다.

환경과 생태적 보호의 이슈에 집중한 일부 다른 사회운동들은 삼림에 대한 관리, 내륙의 수자원과 해양자원, 그리고 양식농업에 대한 문제를 제기해왔다. 오랫동안 삼림이나 그 주변에 살아온 부족 혹은 비(非)부족 공동체들은 생존을 위해 산림자원을 이용할 권리를 주장해왔다. 주 정부에 의해 만들어진 법률은 산림자원에 대한 국가통제와 규제를 주장함으로써 관련 관행을 변화시켰다. 이러한 변화에 대항한 사회운동의 예로, 공익소송법(PIL) 21장과 헌법 32장의 원칙 아래 법원을 옮겼던 우타르프라데시에서의 반와시 세와 아시람 안돌란(Banwasi Sewa Ashram Andolan)을 들 수 있다. 1993년 대법원은 이러한 사람들의 주장은 지속가능하지 않다고 판결했다. 그러나 우타르프라데시의 정부는 삼림관련지역 안에 열에너지공급회사(National Thermal Power Corporation: NTPC)와 관련한 리한드(Rihand)지역 공장을 지을 계획이라고 법원에 알렸다. 법원은 프로젝트로 인해 이동을 해야 할 주민들에 대한 보상을 열에너지공급회사 측에 요구함으로써 사람들뿐만 아니라 주의 주장을 조정했다.[50)]

해양자원의 과잉개발에 반대하는 사회운동 역시 일부 주 내에서 급격히 확산되어왔다. 일부 대법원들 역시 이러한 운동의 요구사항을 중재하려는 노력을 해왔다. 게다가 연방정부와 주 정부는 인도정부의 통상부(Ministry of Commerce) 산하 해양수산물수출발전기관(Marine Products Exports Development Authority)을 포함하여 양식농업 지역 내의 일부 규제권한을 마련해왔다. 이러한 맥락에서 오리사의 칠카 바차오 안돌란(The Chilka Bachao Andolan)은 1992년 이래 활동적이었다. 이러한 영역과 관련한 정책들은, 세계화를 통해 새로운 도전들을 발생시킨 다국적기업에 대해 다루어야만 할 것이다.[51)]

여성과 자연의 생물학적이고 생식적이며 모성적인 역할의 유사성에 근간을 둔 서양의 생태페미니즘(ecofeminism)은 인도에서는 푸루쉬/프락리티(*Purush/Prakriti*)라는 개념으로 반영된다. 생태페미니즘에 대한 연구로는, 여성, 식민지와 신식민지, 자연, 이 '세 가지의 식민지화'에 근거한 '자본주의자, 가부장적 세계체제'를 반격하는 시바(Mies and Shiva, 1993)에 의해 행해졌다.[52)]

오늘날 인류가 직면한 가장 심각한 환경적 도전일지 모르는 기후변화는 생태적인 균형에 대한 관심에서 국가와 전 세계적인 운동을 위한 안건으로서 뒤늦게야 인식되기 시작했다. 지구의 기후를 보호하기 위한 국제조약에 목적을 둔 국제연합의 후원 아래 1991년 최초의 협의가 이루어졌다. 그 결과로서 기후변화에 대한 회담의 골조가 형성되었는데, 이는 인도정부 역시 참가했던 1991년 6월의 리우데자네이루 회담(Earth Summit)이었다. 회담은

1994년 3월부터 영향력을 발휘하기 시작했다. 이는 "자원의 방출량과 온난화가스 제거에 대해 공표함으로써" 이산화탄소를 제한하고 다른 온난화 가스 방출과 관련하여 구속력 있는 의무를 국가가 지도록 했다. 그러나 한편으로는, 선진회원국들만이 1990년 수준에서 온난화 가스 방출량을 안정화시킬 수 있도록 요구되었다. 이렇듯 회담은 과거와 현재에 오염에 기여한 정도에 따라 선진국과 개발도상국가에 "공통적이지만 다른 게 책임성을 부여하도록" 설립하는 방향으로 추진되었다. 인도와 관련된 기후변화의 이슈는 다음과 같은 함의를 지닌다.

(a) 비록 인도가 현재의 국제회담 아래에서는 그 어떤 의무로부터도 자유롭다할지라도, 우리는 미래지향적인 관점에서 문제에 대한 자각이 더욱 필요하며,
(b) 연구기관을 설립하고 생태학 연구에 착수할 필요가 있으며, 특히 국내영역을 넘어서서,
(c) 인도는 포괄적인 재난에 대한 사고, 연구와 홍수, 가뭄, 폭풍우, 쓰나미(Tsunamis)와 기타 기상학적 위험요소를 다룰 행동골조를 형성해야 할 필요가 있다.[53]

비정부기구(NGOs)

인도는 지역수준—주 정부와 구별하여—을 포함하여 집합적 사회행동주의의 오랜 전통을 갖고 있다. 고대 인도에서는, 굽타왕조가 주목할 만한 규모의 사회제도를 부활시킨 반면 마우리아 국가는 강한 국가전통을 가지고 있었다. 영국령 인도 식민지뿐만 아니라 델리의 술탄이나 무굴과 같은 중세의 봉건국가는, 사회문화적인 기구들이 국가가 직접적으로 미치지 못하는 영역들을 다루도록 여지를 남기게 되었다.

식민지 이후, 인도의 민주적이고 발전적인 국가는 전통으로부터 점차 멀

어졌고 거대한 규모의 관료주의의 집성체, 그리고 정부부서와 공공부문에서 임무를 맡을 기간요원들을 확립했다. 1970년대 후반 이래 신자유주의 경제개혁의 시작과 1991년 이래 이의 가속화는 관료주의의 축소화와 규제완화, 시민사회제도의 발생과 쇄신의 전략을 촉진해왔다. 이 과정에서 비정부기구(NGOs)는 확산과 팽창을 겪었다. 그들은 특히 정부의 프로그램이 비효율적이거나 제한적이거나 혹은 부재하는 곳에서 확산되었다. 그들은 계획을 실행하고, 서비스를 제공하고, 의견을 수렴하고, 의식을 창조하고, 운동을 촉진하는 사회운동가들로서의 영역에 진입하게 되었다.[54]

오늘날의 인도는 거대한 자발부문을 가지고 있다. 비정부기구는 대략 10만 정도에 달하며, 이 중 1/3은 현장에서 활동적이다.[55] 1976년 외국인 기부제(규제) 법령에서 발견된 비정부기구들은, 이전의 허가 범주 아래에 있던 726개를 포함하여 1989년 12월 31일로 12,314개가 목록에 기재되어 있었다.[56]

대부분의 비정부기구들은 주에 의한 국내의 기금과 사적기부에 의존한다. 1993~94년에 10,963개의 기구가 총 186억 5천7백만 루피의 외국원조를 받았다.[57] 아이러니하게도 외국원조는 저개발기구보다는 좀 더 개발된 기구에서 행해진다는 것이 발견되었다.[58] 비록 그들의 역할이 제6차 5개년 발전계획(1980~85) 이래 모든 5개년 계획에 의해 인식되었다 할지라도, 특히 비정부기구는 인도국가의 관료주의적 위상에 전략적이고 대안적인 기구가 되어왔다.[59] 인도의 이러한 경험은, 관료주의화가 보다 현대적인 국면에서보다는 근대 국가가 융성하던 초기 단계의 특징을 좀 더 많이 갖고 있는 곳에서 이론적으로 일치한다는 것을 보여준다.[60] 이익을 추구하지 않는 자발부문의 전 세계적인 융성은, 19세기 민족국가의 발전만큼이나 20세기 후반의 두드러진 발전이라고 할 수 있다.[61]

인도의 비정부기구들에 대한 작동은 전반적으로 성공적이지 못했다. 인도에서는 이 같은 기구들이 정부에 의존하는 천성적인 약점을 갖고 있으며, 이로부터 벗어나 사적기금과 외국의 원조로 받은 도움에도 '기금을 잘 타내는' 부패라는 꼬리표가 늘 뒤따라야 했다. 중앙의 사회복지국(The Central Social Welfare Board)은 단독으로 인도연합의 다양한 주에서 3,416개의 비

정부기구들을 비기탁계좌, 기금횡령, 지침의 불응낙 등의 이유로 블랙리스트에 올렸다.[62]

신시장경제

인도경제부문에서 자유화의 영향은, 국내 고정투자 내에서 사적투자의 공유 증가(1990년 385억 6천7백만 달러에서 1999년 1천846억 5백만 달러로), 항목에 오른 국내기업 수의 증가(1990년 2,345개에서 1998년 5,863개로), 외국인 직접투자(FDI)의 증가(1990년 1억 6천2백만 달러에서 1997년 26억 3천5백만 달러로)를 보면 명백하게 나타난다. 정부의 총지출 중 보조금과 통화이전에 대한 백분율(1990년에 43에서 1997년 40으로)의 한계점은 하락하고 있었다. 그러나 경제적 가치는 1990~97년 사이에 GDP의 13.4%를 유지하던 공공부문의 기업을 첨가했다.[63] 투자의 회수(부분적 혹은 전 사유화)는 전국민주연합(NDA) 정부 이후로 가속화되어 왔지만, 통일진보연합(UPA) 정부 아래 공공부문은 15조 5,454억 5천만 루피 가치의 자산을 소유하고 있는 반면 사적부문에 의한 자산 가치는 9조 7,473억 4천만 루피에 이르렀다.[64]

인도의 혼합경제에서 공공부문은 여전히 거대한 규모를 유지하고 있을 뿐 아니라 더 나은 수행능력을 위해 개혁해왔다. 실제로, "공공부문의 수행능력은 사적부문과 상당히 동등했다⋯ [이러한 모형은] 판매증가의 측면에서뿐만 아니라 수익달성의 측면에서⋯ 앞서는 것이다." 공공부문은 판매증가에 있어 이제 사적부문을 5.2%포인트 앞서며, 같은 규모의 수익달성에 있어서도 전체 자산의 증가에 1%포인트 앞선다.[65]

경제개혁의 시기에 경제에 있어서 국가의 역할은 중대한 변화를 겪어왔다. 즉 직접적인 관료규제자에서 입법부 법령 아래 자치권과 반(半)사법적 권한을 가진 독립적인 규제기관을 통해 이러한 역할을 수행해야하는 간접적인 규제국가가 된 것이다. 지난 몇 년 동안 그러한 규제기관들은 의회의

법령 아래에서 전기, 통신, 기업 등의 영역에서, 그리고 더욱 많은 중앙과 주에서 설립되어왔다.[66]

인도는 중앙집권화 된 명령경제(command economy) 혹은 자유방임적(*laissez faire*) 시장경제의 모형 어디에도 맞지 않는다. 우리는 국가-시장관계의 이원적 혹은 양두적 모델의 정착에 성공할 것이다. 이러한 사실은 보건, 교육, 그리고 복지와 같은 인도의 사회와 경제부문에 대한 사유화와 세계화의 혼합된 영향을 감안했을 때 매우 중요한 사실이다.[67] 불평등의 축적, 지역적 불균형, 그리고 국가로 하여금 이의 규제와 평등적인 역할에 대해 실질적인 방법으로 금지하는 것은 인도와 같은 사회에서는 바람직하지 않다. 이는 인도의 민주주의, 발전, 안보 영역에서의 사회정치적 융기를 비참하게 만들 것이다.

경제자유화와 정치적 연방주의화는 인도경제를 국제적이고 대외적인 경쟁의 장을 향해 열어놓았으며, 주 정부가 자율성을 추구하도록 하면서 시민사회의 제도의 형성을 허용했다. 이러한 추세는 목적에 맞게 진행되어왔다. 이 같은 시각과는 반대로, 민주적인 인도의 발전모델이 점점 더 깊은 위기에 처할 것이라는 의견도 존재하지만, 이는 반드시 피해야만 할 것이다.

인도에서는 과연 시민사회가 완전하게 정착되었는가에 대한 논의 역시 열려있다. 그러나 사회, 정체, 경제, 그리고 경제부문에 있어 '비조직적' 이거나 '비공식적' 이라고 불리는 폭력과 부패의 높은 발생률 — 구조적이고 다른 모든 측면에서 — 은 이 같은 기대에서 멀어지게 할 것이다. 이러한 문제들은 "국가규제를 초월하여 존재하거나 혹은 공식적으로 국가의 규제 아래 놓여 있음에도 불구하고 그와 같은 규제가 효율적으로 작용하지 않는다"는 점을 보여주는 예이다.[68] 국가자본에 대한 한 연구에 따르면, 다양한 기업에서 비조직적인 노동력은 40%에서 86%에 이른다고 한다. 인도의 3억 9천만 노동인구의 7%만이 정규임금과 월급을 받으며, 그들 중 절반만이 노동조합에 가입되어 있다.[69] 인도 가정의 내부적인 민주주의의 부족과 젠더정의의 부재로 인해, 지방과 도시의 빈곤한 지역에서 정치사회적 시민화를 향한 목표는 여전히 멀기만 한 꿈이라는 것을 암시한다.

미주

1) Caronlyn M. Elliott (Ed.), *Civil Society and Democracy: A Reader* (Themes in Politics Series), Oxford University Press, New Delhi, 2003.
2) Ashutosh Varshney, "Ethnic Conflict and Civil Society: India and Beyond," in Carolyn Elliott, *op. cit.,* p.429. *See* also Sudipta Kaviraj and Sunil Khilnani (Eds.), *Civil Society: History and Possibilities,* Cambridge University Press, UK, 2001.
3) Partha Chatterjee, 2001, "On Civil and Political Society in Post-Colonial Democracies," in Sudipta Kaviraj and Sunil Khilnani, *op. cit.,* pp.174-178.
4) Partha Chatterjee (2002), *ibid.,* p.175.
5) *Ibid.,* p.178.
6) *Ibid.*
7) Neera Chandhoke, *State and Civil Society: Explorations in Political Theory,* Sage Publications, New Delhi, 1995.
8) Kothari, Beteille, and Gurpreet Mahajan in Carolyn Elliot, *op. cit.*
9) Lloyd and Susanne Rudolph, *The Modernity of Tradition,* University of Chicago Press, Chicago, 1967. *See* also Rajni Kothari (Ed.), *Caste and Politics in India.*
10) Rudolphs in Carolyn Elliott, *op. cit.*
11) *Ibid.,* p.378.
12) *Ibid.,* p.399.
13) *Constituent Assembly Debates,* Book No.5, Lok Sabha Secretariat, 1999, 3rd reprint, New Delhi, pp.978-979.

14) M.V. Pylee, *Constitutional Amendments in India* (A Documentary Sourcebook), Universal Law Publishing Co. Pvt. Ltd., Delhi, 2003, p.206.

15) Supreme Court, *B.R. Kapur v. State of Tamil Nadu,* 2001 (the Jayalalitha Chief Ministership case).

16) Mark Robinson, "Civil Society and Ideological Contestation in India," in Carolyn Elliott (Ed.), *op. cit.,* p.374.

17) *Ibid.*

18) M.P. Singh and Rekha Saxena, "Ideological Spectrum of Indian Party System in 1996," in Singh and Saxena (Eds.), *Ideologies and Institutions in Indian Politics,* Deep & Deep, New Delhi, 1998, pp.246-250.

19) Ashutosh Varshney in Carolyn M. Elliott, *op. cit.*

20) Robert Putnam, *Making Democracy Work: Civic Traditions in Italy,* Princeton University Press, Princeton, 1993.

21) Hans Blomkvist, "Social Capital, Civil Society and Degrees of Democracy in India," in Carolyn Elliott (Ed.), *op. cit.*

22) The Agora Project in Civil Society and Democracy in India and South Africa from which Blomkvist draws his data set that dates back to 1995.

23) Lloyd and Susanne, Rudolph, *In Pursuit of Lakshmi: The Political Economy of the Indian State,* Orient Longman, Delhi, 1987.

24) Debal K. Singha Roy, *Peasant Movements in Post-Colonial India: Dynamics of Mobilization and Identity,* New Delhi: Sage, 2004.

25) Rajeshwari Deshpande, "Social Movements in Crisis?" in Rajendra Vora and Suhas Palshikar (Eds.), *Indian Democracy: Meanings and Practices,* Sage Publication, New Delhi, 2004, p.387.

26) Ashwini Kumar, *Community Warriors: State Power, Peasants and Caste Armies in Bihar, Typescript,* p.23, subsequently published by Anthem Press, London.

27) *Ibid.,* pp.29 and 39.

28) Rajeshwari Deshpande, *op. cit.,* p.387.

29) P.V. Ramanna, "Internal and International Linkages of Naxalites," *Dialogue,* New Delhi, Vol.6, No.4, April-June 2005, p.65.

30) Quoted by B.B. Kumar, "Editorial Perspective," *Dialogue, ibid.,* Special issue on Naxalism, p.7.

31) Government of India, Home Ministry, *Annual Report 2004-2005,* tabular data reproduced in *Dialogue, ibid.,* pp.182-183.

32) Sukomal Sen, *Working Class of India: History of Emergence and Movement*

1830-1990 (with an overview upto 1995), K.P. Bagchi, Calcutta, 1997, 2nd ed., p.24.

33) Sarat Bhowmik (2005), "The Trade Union Movements," in Mahendra Prasad Singh, Himanshu Roy (Eds.), *Indian Political System: Structure, Policies, Development,* Manak, 2005, New Delhi, pp.269-270.

34) Sharat K. Bhowmik, *ibid.,* p.270.

35) Sharat K. Bhowmik, *ibid.,* pp.270-271.

36) Sharat K. Bhowmik, *ibid.,* p.271.

37) C.S. Venkata Ratnam, "Changing Role of Trade Unions in a Period of Transition," in C.S. Venkata Ratnam *et al., Labour and Unions in a Period of Transition,* Friedrich Ebert Stiftung, New Delhi, 1994, pp.16-17.

38) Sarath Davala, "New Economic Policy and Trade Union Response," in *Labour and Unions in a Period of Transition, ibid.,* p.139.

39) C.S. Venkata Ratnam, *op. cit.,* p.5.

40) Ratna Kapur and Brenda Cossman, *Subversive Sites: Feminist Engagements with Law in India,* Sage Publications, New Delhi, 1996, p.13.

41) Government of India, Ministry of Social and Women's Welfare, New Delhi, *Towards Equality: Report on the Status of Women,* Chapter 7, 7.103(a), p.302.

42) *Ibid.,* pp.303-304.

43) *Ibid.,* pp.304-305.

44) Madhu Kishwar and Nivedita Menon cited in Amrita Basu, "Gender and Governance: Concepts and Contexts," in Martha Nussbaum *et al., Essays on Gender and Governanve,* UNDP and Macmillian, New Delhi, 2005, p.45.

45) Meera Verma, "Women's Movement in India," in *Essays on Indian Government and Politics: A Continuing Review,* Meera Verma *et al.* (Eds.), Jawahar Publishers & Distributors, New Delhi, 2004, pp.485-486.

46) World Bank, *India Development Report,* 1997, p.95.

47) Sumi Krishna, *Environmental Politics: People's Lives and Development Choices,* Sage, New Delhi, 1996, pp.268-269.

48) Chipko movement started in the 1970s' in Uttarakhand region of Uttar Pradesh, now a separate State.

49) Sumi Krishna, *op. cit.,* pp.269-270.

50) Poonam Kanwal, "Environmental Conflits, Protests and Movements in India: Question of Survival and Democracy," in Meera Verma *et al., op. cit.,* pp.518-520.

51) *Ibid.,* pp.520-525. *See* also Satyajit Singh, *Taming the Waters: The Political Economy of Large Dams in India* (1997), OUP, New Delhi.

52) Sumi Krishna, *op. cit.,* p.117.

53) Anand Patwardhan, "Global Warning and India," in Mahesh Rangarajan (Ed.), *Environmental Issues in India: A Reader,* Pearson Longman, New Delhi, 2007, pp.552-557.

54) Bidyut Chakrabarty, "Voluntary Associations and Development Imperatives: The Indian Experience," cited in Bidyut Chakrabarty and Mohit Bhattacharya (Eds.), *Public Administration: A Reader,* Oxford University Press, Delhi, 2003, p.299.

55) R.B. Jain, "Non-State Actors and Authority in the Global System: Responses and Dilemmas of NGOs as the Emerging Third Sector in India," in M.P. Singh and Rekha Saxena (Eds.), *Ideologies and Institutions in Indian Politics,* Deep & Deep, New Delhi, 1998, p.450.

56) *Ibid.,* pp.450-451.

57) *The Week,* 15 September 1996, p.15.

58) Upasana Mahanta, "Role of NGOs in Childcare: A Case Study Prayas," M.Phil dissertation in Political Science, University of Delhi, 2003, Table 3.2 on pp.77-78.

59) R.B. Jain, *op. cit.,* pp.449-450.

60) *Ibid.*

61) Lester M. Salamon and Helmut K. Anheier, *The Civil Society Sector & A New Global Force,* Baltimore: Institute for Policy Studies, Johns Hopkins University, Memeo., March 1995, p.3.

62) Mahanta, *op. cit.,* pp.78-79.

63) *World Development Report, 2000/2001*: 304-307 & 314.

64) *The Economic Times,* ET 50, *The Changing Face of India Inc.,* March 2002, p.12.

65) *The Economic Times,* ET 500, March 2002, p.12.

66) M.P. Singh, "The Impact of Global and Regional Integration on Federal Political Systems: A Case Study of India," presented to the international seminar on the above theme in Ottawa under the auspices of the Institute of Inter-governmental Relations, Queen's University, Kingston, Canada, 8-9 December 2000.

67) Shurmer-Smith, Pamela, *India: Globalization and Change,* London Arnold, co-published in the United States of America by Oxford University Press, New

York: 2000.

68) Barbara Harris-White, "India's Informal Economy: Facing the Twenty-First Century," in Kaushik Basu (Ed.), *India's Emerging Economy: Performance and Prospects in the 1990's and Beyond,* Oxford University Press, Delhi, 2004, p.265.

69) *Ibid.*

에필로그

민주주의적 운명과 인도의 밀회:
민주주의 발전국가의 위기

예전의 사회주의와 같이 오늘날 민주주의는 마치 모든 사람들이 쓰고 있기 때문에 그 모양을 잃어버린 모자와도 같다. 이는 민주주의라는 이름 안에 포함되는 일부 부문들 사이에서 전체적 소멸을 포함하여 모든 이들에게 모든 것을 의미하는 것이다. 오늘날 인도에서 민주주의의 가장 대중적인 버전이라 하면, 다소 전적으로 파격적인 다수주의와의 균등화라 할 것이다. 이와 관련하여 현대 인도정치학에 나타난 주요 주장들은 최소한 네 가지 다수주의자들, 즉 힌두근본주의, 만달, 바후잔, 마르크스주의-레닌주의-마오주의자 버전에서 찾아볼 수 있다.

인도의 민주주의는 일반적으로 발전적인 행로의 기록에서보다도 훨씬 긴 시간동안 관찰자들로부터 보다 관대한 평가를 받아왔다. 인도의 인상적인 경제발전은, 본래의 의도와는 달리, 1991년의 신자유주의 경제개혁의 가속화 이래 15년 동안 발전하지 못했다. 이 책의 앞부분에서 인도의 독립 이후 성과와 실패에 관해 많은 세부사항들을 분석적으로 조사해보았기 때문에, 그와 같은 점을 여기에서 되풀이할 필요는 없을 것이다. 다만, 여기에서는 지난 20세기의 후반기를 통해 완전하게 생존해왔으며, 새로운 밀레니엄의 도입에서 합리적으로 강해진 인도민주주의에 대한 '영예'를 강조하고 싶다. 이의 '무거운 짐'은 대중의 빈곤과 문맹을 제거하고, 인류의 많은 부분에서 일정 수준의 인도적인 조건을 제공하는 것에 대한 국가의 무능력과 일치할 것이다.

1990년대 초기에, 스리랑카 25%, 필리핀 37.5%와 비교하여 인도 국민들의 35%가 여전히 빈곤선 아래에서 생활하고 있었다. 세계은행은 인도 국민의 80% 이상이 하루에 2달러라는 국제빈곤선 아래에 놓여있다고 평가한다.

이 모든 점들 중에서도, 인도가 여전히 발전프로젝트뿐 아니라 민주주의 프로젝트를 동시에 추구하기를 계속한다는 점은 실로 뚜렷하다. 파시즘적 활주에 대한 엄연한 염려에도 불구하고, 최소한 아프가니스탄과 사하라 이남 아프리카지역을 포함하는 남아시아 인접국들에서 민주국가나 발전국가 어느 것도 실패한 국가의 위기로 나타나지 않았다. 이는 최근의 비교정치학에서 종종 무자비하게 논의되어온 실패하는 국가 혹은 실패한 국가에 대한 일부 결과물일 것이다. 심지어는 경제발전에 대한 비교연구에서조차, 한국은 "급속 진행으로 앞서는" 국가로 발견되는 한편 인도는 "느리지만 꾸준하게"라는 정도로 적당하게 평가되고 있다.

한편, 미력하게나마 인도는 현재 실질적으로 다양한 산업적 기반을 갖추고 있는데 이는 아프리카, 중동 혹은 일부 라틴아메리카보다 상당히 정교화된 수준이다. 다른 한편에서는, 한국 혹은 브라질과 비교할 때, 인도의 산업화에 대한 진전은 전혀 급진적이지 않으며 효율성의 수준도 대개 낮았다.[1] 또한 인도의 9%라는 인상적인 거시 경제적 성장은 공평하고 지속가능한 미시 경제적 성장 시나리오와 침울한 부조화를 이룬다는 점을 지적할 필요가 있다.

어떻게 우리는 정치학자로서 인도의 지속적인 민주주의적 성공과 경제발전에 대한 성공을 설명할 수 있겠는가?

인도 민주주의의 지속가능성

인도사회의 다양성에 대한 한 가지 긍정적인 면은 미시적-국가하부구조적/지역적 맥락뿐만 아니라 거시국가적 차원에서도 중복적이며 동시발생적인 인종분열과 계급분열의 요소가 존재한다는 점이다. 이 같은 성격의 사회적 모체는 집합행동의 동원을 어렵게 만들 수 있으며, 또 한편으로는 대중의 정치적 융기를 형성함에 있어 불만족이 발생할 수 있다. 그럼에도 불구하고 민주주의에 대한 건전한 성격의 선거적·연방주의적 해석을 통해, 인도정치에서 영구적인 정치 다수가 형성되거나 혹은 소수가 무의미화 되는 현상을 막아왔다. 이는, 1950년 설립된 입헌자유주의적 레짐의 지속가능성을 위한 중요한 정치적 설명이 될 것이다.

민주주의적 경로를 지나온 인도의 일련의 혼잡에 대한 또 다른 정치적 설명은, 행정 지배적 다수주의식의 의회 레짐이 비공식적인 균형의 연방화된 정치체제와 반(反)다수주의적 합의정치체제로 점차 변형한다는 점이다. 인도의 정치체제는 미국과 같이 대통령제적 연방체제 내에서 형식적으로 입헌적 권력분립을 취하고 있는 것과는 확실히 다르다. 인도는 형식상 영국의 의회연방주의와 맥을 같이 한다.

그러나 실질적으로는, 연방적이고 지방적인 주, 매체, 시장, 시민사회 내에서 형식상 정부의 다양성과 비공식적 정치제도들 사이에서 제도적으로 심의민주주의의 체제에 더욱 가깝게 이동해왔다. 다당연합의 지배에 의해 제공된 분리된 사회와 분리된 정부는, 지체, 우유부단성, 정책결정과 실행에 있어 후퇴를 상쇄하기 위해 강화된 합법성과 국가통합의 관점에서 일부 보상체제를 갖추고 있다. 이같이 복잡한 제도 역시 국가의 통치권 획득에 이르게 하는데, 이는 특히 연방국가에서 힌두권리에 있어 권위주의적인 정치경향, 마르크스주의적 좌익과 왕조의 성격을 띠는 중앙에 의해 행해진다. 종교와 정치이데올로기에서 권위주의적 세력은 선천적으로 내부의 상이성과 깊은 모순들로 가득해 있다. 이는 민주주의의 수준이 격상하거나 성공하는 것을 어렵게 만든다.

인도 발전의 지속가능성

민주주의와 마찬가지로, 인도에서 발전 역시 몇 가지 형태 — 사회주의적, 포퓰리즘적, 신자유주의적 — 내에서 반세기가 넘는 시기 동안 기적적으로 생존해왔다. 21세기의 출발선상에서 인도는 세계에서 가장 빠르게 증진하는 경제들(GNP 관점에서)에 속한다. 물리적이고 사회적인 부문의 인프라는 영국 식민국가에 의해 대부분 영국 자본과 제국의 이익을 좇아 부설되었다. 독립 이후, 현대화된 민족주의 엘리트들은 네루식의 '사회주의'를 좇아 국가 주도의 산업화 전략을 설계했다. 인도의 네루 세대는 성공적으로 자유민주국가의 틀과 육중한 산업기반, 조직적인 협상의 힘으로 산업노동계급의 핵심을 규정했다. 네루를 출발로 형성된 '회의당 체제(라즈니 코타리 식으로)' 내에서 네루의 계승자들은 새롭게 정치화된 중간과 하층카스트들로부터 증가하는 선거참여의 압력에 대한 도전에 직면했다.[2)]

인디라 간디 시기에는, 회의당의 권력자들 사이에서 인디라 간디가 라이벌들을 밀어내고 그녀의 자리를 확고히 했다. 또한 사당화되고 중앙집권적인 회의당의 권력 피라미드 아래에서, 인디라 간디는 그녀만의 임시적인 포퓰리즘 전략을 네루의 사회주의모델에 새롭게 순응시켜야 하는 민주적 압력에 놓여 있었다. 이는 국가, 경제의 공공부문, 그리고 국영화된 은행들에게 막대한 재정을 요구하게 했다. 그러나 이는 한편으로 혁명에 대한 기대를 증가시켰기 때문에 꽤 성공적인 것이었다. 이러한 새로운 정치권력구조는 농촌지역에 초점을 맞춘 계획경제발전에 있어 상당히 효과적인 시작을 할 수 있게 했다. 전 인도 측면에서 역시 경제적 후퇴를 기록하지 않았다. 오히려 독립 이후 자나타 연방정부가 다시 시작한 체계적인 경제계획에서 약 3%의 최저 발전을 기록하여 '발전의 힌두적 연간성장률(경제학자 라즈 크리슈나 식으로)'이라 소위 일컫는 것에서만 일종의 퇴진 신호가 있었다. 그러나 자나타 연방정부의 경험은 — 연합을 이룬 정당들이 각각 독립적으로 기능하기를 계속하였기 때문에 사실상의 연합정부라고 하기는 힘들다 — 정치적 실패로 증명되었고, 5년의 위임통치가 끝나기 전에 정부는 권력을 이양해야만 했다. 인디라 간디를 주축으로 진행된 1980년 회의당의 복구는 자나타 연합정부의 정치경제정책에서 적당히 전원(농촌)주의자와 여타후진계급(OBC) 편향으로 변경되도록 방안을 모색했다.

1984년부터 1989년까지 인디라 간디를 계승한 라지브 간디는 펀자브, 아삼, 미조람에서 평화구축을 위해 지역정당들과 더불어 인종협정에 서명했다. 그는 연방주의적 자율성을 위해 노력했고, 이들을 정부의 통제하에 두기 보다는 경제의 자유화를 향하는 쪽으로 정책을 추진했다. 이 같은 정치경제적 재방침은 1989년 이래 뉴델리에서 연합/소수정부들과 함께 다당제의 국면에서 절정에 이르게 되었다. 특히 관료제의 규제철폐, 사유화, 세계화의 신자유주의적 경제정책들에 대한 가장 포괄적인 패키지를 도입한 나라심하 라오에 의해 주도된 회의당 소수정부가 그러했다. 그때 이후로 자나타 달, BJP, 회의당에 의한 연합정부들은 중도우파 혹은 중도좌파 경향으로 권력 편향이 이동해왔다. 그러나 오직 기업자유주의를 향한 움직임의 속도만이 이같이 변화하는 정치적 영역 아래에서 더욱 빨라지거나 혹은 느려져왔다. 전반적으로 국가적 기업계급과 다국가적 기업계급들은 BJP 주도의 전국민주연합(NDA)으로부터, 농민과 노동자들은 자나타 달 주도의 국민전선(NF)/연합전선(UF)과 회의당 주도의 통일진보연합(UPA) 정부로부터 이득을 취한 것으로 보인다. 연간성장률 5~7%로 기업자유주의를 향한 전반적인 경향은 계속해서 고조되어왔다. 그러나 이 같은 수치는 문제가 될 만한 경제적·지역적 불균형을 숨기고 있다.

1960년대와 70년대 후반의 더딘 경제성장률을 비롯해, 여당은 내부 엘리트들의 갈등과 회의당 내 염원, 그리고 보다 광범위한 정치계급을 수용하는 것에 실패했다. 축적되는 정치적 압력은 이들을 모라르지 데사이와 이후 자야프라카시 나라얀에 의해 주도된 의회 밖 대중운동(들), 1974년 철도파업, 1975년 국가비상사태, 그리고 1977년의 선거적 고조와 자나타 당에 의한 뉴델리에서의 비(非)회의당 정부의 형성을 작동하게 했다.

자나타 국면은 또한 북부인도를 통틀어 인도정치의 연방주의적 압력을 심화시키고 확장시켰다. 연방주의적 권력배분의 위기는 보다 심화되고 확장되었다. 1980년대를 통틀어 이는 크게 세 가지 형태로 표현되었다: (a)카르나타카, 안드라프라데시, 하리아나, 펀자브와 아삼 등에서 회의당 레짐의 선거역전 현상, (b)1985년 아삼협정에도 불구하고 대개는 미결된 채 남아 있던 외국인과 이주민들에 대항한 '흙의 자식들(sons of the soil)' 운동 결과로 아삼어 공동체로 퍼진 북동부 종족 주들 내에서의 정치적 폭동들, 그리고 (c)펀자브(1980년대)와 잠무 & 카슈미르(1990년대)에서의 폭동과 국경을 넘은 테러리즘 부상이 그러하다. 이 같은 추세들은 정치적 위기와 경제적 위기를 심화시키고 절정의 상태까지 몰아갔다 — 후자는 산업발전의 감속화, 보다 넓은 지역에서 다른 작물들로 확대하는 데에 실패한 밀과 쌀 수확물 농업혁명, 경제부문의 부활을 위해 라지브 간디 정부에 의해 실시된 대외적 차용의 증가, 그리고 1980년대 말 심각한 지불균형의 위기에서 명백히 드러난다. 라지브 간디 아래 정치·경제적 회복에 대한 도취감은 매우 짧은 기간에만 지속되었다. 보다 신뢰할 수 있고 지속적인 회복 — 비록 문제를 일으키기는 하지만 — 은 연방연합/소수정부들의 시기에 선도된 1989년의 총선거 이후에 일어났다.

이 기간 동안 두 가지 패러다임적 변환들이 일어났는데, 요약해서 설명하자면, (a)일반적으로 주의 자율성 증가, 정당과 정치체제의 지방분권화로 인한 — 이전에 지배적이던 의회주의적 레짐의 — 연방주의화, (b)1991년 신자유주의 정책지향의 가속화가 그러하다. 이같이 두 가지 추세는 만달(Mandal), 만디르(Madir), 시장, 그리고 마르크스의 은유들로 상징되었다. 여타후진계급(OBC) 만달 정치와 만디르의 힌두권리에 대한 다수주의적 요구들은 회의당의 의회통치와 동격화하려는 의도에 의해 고무되었다. 그러나 그 요구들은 실제로 일부 주 정부들의 지역적 통제와 연방정부들 내에서 연합적 권력배분의 상태에 이르게 되었다. 물론, 시장은 '경제개혁' 혹은 LPG(경제자유화, 사유화, 세계화)라고 불리는 것들 중 최고(flag-ship)이다.

인도적 민주 발전국가

인도의 민주주의와 이의 발전은 세계대전과 냉전의 종말을 따라 상당히 오랜 기간 동안 지속되어왔다. 민주주의가 없는 발전이라기보다는 오히려 발전과 함께 동시적으로 추구된 인도의 민주주의는, 지체된 산업화와 빈곤한 국가들의 경우 발전의 과정이 강력한 권위주의적 국가에 의해 보다 효율적으로 성취되었다고 믿는 자들의 가정을 부인했다. 이와 같이, 인도민주주의라는 예외가 생존해온 것에 대한 감탄과 호기심이 존재하기도 한다.

제임스 마너(James Manor)는 민주화에 대한 흥미로운 연구에 기여했는데, 민주적 발전주의에 관한 연구에서 질서와 갈등 간의 균형의 필요성, 이기적으로 사당화된 정치와 제도화, 공식적이고 비공식적인 정치제도화, 연속성과 혁신, 레짐의 신임과 투명성에 대해 설득력 있는 주장을 펼쳤다. 그의 결론에 따르면,

> 만약 민주화와 새로운 발전국가가 신중하고도 현실적으로 촉구되고, (중대하게) 여기에서 조사된 균형의 유형들에 대한 필요를 인식한다면, 두 가지 과정에서 동반된 도움이 되지 않는 아이러니들은 최소화될 수 있다. 두 과정 간 부조화 역시 마찬가지이다. 이 같은 점은 이 두 가지 목표들의 동시적 추구를 더욱 성공에 충족되도록 하는 것으로 보인다.[3)]

이러한 점은 개발도상국가들 내에서 소수의 국가들만이 제공하거나 임시적으로 만들어낼 수 있는 리더십을 포함하여, 가치와 제도의 문화적 지형과 입헌적 지형의 드문 결합을 요구하도록 제안된 요구들이다. 이는 다문화적인 복합성을 가진, 그리고 복합적인 입헌적 틀을 가진 인도가 적당하게 중도적인 이데올로기의 스펙트럼 상에서 민주적 발전국가의 모델을 현실화하는 데에 꽤 높은 성공률을 기록할 것이라는 희망과도 같다.[4)]

발전의 목표를 앞에 둔 인도민주주의의 주요 도전들은 (a)인적개발, 그리고 (b)효과적 거버넌스로 요약할 수 있다. 이 두 영역에서 인도의 성과는 기대에 훨씬 못 미치고 있다. 〈표 A〉는 남아시아와의 비교적 관점에서 인

도의 인적개발의 수준에 관련한 자료이다. 자료는 세 가지 기본적인 영역에서 인적개발의 평균성취량을 통계적으로 압축하고 계산하여 복합적인 지수로 나타내고 있다: 수명과 건강한 삶, 지식, 삶의 수준. 세계적으로 인도는 127위에 올라있는데, 노르웨이가 1위이며 니제르가 최하위인 177위를 기록했다. 남아시아에서 인도는 93위인 스리랑카와 96위인 몰디브를 제외하고는 다른 국가들보다 앞선다. 인적개발지수(HDI)의 관점에서, 인도는 세계평균인 0.741보다 밑도는 0.602를 기록했다. 남아시아를 다시 예로 들면, 인도는 0.751을 기록한 스리랑카와 0.745를 기록한 몰디브의 뒤를 따르지만, 부탄, 파키스탄, 네팔, 방글라데시를 앞서는 것이다. 남아시아의 모든 국가들은 세계적으로 인적개발지수(HDI)의 맥락에서 중간수준으로 정의된 0.500에서 0.799 사이에 속해있다. 세계적으로 상위 수준은 0.800 이상이어야 한다. 만약, 남아시아 지역 내에서 인적개발지수의 수준을 부탄의 0.536의 기록을 잘라 그 이상을 상위 수준으로 분류한다면, 인도는 나머지 남아시아지역협력연합(SAARC)의 회원국들과 함께 상위 범주에 속한다.

〈표 A〉는 남아시아에서 거버넌스 지표와 관련한 자료를 보여준다. 여기

〈표 A〉 세계은행의 남아시아 내 거버넌스 지수(1996~2004년)

국가	발언권 & 책임성	정치적 안정성	정부 효율성지수	규제의 우수성	법치지수	부패 통제지수
방글라데시	-0.69	-1.24	-0.72	-1.15	-0.86	-1.09
인도	0.27	-0.81	-0.04	-0.59	-0.09	-0.31
네팔	-1.00	-1.74	-0.90	-0.60	-0.82	-0.61
파키스탄	-1.31	-1.59	-0.57	-1.03	-0.78	-0.87
부탄	-1.18	0.84	-0.14	0.0	0.57	0.69
몰디브	-1.07	0.82	0.47	0.0	-0.57	0.12
스리랑카	-0.16	-1.06	-0.27	0.21	-0.03	-0.16

출처: "World Bank Policy Research Working Paper 3630" by Daniel Kaufmann, Aart Kraay, and Massimo Mastruzzi, *Governance Matters IV: Governance Indicators for 1996-2004,* Washington: The World Bank, June 2005

에서의 지수는 최대값인 +2.5에서 -2.5까지의 범위에 개념상, 통계적으로 구성된다. 해석하자면, 지수값이 높을수록 거버넌스의 기록이 더 나은 것이다. 다(多)측면적 거버넌스 개념은 여섯 개의 주요 특징으로 구성된다: 발언권과 책임성, 정치적 안정성, 정부의 효율성, 규제의 우수성, 법치, 부패통제. 인도의 책임성 지수는 0.27로 지역에서 가장 높지만, 명목상 최고값인 +2.5에 비하면 절대적으로 낮은 값이며, 스리랑카는 -0.16으로 지역 2위를 기록하고 있으며, 파키스탄은 -1.31로 지역 내 가장 최하위의 책임성을 기록하고 있다.

정치 안정성의 지수에서는 부탄과 몰디브가 지역에서 가장 안정적이며, 네팔, 파키스탄, 스리랑카 — 이 순서로 — 는 가장 불안정한 국가로 나타났다. 인도의 안정성 수치는 여전히 마이너스를 기록하고 있지만, -0.81은 적당한 것으로 보인다. 정부효율성의 관점에서 전반적인 남아시아 정치체제들 간에 인도는 1위에 올라있지만 -0.04라는 마이너스 수치를 기록하고 있으며, 스리랑카는 -0.27로 2위, 파키스탄은 -0.57로 3위, 방글라데시는 -0.72로 4위, 네팔은 -0.90으로 최하위를 기록하고 있다. 뮈르달(Gunnar Myrdal)의 지적대로, 식민지 이후 몇 십 년간의 '연성적(soft)' 인 남아시아 국가의 특성은 여전히 남아있다. 규제 우수성 지수는 남아시아 전체가 낮은 수준이며, 오직 스리랑카만이 0을 약간 넘는 수준으로 0.21을 기록하고 있다. 인도는 -0.59로 나머지 국가들보다 나은 상황이다. 법치 지수 역시 남아시아가 전체적으로 낮은 상황이지만, 스리랑카와 인도는 각각 -0.03과 -0.09로 다소 나은 기록을 보이고 있다. 마지막으로 부패 통제 지수는 부탄과 몰디브가 0.69와 0.12의 최저 플러스 지수를 기록하는 것을 제외하고는, 인도는 -0.31로 다른 나머지 국가들 (-0.16을 기록한 스리랑카에 뒤이어) 보다 나은 상황이다.

위에 나타난 세계은행 자료를 약간의 주의를 기울여 살펴보는 것이 중요하다. 진지한 사회과학적 수행능력과 철학적 안목으로 인적개발부문을 살펴본다면, 효과적 거버넌스의 수치 혹은 지수는 종종 하찮게 사용될 것이다. 예컨대, 법치 지수는 소유권과 법과 질서의 권위주의적 명목들에 이익이 되도록 과도하게 치우쳐졌다. 비슷한 이유들로, 몰디브와 부탄이 지역에서 정치적으로 가장 안정된 정부로 나타났다는 것은 아이러니하다. 공교롭게도, 이 지수는 정부의 수명과 가치절하의 민주적 참여와 저항의 관점에서만 단독적으로 측정된 것이다. 세계의 남부에서 자본주의적 세계화에 대한 도전은 북부지역들보다 더욱 만만치 않은 것이다. 왜냐하면 경제적 복지와 민주적 공고화는 후자보다 전자가 훨씬 앞서기 때문이다. 국가의 경계를 초월하여 세계라는 무대에서, 국가형성의 도전들과 세계화 속에서 보다 민주주의적인 순간을 향해 국가와 시민사회를 발전시킬 필요가 있다.

일반적인 인식과는 달리, 교육과 보건, 물리적인 인프라의 사회부문들에서 국가의 역할을 축소시키는 신자유주의적 경제정책이란 없다. 2005년 10월 자이푸르에서 총리의 경제고문회의의 의장을 맡았던 랑가라잔(C. Rangarajan)은 프라카시 반다리(Prakash Bhandari) 기념 강의를 전하면서 회상에 잠겼다. 그는, 만약 더디고 편향적인 인도의 발전기록이 보다 균형이 잡혔더라면 1950년과 60년대의 인도는 "기계를 만들어내는 장치들"을 대신해 농업과 다른 임금상품의 생산에 더욱 중요성을 부가했을지 의아해했다. 그의 의견으로는, '트리클다운(trickle-down)' 발전안은 대중의 빈곤에 그 어떤 중대한 영향을 끼치지 않았다고 전한다. 그러나 그는 증진적인 의료시설과 교육은 필요하지만, 보다 나은 경제발전을 위해 이것이 충분조건은 아니라고 경고했다. "그것들은 오직 국가수입의 증가가 가속화된다는 발전의 측면에서만 조건들을 만들어낸다. 그러나 인적개발에 대한 지출의 증가는 가속화된 경제발전의 지지 없이는 긴 기간 동안 지속될 수 없다." 그는 인적개발지표들과 경제발전지표들 간 부조화가 사회적 긴장의 원인이 될 수 있다고 조심스럽게 경고했다.[5)]

랑가라잔의 경고는 인도가 경제발전을 전달하는 데에 실패했으며 1990년 이래 중대한 방법으로 시장을 되불러와야만 했다는 사실을 강조했다. 그럼에도 불구하고, 국가는 시장근본주의를 버리지 못하고 있다. 신간 『문제의 국민국가(*The Nation State in Question*)』에서 아이켄베리(G.John Ikenberry)에 의한 비교 이론적 관점의 결말 에세이는 "이제 국가는 무엇을 할 수 있는가?(저자 강조)" 라는 질문을 던진다.[6] 그가 초점을 맞추고 있는 패러다임적 변화들을 요약하는 것은 의미가 있다.

- 동유럽과 유라시아에서 공산주의의 해체
- 개발도상국들 내 시장국가들의 출현
- 빈곤 저개발국들 내 초보적 국가 형성 시도
- 미국의 지리적 지배력 증가
- 공개시장과 자본의 이동시기에 주권영토 국가들의 생존능력에 관한 의심
- 초국가적 지역대륙국가와 "근대, 영토적 국가의 발생지" 인 서유럽에서 국가의 폐지 간 양의성

이같이 복잡한 전 세계적 시나리오로부터 우리는 어디로 이동하는가? 이 주목할 만한 책의 저자들의 분석을 요약하면서, 아이켄베리는 지속하는 국가가 존재의 이유에 대해 최소한의 공통분모를 제공하고 있다. 첫째, 국가를 대신할 포괄적인 국가정치 공동체의 이익에서 사용되는 "국가의 충만한 다(多)측면적 능력을 갖춘" — 공간적, 지역적, 초국적, 혹은 전 세계적으로 — 중대하고 현대적 제도의 대안은 없다. 둘째, 오랫동안 국가의 새로운 개념에 속해왔다는 점을 지적할 수 있다. "20세기 전반은 산업화와 전쟁을 위해 사회를 동원할 수 있는 강한 국가들에 속했다… [오늘날] 국가들은 융통적이고 사회그룹들과 효율적으로 작동할 필요가 있다." 셋째, 크라스너(Stephen Krasner)를 인용하면서 아이켄베리가 추측하기를, "그것은 틀림없이 발달된 산업국가들이 국제적 경제 흐름의 높은 수준으로 그들의 국경을 기꺼이 개방하면서, 국내 사회-경제 질서를 관리할 효율적인 국가의 능력을 발전시켜온 것이다."[7] 그러나 똑같은 선택이 지구 건너편 국가들에서는 가능하지 않다. 각 국가는 고유의 맥락과 상황에 따라 도전들에 응답해야만 한다. 인도의 국가보안은, 후기 냉전세계에서 지정학적인 현실과 세계경제통합과 지역경제통합의 관점에서, 지방분권적 강요와 내부적인 강제들로 인해 신중하게 재조정 중이다.

미 주

1) Atul Kohli, *State-Directed Development: Political Power and Industrialization in the Global Periphery,* Cambridge University Press, Cambridge, 2004, p.285.
2) Rajni Kothari, "Congress System Revisited: A Decennial Review," *Asian Survey,* Vol.14, No.12, December 1974.
3) James Manor, "Democratization and the Developmental State: The Search for Balance," in Mark Robinson and Gordan White (Eds.), *The Democratic Developmental State: Political and Institutional Design,* Oxford University Press, Oxford, UK, 1998, pp.147-148.
4) For and early, seminal argument presaging the theory of democratic developmental State in the Indian context, *see* Mahendra Prasad Singh, "The Crisis of the Indian State: From Quiet Developmentalism to Noisy Democracy," *Asian Survey,* Vol.XXX, No.8, August 1990, especially pp.816-819.
5) *The Hindu,* New Delhi, 5 October 2005, p.14.
6) T.V. Paul, G. John Ikenberry and John A. Hall (Eds.), *The Nation-State in Question,* Princeton University Press, Princeton & Oxford, 2003.
7) "What States Can Do Now," in *ibid.,* pp.350-371.

〈부 록 I〉 옮긴이에 의한 용어설명(Glossary)

▌인도국민회의당(INC)

1885년에 창설된 당으로, 영국통치에 대항해 인도의 독립운동을 주도했다. 1947년 독립 이후 지배적인 전국정당이 되었으며, 대부분 네루-간디 가문(자와할랄 네루 〉인디라 간디 〉라지브 간디 〉소니아 간디)이 이끌어왔다. 지난 세 번의 총선(1999, 2004, 2009)에서 유일하게 1억 이상의 득표를 획득한 정당이기도 하다. 보통 '회의당' 이라고도 불리며, 1969년과 1978년 인디라 간디를 주축으로 두 번에 걸쳐 전국적인 규모의 대대적인 분열을 겪었다. 본문에서는 시기적인 구분에 의거해 원문에 쓰인 표현에 따라, 1978년 이전의 회의당은 '인도국민회의당(INC)' 으로, 이후부터 오늘날까지의 회의당은 '회의당(Congress)' 으로 표기했다. 현재 통일진보연합(UPA) 정부를 이끄는 회의당은 인디라 간디의 머리글자를 따서 명명된 1978년 이후의 회의당(I)을 가리킨다. 본문의 11장에서도 언급하고 있지만, 회의당은 지역과 구성원에 따라 계보적인 유사성으로부터 거리를 두고 많은 지역정당들이 출현하게 되었다.

Indian National Congress(INC)

(1) 1969년의 (첫 번째) 분열

⇒ INC(Organisation 혹은 O): 당시 소비에트연합의 원조에 의구심을 갖던 지역정당 엘리트들로 구성되었으며, 보다 우익에 편향된 성격을 지녔다. 소위 '구(舊)회의당(Old Congress)' 이라고도 한다. 이후 1977년에는 바라티야 록 달(BLD)을 비롯한 다른 정당들과 연합을 이루어 자나타 정당을 형성했다. 당시 회의당의 리더였던 모라르지 데사이는 자나타 정부가 형성되었던 이 시기에 총리를 역임했다.

⇒ INC(Requisition 혹은 R): 일반적으로 '신(新)회의당(New Congress)' 이라고 불린다. 인디라 간디를 주축으로 형성되었으며, 가리비하타오(garibi hatao, 빈곤퇴치)와 같은 포퓰리즘적인 아젠다를 사용하여 대중의 지지를 동원했다.

(2) 1978년의 (두 번째) 분열

⇒ Congress(Indira 혹은 I): 1977년의 국가비상 레짐 이후, 회의당의 분열이 다시 발생했다. 1977년 총선에서 형성된 자나타 정당에 뿌리를 두었으며, 인디라 간디에게 충성을 나타내는 의미에서 인디라 간디 이름의 머리글자인 'I' 를 따서 이름이 붙여졌다. 이후 1980년의 선거에서 다시 집권에 성공했다.

▌가리비 하타오(*Garibi Hatao*)

힌디어로 '빈곤퇴치' 를 의미한다. 1971년 총선을 겨냥한 회의당의 슬로건이었으며, 인디라 간디에서부터 그녀의 아들인 라지브 간디에 이르기까지 사용되었다. 농촌지역과 도시의 빈곤층을 기반으로 해서 전국적인 지지를 얻기 위해 기획한 반(反)빈곤 프로그램들이 제안되었다.

▌후진계급(Backward Classes)

인도 정부에 의해 사용된 집합적인 의미의 용어로서, 경제·사회·교육적인 맥락에서 낙후된 위치에 있거나 출생으로 인해 차별받는 계급들을 의미한다. 대개는 달리트(Dalits), 지정카스트와 여타후진계급을 포함하는 용어로 사용된다. 이 계급에 속하는 사람들의 대부분은 토지를 소유하지 못하거나 경제적으로 독립하지 못해 전방카스트(Forward Castes)에게 경제적으로 의존해 살아간다.

▌여타후진계급(Other Backward Classes 혹은 OBCs)

후진계급과 같이 경제·사회·교육적인 맥락에서 낙후된 위치에 있는 계급들을 의미한다. 이 같은 조건에 놓인 카스트나 공동체들은 사회·교육·경제적 요인들에 따라 때때로 이 계급에 속하기도 하고 혹은 제외되기도 한다. 정부에서는 1985년 복지부를 따로 설립하여 지정카스트와 지정부족, 여타후진계급, 사회적 소수들과 관련한 업무를 관장했다.

지정카스트(Scheduled Castes 혹은 SCs)**와 지정부족**(Scheduled Tribes 혹은 STs)

인도헌법에 의해 명백하게 인식되는 인구의 집합이다. 지정카스트는, 이전 영국에 의해 '억압받는 계급' 으로 불렸고, 그렇지 않은 경우에는 '불가촉천민' 으로 일컬어졌다. 또한 일부 지정부족들은 '아디바시' 라고 불린다.

달리트(Dalits)

달리트 사이에서 스스로를 일컫는 말로, 인도의 카스트제도에 속하지 못한 사람들을 의미한다. 산스크리트어로 '분열' 과 '틈' 을 의미하는 'Dal' 에 어원을 두고 있기 때문에, '파열, 분열, 깨지거나 혹은 산산이 흩어진 사람들' 의 뜻을 지니고 있다. 이는 19세기에 풀레(Jotirao Phule)가 당시 억압받고 분열된 희생자였던 불가촉천민들과 카스트에 속하지 못한 사람들을 묘사한 것에서 유래했다.

만달위원회(Mandal Commission)

1979년 1월 1일, B.P.만달을 의장으로 하여 여타후진계급의 '사회·교육적 낙후성을 인식' 하기 위해 설립된 위원회이다. OBCs를 위해 최초의 위원회가 설립된 것은 1953년이었으므로, 이 만달위원회는 인도에서 두 번째로 설립된 것이다. 설립 이후 1980년에는 OBCs에 관한 자세한 내용의 보고서를 제공했으며, OBCs를 위한 의석할당제를 제안하기도 했다.

OBC 상층부(Creamy layer)

여타후진계급 중에서도 경제·사회적인 맥락에서 상대적으로 풍요롭게 생활하는 사람들을 의미한다. 이는 후진계급을 인식하기 위한 하나의 기준으로서 사용된 원칙이다. 이 같은 원칙은 지정부족이나 지정카스트에게는 적용할 수 없도록 되어 있다.

마하트마 간디(Mahatma Gandhi)

본명은 모한다스 카람찬드 간디(Mohandas Karamchand Gandhi). 1869년 10월 2일 델리에서 태어났으며, 인도의 독립운동을 이끌었던 지도자이자 인도의 국부(國父)이다. '마하트마(*mahatma*)' 라는 이름은 인도의 시성인 타고르에 의해 붙여진 것으로, 산스크리트어로 '위대한 영혼' 을 의미한다.

〈부 록 II〉 정당표기(주요 지역/연합정당 혹은 전선 포함)

내셔널 컨퍼런스	National Conference
드라비다 무네트라 카자감	Dravida Munnetra Kaghagam(DMK)
드라비다 카자감	Dravida Kazhagam
라슈트리야 록 달	Rashtriya Lok Dal(RLD)
라슈트리야 스와얌세박 상	Rashtriya Swayamsevak Sangh(RSS)
라슈트리야 자나타 달	Rashtriya Janata Dal(RJD)
무슬림연맹	Muslim League
미조민족전선	Mizo National Front
바라티야 자나 상	Baratya Jana Sangh(BJS)
바라티야 자나타 달	Baratya Janata Dal(BJD)
바후잔 사마즈 정당	Bahujan Samaj Party
비슈와 힌두 파리샤드	Vishwa Hindu Parishad(VHP)
비주 자나타 달	Biju Janata Dal
사마즈와디 정당	Samazwadi Party(SP)
사마타 정당	Samata Party
시로마니 아칼리 달	Shiromani Akali Dal
시브 세나	Shiv Sena

아솜가나파리샤드	Asom Gana Parishad(AGP)
아칼리 달	Akali Dal
인도국민회의당	Indian National Congress(INC)
인도공산당	Communist Party of India(CPI)
인도공산당(마르크스주의자)	Communist Party of India(Marxist) 혹은 CPI(M)
인도인민당 / 바라티야 자나타 당	Bharatiya Janata Party(BJP)
자나타 달	Janata Dal(JD)
자나타 달(세속)	Janata Dal(Secular)
자나타 정당	Janata Party(JP)
전인도안나드라비다무네트라카자감	All India Anna Dravida Munnetra Kaghagam(AIADMK)
정의당	Justice Party
텔루구 데삼 정당	Telugu Desam Party(TDP)
통일민주전선	United Democratic Front(UDF)
트리나물회의당	Trinamul Congress
트리푸라전국지원단	Tripura National Volunteers
회의당	Congress

〈부 록 Ⅲ〉 인도정치학 참고 사진 자료

뉴델리에 위치한 의회
라쟈 사바(상원)와 록 사바(하원)

▾ 뉴델리에 위치한 인도의 대법원
◂ 인도의 국가 문장인
네 마리의 사자

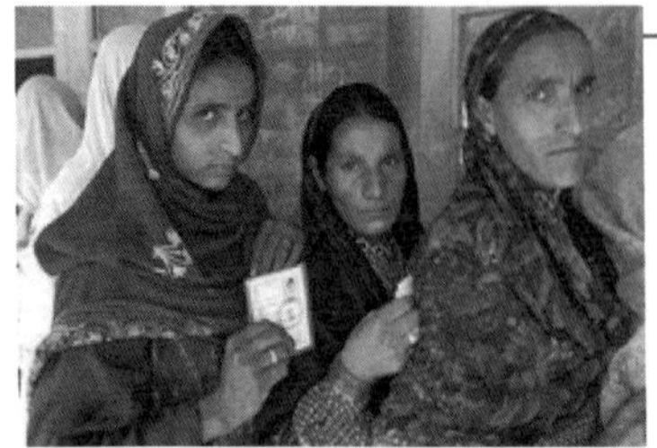

선거를 하기 위해 줄을 선 사람들

인도 정당들의 심벌

▲타고르와 간디 ▶아인슈타인과 타고르

마하트마 간디와 인디라

진나와 마하트마 간디

네루와 간디
(전 인도 회의당 위원회: AICC, 1946)

마운트배튼(왼쪽)과 네루
(1947.8.15 인도 독립)

▾사르다르 발랍바이 파텔과 네루
▾네루와 진나(1946, 심라)

▴독립을 맞이한 날, 초대 총리임을 선언하고
첫 연설을 하려는 네루(1947.8.15)
▾왼쪽부터 존 F. 케네디, 미국의 경제학자
존 K. 갤브레이스, 네루

▲ 인디라 간디와 재클린 케네디 오나시스 ▶ 마가렛 대처와 인디라 간디

▲ 네루와 그의 딸 인디라 간디
▶ 라지브와 소니아, 인디라 간디

네루와 라지브 간디

만모한 싱 총리와 이명박 대통령

▲왼쪽부터 만모한 싱 총리, 노무현 前 대통령 내외, 압둘 칼람 前 인도 대통령
▶오바마 미국 대통령과 만모한 싱 총리

◀타임지의 표지를 장식한 아유브 칸과 샤스트리
▲네루 기념 우표
▼암베드카르 기념 우표

मीरा ने रचा इतिहास

संभाली लोकसभा की कमान

भारतीय लोकतंत्र में जुड़ा नया अध्याय

인도의 첫 여성 록 사바(하원) 의장인 메이라 쿠마

▲만모한 싱과 마야와티 쿠마리
▸인도의 첫 여성 대통령인 프라티바 데비싱 파틸

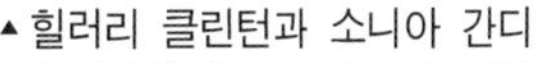

▲힐러리 클린턴과 소니아 간디
▸회의당의 총수인 소니아 간디

바브리 마스지드의 파괴(1992.12.6)

▲ 뭄바이 테러(2008)
▶ 테러의 흔적(뉴델리 2009)

달리트 인권 보호와 신장을 위한
달리트 캠페인
(◀ 서벵골 ▲ 안드라프라데시)

자야프라카시 나라얀

▲ 사르다르 사로바르 댐(구자라트 주)
▶ 낙살라이트 조직들의 활동

▲▶ 나르마다 밸리 프로젝트에 반대하는
나르마다 바차오 안돌란 운동

사항 색인

|ㄱ|

| ㄴ |

| ㄷ |

| ㄹ |

| ㅁ |

| ㅂ |

| ㅅ |

| ㅇ |

| ㅈ |

| ㅊ |

| ㅋ |

| ㅌ |

| ㅍ |

| ㅎ |

인명/지명 색인

| ㅁ |

| ㅂ |

| ㅅ |

|ㅇ|

| ㅈ |

| ㅎ |

지은이와 옮긴이 소개

지은이

▌마헨드라 프라사드 싱(Mahendra Prasad Singh)

현재 | 국립법학대학(뉴델리 소재) 교수
인도 파트나대학교 정치학 석사(1964)
캐나다 앨버타대학교 정치학 석·박사(1972·1975)
인도 델리대학교 정치학과에서 교수로 재직(현, 정년 퇴직)
델리대학교 정치학과 학과장, 사회과학대 학장 역임
사회과학연구소(뉴델리 소재) 소장

저서 | 〈Democracy, Development and Discontent in South Asia〉,
〈Indian Political System〉, 〈Indian Federalism in the New Millennium〉,
〈Indian Political System: Structures, Policy and Development〉 외 다수

▌레카 삭세나(Rekha Saxena)

현재 | 인도 델리대학교 정치학과 교수
샤스트리 인도-캐나다 연구소 박사
연방제연구센터(뉴델리 소재) 리더 역임

저서 | 〈Mapping Canadian Federalism for India〉,
〈Indian Politics in Transition: From Dominance to Chaos〉,
〈Situating Federalism: Mechanisms of Intergovernmental Relations in Canada and India〉 외 다수
싱 교수와의 공동저서로는 〈Ideologies and Institutions in Indian Politics〉,
〈India at the Polls: Parliamentary Elections in the Federal Phase〉 등

옮긴이

▌신소진(SOJIN SHIN)

싱가포르 국립대학교 남아시아학과 Ph.D. (2010~)
인도 델리대학교 정치학과 M.Phil.
이화여자대학교 정치외교학 석사
이화여자대학교 영어영문학·정치외교학 전공

델리대학교 정치학과 MPS/RS 교수 연구실에서

인도정치학
-현대의 이슈와 관심사-

인　쇄: 2009년 9월 25일
발　행: 2009년 9월 30일

지은이: 마헨드라 프라사드 싱 / 레카 삭세나
옮긴이: 신소진
발행인: 부성옥
발행처: 도서출판 오름
등록번호: 제2-1548호 (1993. 5. 11)

서울특별시 서초구 서초동 1420-6
전　화: (02) 585-9122, 9123 / 팩　스: (02) 584-7952
E-mail: oruem@oruem.co.kr
URL: http://www.oruem.co.kr

ISBN 978-89-7778-323-2 93340　　정가 19,000원

* 잘못된 책은 교환해 드립니다.